# 中国粮食市场发展报告

李经谋 主编
刘文进 乔林选 副主编

中国财政经济出版社

# 专家顾问编辑委员会

## 高级顾问

（按姓氏笔划排序）

白美清　包克辛　陈锡文

段应碧　聂振邦　高铁生

## 专家委员会

（按姓氏笔划排序）

丁声俊　王献立　邓亦武　方　言

卢景波　叶贞琴　朱远洋　乔林选

刘小南　刘文进　李经谋　李思恒

肖永成　肖春阳　吴　硕　何　毅

何昌垂　宋　则　陈春平　陈晓华

杨光焰　赵文先　赵素丽　洪　涛

耿书海　殷久勇　郭晓利　黄守宏

曹宝明　常　清　韩　俊　曾丽瑛

程国强　颜　波

# 十年磨一剑　霜刃正初试

（代　序）　李经谋

《中国粮食市场发展报告》第十卷已经付梓。十载春秋，白驹过隙，回溯这占我职业生涯四分之一的人生旅途时，不禁感慨系之，夜不能寐。

《中国粮食市场发展报告》（以下简称《报告》）始于新世纪粮食市场化前夕的2003年，被业界称之为“春天的报告”。作为新中国第一部全面系统的粮食市场报告，以实现“三个服务”，即为深化粮食流通体制改革服务、为粮食企业生产经营服务、为粮食市场规范发展服务为基本宗旨，弥补了社会主义市场经济研究领域的一项空白。《报告》得到众多高瞻远瞩的业内领导、学识渊博的专家学者、事业有成的企业精英的鼎力相助。他们匠心独具，纵横捭阖，全面解读国内外粮食市场，正确诠释粮食方针政策，准确预测市场供求形势，深入探索热点焦点问题，加之详实的统计资料、重要的论著索引、简明的大事纪要，被誉为透视中国粮食市场的重要“窗口”和“百科全书”，得到国内外广大读者的不虞之誉。而著名专家学者对每卷《报告》的精彩评述，更为点睛之笔，使《报告》声名远播。

作为粮食市场的忠实见证者，《报告》客观地记录了十年来中国粮食市场化的蹒跚履痕，为人们留下不少超前的思维和闪光的篇章：粮食流通体制、粮食市场体系、粮食价格机制、粮食宏观调控、粮食企业改革、粮食安全保障等，无不直击我国粮食改革的热点、焦点和难点；供求关系的复杂纷繁、价格曲线的变幻无常、粮食市场的波谲云诡，无不映托出行业精英们的睿智和独到；“三农”利益的维护、粮食安全的可持续、粮食市场体系的构建，无不体现政策的筹谋和高远。《报告》从不同的角度，梳理出粮食市场演变的脉络，勾勒出粮食市场化改革的年轮，形成中国粮食市场发展的完整链条。《报告》还热情讴歌了中国经济异彩纷呈的光辉成就：“入世”非但未“引狼入室”而是“有凤来仪”，经济超常发展造就了新世纪经济“巨人”，世界粮食危机和金融危机反衬出中国制度的优越性，生产迭创“八连丰”为粮食安全奠定坚实基础……这是让每一个“粮食人”难以忘怀的光辉岁月。

继往开来，《报告》将如何面对未来的十年？“凡事预则立，不预则废”，按照“史圣”司马迁“兴必虑衰，安必思危”的辩思方式展望未来，结论是：十分严峻和不确定性大增。认真思忖，并非耸人听闻。

第一，险恶的国际政治经济环境。精彩的奥运盛会，难忘的太空行走，威武的亚丁湾护航，世界第一大美元债主，全球第二大经济体，成功应对世界金融危机等等，这些举世震惊的成就，被英国媒体称之为“在西方超越中国500年之后，这是一种惊人的转变”。真诚的赞誉、宿意的奉承似漫天大雪，让一向唯我独尊、领袖世界的西方政客始料不及和难以容忍。于是乎，在政治上散布“中国威胁论”，极尽挑拨离间之能事；在经济上高举保护主义大旗，对中国商品“围追堵截”；在军事上对主权国家穷兵黩武，以“敲山震虎”；美国则高调宣布“重返亚洲”，对中国形成重重包围。正可谓“木秀于林，风必摧之”，虽属流年不利，但在意料之中。我们虽然失去了“韬光养晦”的发展机遇期，但换来的是中华民族的伟大复兴，“失之东隅，收之桑榆”。对于一向不畏强御的中华儿女来说，“富贵不能淫，贫贱不能移，威武不能屈”是我们应对险恶国际情势的必然选择。

第二，复杂的国内经济形势。中国虽然成为世界第二大经济体，但同样囿于发展中大国所面临的诸多困惑。特别是欧债危机的蔓延，给低迷的世界经济雪上加霜，也使致力于经济结构调整、转变经济发展方式的中国，面临“两难”境地：一方面，出口放缓，制造业低迷，经济呈下滑态势；另一方面，“通胀”压力仍然存在，为防“硬着陆”而放宽货币等政策的举措十分谨慎。加之群众的切身利益受到影响，扩大内需尚受诸多限制。

第三，堪忧的粮食安全前景。粮食安全主要包括数量安全和质量安全两个大的方面，二者贯穿于粮食生产、流通和消费的全过程。单从数量安全方面来讲，目前我国的粮食安全是有保证的。2002—2011年十年间，我国每年平均粮食总产量达50 181万吨，而粮食净进口为2561万吨（包括大豆），约占粮食总产量的5.9%，若扣除大豆，年度主要粮食品种处于紧平衡状态。但应该看到，这是建立在粮食生产“八连丰”基础之上的，老天还会如此慷慨眷顾中国吗？“日中则移，月满则亏，物盛则衰，天之常数也”，中国这句古代哲理名言不应该被忽视和淡忘。据国家发展和改革委员会预测，未来十年，中国粮食将面临五大问题：需求呈增长趋势，供需缺口将进一步扩大，到2020年，中国人口预计达15亿，年度需求达57 250万吨，若按95%的自给率计算，年度粮食综合生产能力平均要达到54 000万吨。加之土地资源恶化，淡水资源短缺，农田水利设施较薄弱，科技支撑能力也不够强，粮食比较效益长期偏低，保持粮食供需紧平衡的压力将会愈来愈大。据联合国粮农组织预测，未来十年世界粮食形势将愈益严峻：粮食供求将持续偏紧，粮食价格将继续上涨，粮食金融化已成不争之实，世界粮食危机将进一步加剧。可以想见，一旦我国粮食生产遭受较大自然灾害，脆弱的粮食紧平衡就会受到冲击，我国粮食安全的可持续发展就会经受严峻考验。

当然，目前我国的粮食流通是安全的，一个“供给稳定、储备充足、调控有力、运转高效”的保障体系正在形成。这得益于粮食生产的持续增长、粮食储备制度的不断完善、国家宏观调控机制的初步形成、现代粮食市场体系的基本确立。但也应该看到，建立在粮食紧平衡基础之上的流通安全，并未经受较大自然灾害和粮食短缺的严峻考验，粮食批发市场、期货市场、电子商务至今未有立法保障，深化粮食流通体制改革的目标亦非明晰，市场形成价格还未真正实现……要想解决粮食流通安全中的诸多隐患，远非一日之功，“路漫漫其修远兮，吾将上下而求索”。

不容忽视的是，当前粮食质量安全形势尤为严峻，特别是食品质量安全已经成为严重的社会问题。“还能吃什么”俨然已成“国问”，振聋发聩。据有关方面估计，我国约有10%以上的耕地、每年约有1 200万吨粮食遭受重金属污染。而更为严重的质量安全问题，则出在加工环节，从粮油食品、到畜禽产品，从水产蔬果、到中西药材，天晓得哪种食品（药品）让人放心。要痛下决心，标本兼治，“明法制，去私恩，令必行，禁必止”，一定要让那些秽德彰闻的始作俑者和唯利是求的不法之徒，受到良心的谴责和法律的严惩。否则，积重难返，追悔莫及。

令人欣慰的是，虽然世界经济正处危险期，中国经济结构调整亦进入攻坚战，但国家在推进农业现代化、产业化，确保农业和粮食生产的稳定、可持续增长方面，正挥动如椽巨笔，续写粮食安全可持续发展的新篇章。2011 年中央 1 号文件强调水利，2012 年中央 1 号文件强调科技，正如中央财经领导小组办公室副主任、中央农村工作领导小组办公室主任、《报告》高级顾问陈锡文先生所言：这是农业政策体系这个“主体”生出的“两个翅膀”，如果“一体两翼”能够建成，有利于逐步提高农业发展和粮食安全水平。看来，对待未来十年的粮食安全形势，困难不可低估，信心更要满怀，多一些忧患意识，其实是一种智慧的表现。

未来十年，是中国经济发展极其关键的十年。既要面对复杂多变的国际政治经济形势，又要应对国内经济结构的革故鼎新，粮食市场也将面临诸多新的挑战，粮食安全可持续发展中的热点、焦点、难点问题，也会愈益突显。因此，《报告》应该进一步成为我们展示历史责任感的舞台：视野要更加广阔，内容要更加丰富，论点要更加前瞻，诠释要更加科学，预测要更加精准，资料要更加详实。同时，还要使《报告》成为粮食企业的经营指南、粮食理论的研究阵地和主管部门的决策参考。对《报告》所有编撰人员来讲，“士不可以不弘毅，任重而道远”。

“宝剑锋从磨砺出，梅花香自苦寒来”，十年探索，十年耕耘，十年坚守，十年辉煌。十年是一个圆满的里程，也是一个归零的轮回，“往者不可复兮，冀来今之可望”。只要天下粮人共勉之，专家学者共事之，编采人员共携之，“唯日孜孜，无敢逸豫”，我们将会共同见证《报告》的第二十卷、三十卷……也许到那时，我们中的不少人已然仙去，然而，天国之上有我们的眼睛，厚土之中有我们的血脉，植根于中华大地上的这朵粮界奇葩将璀璨永驻。

2012 年 3 月 18 日

# "After A Decade Of Grinding, The Glittering Sword Is In Trial Use"

(Preface)

**Li Jingmou**

Volume Ten of *Report on Development of China's Grain Market* is in the press now. A decade has passed in the twinkling of an eye. Looking back at this life journey of mine that accounts for one fourth of my career period, I could not help sighing with emotion and could not fall asleep at night.

*Report on Development of China's Grain Market* (Hereinafter referred to as Report) dates back to 2003 before the marketization of the grain industry, and has been called by the industry as "Report in Spring". As the first comprehensive report on grain market development in New China, it has been committed to serving the deepening of grain logistics system reforms, serving the production and operations of grain enterprises and serving standard development of grain markets, and thus has filled up a gap in the field of research on the socialist market economy. It has gained strong support from many visionary industry leaders, learned experts and scholars and successful industry elites. With their unique and comprehensive interpretations of domestic and foreign grain markets, correct explanations of the guidelines and policies, precise forecasts of the market supply and demand, and deep explorations into hot and focal issues, as well as the detailed statistics, the index of important monographs and the concise summaries of great events, it has been honored as an important "window" and "encyclopaedia" to look into China's grain markets, and has gained great popularity among readers both at home and abroad. In addition, famous experts and scholars' wonderful comments on each volume are a finishing touch to make it widely known.

As a loyal witness of the grain market, the *Report* has been objectively recording the staggering tracks of the marketization of the grain industry in China for the past 10 years, and leaving behind a lot of proactive thoughts and glittering writings: Grain logistics system, grain market system, grain pricing mechanism, macro – regulation on grain industry, reform of grain enterprises, food security, etc., have been hot, focal and difficult issues on China's reforms of the grain industry; Complexity of relationship between supply and demand, fluctuation of price curves and turbulence of grain markets have been reflecting the wisdom and uniqueness of the industry elites; Protection of the interests of "agriculture, rural area and farmers", sustainability of food security and establishment of grain market systems have been embodying the good designing and farsightedness of the policies. The *Report* has been sorting out the veins of the grain market evolutions, sketching out the growth rings of the marketization reform of the grain industry, and producing a complete chain of China's grain market development. It has also been warmly praising the colorful and glorious achievements in China's economy: The "access into the WTO" has not "invited the wolf into the room", but has "invited the phoenix with grace to settle down"; The unusual economic development has created an economic "giant" in the new century; The world grain crisis and financial crisis has highlighted the superiority of China's systems; "Bumper harvests for 8 consecutive years" have set a solid foundation for China's food security … The past decade is the splendid time each of the "grain people" will never forget.

How should the *Report* face the next decade to build on the past and prepare for the future? "No preparedness, no success". Looking forward to the future in the dialectical thinking way of Sima Qian, the "History Saint", which is "Consider declines while in prosperity and dangers while in peace", we have to come to the following conclusion: the situation is very severe and uncertain. If we think it over, it is no exaggeration.

First, the international political and economic environments are dangerous.

China's amazing achievements, such as the brilliant Olympic Games, the unforgettable space walk, the martial escort in the Gulf of Aden, the top dollar creditor and the second largest economy in the world, the successful response to the world financial crisis, etc., are commented by the British media as "a surprising change in 500 years since the West surpassed China". Sincere compliments and deliberate flatteries are everywhere, which are unexpected and intolerable to the western politicians who have been egoistic leaders of the world. Therefore, politically they are spreading the theory of "China Threat" so as to sow discord among countries; Economically, they are holding high the flag of protectionism to resist China's products; Militarily, they are resorting to military power against sovereign countries to "kill chickens to let the monkey see"; And the United States is announcing in a high tone that it is "returning back to Asia" to form tight encirclements against China. Just like the old saying goes, "if a tree grows highest in a forest, it is surely going to be destroyed by the wind". It is an unlucky year, but it is in our expectation. We have lost the opportunity to develop while "hiding our capacities and biding our time" in exchange for the great rejuvenation of the Chinese nation. "What is lost in the morning is gained in the evening". To the Chinese people who have been defying brute forces, "Neither riches nor honors can corrupt us; Neither poverty nor low conditions can make us swerve from principles; Neither threats nor forces can bend us" is the inevitable choice we should make to deal with the dangerous international situations.

Second, China's domestic economic situation is complicated. China has become the second largest economy in the world, but it is still faced with many troubles bothering major developing countries. Especially, the spread of the Euro debt crisis is worsening the already sluggish world economy, and putting China, which is committed to restructuring its economy and changing its ways of economic development, in a dilemma: on the one hand, its exports are slowing down, its manufacturing is flagging, and its economy is going down; On the other hand, the pressure of inflation is still in existence, so its steps to loosen its monetary policies to avoid "hard landing" are very cautious. In addition, the enlarging of the domestic demand is limited by many factors because of the effects on the direct interests of the people.

Third, the outlook for China's food security is worrisome. Food security contains 2 parts, that is, quantity security and quality security, which run through the whole process of grain production, logistics and consumption. From the perspective of quantity security, China's current food security is guaranteed. During 2002 – 2011, China's annual grain production was 501. 81 million tons, while its annual net grain import was 25. 61 million tons (including soybean), accounting for 5. 9% of its total production. If soybean is excluded, China's major grains have been in tight balance. But we should note that it was based on the "bumper harvests for 8 consecutive years". Will the Heaven continue to favor China so generously? We should never neglect and forget the famous ancient Chinese philosophical saying, "When the sun is in the middle, it begins to set. When the moon is at its full, it begins to wane. When things are best, they begin to decline. That is the rule of the Heaven." According to the forecasts of China's National Development and Reform Commission, in the next decade, China's grain industry would face 5 major problems: the demand would keep going up, and the gap between supply and demand would widen. By 2020, China's population is expected to reach 1. 5 billion, and its annual grain demand would reach 572. 5 million tons. If it is estimated at the self – sufficiency rate of 95%, its annual total grain production would have to reach 540 million tons. In addition, due to worsening of land resources, shortage of fresh water resources, poor agricultural water conservancy facilities and weak technological support capabilities, the comparative effectiveness of China's grain industry has been quite low for a long time, and the pressure on keeping tight balance between grain supply and demand would become bigger and bigger. According to the forecasts of the FAO of the U. N., the world food situation in the next decade would be more severe: grain supply would be continuously tight, grain prices would keep rising, grain financialization has been an undisputable fact, and the world grain crisis would further worsen. It is imaginable that if China's grain production suffers from major natural disasters, its weak and tight grain balance would be shocked, and its sustainable development of food security would have to face an ordeal.

Of course, China's current grain logistics is secure, and a guaranteeing system of "stable supply, enough reserve, powerful regulation and effective operation" is taking shape. It has benefited from the continuous growth of grain production, constant perfection of grain reserve systems, initial formation of national macro – regulation mechanisms, and essential establishment of modern grain market systems. But we should also note that the logistics security based on tight grain balance has not experienced the ordeals of major natural disasters and grain shortages, there have been no legal guarantees on grain wholesale markets, future markets and electric commerce, the goal of deepening reforms of grain logistics systems is not very clear, the pricing by the market has not been truly realized … There are too many potential dangers in grain logistics security for us to overcome overnight. "Although the road is endless and faraway, I still want to pursue the truth in the world."

What we should not neglect is the fact that the current situation of grain quality security is very severe, and in particular food quality safety has become a serious social problem. "What else can we eat?" has become a "national question", which stuns each of us. According to related estimates, every year in China about 10% of the farming land and about 12 million tons of grain are polluted by heavy metals. And the more serious quality safety problems appear in the processing link, involving grain and oil food, livestock products, aquatic products, vegetables, fruits, and Chinese and western medicinal materials. Only the Heaven knows which kind of food or drugs can be trusted. We must make up our mind resolutely to address both the symptoms and root causes of the problems, "set up rule of law, overcome private interests, enforce orders and forbid the illegal", and bring those initiators of evil and lawless persons to condemnation of conscience and punishment of laws. Otherwise, "it would be too late for us to regret it when confirmed habits are too hard to get rid of."

Comfortingly, while the world economy is in danger, China's economic restructuring is in its critical stage, and it is waving a great pen to continue writing a new chapter on sustainable development of food security to ensure the stable and sustainable development of its agriculture and grain production. No. 1 Document of the CCP Central Committee in 2011 emphasizes agricultural water conservancy, and No. 1 Document of the CCP Central Committee in 2012 emphasizes agricultural science and technology. Just as Mr. Cheng Xiwen, the vice director of Office of Central Financial Leading Group, the director of Office of Central Rural Development Leading Group and the senior adviser of the *Report*, said, these documents are "2 wings" of the "main body", the agricultural policy system. If "the main body and the 2 wings" are set up, it would go a long way towards enhancing the level of China's agricultural development and food security step by step. As for China's food security in the next decade, we should not underestimate difficulties, but we should be more confident. More awareness of potential dangers is in fact a display of wisdom.

The next decade is very critical for China's economic development. China would have to not only deal with the complicated and changeable international political and economic situations, but also destroy the old and establish the new in restructuring its economy. Its grain markets would be faced with many new challenges, and the hot, focal and difficult problems would be more and more prominent in its sustainable development of food security. Thus, the *Report* should further be the stage where we show our sense of historical responsibility, with wider vision, richer contents, more proactive arguments, more scientific interpretations, more accurate forecasts, and more detailed information. In addition, it should also be the guide for operations of grain enterprises, the frontline for research of grain theories, and the reference for decision - making of competent departments. To all the staff members of the *Report*, "An educated gentleman cannot but be resolute and broad - minded, for he has taken up a heavy responsibility and a long way to go".

"The sharp edge of a sword comes from grinding, and the fragrance of plum blossoms comes from hard coldness." The past decade is one of exploration, cultivation, persistence and glory. A decade is both a perfect milestone and a cycle that restarts from zero. "We can not make the past time return, but we can look forward to the future." If all the "grain people" encourage one another, if all the experts and scholars work together, if all the staff members cooperate with one another, if "we keep diligent and indefatigably everyday", we are going to witness together the publishing of Volume Twenty and Volume Thirty of the *Report* … By that time, many of us might have passed away, but there would be our eyes in the Heaven and our blood vessels in the thick soil, and this "rare and precious flower in the grain industry", which takes its roots in China's vast land, would remain beautiful forever.

March 18, 2012

目录

# Content

# 第一部分

## 2011 年中国粮食市场概述

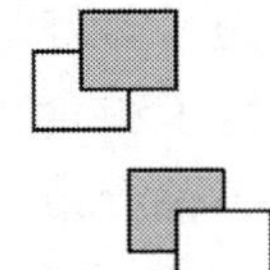

# 一、中国粮食市场

**【内容提要】**

2011 年，面对复杂多变的国内外经济环境，我国牢牢把握“科学发展”这个主题和“加快转变经济发展方式”这条主线，实施“十二五”规划，国民经济呈现增长较快、价格趋稳、效益较好、民生改善的良好态势。强化实施各项强农惠农政策，积极抓好粮食生产和收购，保护农民种粮收益，调动农民种粮积极性，实现了粮食产量和农民收入“八连增”；面对国内外粮食价格剧烈波动和管理通胀预期的压力，认真落实保供稳价措施，保障粮食市场供应，实现市场粮价基本稳定；圆满完成了稳市场、保安全、强产业、惠民生的粮食工作目标，为保障国家粮食安全、实现国家宏观调控目标、促进经济社会平稳较快发展作出了积极贡献。

2011 年是“十二五”开局之年，在党中央、国务院的正确领导下，加强和改善宏观调控，正确处理保持经济平稳较快发展、调整经济结构、管理通胀预期的关系，沉着应对复杂严峻的国内外环境，加大解决突出问题的工作力度，巩固和扩大应对国际金融危机冲击成果，促进经济增长由政策刺激向自主增长有序转变，国民经济继续朝着宏观调控预期方向发展。全年国内生产总值 471 564 亿元，比 2010 年增长 9.2%，实现了“十二五”时期的良好开局。

2011 年是粮食工作极不平凡的一年，面对国际粮价高涨、国内农产品价格剧烈波动和管理通胀预期的压力，各地区、各有关部门认真落实发展粮食生产和保供稳价措施，打好“组合拳”，一手抓粮食生产，一手抓粮食收购和市场调控，取得了粮食产量“八连增”和农民收入增长“八连快”的丰硕成果，实现了粮食市场的健康有序发展和基本稳定。全年粮食产量再创历史新高，达到57 121万吨，粮食单产再创历史新高，达到344.4公斤，比2010年提高12.8公斤，粮食产量增产速度2005年以来仅次于2008年。粮食生产实现“四个首次”：即首次迈上5.5亿吨的新台阶，首次连续5年稳定在5亿吨以上，半个世纪以来首次实现连续8年增产，粮食人均占有量首次达到850斤的新水平。2011年农村居民人均纯收入为6 977元，比2010年名义增长17.9%，实际增长11.4%。粮食产量“八连增”为保证市场供应、稳定市场价格提供了坚实的物质基础。

## （一）政策稳定人心，粮食产量实现“八连增”

2011年，我国坚持工业反哺农业、城市支持农村和多予少取放活的“三农”工作指导方针，强化各项强农惠农政策，提升粮食综合生产能力，进一步完善强农惠农富农的政策体系。

**一是连续出台第八个涉农中央1号文件，夯实粮食安全的水利基础**。2011年初出台的《中共中央　国务院关于加快水利改革发展的决定》，是2004年以来连续出台的第八个关于“三农”问题的中央1号文件。推进农业现代化，确保国家粮食安全，需要尽快夯实农田水利的物质基础。这些年，虽然农业基础设施有所加强和改善，但投入强度还是明显不足，农田水利脆弱更是影响国家粮食安全的硬伤，是制约现代农业发展的软肋，也是国家基础设施建设的短板。从根本上改变靠天吃饭的局面、持续提高农业综合生产能力，急需下决心尽快把农田水利建设搞上去，为农业生产特别是粮食生产再上新台阶奠定坚实的基础。2011年1号文件从突出加强农田水利等薄弱环节建设、全面加快水利基础设施建设、建立水利投入稳定增长机制、实行最严格的水资源管理制度、不断创新水利发展体制机制等五个方面提出了一系列含金量高、操作性强的具体政策举措。

**二是财政“三农”投入再创新高，促进粮食生产稳定发展**。2011 年，中央财政继续加大对“三农”的投入力度，落实和完善农业补贴制度，国家对“三农”的财政投入规模再创历史新高，中央财政用于“三农”方面的支出安排合计 10 408.6 亿元，比上年增长 21.3%。2011 年中央财政安排对农民的四项补贴（粮食直补、农资综合补贴、良种补贴、农机具购置补贴）支出 1 406 亿元，比 2010 年增长 5.33%。加快小型农田水利建设，全国新增 400 个小农水重点县，重点小型病险水库除险加固 2010—2012 年规划任务提前一年完成。完善了产粮（油）大县奖励政策，对粮食稳产增产专门予以奖励。全额取消主产区粮食风险基金配套，并增加资金解决粮食风险基金缺口。全面推进农业综合开发，推进农业保险保费补贴工作，实施鼓励金融机构增加涉农贷款的奖励政策。

**三是稳步提升政策收购价格水平，稳定农民种粮预期**。2011 年，国家继续在主产区执行小麦、稻谷最低收购价政策，其中，小麦最低收购价较 2010 年提高了 5.6% ~8.1%，稻谷最低收购价较 2010 年提高了 9.7% ~21.9%；继续对油菜籽、大豆实行临时收储政策，收储底价比 2010 年分别提高 0.35 元/斤、0.10 元/斤，提价幅度分别为 18.0% 和 5.3%；还对新疆的小麦和东北地区的玉米实行了临时收储政策。在 2011 年秋冬种开展之前公布了 2012 年小麦最低收购价，白小麦、混合麦和红小麦较 2011 年分别提高 7.4%、9.7%。国家收储政策的及时公布和实施，稳定了农民种粮收益预期，保障了农民的种粮收益，为粮食种植面积增加、粮食增产和农民增收打下了坚实的政策基础。

国家统计局数据显示，2011 年全年粮食种植面积 11 057 万公顷，比 2010 年增加 70 万公顷；油料种植面积 1 379 万公顷，减少 10 万公顷。全年粮食产量 57 121 万吨，比 2010 年增加 2 473 万吨，增产 4.5%。其中，夏粮产量 12 627 万吨，增产 2.5%；早稻产量 3 276 万吨，增产 4.5%；秋粮产量 41 218 万吨，增产 5.1%；油料产量 3 279 万吨，增产 1.5%。2011 年，我国实现了夏粮、早稻和秋粮的全部增产，三种主要农作物稻谷、小麦和玉米全部实现增产，粮食生产结构得到进一步改善。其中，稻谷总产量突破 2 亿吨大关，达 20 078 万吨，比 2010 年增产 2.6%；小麦总产量 11 792 万吨，增产 2.4%；玉米总产量 19 175 万吨，增产 8.2%（见表 1－1－1）。

表1-1-1　　2010年和2011年我国粮食、油料产量情况　　单位：万吨

| | 2010年 | 2011年 | | |
|---|---|---|---|---|
| | 产　量 | 产　量 | 比2010年增减 | 增减幅度（%） |
| 粮食总产量 | 54 648 | 57 121 | 2 473 | 4.5 |
| 其中：夏粮 | 12 315 | 12 627 | 312 | 2.5 |
| 早稻 | 3 134 | 3 276 | 142 | 4.5 |
| 秋粮 | 39 199 | 41 218 | 2 019 | 5.1 |
| 油料总产量 | 3 230 | 3 279 | 49 | 1.5 |

资料来源：国家统计局：《2010年国民经济和社会发展统计公报》，《2011年国民经济和社会发展统计公报》。

## （二）保供稳价“组合拳”，维护粮食市场稳定

2011年，我国粮食生产已经连续8年丰收，国内粮食供给增加，库存充裕，但是由于人民生活水平的提升，饲料用粮等粮食需求继续增加，粮食供需整体仍处于紧平衡状态。2011年国际粮价冲高回落，波动剧烈，下半年下行压力较大；国内受通胀压力高企、种粮成本增加等诸多因素影响，粮价面临较大的上涨压力。对此，有关部门及时打出保供稳价“组合拳”，采取抓好粮食收购、充实储备粮库存、多种方式安排政策性粮食投放市场等一系列有效措施，既保护了农民种粮收益，又维护了粮食市场稳定。粮食宏观调控政策的有效实施，在消费品价格指数上涨压力较大、其他农产品价格波动剧烈的情况下，确保了粮食市场供应和价格的基本稳定。

**一是抓好粮食收购，有效保护农民种粮利益**。2011年，有关部门把抓好粮食收购作为服务“三农”、促进农民增产增收的重要工作，加强形势分析和科学研判，及时提供粮食市场信息，强化督导检查，确保全年收购工作顺利完成。初步统计，2011年全国各类粮食经营企业收购粮食6 946亿斤，同比增加896亿斤，其中，国有粮食企业收购2 836亿斤，同比增加166亿斤；全年收购托市粮食76亿斤、油料68亿斤。初步测算，由于收购价格提高，促进农民增收约300亿元，有效地保护了种粮农民利

益和生产积极性，有力地促进了粮食生产的“八连增”。

**二是充实储备粮库存，夯实调控市场的物质基础**。国家采取直接收购、自主轮换收购、商品粮就地划转和进口划转等多种方式补充中央储备和国家临时存储库存。调整中央储备品种结构，适当增加粳稻收储数量。及时下达中央储备粮年度轮换计划并指导和督促落实，及时追加玉米轮换计划，满足饲料和养殖企业用粮。各地落实粮食省长负责制的要求，进一步充实地方粮油储备，增加成品粮油和小包装粮油储备，东南沿海等主销区调整地方储备结构，增加粳稻储备数量。2011 年底，全国地方储备粮、油库存同比分别增长 6.5%、15.9%，其中，成品粮、油储备库存分别增长 18%、16.5%。储备库存的充实和品种结构的调整，为保障供应、稳定市场奠定了坚实的物质基础。

**三是综合施策调控市场，保障了市场供应和价格基本稳定**。2011 年，有关部门贯彻落实中央部署，全力做好保供稳价工作，适时适量安排政策性粮食投放市场。采取竞价销售、定向销售和邀标销售等方式，累计销售成交国家政策性粮食 780 亿斤、食用植物油 152 万吨；全国 14 个省（区、市）与国家协同运作，共向市场投放地方储备粮 21.6 亿斤、食用植物油 2.3 万吨，保障了居民口粮和企业用粮需要。

## （三）“十二五”规划纲要发布，粮食市场体系建设稳步推进

2011 年，国家发展和改革委员会、国家粮食局联合发布《粮食行业“十二五”发展规划纲要》，明确粮食行业的主要任务是“深化一项改革，健全六大体系，重点建设六大工程”。同时，还编制发布粮食基础设施建设、市场体系建设、加工业发展、科技发展等四个专项规划。各地粮食部门编制完成了“十二五”设施建设等规划并发布实施，加大政府投资规模，为推动粮食流通产业科学发展提供了有力保障。粮食行业“十二五”规划纲要的发布，对于稳定市场、提升产业、推动粮食行业科学发展、促进农民增产增收、保障国家粮食安全都有重要意义。

2011 年，粮食市场体系建设稳步推进，国家进一步完善全国统一粮

食竞价交易系统，加强交易市场内部控制制度建设，规范政策性粮油结算资金的管理。国家粮食交易中心总数达到 25 个，在国家宏观调控中发挥了“稳定器”作用。粮食收购、零售、批发、期货市场稳步发展，大中型区域性、专业性粮食批发市场 70 家，各类粮食批发市场 448 家，年交易量超过 2 200 亿斤，促进了产销衔接，在保障当地城镇居民口粮供应和应急保障中发挥了积极作用。粮油市场信息体系基本形成，大型批发市场电子商务交易信息系统快速发展，地方粮食信息网络继续保持良好发展势头。

## （四）粮食价格稳步上扬，下半年涨幅回落

从价格总水平看，2011 年居民消费价格同比上涨 5.4%，其中，食品价格上涨 11.8%，粮食价格上涨 12.2%。2011 年粮食价格继续稳步上扬，一方面是国家再次提高粮食政策收储底价，增加种粮农民收益；另一方面是由于同期国际粮价上涨给我国带来的输入型影响。从表 1－1－2 数据可以看出，2011 年我国粮食价格整体上扬，但涨幅呈现先扬后抑、环比回落的特征。在 10 月秋粮上市前，居民消费粮食价格指数同比涨幅保持在 13% 以上，11 月后有所回落，通胀预期压力减小。粮价涨幅回落的原因：一是国内夏粮及秋粮丰产上市后的季节性供给增加；二是同期国际粮价大幅回落，输入型影响减轻（见表 1－1－2）。

**表 1－1－2　　2009—2011 年居民消费粮食价格指数与 CPI**

| 年份 | 1月 | 2月 | 3月 | 4月 | 5月 | 6月 | 7月 | 8月 | 9月 | 10月 | 11月 | 12月 | 年度CPI |
|---|---|---|---|---|---|---|---|---|---|---|---|---|---|
| 2009 | 103.9 | 104.1 | 104.6 | 104.8 | 104.9 | 104.9 | 104.9 | 105.0 | 105.0 | 105.1 | 105.3 | 105.6 | 99.3 |
| 2010 | 109.8 | 109.7 | 109.5 | 109.8 | 110.2 | 110.4 | 110.6 | 110.8 | 110.9 | 111.1 | 111.4 | 111.8 | 103.3 |
| 2011 | 115.1 | 114.8 | 114.9 | 114.6 | 114.3 | 113.9 | 113.7 | 113.5 | 113.3 | 113.2 | 112.7 | 112.2 | 105.4 |

资料来源：根据国家统计局公布的数据整理。

说明：以上年同期价格指数为 100。

从 2011 年全国主要粮油批发市场主要粮食品种的年度个体价格指数看，主要粮食品种价格指数都有不同程度上涨，其中，涨幅最大的三个品

种依次是晚籼米、早籼米、黄玉米，籼米价格指数同比涨幅最大，主要原因是 2011 年籼稻产销区的大规模补库导致需求上升，玉米价格则继续受到饲料、工业需求上升的拉动。大豆价格指数同比涨幅较小，与国际市场大豆价格冲高回落有关。小麦价格指数继续受到国家小幅提高最低收购价和竞价销售底价的影响，涨幅最小。由于 2011 年东北粳稻丰收，加之入关运费补贴被取消，导致粳米价格走势疲软，市场一反常态地出现了“粳弱籼强”格局（见表 1－1－3）。

**表 1－1－3　　2009—2011 年全国主要粮油批发市场价格指数**

（年度个体指数）

| 年度 | 2009 | 2010 | 2011 |
|---|---|---|---|
| 白小麦（普通） | 162.69 | 174.77 | 182.59（4.47%） |
| 黄玉米 | 162.15 | 189.73 | 218.32（15.07%） |
| 粳　米 | 174.77 | 193.25 | 207.08（7.16%） |
| 早籼米 | 162.05 | 175.21 | 207.34（18.34%） |
| 晚籼米 | 172.01 | 185.13 | 225.00（21.54%） |
| 大豆（油脂业） | 162.68 | 170.97 | 181.02（5.88%） |

资料来源：中华粮网。

说明：基期：1994 年 6 月 =100。括号中为同比涨幅。

## （五）谷物进口继续增加，油脂油料进口小幅回落

2011 年，我国谷物进口量继续增加。海关总署数据显示，全年我国累计进口玉米 175 万吨、小麦 125 万吨、大米 58 万吨左右，分别比 2010 年增加 18 万吨、3 万吨和 21 万吨左右，以玉米、小麦、大米为代表的三大谷物进口量增幅为 13.3%，净进口量增幅为 9.6%。2011 年我国谷物出口量同比下降，从谷物进出口角度来看，我国已成为一个净进口国，尤其是玉米进口呈现逐年上升的趋势。粮食进出口数据显示，小麦、稻谷平衡略余，而玉米供需偏紧，供需缺口逐年扩大。

2011 年，我国油脂油料进口同比小幅回落，降幅为 4.52%，其中，大豆、油菜籽、豆油、菜籽油进口量均同比下降，仅棕榈油进口量小幅上

涨。油脂油料进口主要受到政策性油脂油料供给增加的影响，2011 年国家累计向市场投放了 334 万吨临时存储大豆和 152 万吨食用植物油，同比大幅增加。2011 年，尽管我国油脂油料进口同比小幅回落，但由于我国政策性油脂油料、菜油拍卖的供应，综合测算，全年国内植物油供应量同比略有增加（见表 1－1－4）。

**表 1－1－4　近年我国粮油产品年度进出口数据**　单位：千吨

| 项　目 | 2007 年 | 2008 年 | 2009 年 | 2010 年 | 2011 年 | 同比（%） |
|---|---|---|---|---|---|---|
| **进　口** | | | | | | |
| 小　麦 | 83.42 | 31.87 | 893.71 | 1 218.72 | 1 248.82 | 2.47 |
| 大　米 | 470.53 | 295.57 | 337.54 | 366.17 | 578.38 | 57.95 |
| 玉　米 | 35.12 | 49.07 | 83.47 | 1 572.14 | 1 752.74 | 11.49 |
| 大　豆 | 30 821.43 | 37 435.89 | 42 551.65 | 54 796.82 | 52 639.55 | －3.94 |
| 豆　油 | 2 822.91 | 2 585.67 | 2 391.22 | 1 340.91 | 1 143.19 | －14.75 |
| 油菜籽 | 833.1 | 1 302.46 | 3 285.85 | 1 599.85 | 1 262.27 | －21.10 |
| 菜籽油 | 374.78 | 269.79 | 467.53 | 985.32 | 550.9 | －44.09 |
| 棕榈油 | 5 095.13 | 5 282.33 | 6 441.28 | 5 696.11 | 5 912.23 | 3.79 |
| **出　口** | | | | | | |
| 小　麦 | 2 336.62 | 125.95 | 8.4 | 0.00 | 39.79 | — |
| 大　米 | 1 304.52 | 946.72 | 760.76 | 596.19 | 515.5 | －13.53 |
| 玉　米 | 4 913.6 | 252.32 | 129.03 | 127.16 | 136 | 6.95 |
| 豆　粕 | 850.06 | 534.89 | 1 123.21 | 1 016.01 | 406.32 | －60.01 |

资料来源：中国国家海关总署。

说明：0.00 表示不够一个统计单位。

（国家粮食局　颜　波

郑州粮食批发市场　杨　京）

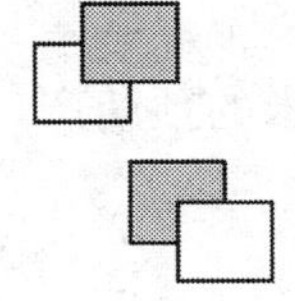

# 二、世界粮食市场

【内容提要】

2011/2012年度，世界粮食产量增长，库存增加，价格上涨，供应基本满足需求。预计2011/2012年度世界粮食产量为23.23亿吨，比上年度增长3.5%，其中，小麦增产6.5%，粗粮增产1.9%，大米增产3.0%。由于新兴国家畜牧业发展对饲料的旺盛需求推动了饲料用粮需求增长，联合国粮农组织提高了对2011/2012年度世界粮食消耗量的预测值，比上年度增长1.8%。2011/2012年度世界粮食贸易量略有增加，比上年度增长2.4%，其中，小麦增长4.4%，粗粮下降2.12%，大米增长8%。2011/2012年度粮食期末库存预计为5.11亿吨，基本满足世界粮食消费量。2010/2011年度下半年至2011/2012年度上半年，国际粮食价格由于受到气候、供求、政策、投机、美元贬值等多方面因素影响，表现出在波动中大幅攀升的趋势，严重削弱了不发达国家民众的购买力。虽然2012年国际粮价再上高峰的可能性很低，但总体向上趋势不改，保障充足粮食供应、抑制粮价大幅飙升依然十分重要。

## （一）世界粮食生产状况

2011/2012年度，世界粮食（包括大米、小麦和粗粮，其中，粗粮包括玉米、大麦、高粱、燕麦、黑麦、荞麦和其他杂粮等品种）产量预计为23.23亿吨，比上年度增长3.5%。由于独联体国家在旱灾减产后恢复情况好于预期水平，全球小麦产量高于预期量，小麦产量增长6.5%；但是世界粗粮和稻米的预期增长量下调，主要原因是美国降低了玉米的预期产量以及印度尼西亚稻米生产前景黯淡。

### 1. 小麦产量恢复增长

随着2011/2012年度小麦收获季节结束，预计世界小麦产量达到创纪录的6.95亿吨，比2010/2011年度增长6.5%，比期初估计量高1 000万吨。从生产区域看，美国和一些欧洲国家产量下降，但亚洲主要生产国小麦丰收和独联体国家经历干旱后迅速恢复生产，抵消了北美和南美洲小麦产量的显著下降，小麦产出量高于预期水平。全球小麦增产的主要原因是受小麦价格不断上涨的影响，小麦种植面积有所扩大；此外，部分地区的小麦单产也得到恢复，尤其是2010/2011年度经历了旱情的俄罗斯（见表1-2-1）。

**表1-2-1 世界小麦产量变化情况**（按国别） 单位：百万吨

| 国别 | 2010/2011年度 | 2011/2012年度 | 同比（%） | 国别 | 2010/2011年度 | 2011/2012年度 | 同比（%） |
|---|---|---|---|---|---|---|---|
| 俄罗斯 | 41.5 | 58.0 | 39.76 | 土耳其 | 19.7 | 21.8 | 10.66 |
| 加拿大 | 23.2 | 24.2 | 4.31 | 澳大利亚 | 26.3 | 26.2 | -0.38 |
| 美　国 | 60.1 | 54.4 | -9.48 | 哈萨克斯坦 | 9.6 | 24.0 | 150.00 |
| 乌克兰 | 17.0 | 22.0 | 29.41 | 阿根廷 | 15.3 | 12.6 | -17.65 |

资料来源：Crop Prospects and Food Situation，No.4 December 2011.

由于小麦价格与一年前持平且2011/2012年度消费量预计将超过供给量，小麦生产对农民仍具有吸引力，因此2012/2013年度农民将维持或增加小麦种植面积。

### 2. 粗粮产量达到创纪录水平

联合国粮农组织预计2011/2012年度粗粮产量将达11.47亿吨，比上年度增长1.9%。产量的增长归结于欧洲独联体国家经历干旱后生产强劲恢复，同时亚洲和南美洲粗粮产量也将增长。玉米作为全球主要的粗粮产品，预计2011/2012年度产量将达8.64亿吨，比上年度增长2.2%。美国是世界最大玉米生产国，干旱气候使美国玉米产量的增长速度低于期初预期水平，产量基本和上年度持平；旺盛的需求与较高的价格促使阿根廷和巴西农民大幅度扩大了种植面积。非洲南部地区已经开始种植玉米，由于玉米价格高于上年度，该区域最大生产国——南非扩大了种植面积。预计2011/2012 年度世界大麦产量将达 1.35 亿吨，比上年度增长 8%；由于美国和东非地区出现干旱，预计世界高粱产量达 6 000 万吨，比上年度下降5%）（见表 1－2－2）。

**表 1－2－2　　世界粗粮产量变化情况**（按国别和地区）　　单位：百万吨

| 国　别 | 2010/2011 年度 | 2011/2012 年度 | 同比（%） | 国　别 | 2010/2011 年度 | 2011/2012 年度 | 同比（%） |
|---|---|---|---|---|---|---|---|
| 俄罗斯 | 20.2 | 33.2 | 64.36 | 南　非 | 13.8 | 11.7 | －15.22 |
| 欧　盟 | 140.2 | 148.9 | 6.21 | 墨西哥 | 30.2 | 27.6 | －8.61 |
| 美　国 | 330.6 | 323.6 | －2.12 | 中　国 | 186.6 | 193.9 | 3.91 |
| 乌克兰 | 21.2 | 29.6 | 39.62 | 印　度 | 42.0 | 41.4 | －1.43 |
| 土耳其 | 12.2 | 12.5 | 2.46 | 巴　西 | 58.3 | 58.9 | 1.03 |
| 埃　及 | 8.0 | 8.2 | 2.50 | 阿根廷 | 30.0 | 31.0 | 3.33 |

资料来源：Crop Prospects and Food Situation，No.4 December 2011.

### 3. 大米产量达到历史较高纪录

不理想的气候使印度尼西亚和非洲西部国家降低了 2011/2012 年度稻米预期产量，由此导致世界稻米预期产量下调 200 万吨。2011/2012 年度大米产量预计为 4.8 亿吨，比上年度增长 3%。世界大米产量增加主要集中在亚洲，孟加拉国、中国、印尼、印度和越南等主要大米生产国产量达到最高纪录，其中，印度大米产量预计达 1.55 亿吨，比上年度增加 1 100 万吨；中国大米产量增加 3%，高达 2.03 亿吨；孟加拉国降雨量充沛，有利的气候条件促使农民扩大了大米种植面积。湄公河的泛滥对越南大米生产影响不大，预测 2011/2012 年度越南大米产量将达 4 200 万吨。此外，2011/2012 年度中国台湾、伊朗、马来西亚的大米产量也会增加。

非洲大米产量预计约 1 670 万吨，比上年度增长 0.6%。与先前预期产量 1 700 万吨相比，两者的差额反映出非洲西部国家生产前景恶化，马里、尼日尔、毛里塔尼亚等西非国家降雨分布不均。与 2010/2011 年度少有的丰收相比，布基纳法索、乍得、科特迪瓦、几内亚比绍、马里、毛里塔尼亚、尼日尔产量预计将下降。在非洲南部，降雨变化异常和热带风暴使马达加斯加大米产量减少，但是埃及大米产量急剧增长抵消了其他地区的减产，高价格和政府放宽种植限制促进了埃及大米生产的扩张。

虽然很多中美洲国家遭受暴雨侵袭，但拉丁美洲和加勒比地区大米产量达到 1 980 万吨，比 2010/2011 年度增长 10%。该地区最大的大米生产国——巴西生产恢复；良好气候条件使阿根廷和乌拉圭大米收获量达最高纪录；智利、哥伦比亚、圭亚那、巴拉圭、委内瑞拉大米产量增长，而厄瓜多尔、秘鲁受持续干旱影响，大米产量减少。

其他地区，充沛的降雨量也使澳大利亚大米产量增加；欧盟 27 国中，预计意大利大米生产将全面恢复，俄罗斯喜获大丰收；但是由于较差的气候条件，美国大米生产下滑到 1998 年以来的最低水平（见表 1－2－3）。

**表 1－2－3　　世界大米产量变化情况**（按国别）　　单位：百万吨

| 国　别 | 2010/2011 年度 | 2011/2012 年度 | 同比（%） | 国　别 | 2010/2011 年度 | 2011/2012 年度 | 同比（%） |
|---|---|---|---|---|---|---|---|
| 越　南 | 40.0 | 42.0 | 5.00 | 泰　国 | 34.5 | 32.0 | －7.25 |
| 中　国 | 197.2 | 203.0 | 2.94 | 韩　国 | 5.8 | 5.7 | －1.72 |
| 菲律宾 | 15.5 | 16.7 | 7.74 | 印　度 | 42.0 | 41.4 | －1.43 |
| 印　度 | 143.0 | 154.5 | 8.04 | 巴　西 | 11.7 | 13.6 | 16.24 |
| 孟加拉国 | 50.3 | 51.9 | 3.18 | 巴基斯坦 | 7.2 | 9.7 | 34.72 |

资料来源：Crop Prospects and Food Situation, No.4 December 2011.

## （二）世界粮食消费

粮食消费量与人口增长持平，新兴国家畜牧业发展对饲料的旺盛需求推动了饲料用粮需求增长，联合国粮农组织提高了对 2011/2012 年度世界粮食消耗量的预测值，预计粮食消耗量将达 23.1 亿吨，比 2010/2011 年度增长 1.8%。粮食需求的一个重要特征是：小麦的饲料用量急剧增长，反映出小麦和粗粮的价格竞争；根据发达国家第四季度签订的合同，世界粗粮饲料用量增长 0.5%。

### 1. 小麦消费量小幅增长

世界小麦消费量预计达到 6.82 亿吨，比上年度增长 2.2%。其中，小麦食用消费量预计为 4.73 亿吨，比上年度增长 1.02%；世界人均小麦年消费量将保持在 67.7 千克。小麦饲料用量将达 1.31 亿吨，比上年度增长 5.56%；中国、欧盟和美国对饲料用小麦的旺盛需求推动小麦消费量的增加；小麦其他用途消耗量预计达 7 740 万吨，略低于上年度的水平。

### 2. 粗粮消费量增速下滑

预计 2011/2012 年度世界粗粮的消费量达 11.55 亿吨，比上年度增长 0.9%。由于主要工业国家经济低迷，降低了对饲料用途和制造生物燃料的粗粮需求量，粗粮消费量的增速低于 2010/2011 年度的 1.5%。其中，粗粮食用消费量预计为 2 亿吨，比上年度增长 0.7%；世界人均粗粮年消费量为 28.7 千克，略低于上年度；粗粮饲料消费量预计达 6.37 亿吨，比上年度增长 0.95%。

### 3. 大米消费量增加

在全球巨大的粮食需求推动下，预计 2011/2012 年度世界大米消费量达 4.72 亿吨，比上年度增长 2.4%；大米食用消费量将达 3.98 亿吨，比上年度增加 800 万吨。尽管很多国家大米的零售价格提高，但预计人均大米消费量仍将增长 1%，达到 56.9 千克/人（见表 1－2－4）。

**表 1－2－4　　世界粮食消费情况**　　单位：百万吨

| | 2007—2009 年 | 2010/2011 年度 | 2011/2012 年度 |
|---|---|---|---|
| | 平　均 | 估　计 | 预　测 |
| 粮　食 | 2 190.3 | 2 272.7 | 2 308.6 |
| 小　麦 | 643.3 | 667.4 | 681.9 |
| 粗　粮 | 1 104.2 | 1 144.5 | 1 154.7 |
| 大　米 | 442.8 | 460.9 | 471.9 |

资料来源：FAO，Food Outlook Global Market Analysis，November 2011.

## （三）世界粮食贸易

2011/2012 年度世界粮食贸易量略有增加，比上年度增长 2.4%，为 2.87 亿吨，主要是因为小麦贸易量增加，大米和粗粮贸易量变化不大。由于小麦饲料消费量大幅增长，加之俄罗斯小麦丰收，产量有望达到 5 800万吨，比上年度增长 39.76%，因此俄罗斯小麦大量出口（见表 1－2－5）。

**表 1－2－5　　世界粮食贸易情况**　　单位：百万吨

| | 2007—2009 年 平均 | | 2010/2011 年度 估计 | | 2011/2012 年度 预测 | |
|---|---|---|---|---|---|---|
| | 进口 | 出口 | 进口 | 出口 | 进口 | 出口 |
| 亚洲 | 56.8 | 14.9 | 58.0 | 12.6 | 59.9 | 15.0 |
| 非洲 | 35.9 | 1.1 | 37.8 | 0.9 | 37.3 | 0.9 |
| 中美洲 | 6.9 | 1.1 | 7.4 | 0.9 | 7.4 | 0.9 |
| 南美洲 | 12.8 | 9.4 | 12.9 | 11.8 | 13.0 | 10.9 |
| 北美洲 | 2.8 | 45.7 | 3.1 | 50.8 | 3.0 | 43.0 |
| 欧洲 | 8.9 | 43.4 | 6.7 | 30.3 | 9.6 | 42.4 |
| 大洋洲 | 0.6 | 11.6 | 0.8 | 18.2 | 0.7 | 18 |

资料来源：FAO，Food Outlook Global Market Analysis，November 2011.

### 1. 小麦贸易量将增长

预计 2011/2012 年度小麦贸易量将达 1.31 亿吨，比上年度增长 4.4%。独联体国家小麦出口恢复是国际小麦市场的主要特点，俄罗斯联邦小麦产量提高和取消出口限制促进了出口，小麦出口量高达 1 850 万吨，接近 2008 年的最高纪录。

### 2. 粗粮贸易量略降

2011/2012 年度粗粮的世界贸易量预计达 1.2 亿吨，比上年度降低 2.12%。贸易量下降的部分原因是由于在饲料供应中，饲料小麦和粗粮的竞争加剧，进口需求从粗粮向饲料小麦转移。

**3. 大米贸易量大幅增长**

联合国粮农组织预计 2011/2012 年度大米贸易量将达 3 400 万吨，比上年度增长 8%。从大米进口看，2011/2012 年度非洲国家，特别是尼日利亚和南非大米进口增长推动了世界大米贸易的增长。非洲进口大米 1 060万吨，比上年度增长 13%；美国和欧洲的大米进口量增加。

在大米出口方面，预计 2011/2012 年度越南出口大米 730 万吨，达出口量的最高纪录。中国和巴基斯坦的大米出口量增加。较低的国内价格和政府对农业的补贴使巴西的大米出口量从 2009 年的 43 万吨增加到 2010/2011 年度的 110 万吨。

## （四）世界粮食库存

2011/2012 年度，世界谷物库存最新预测比原估计量增加近 500 万吨，达到 5. 11 亿吨，比上年度增加 1 000 万吨。因此，2011/2012 年度世界谷物库存量与消费量之比小幅提高到 21. 8%。由于独联体国家小麦生产强劲反弹，世界小麦库存量与消费量之比恢复到 29%；稻米库存量与消费量之比达到 32%，创近年最高比值。

**1. 小麦库存量将增加**

尽管小麦的消费量较高，联合国粮农组织预测 2011/2012 年度小麦库存量为 1. 9 亿吨，仍比期初增加 800 万吨。世界库存量与消费量之比从 2010/2011 年度的 26. 7% 增长到 2011/2012 年度的 28. 2%。

**2. 粗粮库存量略降**

基于对生产和消费量的最新预测，联合国粮农组织预测 2011/2012 年度世界粗粮库存量将减少到 1. 68 亿吨。粗粮库存量与消费量之比将从上年度的 14. 7% 下降至 13. 9%。2011/2012 年度主要出口国的粗粮库存量与总消费量之比将减少至 8. 6%，低于 2010/2011 年度的 10. 5%。

### 3. 大米库存量达到 10 年来的最高水平

在全球大米产量强劲增长的推动下，连续 7 年大米生产超过消费。2011/2012 年度大米库存量预计为 1.48 亿吨，比上年度增长 8%（即增加 1 100万吨），库存达到 10 年来的最高值。大米的库存量和消费量之比从上年度的 29.3% 提高到 2011/2012 年度的 31.8%。世界大米库存增长集中于中国和印度，两国储备量的总和占国际大米储备量的近 70%。

## （五）国际粮食价格

2010/2011 年度国际粮食价格基本上是先跌（或基本稳定）后升，自 6、7 月份后，国际粮食价格明显上涨。2011/2012 年度初期，国际贸易的粮食商品价格仅略低于 2008 年粮食危机期间的最高价格水平（见图 1－2－1）。

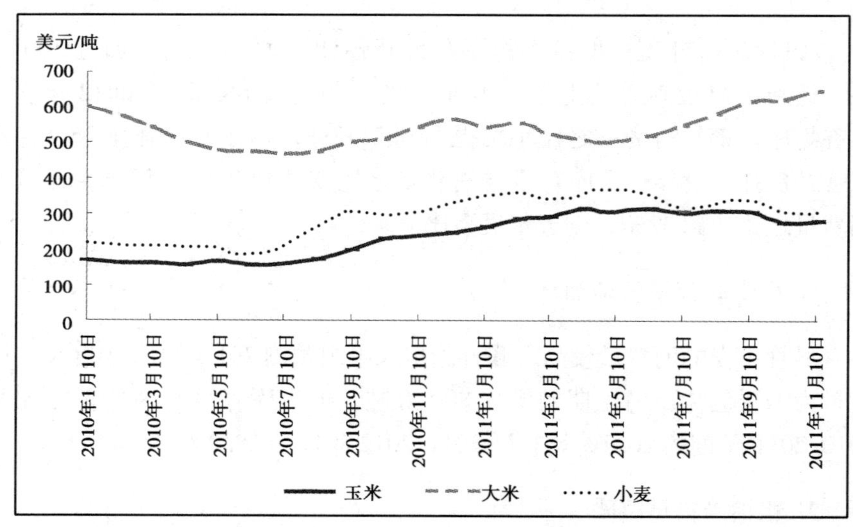


数据来源：FAO 国际商品价格数据库。

说明：玉米：US No. 2，Yellow，U. S. Gulf；大米：White Rice，Thai 100% B second grade，f. o. b. Bangkok；小麦：US No. 2，Hard Red Winter ord. Prot，US Fob Gulf。

**图 1－2－1　国际粮食价格走势**

### 1. 世界小麦价格将逐步回落

2011/2012 年度国际小麦价格延续上年度态势，依然高企。2011 年 1 月份美国 2 号硬红冬小麦墨西哥湾离岸价平均为 339.8 美元/吨，比上年同期高 58.2%；2 月份平均价格为 362 美元/吨，比上年同期高 74.9%。国际市场小麦尤其是高品质小麦供应持续趋紧，不断推高价格。出于对气候状况的担忧以及小麦产量前景不明朗，国际小麦价格从 2011 年 4 月又开始上涨，为此，2011 年上半年国际小麦价格继续在高位徘徊。2011 年下半年全球小麦初显供应充足之势，如国际谷物理事会上调了澳大利亚 2011/2012 年度小麦产量，预估至 2 550 万吨，对小麦出口量预估亦增加至 1 800 万吨；俄罗斯谷物协会预测，本国小麦产量有望达到 5 600 万吨，比上年度增加近三成。为此，2011 年 10 月份国际小麦价格回落到 301.5 美元/吨，与上年同期基本持平。

### 2. 世界粗粮价格仍有上涨空间

由于宏观经济不景气导致粗粮需求量低于预期水平，因此主要粗粮作物的国际价格面临下行压力。2010/2011 年度上半年美国 2 号黄玉米墨西哥湾离岸价保持平稳，甚至略微走低，如 2010 年 1 月份玉米均价为 166.9 美元/吨，年中 7 月比年初下跌 5.5%，为 157.7 美元/吨。由于玉米一直被作为小麦的替代品，市场中玉米与小麦比价套利组合依然存在，积极的买盘对玉米价格具有一定刺激作用，加上不确定的天气因素对正处于灌浆期的玉米期价形成一定支撑，芝加哥期货交易所（CBOT）玉米期价追随小麦期价的强劲涨势大幅上涨，8 月份美国 2 号黄玉米墨西哥湾离岸价上涨到 172.4 美元/吨，并且上涨周期一直持续。2011 年 4 月国际玉米价格已冲破 300 美元/吨的关口。10—11 月，大批玉米上市，价格逐步有所回落，约为 270 美元/吨，仍高于上年同期 20% 左右。虽然 2011/2012 年度玉米价格已接近 2008 年最高点，但主要由前期小麦减产的联动效应所致。结合当前极低的库存水平，玉米价格后续仍有继续上涨可能，并将经由联动效应推动其他粮食品种价格上涨。

### 3. 不确定性影响大米市场价格

2011年上半年，国际市场稻米价格振荡下跌，5月份泰国100% B2级稻米曼谷离岸价格为500.3美元/吨，比上年底下跌12.3%。6月份米价止跌回升，进入7—8月份，湄公河三角洲地区迎来收割高峰，市场面临一定的新季稻上市压力。但9月中旬以来大规模洪水侵袭了亚洲大片水稻种植区，持续洪灾造成部分稻谷产区收成受损。10月中旬，全球最大稻米出口国——泰国约100万公顷稻田被毁，约占总面积的10%，泰国已将2011/2012年度主要稻谷预计产量从2 500万吨下调到1 900万吨。泰国政府于10月7日开始高价收购国内稻米，收购时间为2011年10月7日至2012年2月29日，即以高于市场的价格从本国米农手中收购稻米，这将对未来几个月的泰国稻米出口价格提供强劲支撑。如果泰国稻米价格突然大幅上涨，将对国内外市场造成较大影响。

## （六）世界大豆市场

### 1. 大豆产量减少

2011/2012年度世界大豆产量预计达2.57亿吨，比上年度减少2.65%。美国大豆产量占全世界的1/3强，其次分别为巴西、阿根廷，其产量分别占世界总产量份额的1/4、1/5强，三大主产国产量占世界总产量的比重超过80%。由于美国缩减大豆种植面积和气候恶劣原因，2011/2012年度美国大豆产量为8 317万吨，比上年度减少约8.2%。拉尼娜现象没有带来干旱天气，巴西、阿根廷两国大豆产量基本保持稳定。由于转基因大豆冲击和比较收益下降，预计2011/2012年度中国大豆产量为1 350万吨，比上年度减少10.6%。

### 2. 大豆压榨需求

大豆压榨用量占大豆需求总量的90%左右，由于消费结构升级带来饲料用量增加，2011/2012年度大豆压榨用量预计为2.29亿吨，比上年度增加了 764.1 万吨，最大压榨消费国（地区）为中国（5 910 万吨）、美国（4 395.3 万吨）、阿根廷（3 890 万吨）、巴西（3 600 万吨）和欧盟 27 国（1 130 万吨），分别比上年度增长了 410 万吨、-89.8 万吨、128.7 万吨、6.7 万吨和 -96.5 万吨。

### 3. 大豆贸易量进一步增加，库存有所下降

2011/2012 年度，世界大豆贸易量预计为 1.89 亿吨，比上年度增长 4.2%，其中，出口为 9 581 万吨，进口为 9 296 万吨。三大出口国巴西、美国和阿根廷的出口量分别为 3 900 万吨、3 470 万吨和 980 万吨，3 个国家出口合计量占世界出口总量的 87.1%。

由于国内需求旺盛，大豆加工企业仍在扩容，中国大豆进口量再创新高，预计 2011/2012 年度中国进口大豆 5 650 万吨，比上年度增长 7.9%，占世界进口份额的 60.8%。其他较大的进口国（地区）分别为欧盟 27 国（1 200 万吨）、墨西哥（350 万吨）、日本（285 万吨）、中国台湾（240 万吨）和泰国（200 万吨）。产量减少必然带来库存下降，2011/2012 年度期末库存为 6 343 万吨，比上年度期末库存减少 515 万吨，其中，阿根廷减少 45 万吨，巴西减少 482.5 万吨，中国减少 130 万吨；美国期末库存预计增加 163.8 万吨。

### 4. 世界大豆价格继续走低

2011/2012 年度前 8 个月，国际大豆市场价格一直在高位振荡。因拉尼娜现象的影响，尤其是干旱对阿根廷大豆播种以及初期生长带来不利影响，各大机构普遍下调了南美春季上市大豆产量预估。巴西因播种面积小幅增加以及天气整体较为良好，新年度巴西大豆产量较上年度小幅降低或者较为接近；而阿根廷播种面积和上年度基本接近。从目前情况来看，南美产量（包括巴拉圭）与上年相比，降低 500 万 ~600 万吨。因此，2012 年 2 月份国际大豆市场价格达到本年度最高位。

美国油籽加工者协会（NOPA）的报告显示，2011 年 9 月份美国大豆压榨量仅为 1.103 亿蒲式耳，2011 年 10 月份为 1.412 亿蒲式耳，以上压榨量为至少 10 年来同期偏低水平。美国大豆出口速度也异常缓慢，大豆压榨和出口双双降低，必将导致美国大豆库存增加，这将成为压制大豆市

场价格的重要因素。拉尼娜现象没有带来干旱天气，南美地区大豆产量保持稳定，这些均继续压制着国际大豆市场价格。

## （七）国际粮食安全状况

根据联合国粮农组织的数据，2011/2012 年度世界粮食产量和库存均比上年度有所增加，尤其是口粮供应充足，一定程度上减少了粮食危机的风险。但 FAO、国际农业发展基金（IFAD）和世界粮食计划署（WFP）10 月共同发布的《2011 年世界粮食不安全状况》指出，未来 10 年全球粮食价格总体仍将居高不下，同时粮价波动的局面会继续存在并可能加剧，这将严重威胁全球的粮食安全，使贫困的农民、消费者和依靠粮食进口的小国处于十分危险的境地。

2010/2011 年度下半年，国际粮食价格由于受到气候、供求、政策、投机、美元贬值等多方面影响，表现出在波动中大幅攀升的趋势。这种危机给联合国带来了挑战，并考验是否能够实现千年发展目标中提出的到 2015 年将饥饿人口比例减半的目标。虽然 2012 年国际粮价再上高峰的可能性很低，但总体向上趋势不会改变，其支撑因素主要来自新兴发展中国家膳食结构升级所引发的粮食需求增加。同时，粮食与能源市场之间的联系日趋紧密，能源、原材料相关的因素越来越成为推动粮食成本上升的主要因素，这些因素将导致粮食价格总体维持在较高水平，进而给粮食安全造成威胁，不仅增加了农民的投资风险，还使小农户和低收入消费者更容易陷入贫困，对社会和经济发展产生长远影响。保障充足粮食供应，抑制粮价大幅飙升，依然很重要。

（中国农业科学院农业经济与发展研究所　李先德　钟　钰）

# 第二部分

## 中国粮食市场
## 主要品种供求形势

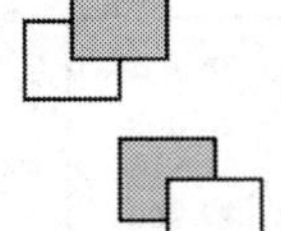

# 一、小麦市场分析

【内容提要】

2011 年我国小麦夺得“八连增”，总产量达11 792万吨，增产的同时，小麦品质也有所改善；国内消费量显著增长，主要是小麦用做饲料替代的数量大幅增加；在2011 年小麦最低收购价“预案”未启动的背景下，我国小麦累计收购 5 731.6 万吨，比 2010 年提高10.4%；国家再次提高2012 年小麦托市收购价格水平，三级小麦收购价提高到1.02 元/斤；全年市场行情整体涨幅有限，但阶段性明显。展望2012 年，由于我国小麦产量基数大，继续增产难度进一步加大，但在政策扶持、气候稳定的条件下，丰收依旧可期；整体行情将在政策规范之下，市场化程度明显提高，价格趋势以稳为主，适度提升，年度平均价格将在2 150～2 250 元/吨区间运行。

## （一）2011 年我国小麦产需形势回顾

### 1. 产量增长，质量提升

根据国家统计局公布的数据，2011 年我国粮食产量再上新台阶，其中，小麦总产量为11 792 万吨，较2010 年增产274 万吨，同比增长2.4%；小麦播种面积2 419 万公顷，同比下降0.3%（见图2－1－1）。

国家粮食局发布的《2011 年全国夏收小麦收获质量调查报告》中称，河北、山西、江苏、安徽、河南、

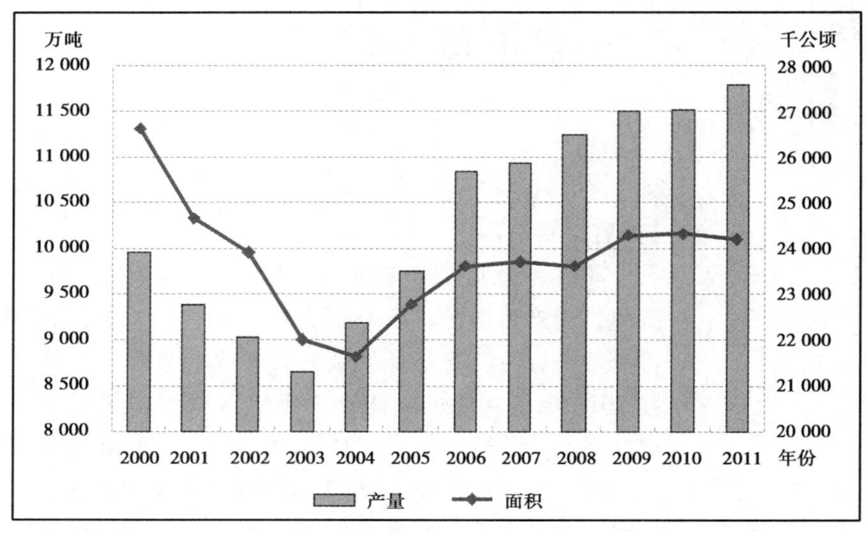


数据来源：国家统计局：历年中国统计年鉴。

**图2－1－1 国内小麦产量面积图（2000—2011年）**

山东、湖北、四川、陕西9省小麦平均容重780克/升，中等以上占比93%；千粒重平均值为42.2克；硬度指数平均值为63。由于受干旱气候影响，9省小麦不完善粒较少，硬度有所增加，但千粒重略有下降，等级比例基本正常。

### 2. 整体消费显著增长

据国家粮油信息中心预测，2010/2011年度我国小麦国内消费总量为11 049万吨，到2011/2012年度，国内小麦消费总量达11 720万吨，增长6.1%。其中，制粉消费为8 300万吨，占总消费量的71%；饲用消费、工业消费分别为1 800万吨和1 150万吨，各占15.4%和9.8%；种用消费469万吨，占3.8%。

回顾2011年，小麦消费量呈明显增加态势，原因有三：一是人口刚性增长，而需求弹性较弱；二是由于2011年我国玉米价格连续走高，造成小麦替代玉米饲料数量急剧增长，部分饲料企业甚至将小麦添加比例由20%提升到80%以上；三是粮食深加工水平不断提高，小麦的深加工需求也小幅增加。

### 3. 供需关系紧平衡

自 2004 年开始，随着我国对农业基础建设、农业科技的支持以及对农民补贴的连年提高，国内小麦产量连续 8 年增长，种植面积也保持稳定。在经济稳步发展、人均消费可支配收入增加的背景下，居民饮食结构有了很大改善，肉禽蛋奶消费的增加使养殖饲料行业迅猛发展，而人口的刚性增长也促使小麦加工行业持续扩张。

根据测算，目前我国年度小麦消费量已经非常接近我国小麦全年产量，供需状况也逐步由前几年的“相对宽松”转为“紧张平衡”。尽管我国粮食储备相对充裕，足以应付特殊情况发生，但对于未来粮食生产依旧不能掉以轻心（见图 2 –1 –2）。

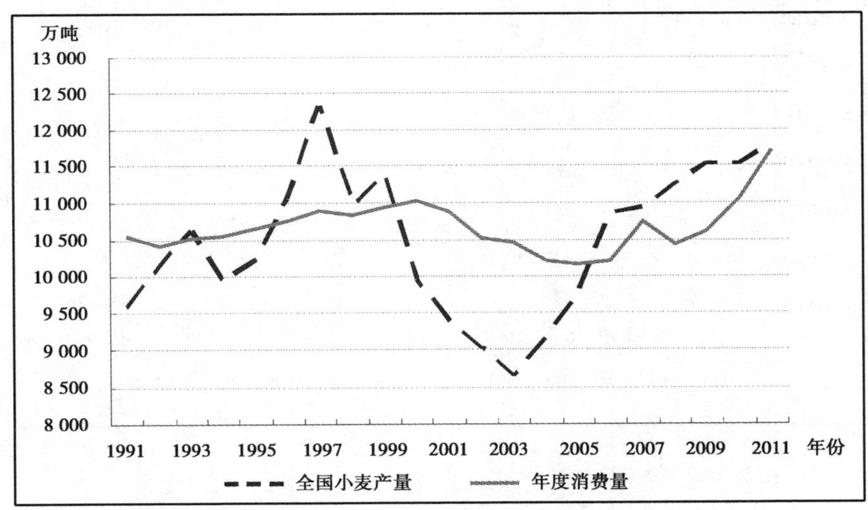


数据来源：国家粮油信息中心。

**图 2 –1 –2　国内小麦产需形势图（1991—2011 年）**

### 4. 进口增加，出口启动

2011 年，我国小麦进口量继续小幅增加，增幅为 2.5%；小麦自 2011 年 9 月开始恢复了 24 个月以来的首次出口；面粉出口量保持基本稳定。

从小麦进口数量来看，尽管国内小麦增产且质量提升，加上宏观政策收紧流动性等因素，使国内小麦行情维持平稳，但由于国际小麦价格持续走低且性价比较高，进口总量再次提升。海关总署公布的数据显示，2011 年我国累计进口小麦 124. 9 万吨，主要进口来源国为澳大利亚、美国和加拿大，占比分别为 51%、34. 8% 和 13. 8%。

出口则主要是对非洲受旱地区的粮食援助，如肯尼亚、津巴布韦等贫穷国家。海关总署公布的数据显示，2011 年我国累计出口小麦 4 万吨。类似于小麦出口，我国面粉出口也有部分属于援助性质，2011 年我国累计出口面粉 28. 8 万吨，其中出口朝鲜 12. 5 万吨（见图 2 – 1 – 3）。

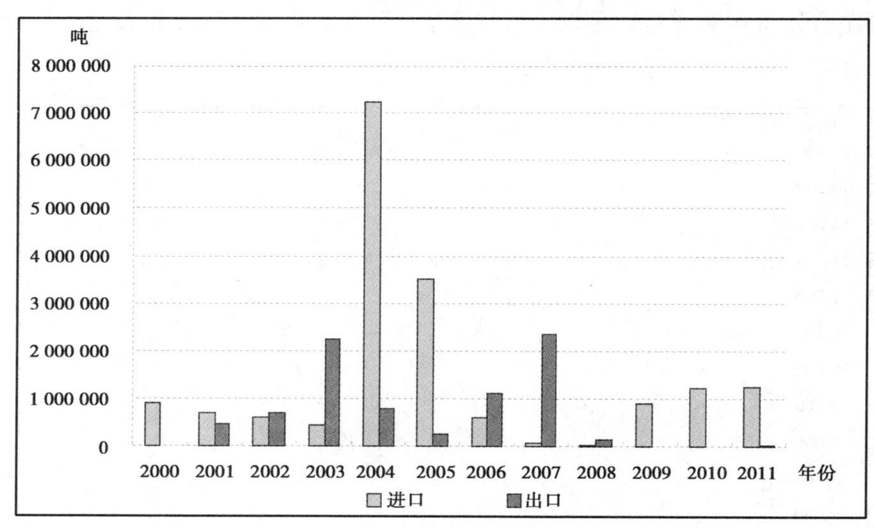


数据来源：国家海关总署。

**图 2 – 1 – 3　我国小麦进出口对比图（2000—2011 年）**

## （二）2011 年我国小麦市场行情回顾

### 1. 整体平稳，涨幅有限

回顾 2011 年我国小麦市场行情，虽然涨幅有限，但阶段性明显。整体来看，年内两次行情走高主要集中在一季度中后期和四季度前期，两次上涨幅度基本一致，但涨速前慢后快。

第一阶段：1 月下旬至 3 月下旬。这一时期，我国小麦市场价格持续上涨，特别是过了农历春节以后，价格涨幅持续扩大。

分析认为，结构性矛盾，如地区间存量不均衡的矛盾、数量与品质之间的矛盾、普通麦与优质麦之间的矛盾等，导致不同地区、不同品种之间价格差距拉大，是导致这一时期价格快速上涨的深层原因。同时，季节性、假日性需求，以及节后集团消费增加，也推动行情走高。而冬春连旱提升了农民的惜售心理，进一步助长了市场的看涨预期。

在多种因素作用下，国内小麦市场均价在 3 月中旬达到 2 101 元/吨，较 1 月上旬的 2 026 元/吨上涨 3.7%，而国内部分区域，如河北、山东等地普麦出库价格达 2 280 元/吨。

但好景不长，4 月中旬之后，国内小麦市场进入了一个长达近半年的价格波动调整时期，整个行情呈弱势整理态势，个别地区小麦价格甚至回落至年初水平。究其原因：一是国家针对春节后小麦价格连续上涨的情况，通过定向销售政策、约谈龙头企业及行业协会等方式来调控价格；二是随着气温升高，面粉消费稳定，加上国家临储小麦定期大量投放，小麦需求回归平稳；三是夏收小麦再获增产，品质、数量双提高，且小麦托市收购预案未启动，使得多元化主体参与收购时供需关系平缓。

第二阶段：9 月下旬至 10 月中旬。由于受到“2012 年最低收购价提价传闻”的影响，小麦市场价格行情自 9 月份开始“蠢蠢欲动”，随着传闻进一步落实，各地收购价格已经有 40 ~ 80 元/吨的涨幅。玉米与小麦价格倒挂并愈演愈烈，引发饲料企业纷纷调整配方和加工工艺，小麦替代玉米用做饲料数量大幅增加，也导致市场预期空前高涨。

据市场信息，前期小麦出库价格低于 2 000 元/吨的地区，如河南南部、安徽大部等地区，至 10 月上旬，小麦价格纷纷涨至 2 040 ~ 2 080 元/吨。

进入 10 月中下旬，随着华北新作玉米陆续上市，玉米价格行情大幅下挫，多数地区玉米开秤价格回落至 2 040 ~ 2 100 元/吨，在很大程度上打压了市场对小麦后期价格的预期。同时，市场消息称中储粮公司开始大量抛售前期收购的商品小麦，更使得民营仓储贸易企业开始出库小麦及时套现，市场供给压力持续增大，小麦市场价格行情由平稳转为趋弱（见

图 2 -1 -4)。

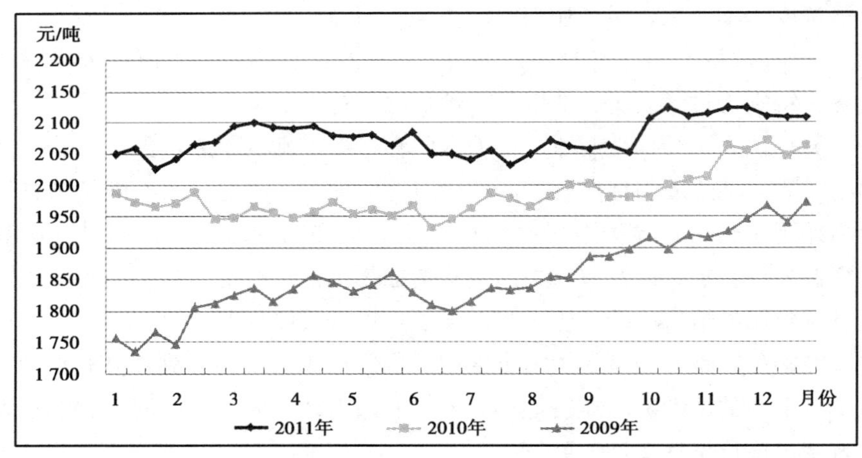


数据来源：郑州粮食批发市场。

**图 2 -1 -4　国内小麦价格走势图（2009—2011 年）**

**2. 收购增长，特征明显**

据国家粮食局公布的数据，截至 2011 年 9 月 30 日，国内 11 个小麦主产省累计收购 2011 年产小麦 5 731. 6 万吨，较上年同期增加 540. 5 万吨。其中，国有企业收购 3 588. 9 万吨，较上年同期减少 436. 9 万吨；民营企业收购 2 142. 7 万吨，同比增加 977. 4 万吨。2011 年的小麦收购出现有别于往年的五个主要特点：

一是托市预案进一步修改和完善，但未启动。2011 年国家发展和改革委员会等六部委正式发布的《2011 年小麦最低收购价执行预案》中，在启动机制、责任主体设定、收储库点审核和监督处罚等方面作了进一步修改和完善。由于在收购期间，小麦的市场价格始终高于 2011 年的托市收购价格水平，6 个主产省均未启动托市预案。这是自 2006 年执行小麦最低收购价政策以来首次全面暂停托市收购。

二是民营企业收购量同比大增，增幅达 84%，但国企收购量明显下降。由于受宏观金融调控影响，各类收购企业贷款都遇到困难，特别是国有仓储企业，在缺乏国家托市收购的背景下，国企收购困难重重。而民企经营方式灵活，融资渠道多样，再加上不少民营仓储企业积极跨地区开展新的合作模式，尽管对收购质量把控较严，但收购数量大幅增加。同时，民营企业的大量收购对于后期国内小麦市场化的进一步深化起到了推动作用。

三是 2012 年小麦托市收购价格提前至 9 月份公布。在收购期尚未结束就公布次年托市收购价格是自最低收购价政策实施以来的首次。白麦、红麦和混麦收购价格均为 2 040 元/吨。适当提高 2012 年小麦最低收购价格不仅有助于维护国内粮食安全、合理引导市场预期，也是顺应国内整体宏观经济形势之举。

四是小麦收购进度前期平缓，后期加快。从收购进度可以看出，7 月份以前，收购形势呈"胶着"状态，主要原因是：缺乏托市收购的大头参与是收购进度缓慢的根本原因；企业在前期参与收购时行为谨慎，开始时农民惜售心理严重，进一步减缓了收购进度。8 月份以后，由于储备轮换收购及中储内部的产销衔接、平稳的行情使农民售粮心理逐渐放宽，同时由于仓储设施不完善及阴雨天气等原因，使收购进度明显加快。

五是收购期间普麦价格相对稳定，优质麦涨幅明显。相比 2010 年，2011 年的新麦收购价格平稳，涨幅微小。原因有四：产量增加导致商品量增加；托市预案及临储收购未启动；宏观经济调控使得收购资金偏紧；往年加价抢收造成的教训。但对于优质麦，在 2011 年收购期间价格涨速快、涨幅大，表现突出。例如，6 月初河南北部优质小麦开秤价在 1.1 元/斤，到 8 月中旬，收购价提升到 1.25 元/斤，涨幅达 13.6%，部分地区高达 1.3 元/斤以上。其主要原因是：一方面，各类粮食企业对于优质小麦的预期较高，特别是在禁用面粉添加剂之后，优质麦的使用量将明显提升；另一方面，进口优质麦价格始终处于高位，近几年我国优质麦价格明显被低估（见图 2－1－5）。

### 3. 临储交易功能弱化

自 2010 年底临储小麦"交易细则"调整后，整个 2011 年临储小麦竞价交易成交量大幅萎缩。据统计，2009 年、2010 年和 2011 年周均投放量分别为 178 万吨、437 万吨和 401 万吨，周均成交量分别为 72 万吨、73.4 万吨和 29 万吨（见图 2－1－6）。

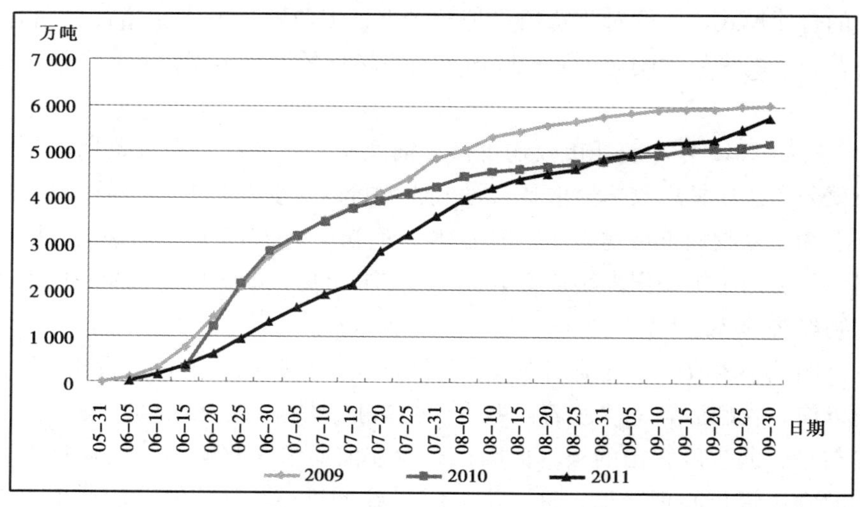


数据来源：国家粮食局。

**图2-1-5　小麦托市收购进度（2009—2011年）**

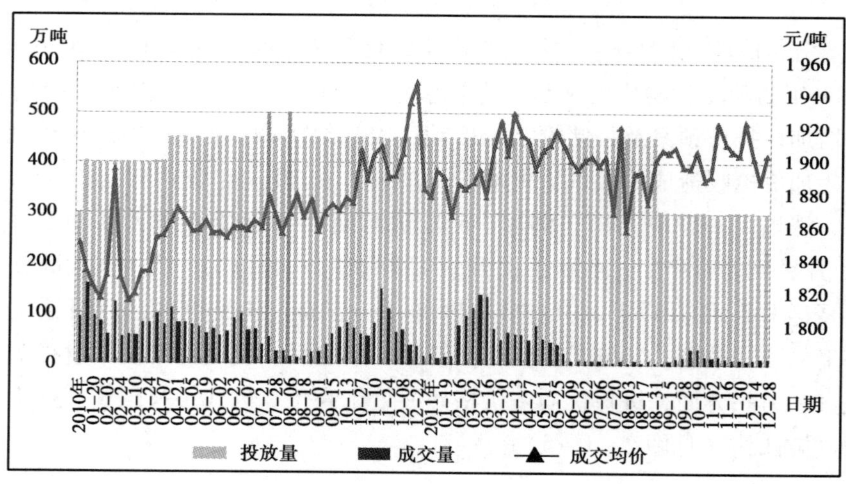


数据来源：郑州粮食批发市场。

**图2-1-6　临储小麦竞价销售交易情况（2010—2011年）**

2011年2—5月期间，由于当时市场行情走高，成交状况尚处良好；进入6月份以后，成交持续低迷，仅在10月中旬受玉米行情带动，交易状况稍有起色；进入11月份，成交数量随即回落。可以看出，临储交易受关注程度、对价格的导向作用、作为粮食供应主渠道等功能正逐步弱化。

归结原因，“交易细则”调整是导致临储交易成交量降低的关键。由于仅允许有资质的面粉加工企业参与购买，加上定向投放政策，导致参与的交易机构减少，交易量下降。同时，现货市场供应充裕，价格平稳，也是导致临储小麦交易清淡的主要原因。

2011 年 3 月 29 日，国家开始通过竞价交易方式投放临时收购的不完善粒超标小麦。截至 12 月 27 日，累计成交 146.32 万吨，国有临储芽麦库存基本售罄。两次成交高峰期分别在 3、4 月份和 10、11 月份，由于参与企业必须是入统的玉米或饲料加工企业，所以两次高成交阶段均是当时市场行情旺盛期的直接反映。

## （三）国际小麦行情回顾及 2012 年展望

CBOT 小麦在大幅跌宕起伏中走完了 2011 年，和其他大宗农产品一样，全球政治、经济、金融、气候共同导演了国际小麦从上半年大踏步的攀升到下半年“三叠泉”般的下跌（见图 2－1－7）。

2011 年初，北非及中东政局动荡，加上小麦主产国天气恶劣，掀起了国际小麦价格走高的一波小高潮。继而，受资金获利回吐、日本地震造成的海啸打击、主产国天气改善以及机构预计“产量创历史最高”报告的影响，国际小麦价格快速回落，原油价格大幅振荡也拖累了当期小麦价格。3 月中旬后，国际小麦利空出尽，价格偏低，为国际贸易提供了采购良机，国际小麦价格振荡攀升。其间，多空因素相互交织，但趋势坚挺向上，在国际原油连续飙升、美元弱势走低的背景下，CBOT 小麦于 4 月末冲至 965 美分/蒲式耳，创 2008 年 7 月份以来新高。

经历了 2011 年 5 月份的箱体振荡后，国际小麦价格进入下跌通道。第一轮下跌贯穿整个 6 月份，受季节性收割压力，以及市场担心全球经济疲软将抑制对农产品的需求，加之美元逐步走强，当月小麦价格的最大跌幅达 32%。深幅下跌使得小麦交易放缓，供应减少，市场价格缓步回升。但好景不长，第二轮下跌从 9 月份开始。由于欧债危机引发的系统性风险持续加剧，美元指数大幅飙升，以美元计价的国际大宗农产品价格大幅下

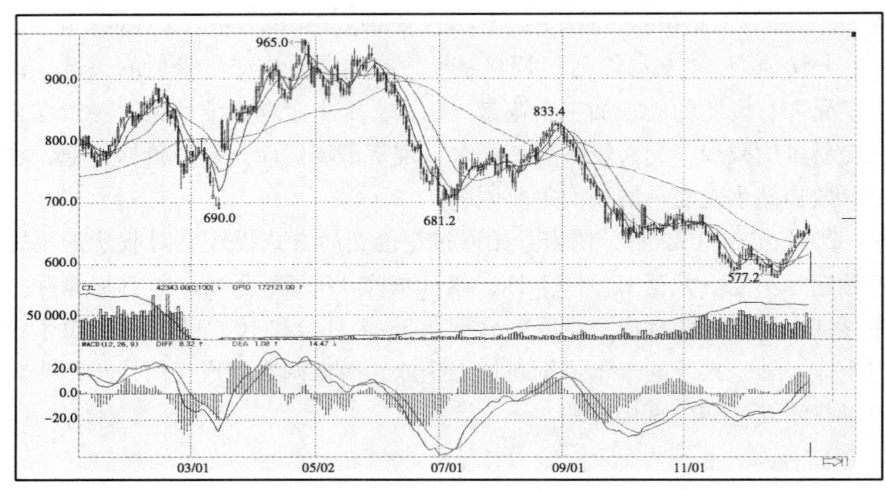


数据来源：文华财经。

**图 2－1－7　2011 年美国 CBOT 小麦价格走势图**

挫，对债务危机的担忧使得避险情绪急剧升温，投资者大举削减风险敞口，CBOT 小麦期价在此轮的跌幅达 28%。短暂的平缓期过后，市场发现欧债危机并未明显改善，加上各国小麦生产势头良好，为拼抢出口份额纷纷压低价格，至 12 月中旬，CBOT 小麦期价最低跌至 577.2 美分/蒲式耳，达到 2010 年 7 月中旬水平。

展望 2012 年全球小麦市场，在基本面上如不出现大的自然灾害，美国、加拿大、黑海地区及中国的小麦生产将维持良好势头，而在产量增加、经济尚未全面复苏的背景下，全球需求将维持平稳水平。但依旧应该看到，发展中国家、欠发达地区的供需失衡矛盾依旧存在。在宏观面上，2012 年依旧充满多种不确定性，主要来自以下几个方面：一是欧美债务问题继续影响着全球各个角落，全球经济面临继续衰退的风险，投资者信心或将持续遭受打击；二是“金砖”四国在经历前两年通胀式发展后，面临的最大威胁依旧是通货膨胀，后期实施的货币政策将对全球经济发展产生直接影响；三是 2012 年美、法、俄、韩等发达经济体及新兴经济体国家将举行大选，而部分欠发达国家和发展中国家政局不稳、社会动荡，都将直接或间接地影响全球经济的平稳运行。综合来看，2012 年国际小麦市场整体将呈振荡回升态势，运行区间将在 600～750 美分/蒲式耳之间。

## （四）2012年我国小麦行情展望

尽管在2011年12月结束的中央农村工作会议上，专家指出，目前我国粮食生产的资源要素已比较紧张，种植面积扩大空间有限，单产提升速度变缓，农业生产资料、劳动力价格居高不下，农业生产进入高成本阶段。但在“改造中低产田，强化科技支撑，着力提高粮食单产水平”的原则下，加上粮食主产区提升的潜力，预计2012年我国小麦产量依旧有提升空间。

展望2012年国内小麦市场行情，可以用16个字来概括，即“政策搭台，市场唱戏；以稳为主，适度提升”。

供需关系将进一步加强对行情的影响。曾经在2010年导致行情上涨的小麦市场结构性矛盾，随着2011年我国小麦产量、质量双丰收有了极大缓解。而在2011年秋冬种时，主产区底墒良好，全国种植面积也有所扩大，如果不出现极端气候灾害，预计2012年小麦的商品供应量将进一步增加。同时，受2011年小麦行情的影响，收储贸易企业在进行小麦收购时或将更加谨慎，并且可能会为加快资金周转率而采取“短平快”的收购贸易战略。农民售粮心态将相对往年平稳，市场因农民“捂粮惜售”所导致的供应紧缺状况将明显减缓。在需求层面，制粉依旧是主要的小麦消费，饲料替代数量或因玉米价格行情稳定而同比下降，消费结构单一依旧是制约小麦价格行情的关键因素。

尽管2011年我国小麦市场化程度进展显著，但国家政策及宏观调控依旧规范着小麦价格行情的趋势和范围。这不仅体现在连续提高小麦最低收购价、有条件启动托市预案、农发行贷款年度“结零”、保障市场供应价格稳定等政令条例上，同时也体现在临储小麦投放、储备小麦轮换等供需层面上。可以预计，2012年，我国小麦价格不会被政策“拴”得很死，但保证会被“看”得很紧。

“以稳为主”的宏观经济取向也将适用于小麦价格行情。在2011年12月中旬结束的中央经济工作会议上，要求在2012年我国经济要“稳中求进”。主要体现在：一方面，要保持宏观政策的稳定性和连续性，即要继续实施积极的财政政策和稳健的货币政策，宏观调控基本取向暂不作大调整，同时明确，稳定物价总水平依旧是重要任务；另一方面，针对经济发展中不平衡、不协调、不可持续的矛盾，以及并存的经济增长的上行动力和物价上涨压力，要增强宏观调控的针对性、灵活性和前瞻性。

相邻农产品的比价关系或对小麦价格行情产生区域性影响。从 2011 年小麦、玉米的比价关系可以看出，尽管流入饲料领域的小麦数量大增，但小麦价格整体行情并未大幅上涨，主要是因为小麦总量庞大，市场供应充裕；同样，2011 年早籼稻、中晚籼稻也出现罕有涨幅，小麦价格并未因此而随之走高，这是因为大米和面粉在目前我国的经济形势下替代性不强。但在部分区域，如南方小麦销区，当南方饲料厂因为玉米价格高企而采购小麦时，或将拉动周边小麦价格的行情；同样，当大米价格过高时，集团采购如食堂、饭馆或将增加对面粉的采购，而减少对大米的采购，以降低成本。

国际行情或导致国内优质麦承压。由于市场对欧债危机酿成的系统性风险的忧虑已成为主流，同时全球经济依旧处于低迷时期，这种状况预计在 2012 年内得到根本改善的可能性较小。加上黑海地区各国及加拿大、澳大利亚等主要小麦出口国的增产前景，使得国际小麦价格竞争加剧。尽管我国小麦价格并未和国际接轨，进口麦主要以调剂、补充为主，但某些品种的进口小麦性价比依旧有较大优势。在期货行情上，国内强麦期货价格在很大程度上也受国际行情的影响，进而影响国产优质麦的现货价格行情。

整体来看，2012 年我国小麦价格行情将在“规范”与“调整”中稳步运行。即在粮食流通政策、宏观经济政策的“规范”引领下，在不断深化的市场化运作“调整”中，价格行情稳步前行。如气候正常、小麦生长良好、政策无大范围变动，预计市场价格行情底部将是临储小麦成交价加上出库及短途费，年度平均价格将在 2 150 ~ 2 250 元/吨区间运行。预计市场价格高点或将出现在 2012 年 9 月底或 10 月初，届时河北大部、山东大部及河南北部等地区普麦出库价将在 2 240 ~ 2 340 元/吨，河南中部、江苏及安徽部分地区在 2 160 ~ 2 260 元/吨，其他地区价格在 2 100 ~ 2 200 元/吨。

（郑州粮食批发市场　申洪源）

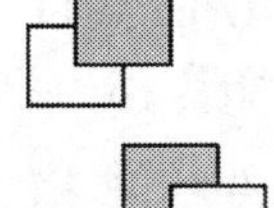

# 二、稻米市场分析

【内容提要】

2011年我国稻谷生产取得八连增，年内供大于需，国内稻米市场价格整体呈现上涨态势，不同品种继续分化，“籼强粳弱”、“稻强米弱”等特征明显，新早籼稻上市后价格高开高走，大幅上涨，粳稻供应相对宽松，市场价格疲软，年末国家收储政策出台后，全国稻米市场价格相对稳定。展望2012年，国内经济增速可能放缓、种植成本提高、自然灾害以及欧债危机如何解决、全球经济复苏前景莫测等众多因素，都将影响我国稻米市场。在国家政策支撑下，稻米市场价格运行底部抬高，在国家有力调控下，预计2012年上半年稻米市场价格相对平稳，下半年根据稻谷收成、货币流动性放松程度、国内外经济发展等情况，稻米价格波动幅度可能会加大。

## （一）2011年我国稻米市场情况回顾

### 1. 生产情况：总产创历史纪录，实现八连增

2011年，尽管南方稻谷主产区先后经历干旱、洪涝等灾害影响，但总体增产趋势明显。国家统计局初步统计，2011年全国稻谷总产达到创纪录的20 078万吨，同比增503万吨，增幅为2.6%，这也是新中国成立以来首次实现八年连续增产。

据国家粮油信息中心预估，2011年我国稻谷生产

总体呈“三增”态势，即播种面积、单产及总产均有所增加。预估2011年我国稻谷播种面积为3 000万公顷，较2010年增加12.7万公顷；亩产446.2公斤，比2010年增加9.3公斤；总产量20 078万吨，比2010年增加503万吨。其中，早稻产量为3 276万吨，同比增加143万吨；中稻产量为13 200万吨，同比增加285万吨；晚稻产量为3 601.7万吨，同比增加74.1万吨（见图2－2－1）。

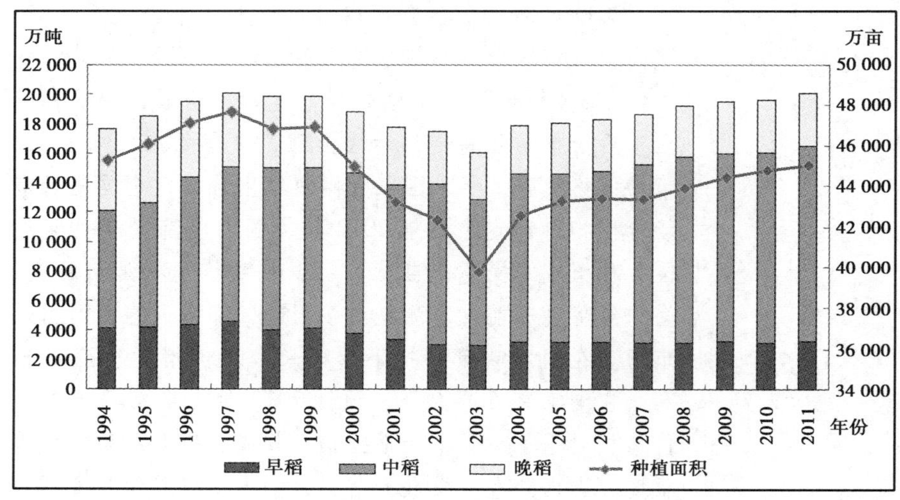


数据来源：农业部。

说明：2011年为预计数。

**图2－2－1　1994—2011年我国稻谷产量、种植面积图**

## 2. 消费情况：人均消费下降，总量略增

近年来，随着经济社会发展和人们生活水平提高，国内粮食消费结构发生了较大改变，品种和区域平衡状况不断改变，作为口粮直接食用的大米人均消费量呈下降趋势。预计2011/2012年度我国稻谷消费量为19 840万吨，较上一年度增长440万吨，其中，食用和工业消费量小幅增长，年度结余248万吨，维持产大于需格局（见表2－2－1）。我国稻谷市场供需状况继续改善，总量上供略大于需，但是从近年来稻米市场的运行情况分析，结构性矛盾仍然突出，优质籼稻、粳稻需求量大幅增加。

表 2－2－1　　2011/2012 年度中国稻谷供需平衡分析[①]　　单位：千吨

| 项　　目 | 2009/2010[②] | 2010/2011[③] | 2011/2012[③] | 2011/2012[④] |
| --- | --- | --- | --- | --- |
| | | 1 月预测 | 1 月预测 | USDA 1 月预测 |
| 生产量 | 195 104 | 195 761 | 200 780 | 200 714 |
| 进口量 | 553 | 889 | 700 | 686 |
| 新增供给 | 195 657 | 196 649 | 201 480 | 201 400 |
| 食用消费 | 161 500 | 165 500 | 169 000 | — |
| 其中：大米 | 111 435 | 114 195 | 116 610 | — |
| 其中：糠麸 | 50 065 | 51 305 | 52 390 | — |
| 饲料及损耗 | 15 500 | 16 300 | 16 180 | — |
| 工业消费 | 10 500 | 11 000 | 12 000 | — |
| 种用量 | 1 190 | 1 200 | 1 220 | — |
| 年度国内消费 | 188 690 | 194 000 | 198 400 | 197 857 |
| 出口量 | 931 | 652 | 600 | 857 |
| 年度总消费量 | 189 621 | 194 652 | 199 000 | 198 714 |
| 年度结余[⑤] | 6 036 | 1 998 | 2 480 | 2 686 |

数据来源：国家粮油信息中心、美国农业部（USDA）月度报告。

说明：①稻谷的市场年度为当年 10 月至次年 9 月。表中进出口数据引自国家海关总署，并将大米以 70% 的比例折合稻谷。2009/2010 年度产量引自国家统计局。

②③为国家粮油信息中心 2012 年 1 月预测。

④为美国农业部（USDA）2012 年 1 月份预测，大米以 70% 的比例折合稻谷，“—”号表示未对该项数据进行细分。

⑤结余量为当年新增供给量与年度总需求量间的差额，不包括上年库存。

### 3. 进出口情况：进口大幅增加，出口略减

2011 年国际大米市场价格低迷而国内大米价格处于历史高位，我国大米进口大幅增加，出口下滑。据海关总署公布的数据显示，2011 年 1—12 月，我国累计出口大米 51. 6 万吨，同比减少 16. 8%；累计进口大米 57. 2 万吨，同比增加 56. 0%，全年净进口 5. 6 万吨。2001—2010 年 10 年间，我国年平均出口大米 127. 7 万吨，年平均净出口 85. 4 万吨，2011 年不仅是近年来出口量最少的一年，还是自 1996 年以来时隔 15 年后再次成为净进口的年份（见图 2－2－2）。进口仍以泰国、越南大米为主。

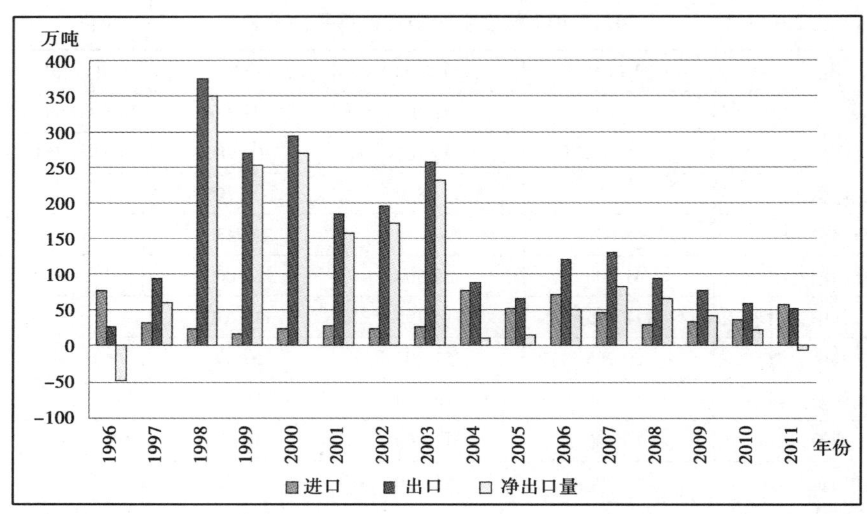


资料来源：海关总署。

**图 2－2－2　1996—2011 年我国大米进出口情况**

### 4. 政策性稻谷销售：方式增加，调控作用明显

2011 年，国家持续向市场投放政策性稻谷，增加了市场供应，对稳定稻谷市场价格起到了积极作用。定向销售、邀标竞价销售（先地方储备，后国家政策性稻谷）等多种方式增强了市场调控的有效性和针对性。其中，一季度政策性稻谷成交活跃，二季度后随着国家宏观调控效果逐渐显现，加之新季稻谷丰收并陆续上市，稻谷拍卖市场成交持续低迷。据统计，2011 年全年国家累计投放早籼稻 684.83 万吨，成交 205.5 万吨，成交率为 30.01%，成交均价 1 948 元/吨；投放中晚籼稻 4 428.5 万吨，成交 562.98 万吨，成交率为 12.71%，成交均价 2 026 元/吨；投放粳稻 462.78 万吨，成交 21.4 万吨，成交率为 4.62%，成交均价 2 466 元/吨（见表 2－2－2）。

**表 2－2－2　　2011 年全国政策性稻谷交易情况**

| 品种 | 计划数量（万吨） | 成交数量（万吨） | 平均价（元/吨） | 成交比率（%） |
|---|---|---|---|---|
| 粳稻 | 462.78 | 21.4 | 2 466 | 4.62 |
| 早籼稻 | 684.83 | 205.5 | 1 948 | 30.01 |
| 中晚籼稻 | 4 428.5 | 562.98 | 2 026 | 12.71 |

数据来源：国家粮油交易中心。

## （二）2011 年我国稻米市场行情回顾

### 1. 国内稻米市场：价格总体上涨，品种分化明显

2011 年，国内稻谷价格总体呈现上涨态势，平均价格较 2010 年同期有所上涨。籼稻与粳稻表现各异，“籼强粳弱”明显，籼稻全年表现抢眼，尤其是新早籼稻上市后价格高开高走，大幅上涨；粳稻供应相对宽松，市场价格疲软，新稻上市后，呈现高开稳走，部分地区甚至出现高开低走，年末国家收储政策出台后，全国稻米市场价格相对稳定。

第一季度：节前涨价余威，节后续涨。受春节假日消费刺激，节前稻谷收购价格一路上扬，稻米销售进入旺季，长假过后，加工企业备货积极，稻谷价格出现上涨。国家为了平抑市场，加大政策性粮食抛售力度。

第二季度：旱涝交替，价格随 CPI 继续走高。在国家强力调控下，稻米市场价格有所回调。早稻移栽之际，南方干旱初现，部分地区受到一定影响，随着南方籼稻产区干旱影响的加深，以及 6 月底南方籼稻主产区旱涝急转，减产预期增强，市场价格再度波动。国家再度出台针对籼稻的定向销售调控政策，直接调控大米市场价格。

第三季度：早稻平稳上市，收购价格急速抬升。早稻生产尽管遭受先旱后涝，但总体生产情况较好，7 月份南方早籼稻陆续上市，新早稻质量普遍较好，出糙率高，杂质少，产区开秤价基本处于 1.10～1.15 元/斤之间，受沿海发达地区地方储备高价补库拉动，各市场主体收购积极，部分地区甚至出现抢购现象。8 月初，早稻收购价格一路上扬，屡创历史新高。主产区收购价格一度站上 1.25 元/斤。

第四季度：欧债危机蔓延，全球农产品价格趋弱，晚稻高开稳走。2011 年全球农产品丰收在望，供应进一步好转，而随着欧债危机持续蔓延，全球经济深受其累，大宗商品市场各品种价格出现深度回调，全球农产品价格逐步趋弱。我国货币流动性不断收紧，也进一步影响到商品市场，尤其是各市场主体对市场预期普遍谨慎。晚稻上市后表现尤为明显，与 2010 年抢购完全相反，加工、贸易、储备企业十分谨慎，晚籼稻、粳

稻价格基本呈稳中走弱态势。11 月底国家出台中央储备稻谷补库收购计划，其中，粳稻分区域定价为 1.4～1.44 元/斤，中晚籼稻统一定价为 1.3 元/斤，对走弱的市场形成了有力支撑（见图 2－2－3）。

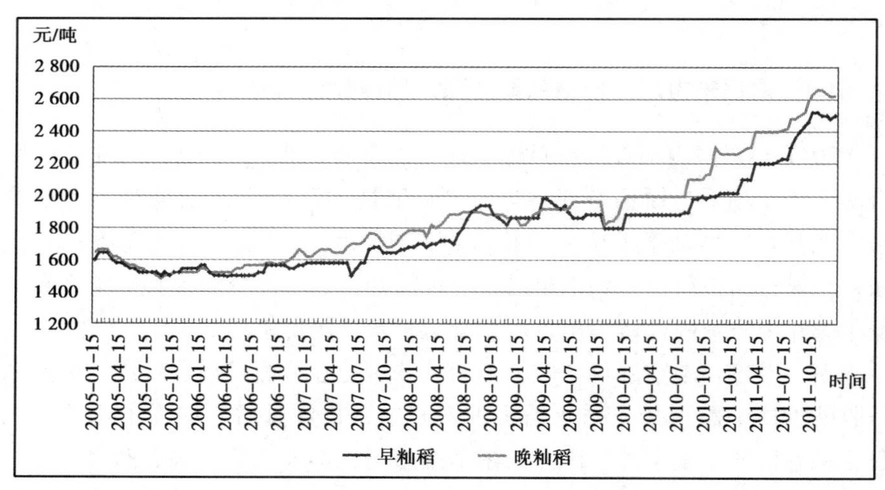


数据来源：中国谷物网。

**图 2－2－3　2005—2011 年江西九江地区稻谷销售价格走势图**

## 2. 国际大米市场：竞争加剧，贸易格局调整

据 USDA 最新数据，全球大米国际贸易量同比减少 281 万吨，越南和泰国在大米出口市场上的竞争升级。一直以来，泰国、越南都是国际大米出口市场的主角，2010 年其大米出口量分别占世界出口总量的 30%、20%。但 2011 年泰国政府一个干预市场的举措使得其大米出口量大为减少，当年 8 月份泰国为泰党承诺以高于现价的价格从农业种植者手中购买大米，该政策自 10 月实施以来，泰国大米出口价格暴涨，竞争优势下降。

从市场价格走势看，2011 年泰国大米价格先跌后涨，年末再度回落，波动幅度较大。上半年，因海外需求低迷，泰国大米价格持续走弱，6 月初，10% 含碎泰国米出口报价全年最低 474 美元/吨（曼谷，FOB 价），较年初下跌 10.8%；25% 含碎泰国米出口报价全年最低 454.6 美元/吨（曼谷，FOB 价），较年初下跌 4.5%。6 月份以后，受泰国政府政策干预、洪涝减产预期等诸多因素影响，泰国大米出口价格一路攀升，12 月初，10%含碎大米出口报价涨至全年最高值634.8美元/吨（曼谷，FOB价），较年初涨19.5%，较年内最低价高160.8美元/吨。随之受新政府调整稻谷收购政策等因素影响，价格迅速回落，12月31日，含碎10%大米出口报价568.2美元/吨，含碎25%大米出口报价567.6美元/吨（见图2－2－4）。

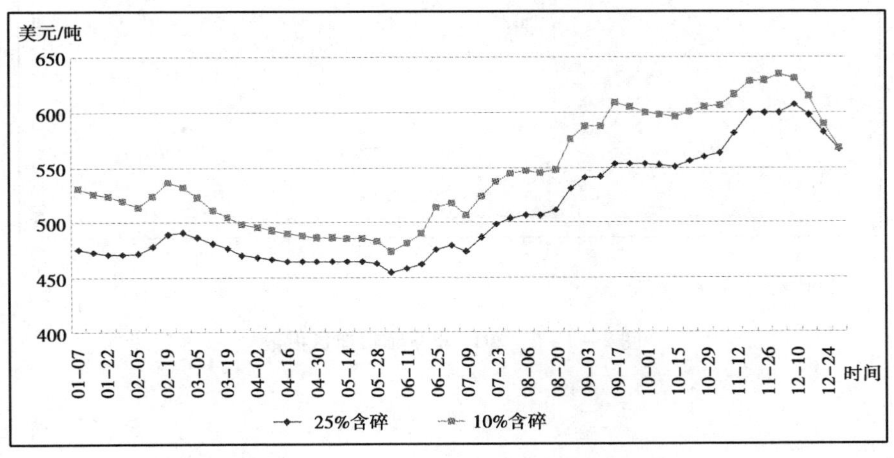


数据来源：商务部网站。

**图2－2－4　2011年泰国大米出口价格（曼谷，FOB价）**

### 3. 早籼稻期货走势：成交量下降，价格波动频繁

2011年郑州早籼稻期货价格较2010年大幅上涨，成交量萎缩，全年累计成交11 854 832手，同比减少77.93%。其价格走势可分为四个阶段：第一阶段，2011年初挟年前期价上涨之威，受商品市场价格集体上涨带动，期价再度上扬，后在政府多方调控下，早籼稻期价逐步回落，整体呈高位振荡；第二阶段，5月份随着南方籼稻产区干旱逐步加重，减产预期增强，期价大幅上涨，5月底各合约出现全年最高价，随着旱情解除，早稻长势明朗，丰收在望，期价又缓慢回落；第三阶段，7月底8月初，早稻获得大丰收，供应量增加，早籼稻期价一路走低，盘面价格一度低于现货市场价格，形成期、现倒挂；第四阶段，11月底，随着国家中央储备补库政策的出台，稻谷价格底部确定，期价强劲反弹。以1 201合

约为例，5 月 30 日最高成交价一度达到 2 764 元/吨，11 月 25 日最低成交价为 2 372 元/吨，2011 年最后交易日 12 月 30 日收盘价为 2 500 元/吨（见图 2 –2 –5）。

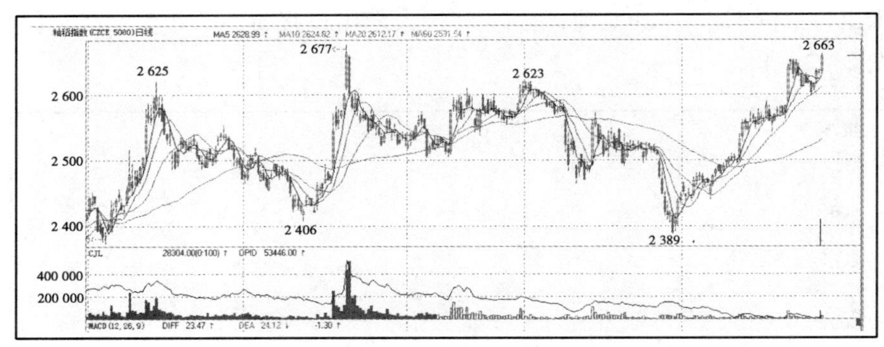


数据来源：文华财经。

**图 2 –2 –5　2011 年早籼稻期货指数**

## （三）2011 年稻米市场特点

### 1. 籼强粳弱

近两年来，受国家重点支持东北粮食主产区政策鼓励，东北粳稻产量连续两年增加，因外运困难，当地粳稻价格疲软；而南方籼稻减产，供应趋紧，价格坚挺。2011 年，我国稻米市场呈现明显的“籼强粳弱”态势。往年在南方销区，东北粳米价格高于两优系列籼米价格，但 2011 年东北粳米价格在广州市场还低于江西两优系列籼米 50 ~ 100 元/吨。

### 2. 新强陈弱

近年来粮食市场价格整体呈上扬态势，稻谷轮换价格随市场涨跌而同步起伏，但是由于收购市场竞争激烈，新稻收购价格上涨幅度更大，新陈差价逐年扩大，呈现新稻收购价格走强、陈稻销售价格走弱特征。2011 年稻谷新陈差价更是惊人，部分地区新陈晚稻每百斤差价达到 15 元，平均价差超过 10 元。

新稻谷价格走强的主要原因是：

（1）沿海地方储备补库规模大幅增加，2011 年稻谷质量总体较好，出糙率高，杂质少，水分低，各主体收购积极，甚至出现经纪人直接跨省送粮至沿海销区的现象，早籼稻表现尤其明显。

（2）经纪人做大，增加收购成本，以往经纪人上门收购时基本不用花人力费用，都是自己或售粮农户动手，有 0.02～0.03 元/斤的差价就做，现在上门收购，经纪人和售粮农户都成为甩手掌柜，专门配备劳力搬运、装卸，大大增加收购成本，稻谷差价要 0.05～0.06 元/斤才行。

（3）常规品种比例减少，可用于补库的粮源少，收购竞争大，导致新粮收购价格走高，收购期间价格上涨明显。稻谷作为季产年销的农产品，本应具有明显的季节性特点，应该是上市期价格低，来年收获前供应量少时价格高，但近几年却有明显变化，往往是收获时大家都抢购，市场价格一路上扬，收获过后价格反而回落。

（4）收购主体多，农户惜售心理严重。

陈稻谷价格走弱的主要原因是：

（1）居民口粮消费要求高，陈米需求少，陈稻销售价格疲软。

（2）沿海发达地区企业向内地转移，陈米消费群体减少，陈稻市场需求减弱。

（3）部分经济发达地区地方储备充实，采取财政包干轮换政策，地方储备轮换补贴高，轮换通过市场竞价销售方式，基本上高价入、低价出，差价高达 300～500 元/吨。

（4）近年来国家采取多种措施加大稻米市场调控，政府调控政策的意图基本是托原粮，压成品粮，稻谷收购有托市、临时收储等政策，同时为控制大米价格，采取低价籼稻定向销售等政策，抑制了陈米市场价格上涨。

（5）宏观经济的影响。

### 3. 稻强米弱

2011 年稻米市场一直呈现稻强米弱的现象，原粮市场价格强于成品粮市场价格，从表面来看，大米加工企业基本无利可图。以 11 月中旬调查的江西南昌县某公司黄华粘为例，稻谷收购价为147元/百斤（水分18%，扣量2斤）。50斤大米×2.30元/斤（含包装）+13斤碎米×1.30元/斤+12斤米糠×1.05元/斤+25斤谷壳×0.18元/斤=149元，如果加上包装、加工费、电费及收购费用等成本开支，至多只能保本。

稻米市场一直呈现稻强米弱的原因是：

（1）近年来加工企业得到长足发展，竞争十分激烈，造成稻谷收购时竞相加价，大米销售时互相压价。

（2）国家调控因素影响，为平抑成品粮市场，一直销售政策性稻谷，尤其是陈稻米市场价格受压制。

（3）生猪价格高，用于养殖业的大米副产品市场价格好，可以缓解部分成品大米价格低的压力。

（4）部分加工企业生产配制米，优质米掺入普通米、新米掺入陈米，实际生产成本被降低，也导致成品米销售价格受压制。

#### 4. 早强晚弱

2010年早稻收购平稳，晚稻价格一路走高；2011年则是早稻收购价格一路走强，晚稻价格稳中趋弱。2011年早稻质量好，沿海地区补库量大，各市场主体收购积极性高，新早稻上市后价格一路走强，从开秤价1.1元/斤迅速攀升到1.25元/斤以上，涨幅惊人，收购高峰期短。晚稻上市后，收购主体心态较为理性，对后市相当谨慎，都没有大量收购，也没有囤货意愿，对质量要求较严，购销企业入库水分基本控制在16%以下，大米加工企业17%以上水分就拒收，基本都是采取“以销定购”和“边购边加”的方式进行中晚籼稻收购，与2010年动辄抢购20%水分粮源有天壤之别，收购价格也是稳中趋弱（见图2-2-3）。

#### 5. 现强期弱

2011年稻米现货市场价格基本呈稳中上扬、一路走强态势，但期货市场价格受外围大宗商品市场、全球经济放缓等诸多因素影响，波动较大，尤其是下半年早稻期价弱势尽显，期、现价差从年初100多元/吨逐渐缩小，11月早稻期货盘面价格一度低于现货市场价格，形成期、现倒挂。

## （四）2012 年稻米市场展望

2011 年我国稻谷产量实现了“八连增”，供需关系进一步改善，为稳定稻米市场提供了较好的物质基础。展望 2012 年，国内经济增速可能放缓、种植成本提高、自然灾害以及欧债危机如何解决、全球经济复苏前景莫测等众多因素，都将影响我国稻米市场。

**1. 惠农政策力度不减，稻谷增产难度加大**

2011 年我国粮食生产取得“八连增”，政策支撑是实现增产的最重要因素，而政策、科技、资金投入和市场机制的有效推动成为丰收的关键因素。据统计，2011 年种粮直补、良种补贴等“四补贴”总规模达到 1 406 亿元。2011 年底召开的中央农村工作会议、2012 年中央 1 号文件提出推进农业科技创新，提高农业综合生产能力，进一步加大惠农力度。但应看到，近年来随着工业化、城镇化速度的加快，耕地面积逐年减少，土壤沙化范围扩大，淡水资源缺乏，尤其是农村劳动力缺乏、极端天气和自然灾害频发对粮食持续增产造成了严重影响，南方稻米产区传统耕作模式更是受到重大考验，从长远看，要想持续增产难度很大。

**2. 经济增速可能放缓，市场不确定性增加**

2011 年国内 CPI 总体保持高位运行，通胀压力较大，其中，7 月份 CPI 达到 6.5%，创 37 个月来新高，12 月份 CPI 为 4.2%，又创 15 个月来的新低，物价走势演绎“过山车”行情，背后是宏观调控这只有形之手作用的结果。收紧的流动性，减轻了推动物价上涨的货币压力，也有利于稳定粮食市场。中央经济工作会议定调 2012 年经济社会发展的总基调是“稳中求进”，将继续实施积极的财政政策和稳健的货币政策。2012 年，从宏观因素看，欧洲债务危机及全球经济前景尚不明朗，国内经济增速预计下降，资金流动性可能放松，将给包括粮食在内的大宗商品价格走势带来较大的不确定性，稻米市场将更为复杂。

### 3. 调控政策日渐成熟，大幅波动可能性小

近年来，国家对稻米市场的调控力度不断加大，一方面以临储、托市、补库等政策引导原粮收购市场；另一方面通过集中竞价、定向销售、邀标销售等政策来调控成品粮市场；再就是运用运费补贴、调整出口政策等灵活手段，既保证了稻米市场价格基本平稳并逐年略有上扬，又达到了提高种粮农民收入的目的，有力地维护了全国稻米市场稳定，使得国内稻米市场具有明显的“政策市”特征。

（1）2012 年稻谷最低收购价政策。2012 年早籼稻（三等，下同）、中晚籼稻、粳稻最低收购价分别为 1. 20 元/斤、1. 25 元/斤、1. 40 元/斤，比 2011 年每斤分别提高 0. 18 元、0. 18 元和 0. 12 元，将夯实和进一步抬高稻谷价格底部。

（2）中央稻谷储备补库政策。为保证市场供应，近两年国家销售了部分中央储备稻谷，2011 年 11 月以来，有关部门分批下达了中央储备稻谷补库收购计划，其收购价格对市场价格有标杆性的指导作用，稳定了市场主体对稻谷市场价格底部的预期，同时也减少了 2012 年市场稻米流通量。

（3）地方储备补库情况。近年来，随着经济发展及政府支持，产销区各级地方储备规模不断扩大，特别是浙江、广东、福建等经济发达地区的地方储备规模明显增加，且采取财政兜底方式轮换。2012 年其轮换政策如何，将对产区市场产生较大影响，早稻市场尤其明显。

（4）政策性稻谷竞价销售。近年来，为增加市场供应，稳定稻米市场，国家政策性稻谷竞价交易不间断性举行，目前政策性稻谷库存（不含各级储备）所余不多，2012 年政策性稻谷如何销售将对市场起到较大影响。

### 4. 供需关系有所改善，有利于市场价格平稳

（1）我国稻谷连续 8 年增产，供需关系进一步改善。2011 年稻谷总产达到 20 078 万吨，虽然国内消费量也继续保持增长态势，但涨幅相对较小。综合预计，2011 年国内稻谷消费量约 19 900 万吨，同比增 434. 8 万吨，年度结余 248 万吨，供需总量宽松，有利于稻谷价格平稳

运行。

（2）全球粮食产量创纪录，有利于国内市场稳定。据美国农业部（USDA）2012 年 1 月份供需报告预测，2011/2012 年度全球小麦、玉米、大米产量均创历史新高，分别达到 6.915 亿吨、8.681 亿吨和 4.614 亿吨，其中，小麦、大米的库消比分别为 30.8% 和 21.8%，为 2003 年以来的最高水平。国际市场粮食和大米供应增加，也有利于国内市场稳定。

**5. 自然灾害增多，气候因素不容忽视**

我国稻米生产尚处于小农经济向规模经济转移阶段，尤其是南方地区的籼稻生产，更是规模小、抗灾能力差，自然灾害对产量影响很大。随着全球气候变暖等诸多因素影响，恶劣气候、重大自然灾害越来越多，对粮食生产的影响也越来越大，尽管稻谷产量连年增长，但供求并不是十分宽松，经受不起严重自然灾害的冲击。2010 年晚稻遭遇寒露风减产、2011 年早稻先旱后涝引起市场波动历历在目。因此，气候将是影响价格的最大不确定性因素。尤其是早籼稻期货已经上市，而天气炒作是大宗商品市场投机资本喜好的永恒话题。因此，2012 年早籼稻期货市场可能成为稻米市场价格波动的杠杆，天气对稻谷现货价格的影响将更为明显，需密切关注 5—6 月早稻生长关键时期的天气状况。

**6. 种植成本持续高企，稻米价格受到支撑**

近年来稻谷种植成本持续上升，主要是由于人工、机械等生产成本和化肥、农药等农资价格不断上涨。当前国际原油价格突破 100 美元/桶的高位、国内非居民电价上调，2012 年我国可能出台成品油价格改革方案、天然气价格改革方案等，届时推动下游的化肥、农药等农资价格上涨的可能性较大；我国农村劳动力日趋紧张，农业用工成本大幅增加，也将推高种粮成本。生产成本增加对粮价将形成有力支撑。

总之，2012 年在国家政策支持下，农户仍将保持较高的种粮积极性，如不出现大的自然灾害，我国稻谷生产将再获稳产增收，国内稻米市场供应有保障，受最低收购价提高、中央储备补库政策影响，稻谷价格运行底部将明确，下跌无空间。在国家有力的宏观政策调控下，预计 2012 年上半年稻米市场稳中有升，下半年受稻谷收成、货币流动性放松程度、国内外经济发展等影响，稻米价格波动幅度可能会加大。从长期来看，我国稻米市场价格总体将呈上涨态势，在不同阶段会有所波动。

（中储粮江西分公司信息中心　熊学华）

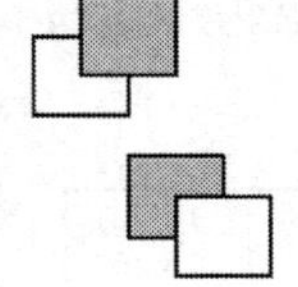

# 三、玉米市场分析

【内容提要】

2011年国内玉米价格大起大落。上半年，市场预期抬升和国内通胀经济环境相互叠加，玉米价格一度冲至历史新高；进入下半年，国际经济形势每况愈下，国内连年丰产，供给明显增加，市场预期随之降温。不论是上半年的过热还是下半年尤其年底的过冷，国家经济运行形势、货币政策调控等因素发挥了重要作用。配合2011年底中央经济工作会议提出的稳中求进的思想方针，在欧债、美债危机仍不明朗的背景下，2012年国家调控将更加倾向于定向或者适当宽松，调控的方式也更加灵活。在国内饲料需求保持刚性增长的背景下，预计2012年玉米价格整体将维持在一定区间内频繁波动，并存在一定上涨空间，但阶段性和区域性行情也将更加明显。

## （一）2011年玉米市场回顾

### 1. 玉米产量进一步提高

国内玉米播种面积从2003年开始稳步增加，中国玉米网预估2011年玉米播种面积为3 208.5万公顷，较2010年增加127.4万公顷，增幅为4.13%，较2003年增加800万公顷以上。在种植面积增加、品种改良、种植水平提高、亩产增加和天气情况总体有利等多重因素配合下，2011年玉米获得较大丰收，估计2011年玉米产量首次突破1.7亿吨，较2010年增加1 165万吨，增幅为7.36%（见图2－3－1、图2－3－2和表2－3－1）。

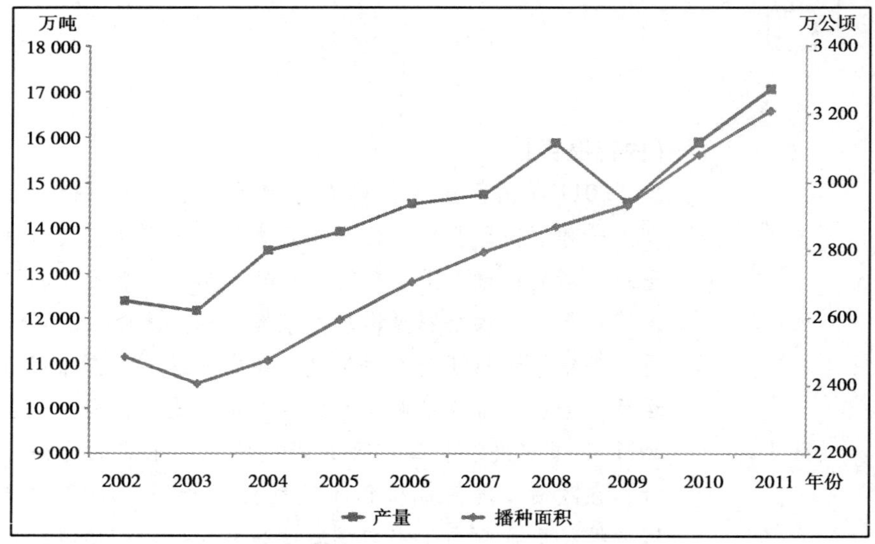


数据来源：中国玉米网。

图2－3－1 2002—2011年我国玉米播种面积和产量

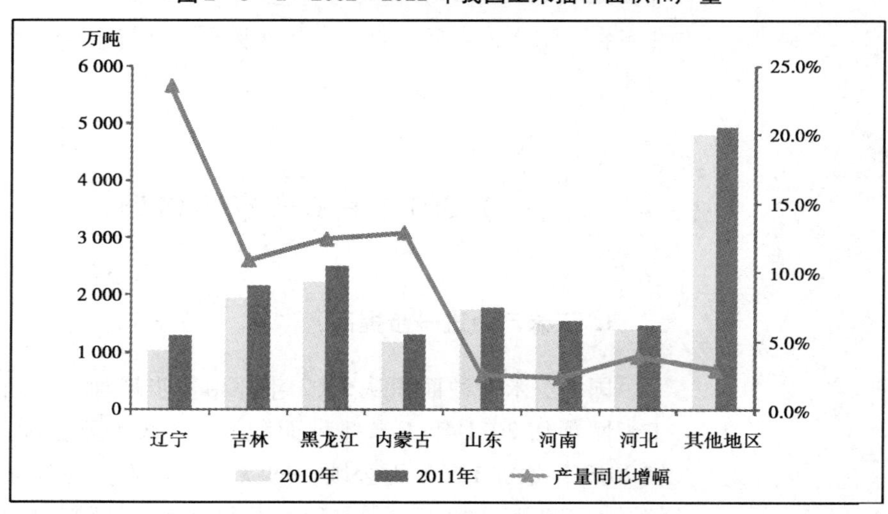


数据来源：中国玉米网。

图2－3－2 主产省玉米产量

表 2－3－1　　2011 年我国粮食播种面积、产量情况表　单位：吨/公顷，万吨

| 地　区 | 2010 年 | 2010 年 | 2011 年 | 2011 年 | 同比增幅 | |
|---|---|---|---|---|---|---|
| | 单　产 | 产　量 | 单　产 | 产　量 | 单　产 | 产　量 |
| 辽　宁 | 5.16 | 1 055 | 6.2 | 1 303.69 | 20.2% | 23.6% |
| 吉　林 | 6.58 | 1 950 | 7.06 | 2 162.71 | 7.3% | 10.9% |
| 黑龙江 | 5.24 | 2 227 | 5.21 | 2 503.87 | -0.6% | 12.4% |
| 内蒙古 | 5.59 | 1 175.14 | 6.03 | 1 326.8 | 7.9% | 12.9% |
| 山　东 | 5.81 | 1 756.09 | 5.87 | 1 801.07 | 1.0% | 2.6% |
| 河　南 | 5.31 | 1 513.37 | 5.28 | 1 548.86 | -0.6% | 2.3% |
| 河　北 | 4.63 | 1 422.9 | 4.75 | 1 478.69 | 2.6% | 3.9% |
| 其他地区 | 4.55 | 4 782 | 4.58 | 4 921.6 | 0.7% | 2.9% |
| 全　国 | 5.15 | 15 881.5 | 5.32 | 17 047.29 | 3.3% | 7.3% |

## 2. 玉米消费持续增长

2010/2011 年度我国玉米产量为 1.58 亿吨，预估消费 1.518 亿吨，库存消费比为 24.6%；2011/2012 年度我国玉米产量 1.7 亿吨，预计消费 1.6 亿吨，库存消费比为 31.2%，其中，饲料玉米消费量仍呈刚性增长趋势，深加工受国家政策调控限制而小幅增长（见图 2－3－3 至图 2－3－5）。

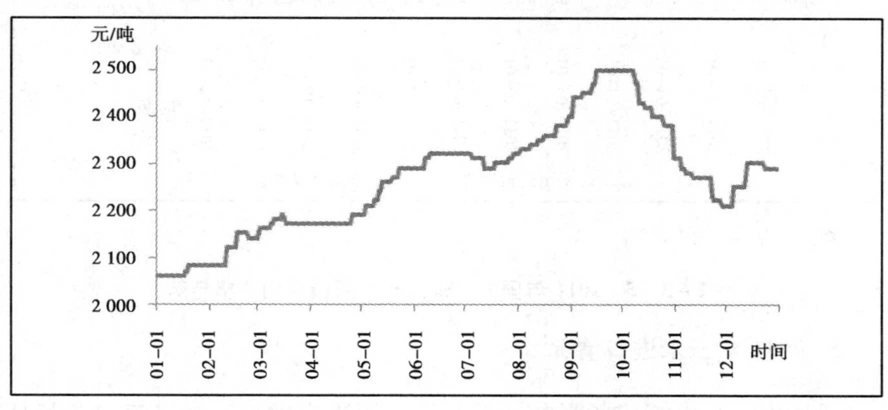


数据来源：中国玉米网。

图 2－3－3　2011 年大连玉米平舱价走势

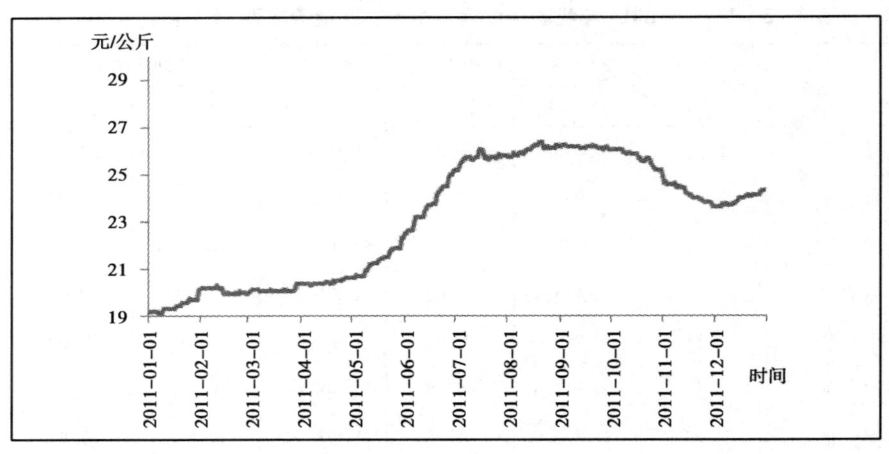


数据来源：中国玉米网。

**图2-3-4　2011年国内猪肉平均价格走势**

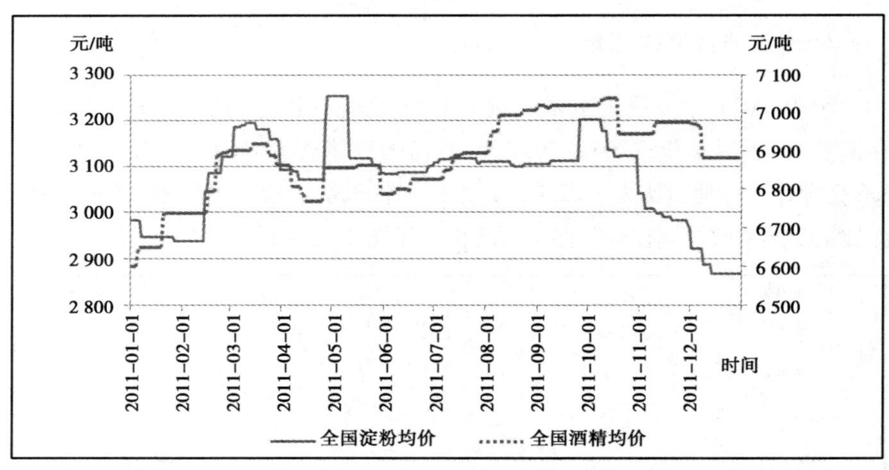


数据来源：中国玉米网。

**图2-3-5　2011年国内玉米淀粉、酒精平均价格走势**

### 3. 2011年玉米进口情况

受国内玉米供需偏紧影响，近两年中国重启批量玉米进口，尤其是2011年进口了大量玉米用于国家储备（见图2-3-6、图2-3-7和表2-3-2）。

数据来源：中国玉米网。

**图2-3-6　2010—2011年进口玉米利润**
（蛇口港玉米价格与进口完税成本差额）

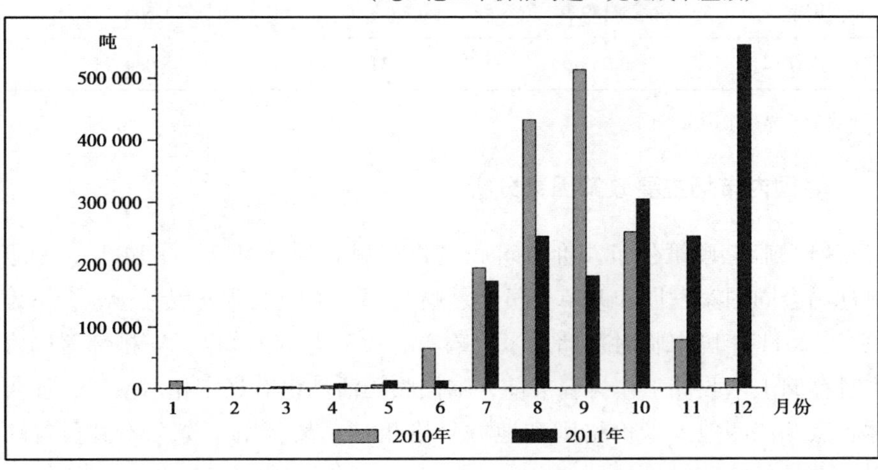


数据来源：中国海关。

**图2-3-7　2010—2011年我国玉米月度进口量**

**表 2－3－2　　近三年度我国玉米市场供需状况分析**　　单位：万公顷，万吨

| 年　度 | 2009 / 2010 | 2010 / 2011 | 2011 / 2012（12 月预估） |
|---|---|---|---|
| 播种面积 | 2 931. 3 | 3 081. 1 | 3 208. 5 |
| 产　量 | 14 554. 5 | 15 881. 5 | 17 047 |
| 期初库存 | 4 123. 43 | 2 933. 53 | 3 731. 93 |
| 进口量 | 129. 64 | 97. 95 | 400 |
| 总供给量 | 18 807. 57 | 18 912. 98 | 21 178. 93 |
| 饲料消费 | 10 281 | 9 651 | 10 539 |
| 工业消费 | 4 395 | 4 325 | 4 380 |
| 种用及食用消费 | 1 036 | 1 065 | 1 080 |
| 损耗量 | 147 | 129 | 135 |
| 国内使用量 | 15 859 | 15 170 | 16 134 |
| 出口量 | 15. 04 | 11. 05 | 10 |
| 总需求 | 15 874. 04 | 15 181. 05 | 16 144 |
| 年度剩余 | －1 189. 9 | 798. 4 | 1 303 |
| 年度库存 | 2 933. 53 | 3 731. 93 | 5 034. 93 |

数据来源：中国玉米网。

### 4. 国内市场主要政策因素分析

（1）临储政策公布，价格筑底过程结束。2011 年 12 月 14 日，国家粮食局会同国家发展和改革委员会、财政部、中国农业发展银行联合下发《关于 2011 年国家临时存储玉米收购等有关问题的通知》，安排部署国家临时存储玉米收储工作。春节前，临储收购活动仅有辽宁相对活跃，而吉林和黑龙江两地玉米价格则和地方价格相当，甚至由于资金不到位等原因，不具备抢粮优势。

（2）食品安全引发“蝴蝶效应”。2011 年食品安全事件频发，和玉米产业相关的就是玉米淀粉和部分添加剂将在严查中被清除。国家打击食品安全犯罪的政策将长期坚持，同时目前国内淀粉市场也比较饱和，所以

预计淀粉需求难以有较大增长，与上一年度应基本一致。酒精在取消出口退税以后，国内也没有需求大幅增加的迹象。2012 年由食品安全事件所引发的消费革命已经不可避免，一些小作坊的淀粉企业或者添加剂市场将遭受冲击。

（3）小麦替代将有所下降。2010/2011 年度小麦和玉米价差大幅走低。正常情况下，小麦和玉米合理比价在 1. 1∶1，但 2010/2011 年度这一比例一度降到 0. 85∶1，由此引发饲料企业纷纷修改配方，提高小麦替代比例。2010/2011 年度饲料小麦替代玉米量为 1 300 万吨。2011 年新粮上市后，随着玉米价格回落，市场供应量大幅增加，预计小麦替代量将有所降低，降幅在 500 万吨左右。

（4）深加工产业调整延续。国家对于玉米深加工行业进行调控的思路没有改变，仍然是促进产业结构优化升级。具体的调控手段包括限制、淘汰落后产能，限制部分企业贷款，限制企业玉米用量，加强企业的环保监管等。预计 2012 年国内玉米深加工行业产能增加量有限。2012 年国家有望实施玉米深加工行业的原料与产品增值税税率统一，此举有利于行业的长远发展。

### 5. 2011 年国内玉米期现货行情分析

2010 年国内玉米现货价格保持平稳，期货价格随着通胀预期的不断加大而出现大幅拉升，导致倒基差的出现。然而，与之完全不同的 2011 年受外部经济形势和国内通胀情况下政策大力调控的影响，期货投资价格逐渐趋于下行，现货价格低于期货价格，整体呈现较强正基差走势。

2011 年期货价格振荡下行，年内最低点 2 161 元/吨出现在 11 月份，较年初 1 月份玉米期货价格历史最高点 2 460 元/吨，下跌空间为 299 元/吨，下跌幅度高达 12. 15%。全年行情走势整体呈现四个阶段，期货价格一度大幅低于现货价格，未来将回归至期现货合理价差波动范围。

第一阶段（1—4 月份）：在华北小麦旱情及美国玉米价格大涨的带动下，期货价格破位上涨，再创历史新高。随着国际形势恶化，日本强震诱发核危机，整体拉低了商品市场的价格，而大连玉米期货价格在现货价格较强的背景下，表现出较好的抗跌性。另外，食品安全对养殖行业形成长期打击，中国进口玉米传闻频繁出现，饲用小麦进入拍卖市场，周边市场行情对玉米价格带来较大冲击。政策调控下的玉米市场弱势行情已经出现。

第二阶段（5—6 月份）：国内贸易商手中的现货玉米价格受到持有成本的推动，呈现缓步上涨态势。同时，国内调控政策再次出现反向效应，增值税进项取消反而提高了企业的收购成本，产区及华北地区的玉米收购价出现较大幅度上涨。但是迫于国内宏观政策面继续收紧，市场依然保持高度谨慎态度。

第三阶段（7—10 月份）：在外部经济市场稍作喘息之时，我国 7 月 CPI 继续攀升至 6.5%，创年内新高，国内北方港口玉米现货平仓报价突破 2 400 元/吨，升至 2 500 元/吨关口。然而，受国储轮换 370 万吨玉米拍卖、产业结构调整、继续实行货币调控政策下的 CPI 拐点出现，加之 2011 年玉米大丰收等多项利空因素影响，玉米期货价格连续暴跌，最后下探 2 200 元/吨大关。

第四阶段（11—12 月份）：受到令人堪忧的外部政治经济局势影响，国内整体金融形势也遭受重挫，国内上证金融指数一度跌穿 2 200 点大关，整体投资气氛较为悲观，商品市场与美国谷物市场继续呈现齐涨齐跌的价格联动走势。国内玉米市场整整一年的跌势，已经大大回吐了 2010 年的所有超升水部分，由于饲料养殖及深加工消费疲软，导致现货价格难以支撑，期货价格提前作出修正（见图 2－3－8）。

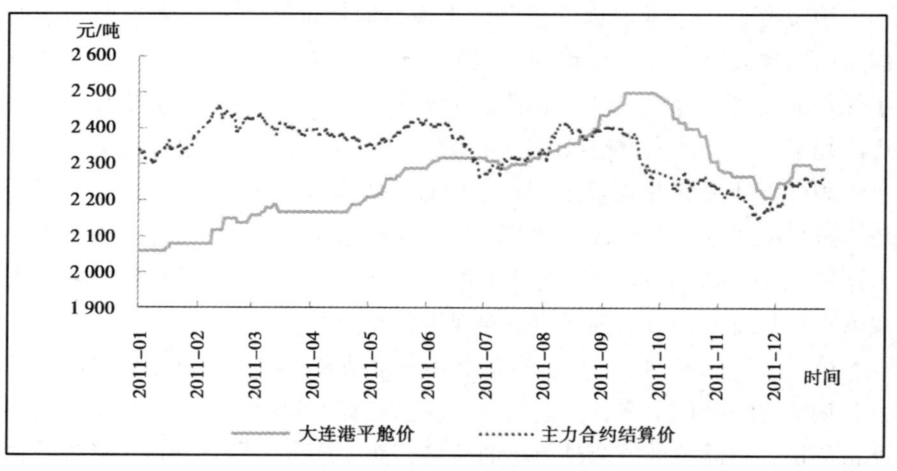


数据来源：中国玉米网，文华财经。

**图 2－3－8　2011 年大连港平舱价与玉米主力合约结算价走势**

### 6. 2011 年国际玉米期现货行情分析

随着全球经济快速增长及生活水平的提高，工业玉米和饲料养殖消费能力以每年 3.04% 的速度递增。自 1986/1987 年度期末玉米库存达到历史顶峰 20 486.2 万吨之后，年度库存量开始持续下滑，2011 年全球玉米期末库存已经下降至 12 827.1 万吨。1987 年以来，作为联合国粮农组织提出的衡量粮食安全水平的一项指标——库存消费比，随着玉米期末库存一同下降，导致库存消费比从 45.97% 回落至目前的 14.7%，已经十分接近于 1974 年 11.84% 的最低水平，亦低于联合国划定的 17% ~18% 的警戒线（见图 2 -3 -9、图 2 -3 -10）。

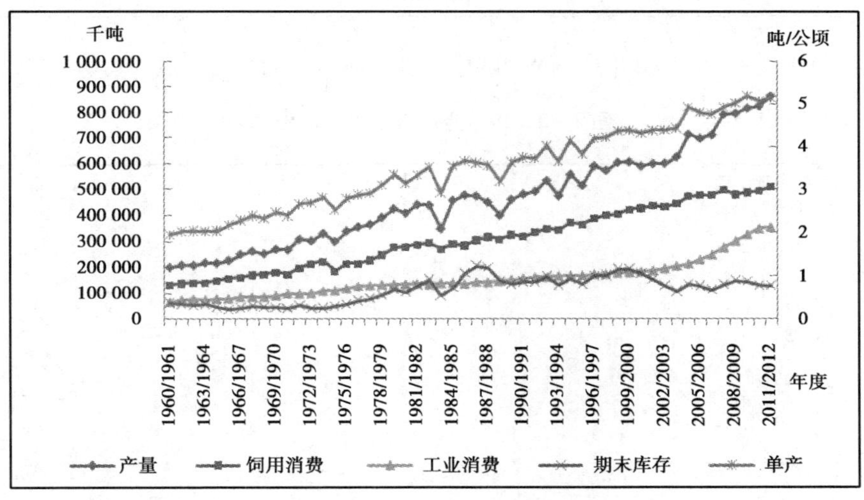


数据来源：美国农业部农产品数据库，www. fas. usda. gov。

**图 2 -3 -9　全球玉米供需平衡状况**

美国玉米期货价格走势的影响因素可分为三种：其一，宏观经济市场下的大宗商品走势；其二，美国农业部玉米供需数据；其三，作物天气。当宏观经济出现全球性动荡时，大宗商品价格走势方向将出现高度统一，其金融属性是决定玉米价格的最关键因素，作物基本面因素的影响作用退而次之。而作物天气则是玉米供给数据的主要影响因素之一，并且具有较大的不确定性，所以是市场较为偏爱的动态炒作目标（见图 2 -3 -11）。

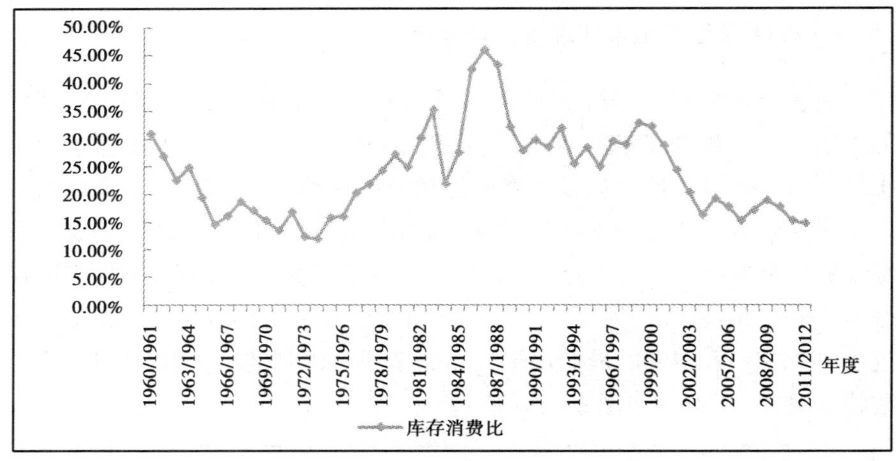


数据来源：美国农业部农产品数据库，www. fas. usda. gov。

**图 2－3－10 全球玉米库存消费比**

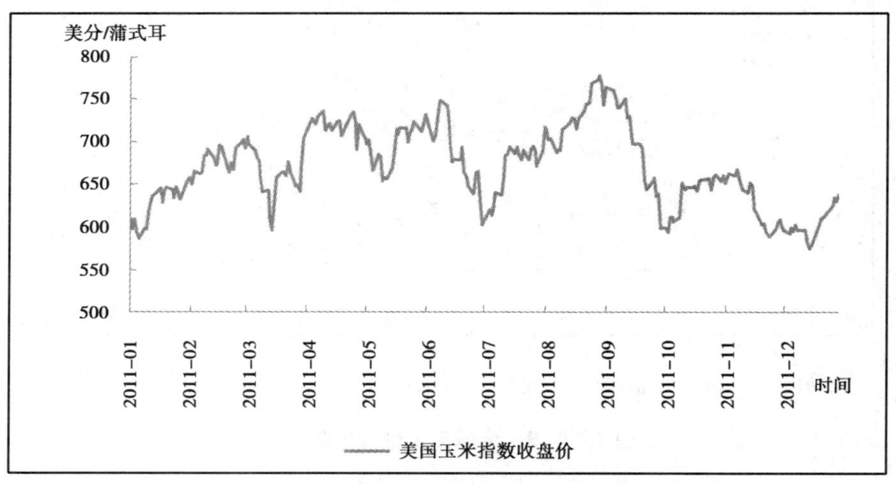


数据来源：文华财经。

**图 2－3－11 2011 年 CBOT 玉米指数价格走势**

自 2011 年 5 月开始，美国农业部开始对 2011/2012 年度新季玉米种植情况进行预估。结合当时期货价格出现大幅下跌，对产量大幅调减，起到了提振市场价格的作用。然而，此前美国失业率一直居高不下，反映美国经济下滑，加工业不振，应该是在保持期末库存稳定的同时，美国农业部调降饲料养殖及乙醇玉米用量的主要原因之一（见图 2－3－12）。

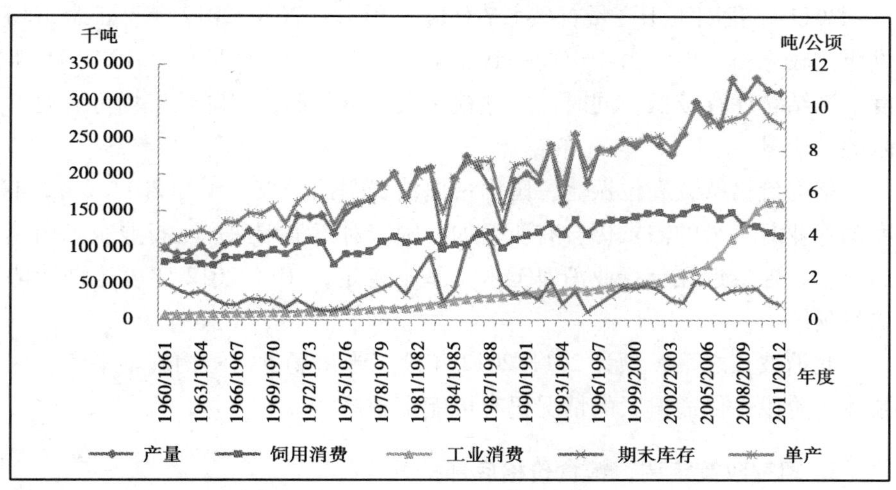


数据来源：美国农业部农产品数据库，www. fas. usda. gov。

**图 2－3－12 美国玉米供需平衡状况**

综合来看，全球玉米供需基本处于平衡状态。作为全球第一大玉米出口国的美国，虽然产量不断增长，但国内燃料乙醇的发展已经过度消耗国内库存，导致供需结构出现偏紧信号。未来美国将积极调控燃料乙醇的继续扩张和促进新能源科研进程，以防止粮食能源消耗给全球粮食库存稳定带来区域性供应危机。

## （二）2012 年玉米市场展望

2012 年，国际经济阴霾重重，国内经济增速放缓，未来经济形势十分复杂和严峻。我国玉米价格仍将受市场和政策双重影响：一方面，在国际经济形势悲观的同时，国内玉米再获丰收，受此影响，新季玉米上市后，价格大幅下跌；另一方面，国家贯彻稳定粮食价格、保证农民增收的政策思路。公布的玉米临储收购价格标明了玉米市场的价格底部。预计 2012 年玉米价格将稳中有涨，但是由于不确定因素较多，价格波动可能性较大。

### 1. 国内玉米供需基本平衡

2011 年我国玉米产量首破 1.7 亿吨，预示着 2011/2012 年度玉米市场供应比较充裕。但是由于市场一致看空新季玉米价格，所以 2010/2011 年度玉米结转库存较低。同时，中储粮再次入市收购，将降低市场可流通玉米的供应量。

猪肉价格持续高位振荡，国内蛋白消费刚性增长，预计 2011/2012 年度饲养业对玉米的需求仍会有所增加。国家对于玉米深加工行业玉米用量的限制，导致近几年行业消费玉米量基本稳定，2011/2012 年度这种形势仍将延续。

此消彼长之下，预计 2011/2012 年度玉米市场供需结构基本平衡，区域性、阶段性供需偏紧的情况仍有可能出现。

### 2. 国家政策定调，粮食价格底部抬升

2011 年 12 月召开的中央经济工作会议再次提出坚持不懈抓好“三农”工作，增强农产品供给保障能力。农业科技、水利建设及农产品储运体系建设将得到国家重点支持。同时，稳步提高粮食最低收购价的政策给予市场最清晰的信息，粮食价格底部仍将稳步抬升，2011 年 12 月国家发布的临储收购价格较 2010 年也有较大的涨幅，使得市场对于未来的粮食价格充满信心。

### 3. 通胀预期降低，玉米价格趋稳

随着 2012 年经济增速放缓，货币政策稳健，以及 2011 年物价基数较高，预计 2012 年物价增长水平适度放缓，CPI 大概会维持在 4% 左右。同时，国家对于强化农产品全程质量安全管理、完善储运和市场体系、规范流通秩序的政策力度加大，将在一定程度上降低农产品流通成本。上述因素将降低玉米价格上涨的外部动力，所以预计 2012 年玉米价格上涨幅度将放缓。

### 4. 2012 年国内玉米价格区域和阶段性行情将更加明显

基于国家在 2011 年 12 月中旬发布的临储收购价格，在不考虑 2012

年经济发展相应放缓的背景下，预计国内玉米价格具备一定的合理上涨空间。

2011 年新季玉米上市以后，东北和华北产区的售粮进度均较 2010 年同期滞后。物流“瓶颈”问题尤为突出，也将造成销区市场区域性和阶段性价格高点的出现。2012 年玉米价格整体将维持在一定区间内频繁波动并存在一定上涨空间，但阶段性和区域性行情也将更加明显。

（中国玉米网　冯利臣）

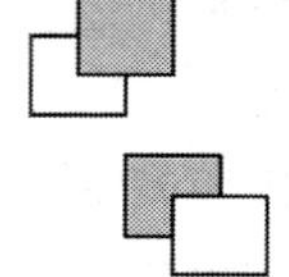

# 四、大豆及豆油市场分析

【内容提要】

2011 年国内大豆市场呈现宽幅振荡后破位下跌走势。上半年延续 2010 年末的反弹行情，下半年欧债危机阴云再次笼罩商品市场，大豆价格高位回挫并跌破年内低点。在宏观局势主导全年商品市场的情况下，大豆市场跟随周边走势，振荡加剧。大豆价格行情围绕欧美债务危机、中东地缘政治危机、中国宏观调控等一系列风险事件跌宕起伏。虽然国内大豆面积和产量大幅下降给市场价格提供了支撑，但在宏观局势主导下的基本面影响使之维持弱化。年终岁尾之际出台的国储收购政策虽然提供了价格底部支撑，但因低于农民心理目标价格以及与进口豆相比无价格优势，因此对国内大豆价格实质提振作用有限。欧债危机能否有效化解及中国紧缩政策是否转向，将决定 2012 年商品市场主基调。在宏观环境动荡的背景下，2012 年大豆和豆油市场难改振荡格局。

## （一）2011 年我国大豆及豆油市场分析

### 1. 2011 年大豆市场供求形势

（1）大豆生产情况。2011 年我国大豆种植面积连续第三年下降。据国家粮油信息中心数据，2011 年我国大豆种植面积为 765 万公顷，较 2010 年减少 86.6 万公顷，同比下降 10.2%；全国大豆平均单产为 1.765

吨/公顷，略低于2010年的1.771吨/公顷；2011年大豆总产量为1 350万吨，较2010年的1 508.3万吨减少10.5%。

2011年全国大豆种植面积继续减少的主要原因是：一是种植大豆成本提高，二是玉米、水稻等品种种植效益持续好于大豆。

（2）大豆消费情况。国家粮油信息中心数据显示，2011/2012年度我国大豆需求总量为6 960万吨，同比增加426万吨，增幅为6.5%。其中，因种植面积下降，大豆种用量减少5万吨，为60万吨，同比降幅为7.7%；食用和工业用量增加30万吨，达到980万吨，同比增幅为3.2%；榨油消费量增加400万吨，达到5 900万吨，同比增幅为7.3%。因国内产量下降，国产大豆榨油消费量减少100万吨，为400万吨，由此导致对进口豆依赖度进一步提高，进口大豆榨油消费量达5 500万吨，同比增加7.3%，再创历史纪录（见表2－4－1）。

**表2－4－1　　我国大豆供需平衡表**　　单位：千吨

| 项　目 | 2008/2009年度 | 2009/2010年度 | 2010/2011年度 | 2011/2012年度 |
|---|---|---|---|---|
| 产　量 | 15 545 | 14 981 | 15 083 | 13 500 |
| 进　口 | 41 098 | 50 338 | 52 340 | 56 000 |
| 总供给 | 56 643 | 65 319 | 67 423 | 69 500 |
| 种　用 | 711 | 700 | 650 | 600 |
| 食用及工业消费 | 8 000 | 9 000 | 9 500 | 9 800 |
| 榨油消费 | 42 500 | 50 000 | 55 000 | 59 000 |
| 国内消费 | 51 211 | 59 700 | 65 150 | 69 400 |
| 出　口 | 400 | 184 | 190 | 200 |
| 总需求 | 51 611 | 59 884 | 65 340 | 69 600 |
| 结　余 | 5 032 | 5 435 | 2 083 | －100 |

数据来源：国家粮油信息中心。

（3）进出口情况。海关总署统计数据显示，我国2011年累计进口大豆5 264万吨，较2010年的5 480万吨减少216万吨，同比减少3.94%，自2004年以来首次出现下降。国家粮油信息中心统计数据显示，我国2011/2012年度大豆进口量将达到5 600万吨，同比增加7%，达历史纪录水平，略低于美国农业部最新预测的5 650万吨（见图2－4－1）。

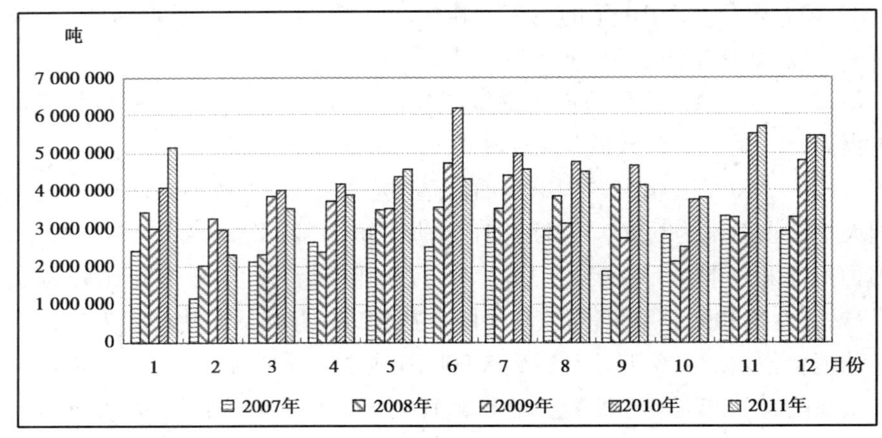


**图 2-4-1 我国大豆进口量分月对比图**

2011 年我国进口大豆数量减少的主要原因是：一是当年国家向市场投放了 334 万吨临时存储大豆和 152 万吨食用植物油，由此导致进口大豆和植物油需求下降；二是自 2010 年末以来国内大豆压榨行业连续亏损，导致开工率下降，延缓了进口需求。

（4）2011 年我国大豆市场行情走势分析。

第一阶段：2011 年初至 8 月末，国内大豆期货市场延续 2010 年 11 月以来的反弹行情。其间，市场价格围绕南美播种和生长期天气、中美种植面积预测以及生长期间天气炒作而宽幅振荡。虽然中美大豆种植面积和产量大幅下降、中国需求强劲而美豆库存趋紧等提供了基本面利多支持，但宏观层面的压力抑制了价格上涨。中国 CPI 数据持续高企令货币紧缩政策延续、日本海啸、欧债危机愈演愈烈、美国经济复苏缓慢，债务危机频现等系统性风险事件不断冲击包括豆类在内的商品市场，大豆在此期间一直在 2010 年 11 月高位下挫后的宽幅区间内振荡。8 月末，受美国农业部（USDA）首次基于客观预测基础上的产量报告大幅下调美豆单产和总产量预测刺激，美豆大涨并突破年内振荡区间，国内大豆价格也跟盘上涨，突破振荡区间。

第二阶段：8 月末至年底前的大幅下挫行情。8 月末国内外豆类价格突破上涨后行情逆转。围绕希腊违约风险加剧、欧债危机阴云再次笼罩市场，国内外大豆价格高位回挫，大幅下跌。9 月份在美国农业部（USDA）意外上调美豆库存打压下，美豆跌破年内低点，之后在欧债危机向核心国蔓延、全球经济放缓担忧加剧、引发基金大举平仓盘打压下，11 月下旬创 13 个月以来的新低。国内大豆价格也于 11 月中旬跌破年内低点。虽然 11 月末国储正式出台 2011 年收储政策，但收储价格与预期持平，并且与农民心理预期价格相差较远，因此实际利多支撑有限。USDA 12 月供需报告继续上调美豆库存，再次确认基本面偏空格局，年底前大豆价格跟随周边市场延续弱市格局。2011 年港口大豆库存持续保持在历史高位水平，同时为抑制国内通胀，政府连续定向抛储大豆和食用油，均构成基本面利空压力（见图 2－4－2、图 2－4－3）。

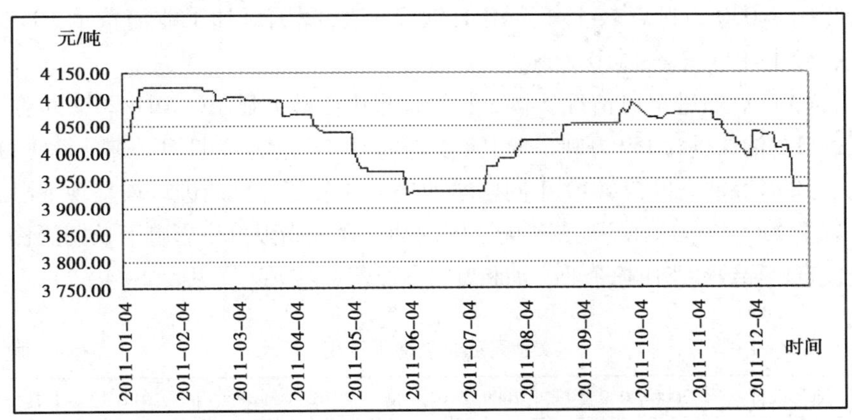


**图 2－4－2　2011 年国内大豆现货价格走势图**

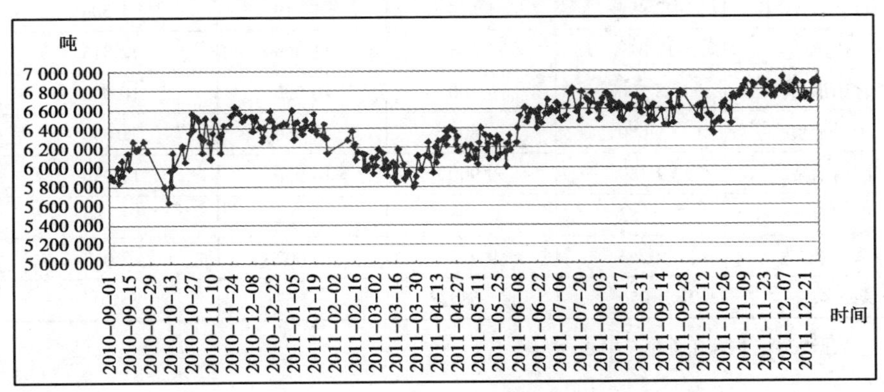


**图 2－4－3　中国主要港口进口大豆库存**

### 2. 2011 年豆油市场

（1）豆油生产情况。据国家粮油信息中心数据，2011/2012 年度我国豆油总供给量预计为 1 232 万吨，较上年度增加 95 万吨，其中，豆油产量增加 76. 5 万吨，进口增加 18. 1 万吨。2011/2012 年度国内豆油产量预计为 1 082 万吨，较上年度增加 76. 5 万吨，增幅为 7. 6%；2011/2012 年度国内豆油进口量预计为 150 万吨，较上年度增加 18. 1 万吨，增幅为 1. 37%。

（2）豆油消费情况。2011/2012 年度国内豆油消费量呈现稳步增长势头。国家粮油信息中心数据显示，2011/2012 年度我国豆油国内消费总量为 1 195 万吨，较上年度增加 100 万吨。我国 2011/2012 年度豆油食用消费量为 1 090 万吨，较上年度增加 90 万吨；我国豆油工业消费量 105 万吨，较上年度仅增加 10 万吨。

（3）豆油进出口情况。国家粮油信息中心数据显示，2011/2012 年度我国进口豆油数量为 150 万吨，较上年度增加 18. 1 万吨。2011 年以来，除 1 月、2 月、8 月豆油进口较 2010 年同期增加外，其余月份豆油进口均呈现下滑态势。受 2011 年全球经济动荡影响，国内油厂在油脂限价令影响下长期压榨亏损，直接导致油脂压榨企业、油脂贸易商经营意愿下降（见表 2 -4 -2）。

**表 2 -4 -2　　我国豆油供需平衡表**　　单位：千吨

| 项　目 | 2008/2009 年度 | 2009/2010 年度 | 2010/2011 年度 | 2011/2012 年度 |
| --- | --- | --- | --- | --- |
| 产　量 | 7 825 | 9 150 | 10 050 | 10 815 |
| 进　口 | 2 494 | 1 514 | 1 319 | 1 500 |
| 总供给 | 10 319 | 10 664 | 11 369 | 12 315 |
| 食用消费 | 8 500 | 9 100 | 10 000 | 10 900 |
| 工业消费 | 680 | 800 | 950 | 1 050 |
| 国内消费 | 9 180 | 9 900 | 10 950 | 11 950 |
| 出　口 | 83 | 75 | 52 | 60 |
| 总需求 | 9 263 | 9 975 | 11 002 | 12 010 |
| 结　余 | 1 056 | 689 | 367 | 305 |

数据来源：国家粮油信息中心。

（4）2011 年我国豆油市场行情走势。

第一阶段：1 月至 7 月，地缘政治与政策压制双向作用，豆油价格上涨乏力。

2011 年上半年，受利比亚冲突地缘政治因素影响，国际原油期价振荡走高。原油期价高位坚挺，为国际油脂市场提供潜在利多支持。进入5月后，国际农产品市场天气市炒作升温，原油对农产品市场影响转淡，国际油脂市场关注焦点转至基本面。但受小包装油禁止提价影响，国内油脂压榨企业持续亏损，油脂现货成交长期低迷。上半年国内货币政策持续紧缩，加剧了国内油脂压榨企业经营压力，持续亏损的经营状况及中小企业资金链条紧张，压制了油脂现货市场成交热情。

第二阶段：7月至12月，欧债危机打破反弹节奏，价格大幅下行。

7月份欧债危机初露端倪、美国经济数据连续疲软引发经济放缓担忧等，刺激美元大涨而原油暴跌，再次引发商品市场避险卖盘涌现。虽然国内油脂限价令逐步解禁，但在系统性风险的集中影响下，宏观环境再次成为引领油脂市场走势的主要因素。

9月欧债危机影响扩散，系统性风险影响原油期价振荡下行。9月中下旬，国际原油期价一度跌破80美元/桶整数关口，生物能源概念炒作被搁置，国际原油价格的低迷表现，导致CBOT买豆卖油交易持续升温。进入11月后，欧债危机并未出现市场预期的乐观表现，相反，在意大利危机扩散影响下，美、英等国经济衰退问题再次暴露，在外围市场系统性风险的集中影响下，国际豆油期价持续疲软。11月末，国内一级豆油跌破9 000元/吨，创年内新低，四级豆油跌至8 500～8 700元/吨，也逼近年内低点，春节前未现传统备货高峰（见图2－4－4）。

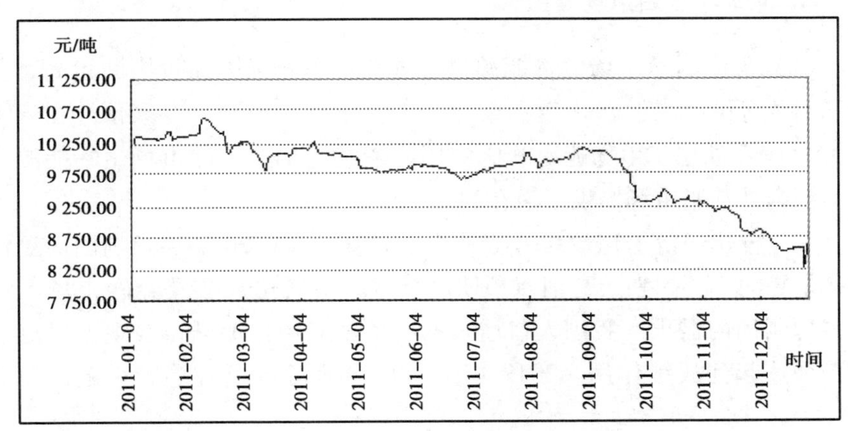


**图2－4－4　2011年全国豆油均价走势图**

## （二）2012年我国大豆及豆油市场展望

### 1. 2012年大豆市场展望

（1）需求、成本、比价关系及种植面积连续下降，给大豆价格提供了中长期支撑。数据显示，中国油脂需求高速增长期虽已过去，但未来5年仍能维持3%～5%的年增幅。与此同时，人口增加、经济增长和膳食结构的改变，将提振国内粕类需求增幅超过油脂。而受耕地面积、单产和种植结构的影响，未来国内油料增产幅度有限。国内外大豆、玉米比价处于历史低位，也将进一步刺激2012年玉米面积增而大豆面积减。在2011年大豆种植面积和产量自2008年以来出现连续4年的下滑后，预计2012年我国大豆面积将继续减少。

（2）中国进口需求及南北美天气将是基本面关注焦点。国家粮油信息中心预测，新年度我国大豆进口量将继续增加，预计全年进口量将达到或超过5 500万吨，创历史纪录水平。但国内压榨连续亏损、经济增速放缓担忧或将抑制后期大豆采购量。

### 2. 2012年豆油市场展望

（1）关注国际市场生物能源概念炒作。随着国际油价不断走高，美国和巴西等国家豆油转化生物柴油的消费量连年增长。专家预计在未来10年，美豆油用于生物能源的比例还将继续增加，国际市场生物能源需求为国内外油脂市场提供了潜在利多支持。

（2）担忧经济增速放缓，豆油消费预期下降。2012年影响国内豆油价格走势的主要因素还是消费预期。全球经济增速放缓及金融市场不稳定将抑制国内需求。我国人口增长率回落及老龄化加剧，客观上对豆油消费增速起到放缓作用。2012年国内豆油消费量或将趋于稳定，增速放缓。

综述：动荡的2011年已过去，崭新的2012年已来临，市场在苦闷彷徨中等待龙年行情的启动。但在经济局势内忧外患的情况下，新年度商品市场行情仍暂难现曙光。宏观局势依然将主导包括大豆在内的商品市场，宽幅振荡仍将是2012年商品市场的主流行情。

（光大期货　赵　燕）

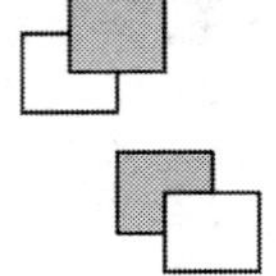

# 五、菜籽及菜油市场分析

【内容提要】

2011年，受种植面积减少和冬春连旱影响，国内菜籽产量下降；国家大幅提高临时收储菜籽的收购价格，以保护农民种植利益，推高了国产菜油生产成本，加大了企业自主收购的市场风险。2011年国产菜籽压榨多数时间处于负利润状态，菜籽压榨企业处境艰难。2011年，国内菜籽、菜油市场政策市明显，一是国家继续在主产区实施临时收储政策，国产菜籽价格在政策引导下多数时间表现平稳；二是上半年国家在新菜籽上市之前，继续低价、定时、定量及定向投放临储菜油，国内菜油价格与其他主要植物油价格关系扭曲，甚至一度与棕榈油价格倒挂，但到下半年国内外植物油价格下跌时，国内菜油价格在成本支撑下表现强于豆油和棕榈油，国内植物油价格顺序恢复常态。2011年，虽然国内菜油新增数量减少，但因为临储菜油的大量投放，2011年国内菜油实际供给数量远超历史同期水平，使得2011年国内菜油消费数量也远超历史同期水平。预计2012年菜籽临储收购政策将继续实施，收购价也将稳步提高，将推动国内菜油价格重心上移；同时，菜油作为主要植物油储备品种，其价格也最易受政策影响，振幅将小于豆油和棕榈油。2012年国内菜籽和菜油市场仍将是政策市。

## （一）2011 年国内菜籽、菜油供求情况分析

### 1. 比较效益低，油菜生产滑坡

2011 年我国油菜籽播种面积为 710 万公顷，较 2010 年减少 27 万公顷，减幅为 3.66%；单位面积产量为 234.8 斤/亩，基本与 2010 年持平；预估 2011 年我国油菜籽产量为 1 250 万吨，较 2010 年官方数据减少 58.3 万吨，减幅为 4.45%（见图 2－5－1）。

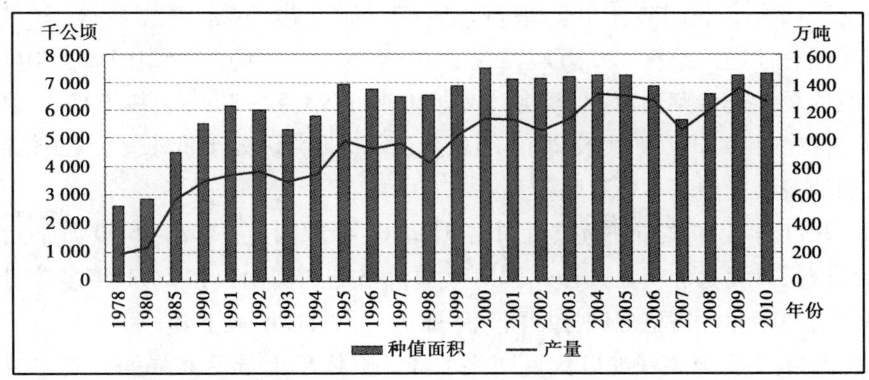


资料来源：2011 年的数据来源于国家粮油信息中心，其他年份的数据来源于中国统计年鉴。

**图 2－5－1　我国历年油菜籽种植面积和产量**

我国油菜籽产量连续两年下滑，一方面是 2011 年春季江西、湖北、河南等地遭遇严重春旱，虽然同一生长季节的小麦所受影响不大，但因油菜根系浅，易受干旱影响，除四川、贵州、湖南、江西油菜单产较 2010 年稳中有升外，其他夏收油菜主产地单产均较 2010 年下降。另一方面，2011 年人工成本、化肥、种子和灌溉成本对总成本形成明显的拉动，长江流域油菜籽生产成本进一步提高，达到 580 元/亩，比 2010 年提高 90 元/亩。按 2011 年平均单产 117.4 公斤/亩测算，按 4 600 元/吨的临时收储价出售，农民每亩总收入为 540 元，减去 580 元/亩的总成本后，农民种植亏损约为 40 元/亩。如果按农民 580 元/亩的保本价格测算，农民出

售油菜籽价格应在 4 940 元/吨，但 2011 年油菜籽到厂价也未达到这一价格。

油菜种植成本上升而种植收益下降，在和小麦的竞地关系中处于劣势，农民种植油菜积极性下降，油菜种植面积同比减少，是 2011 年我国油菜籽总产量下降的主要原因。其中，河南、安徽、江苏种植面积同比降幅分别为 13.54%、13.17%、13.06%，总产量降幅分别为 12.23%、16.25%、13.73%。菜籽生产第一大省湖北油菜种植面积较为稳定，播种面积与 2010 年相比降幅不大，但总产因单产下降而出现 5.23% 的减幅。

**2. 2011 年我国菜籽、菜油进出口情况**

2011 年，我国菜籽和菜油进口量双双下降。海关统计数据显示，2011 年我国总计进口菜籽 126 万吨，较 2010 年的 160 万吨减少 21.1%；2011 年我国总计进口菜油 55.1 万吨，较 2010 年的 98.5 万吨减少 44.09%；菜油总计出口 0.33 万吨，较 2010 年减少 13.95%，仍处于低水平，在我国菜油消费结构中基本可忽略不计。

2011 年我国菜油进口数量同比下降的主要原因是：2010 年 10 月下旬以后国家持续竞价销售菜油，国内菜油价格受到抑制，在 2011 年多数时间国内外菜油价格呈现倒挂局面，厂商进口积极性明显下降。

2011 年我国菜籽进口数量同比下降，整体呈前低后高局面。其主要原因是：一是国家继续对进口菜籽实施技术壁垒，使进口菜籽无法进入主销区；二是上半年进口菜籽到港成本与国产菜籽价格相比无优势，进口需求下降；三是国内菜油在政策调控下走势偏弱，同时由于进口菜粕成本低于国内价格，导致厂商进口菜粕积极性提高，国内菜粕价格在进口菜粕的冲击下一直萎靡不振，而国际市场菜籽价格居高不下，进口菜籽压榨利润不理想，需求受抑；四是下半年有进口菜籽权利的港口地区新建菜籽压榨厂投产，当地一些原有的油料压榨企业经改造也可压榨进口油菜籽，非主产区的菜籽压榨能力大幅提高，同时受宏观经济影响，国际市场菜籽价格出现较大幅度下跌，进口菜籽到港成本也随之下降，而我国国产菜籽在临储政策的扶持下，价格居高不下，进口菜籽到港成本在和国产菜籽的比价关系中再次取得优势，非主产区油菜籽压榨企业进口积极性提高（见图 2-5-2、图 2-5-3）。

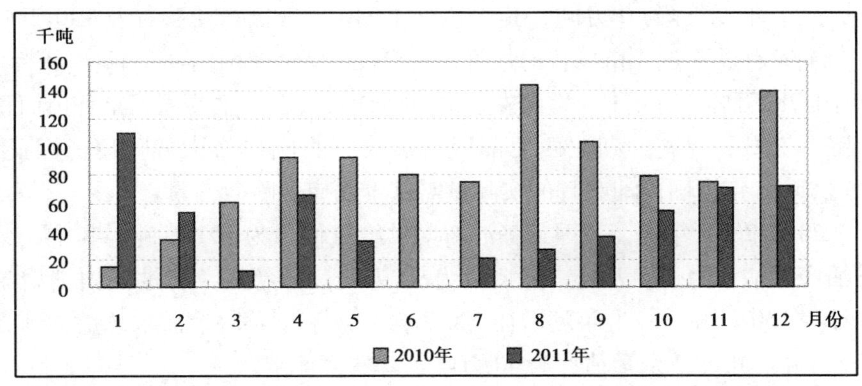


图 2-5-2　2010—2011 年我国菜籽油分月进口情况

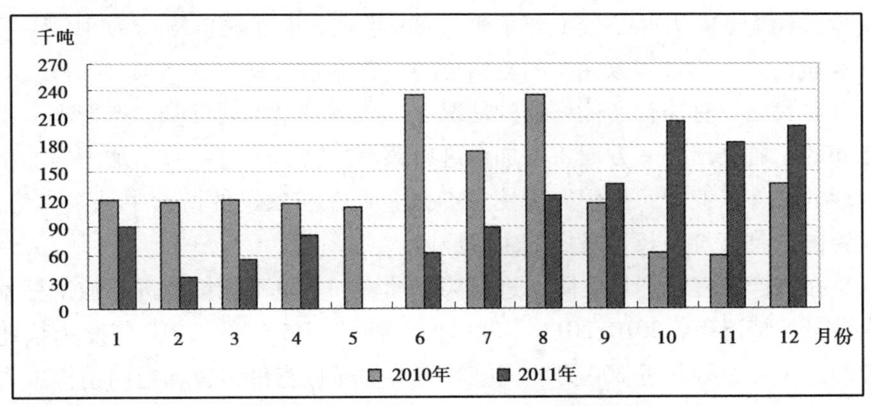


图 2-5-3　2010—2011 年我国油菜籽分月进口情况

### 3. 国内菜籽、菜油市场供需情况分析

国家粮油信息中心数据显示，2010/2011 年度我国油菜籽新增供给量预计为 1 435 万吨，较上年度减少 168 万吨，其中，国内油菜籽产量估计下降至 1 308 万吨，油菜籽进口量估计下降至 127 万吨。该年度油菜籽榨油消费量估计为 1 390 万吨，较上年度下降 240 万吨，其中，包含 1 240 万吨国产油菜籽及 150 万吨进口油菜籽。供给大于需求，基本面偏空。

2011/2012 年度，我国油菜籽新增供给量预计为 1 430 万吨，与 2010/2011 年度基本持平，其中，国内油菜籽产量预计下降至 1 280 万吨，油菜籽进口量预计为 150 万吨。该年度油菜籽榨油消费量预计为 1 380 万吨，较上年度下降 10 万吨，其中包含 1 240 万吨国产油菜籽及 140 万吨进口油菜籽。不过，市场普遍认为，2011/2012 年度国内油菜籽实际产量低于1 280万吨，在 1 150 万吨左右的可能性较大，其主要原因是种植面积下降，安徽、河南、湖北西北部因自然灾害影响单产大幅下降。因此，2011/2012 年度国内油菜籽的实际供需基本面应是略微偏紧。

2010/2011 年度，我国菜籽油新增供给量估计为 591 万吨，其中，菜籽油产量估计为 496 万吨，进口量为 96 万吨。该年度菜籽油国内消费量预计为 550 万吨，较上年度增加 100 万吨；该年度菜籽油需求总量估计为 550 万吨。年度节余量估计为 40 万吨，基本面偏空。

2011/2012 年度，我国菜籽油新增供给量预计为 550 万吨，其中，菜籽油产量预计为 500 万吨，进口量预计为 50 万吨。该年度菜籽油国内消费量预计为 630 万吨，较上年度增加 80 万吨；年度缺口预计为 81 万吨，基本面偏紧，不过国家储备的轮出可能会弥补这一缺口。

在我国菜籽压榨产能增加的情况下，菜籽产量不增反降，产能和产量之间的矛盾突出，一方面将增加对进口菜籽的需求，进一步增加国内油脂油料的对外依赖度；另一方面使主产区企业在与农民的博弈中处于劣势，成为国产菜籽价格长期坚挺的主要原因。

在国产菜籽总产量下降、进口菜籽油增加数量不能抵消进口油菜籽减少数量的情况下，2010/2011 年度国内菜油消费较 2009/2010 年度前快速增加的主要原因是近 200 万吨国家临储菜油通过竞价销售和定向销售进入市场，这也将是 2011/2012 年度国内菜油消费增加的主要原因。

#### 4. 2011 年国内菜籽、菜油市场回顾

2011 年，国内菜籽市场在新菜籽上市前有价无市，保持稳定，在新菜籽集中上市后价格高开高走。一是 2010 年下半年国内四级菜油价格大幅走高，菜籽压榨利润上升，企业秋收菜籽收购价提高到 4 500 ~ 4 600 元/吨，提高了市场对下一年度菜籽价格的预期；二是国内通胀，种植成本提高，加之减产，农民对菜籽收购价的预期提高；三是国家大幅提高 2011 年菜籽临时收储价格，同比上升 18%。不过，由于 2011 年国产菜籽压榨风险较大，企业自主收购积极性不高，因此，只在临储政策执行期国产菜籽收购价出现 100 ~ 200 元/吨的上涨，过后国内菜籽市场表现清淡，多有价无市。

2011年我国油菜籽收购市场呈以下几个特点：一是新菜籽产量低于2010年，而出油率高于2010年，水杂含量低于2010年；二是国家菜籽临储收购政策出现明显变化的同时，启动时间晚于2010年；三是压榨企业自主收购积极性下降，2011年油菜籽收购进度缓于2010年同期；四是一度出现主产区之间菜籽收购价倒挂，四川收购价低于安徽、湖北，同样的情况仅在2004年发生过（见图2-5-4）。

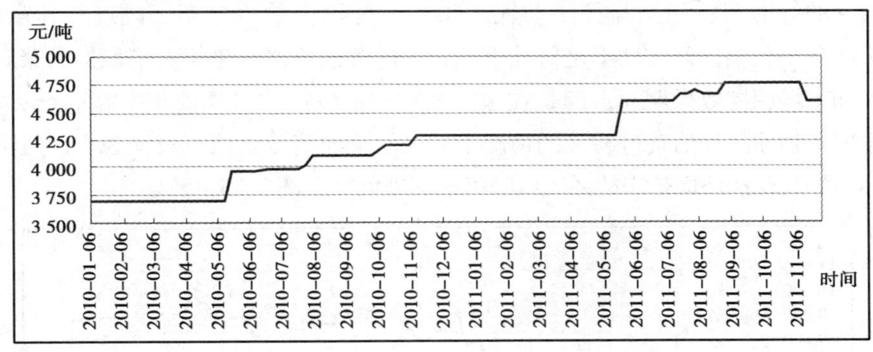


**图2-5-4　近两年油菜籽进厂价走势图**

2011年，国内菜油市场政策市明显，价格走势及和其他油品的价差走势也多受国家调控政策主导，整体上在9 600~10 500元/吨之间振荡。具体来说，自2010年12月国内四级菜油和一级豆油价格之间由顺差变为逆差后，2011年上半年国内一级豆油价格持续高于四级菜油价格，在6月中旬之后才再次逆转，呈四级菜油价格高于一级豆油价格的态势。

可以说，2011年上半年国内菜油价格走势弱于豆油和棕榈油价格走势，而下半年国内菜油价格走势强于豆油和棕榈油价格走势。其主要原因是：一是国内植物油现货价格在国内外期盘走势的带动下，呈区间振荡态势，由于各植物油品种之间存在替代消费，因此各品种植物油走势联动性较强，国内菜油现货价格更多地跟随国内整体植物油走势；二是上半年国家以远低于市场价的销售价格持续竞价销售临储菜油和两次定向销售菜油，累计近200万吨，使国内菜油供应远超同期水平，大量廉价菜油进入市场是上半年国内菜油价格走势弱于豆油和棕榈油的主要原因；三是2011年临储菜籽收购价格大幅提高，推动国内新菜油成本同比大幅上涨，并远高于国内菜油市场价格，在成本支撑下，9月份国内植物油价格随外盘下跌时，菜油表现较豆油和棕榈油抗跌，国内菜油价格走势开始强于棕榈油和豆油。

2011年国内菜油价格走势呈现以下特点：一是国家通过对国储菜油的竞价销售、定向销售，以及实施菜籽临时收储政策，主导了国内菜油价格走势，政策市特征明显；二是国内四级菜油和24度棕榈油价差变化之大历史少见，由一季度的四级菜油价格低于24度棕榈油价格200元/吨左右，出现倒挂现象，到四季度菜油较棕榈油价格高出2 500元/吨以上，是跨品种套利的好时机；三是与往年动辄2 500元/吨以上的价格振荡幅度相比较，2011年的价格区间波动不足每吨千元，国内菜油价格走势相对平稳，国家对菜油市场调控效果明显；四是在国内植物油消费需求对外依赖度高达66%、主要植物油品种消费可替代的情况下，虽然菜油消费以国产菜油为主，但国际市场宏观经济面带来的系统风险仍不可避免（见图2－5－5）。

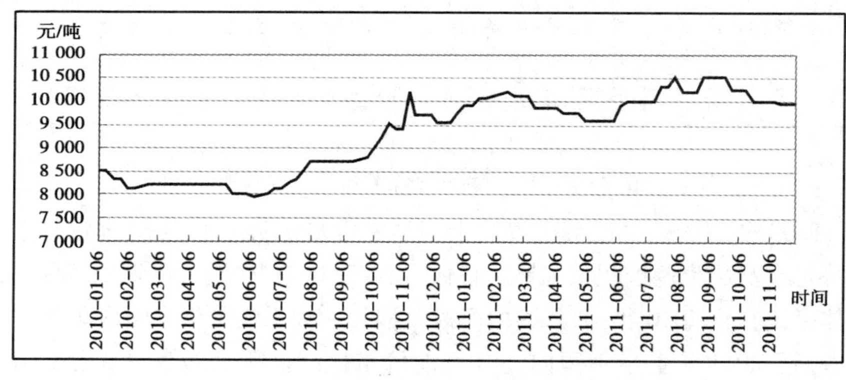


**图2－5－5 近两年菜籽油出厂价走势图**

## （二）国际菜籽、菜油市场状况

2011年，加拿大温尼伯商品交易所油菜籽期货价格从年初开始一路振荡下跌到年尾，下跌幅度达17%，部分原因是欧洲和美国经济形势黯淡制约原料需求。相较于国际市场豆类商品和棕榈油价格的下跌幅度，国际市场菜籽、菜油的跌幅明显偏小。其主要原因是近几年全球菜籽、菜油产量增速放缓，国际市场菜籽和菜油供应趋紧，对国际市场菜籽价格形成有力支撑（见图2－5－6）。

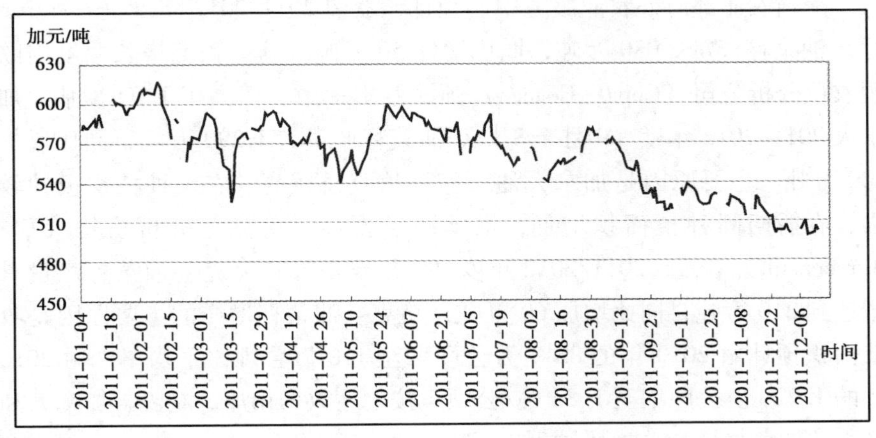


图2-5-6　2011年温尼伯（ICE）油菜籽价格走势图

2011年，随着国际市场油菜籽价格下跌，油菜籽出口需求增加，2011年8—11月，加拿大油菜籽出口量增长了9%，加工量增长了8%。《油世界》将2011/2012年度加拿大油菜籽出口和加工数据上调到1 440万吨。

2012年，全球菜籽、菜油供给偏紧局面不会有大的改变。联合国粮农组织（FAO）表示，2011/2012年度全球油菜籽产量将从2010/2011年度的6 070万吨降至5 920万吨。全球油菜籽产量下滑的主要原因是中国和欧盟部分成员国油菜籽减产。澳大利亚、加拿大和印度油菜籽丰产，仅在一定程度上抵消了上述国家的降幅（见图2-5-7）。

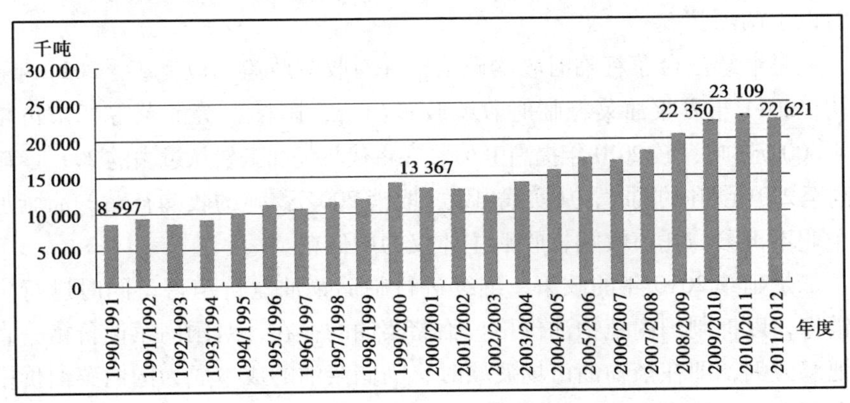


图2-5-7　全球菜籽油产量出现下降

美国农业部海外农业服务中心预计，欧盟 2011/2012 年度（7 月至 6 月）油菜籽产量 2 080 万吨，同比增加 50 万吨。这一预期增长幅度与欧盟农业分析公司（Copa – Cogeca）预测基本一致，但高于 FAO 预估。加拿大 2011/2012 年度（9 月至 8 月）油菜籽产量为 1 290 万吨，同比增加 100 万吨。主要原因是加拿大油菜籽种植收益较高，农民种植积极性较强，春播期间种植面积增加，推动产量提高。乌克兰分析机构（Ukr Agroconsult）表示，2011/2012 年度（9 月至 8 月）乌克兰油菜籽产量有望达到 210 万吨，同比增加 60 万吨，乌克兰油菜籽增产的主要原因是收获面积预计由 2010 年的 85.7 万公顷增至 110 万公顷，平均单产由 2010 年的 1.72 吨/公顷增至 1.84 吨/公顷。按上述数据相加，欧盟、加拿大和乌克兰油菜籽增产总量超过 200 万吨。

澳大利亚油菜籽于 2010 年 12 月份至 2011 年 1 月份收获，归 2010/2011 年度，澳大利亚油籽联盟预计产量为 212 万吨，同比增产 22 万吨。印度油菜籽于 2011 年 1—2 月份收获，归 2010/2011 年度，美国农业部估计印度油菜籽产量为 700 万吨，同比增加 60 万吨。

## （三）2011 年国内菜籽、菜油政策

2011 年，国内菜籽、菜油市场政策市特征明显，其中影响较大的政策有以下两项：

一是继续出台菜籽临时收购政策，并对收购政策加以完善。2011 年 6 月初，2011 年夏收油菜籽临时收购政策出台，国标三等油菜籽托市价格为 4 600 元/吨，较 2010 年提高 18%，在将代收代加工费从过去的 200 元/吨提高至 220 元/吨的同时，从实践出发，取消 200 元/吨的收购补贴，油脂加工企业不再参与托市收购，收购主体仅为中储粮。

二是延续 2010 年的政策，继续进行临储菜油竞价销售，同时进行定向销售，以抑制国内植物油价格。临储菜油的存在，对国内菜油价格一直是把双刃剑，即在植物油市场疲软时，临储菜油的成本成为国内菜油价格的有利支撑，使国内菜油价格抗跌；而在国内植物油市场暴涨时，临储菜油的销售又对国内菜油价格形成有效打压。国家临储菜油的拍卖和定向销

售，使2011年国内菜油消费量远超历史平均水平（见表2－5－1）。

表2－5－1　　2010—2011年临储菜油竞价销售情况汇总

| 时　　间 | 计划销售（万吨） | 实际成交（万吨） | 成交率（%） | 平均价（元/吨） |
|---|---|---|---|---|
| 10月20日 | 29.98 | 29.90 | 99.73 | 9 181 |
| 11月26日 | 10.04 | 7.03 | 70.0 | 9 237 |
| 12月7日 | 9.96 | 7.53 | 75.6 | 9 223 |
| 12月21日 | 9.97 | 5.76 | 57.77 | 9 264 |
| 1月18日 | 9.8334 | 9.0683 | 92.22 | 9 682 |
| 2月15日 | 9.9626 | 9.2795 | 93.11 | 9 688 |
| 3月1日 | 10.0101 | 10.0101 | 100 | 9 600 |
| 3月15日 | 10.0615 | 6.5729 | 65.33 | 9 285 |
| 3月28日 | 9.9197 | 9.1586 | 92.33 | 9 281 |
| 4月12日 | 9.9668 | 9.9668 | 100 | 9 600 |
| 4月26日 | 10.0219 | 9.716 | 96.95 | 9 417 |
| 5月10日 | 9.9838 | 8.9719 | 89.86 | 9 252 |
| 5月24日 | 10.0749 | 9.0138 | 89.47 | 9 370 |
| 竞价销售合计 | 159.5477 | 140.6922 | 88.18 | |
| 中储油竞价销售菜油 | 8.35 | 6.46 | 77.37 | 9 456 |
| 2月定向销售菜油 | | 45.0 | | 8 900 |
| 5月定向销售菜油 | | 6.0 | | 8 900 |

数据来源：国家粮油交易中心。

## （四）2012年国内菜籽、菜油市场展望

2012年多数时间菜籽价格将表现平稳，新菜籽批量上市后价格将平开，并有200～400元/吨的升幅，价格集中运行区间在4 400～4 900元/吨。其主要原因是：一是根据政策的连贯性。2012年我国继续实施油菜籽临时收储政策可能性较大，同时根据2011年12月14日中央经济工作会议精神，2012年将继续提高我国政策收储价格，预计2012年菜籽的政策性指导价在4 800～5 000元/吨的可能性较大。二是2012年菜籽实际产

量难有提高，存在继续减产的可能。虽然农业部农情调度显示，2011 年冬油菜种植面积 1.02 亿亩，增加 170 多万亩，其中“双低”油菜面积进一步扩大，增加 300 万亩，占冬油菜总种植面积的 92%。但据了解，由于油菜籽种植收益持续低于其他作物，油菜籽机械化作业难以大面积推广，2011 年农民种植秋冬播油菜积极性不高，除了类似于江汉平原这些地区，为了保证下一季作物能按时播种而不得不固守油菜种植外，存在竞地关系的地区，油菜种植面积多是稳中有减，业内普遍认为 2011 年秋冬播油菜面积同比难升。因此，即使 2012 年 1—5 月天气正常，单产保持较好水平，2012 年的油菜籽总产量维稳或略有下降的可能性较大。三是由于 2011 年 9 月份后国际市场油菜籽价格出现较大幅度下跌，进口油菜籽到港成本随之回落，并存在较为丰厚的压榨利润，2011 年 10 月份后，国内压榨企业采购进口油菜籽积极性大增，预计 2012 年 1—4 月油菜籽进口数量较 2011 年同期有较大幅度上升。届时国内菜油供给增加，将抑制国内菜油价格的涨幅和涨速。四是我国菜籽压榨行业产能过剩局面不会改变。目前，我国菜籽压榨产能是菜籽供应量的 2.5 倍，产能严重过剩，企业担心出现无料可加工的情况，因此在与农民的购销博弈过程中，企业处于弱势。不过，由于菜粕价格受廉价进口菜粕的影响越来越大，菜油受政策调控影响也愈加不可预期，压榨企业为规避风险，收购态度仍应以谨慎为主。预计在政策指导下，2012 年我国菜籽收购市场走势与 2011 年类似，多数时间平淡，在政策出台后价格有一定上移，集中运行区间在 4 400～4 900 元/吨。

2012 年国内菜油价格运行区间将继续小于豆油和棕榈油，在不考虑世界主要经济体货币政策的情况下，预计 2012 年国内四级菜油价格运行区间集中在 9 300～11 200 元/吨。其主要原因是：一是虽然经过 2011 年的拍卖和定向销售，国家菜油储备有所下降，但加上 2011 年加工的临储菜油，估计国家还有近 130 万吨的临储菜油，国内菜油价格还将深受政策影响。二是虽然因成本倒挂，2012 年进口菜油数量将较 2011 年同期有所下降，但进口菜籽丰厚的压榨利润将促使大量进口油菜籽到港，由此折成的成本相对较低的菜油将供应市场，并抑制国内菜油价格。此外，菜油将由非主产港口向主产区流动，进口菜籽和由其折成的菜油将挤占国产菜籽和菜油的市场空间以及国产油菜籽的压榨利润，使国产菜籽压榨企业生存艰难。三是 2011 年收储的临时储备菜油成本在 10 500 元/吨以上，远高于 2011 年底时 9 500 ~ 9 900 元/吨的国内市场价格，虽然由于植物油之间的替代消费，国内菜油价格难有独立行情，但在成本支撑下，国内菜油价格较为抗跌，在市场上的低价菜油消耗殆尽后，市场心理会转强。四是预计 2012 年上半年国内 CPI 将呈环比下降、低位徘徊态势，国内通胀压力下降，国家对国内植物油价格的调控力度将减弱。

目前，影响国内菜油价格的重要因素有自身成本、国家调控政策、国际宏观经济和货币政策。这其中，引发菜油价格大幅波动的主要是宏观经济和货币政策等外围因素。自 2009 年 12 月开始的欧债危机阴云仍在，欧债危机背后掺杂的美国与欧洲正在展开的货币主导权与债务资源的更深层较量也仍在持续，2012 年的世界经济形势和世界主要结算货币走势也不明朗。不过，2011 年 12 月世界第二大经济体中国和金砖四国之一巴西均开始下调存款准备金率，欧洲中央银行下调利率，美联储 2011 年最后一次议息会议表示 2012 年继续保持宽松货币政策不变，这都意味着 2011 年的紧缩政策已到头，2012 年面临政策转型。最后，无论是欧债危机还是美债危机，作为主权债务，虽减少赤字能延缓危机爆发，但危机最终必然是通过多印钞票、稀释债务来解决，农产品的抗经济周期性、保值增值的优良属性将会体现，成为投机资金的避风港，引发包括油脂油料在内的商品价格出现较大幅度振荡，并传递到国内菜油市场。

（郑州粮食批发市场　陈艳军）

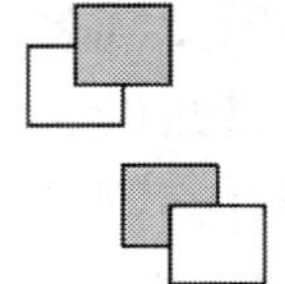

# 六、花生及花生油市场分析

**【内容提要】**

2011 年我国花生播种面积为 470 万公顷，较 2010 年增加 3.82%；花生产量为 1 620 万吨，较 2010 年增加 3.55%。2011 年，国内花生价格走势总体呈抛物线样式，前半年市场价格重心强势上行并连创历史新高，统货花生仁价格逼近 13 000 元/吨，而下半年市场价格全面回落。

正常年份，花生油与豆油的价差大致在 4 000 元/吨左右，2011 年 4 月份后，随着豆油价格不断振荡下跌，花生油价格却反而上行，二者价差不断扩大，甚至超过 9 000元/吨，花生油过于脱离大宗油脂价格，致使其境地尴尬。花生油从 2 月底的 16 300 ~ 17 000 元/吨，至年底时运行在 17 800 ~ 18 500 元/吨。随着国民生活水平提高，花生消费量继续呈现前所未有的增长态势，随着近年产区深加工产业蓬勃发展，也使得食用花生的需求空间持续增加。

2011 年花生和花生油供需基本平衡且略有盈余。一是随着花生种植面积恢复性增长和单产提高，总产明显增长，而国内花生消费增速不变，供给增速大于需求增速；二是压榨消费增速历来快于食用消费，花生油产量必将随着花生总产量的增长而增长，2010 年花生油库存结余 23 万吨，相当于年需求的 11%，因此 2011 年国内花生油供给充足。

## （一）2011 年国内花生及花生油市场分析

### 1. 2011 年国内花生市场回顾

（1）花生生产情况。关于 2011 年我国花生种植情况，有关部门至今未发表权威数据，但是据业内人士估计，面积和总产量有所增加。2010 年花生收购价升至历史高位水平，而辣椒等经济作物因大幅增产，其价格和种植效益双双下降，花生传统种植地区弃花生改种辣椒的效果并不理想，2011 年花生种植面积呈现恢复性增长。有关人士对国内 2011 年花生种植面积的初步估算是：主产区山东互有增减，总体较 2010 年略减；河北较 2010 年基本持平或略减；河南互有增减，总体较 2010 年略增 3% 左右；辽宁较 2010 年总体增加 8% ~10%；安徽较 2010 年增加约 8%；湖北总体与 2010 年持平；江西较 2010 年总体持平或略减；吉林较 2010 年增加 8% ~10%；全国总体较 2010 年增加 3% ~5%。

国家粮油中心 2011 年 7 月份预测，2011 年中国花生播种面积为 470 万公顷，较 2010 年增加 15 万公顷，增幅为 3.3%；2011 年中国花生产量为 1 590 万吨，较 2010 年增加 25.6 万吨，增幅为 1.6%。2012 年 1 月 12 日发布的 1 月份《食用谷物市场供需状况报告》、《饲用谷物市场供需状况报告》和《油脂油料市场供需状况报告》预测，2011 年中国花生播种面积为 470 万公顷，较 2010 年增加 3.82%；2011 年中国花生产量为 1 620 万吨，较 2010 年增加 3.55%（见表 2-6-1、表 2-6-2）。

**表 2-6-1　　中国主要粮油作物面积和产量预测**　　单位：千公顷，千吨

| | 2008 年 | 2009 年 | 2010 年 | 2011 年 | 比 2010 年增长（%） |
|---|---|---|---|---|---|
| 面　积 | | | | 12 月预测 | |
| 玉　米 | 29 864 | 31 183 | 32 500 | 33 430 | 2.86% |
| 小　麦 | 23 617 | 24 291 | 24 256 | 24 190 | -0.27% |
| 稻　谷 | 29 241 | 29 627 | 29 873 | 30 000 | 0.42% |
| 大　豆 | 9 127 | 9 190 | 8 516 | 7 650 | -10.17% |

续表

| | 2008 年 | 2009 年 | 2010 年 | 2011 年 | 比 2010 年增长（%） |
|---|---|---|---|---|---|
| 油菜籽 | 6 594 | 7 278 | 7 370 | 7 100 | -3.66% |
| 花　生 | 4 246 | 4 377 | 4 527 | 4 700 | 3.82% |
| 产　　量 | | | | | |
| 玉　米 | 165 917 | 163 974 | 177 245 | 191 750 | 8.18% |
| 小　麦 | 112 456 | 115 115 | 115 180 | 117 920 | 2.38% |
| 稻　谷 | 191 897 | 195 103 | 195 761 | 200 780 | 2.56% |
| 大　豆 | 15 545 | 14 981 | 15 083 | 13 500 | -10.50% |
| 油菜籽 | 12 102 | 13 657 | 13 082 | 12 500 | -4.45% |
| 花　生 | 14 286 | 14 708 | 15 644 | 16 200 | 3.55% |

数据来源：国家粮油信息中心。

关于花生种植成本，根据中国花生信息网对山东莱西市农户的种植成本和收益测算，在其他种植费用不变的情况下，当地农民种植花生的成本为：种子约 240 元，农药约 150 元，化肥约 240 元，地膜约 40 元，机械作业费约 60 元，每亩花生的直接种植成本在 730 元左右；以 800 斤/亩单产计算，统货花生果价格在 3.3 元/斤左右，种植效益和小麦、玉米基本持平。莒南县的种植成本调查：种子约 260 元，农药约 200 元，化肥约 200 元，地膜约 60 元，耕地约 100 元，直接种植成本约 820 元；花生种植中的间接成本包括租地费 300～400 元，人工成本 700～800 元，其他管理成本如抗旱等没有计算在内。随着近年来劳动力、农资和土地成本费用不断上涨，农民种植花生的实际收益连年下滑。花生种植成本逐年上升，受资源性价格上涨的影响，农产品价格回升，农资价格、人工成本也呈上涨趋势，导致农民种植花生成本上涨幅度较大，也对花生价格起到推动作用。

**表 2-6-2　　2004—2011 年中国花生种植面积及产量**　单位：万公顷，万吨

| 年度 | 2011/2012 | 2010/2011 | 2009/2010 | 2008/2009 | 2007/2008 | 2006/2007 | 2005/2006 | 2004/2005 |
|---|---|---|---|---|---|---|---|---|
| 面积 | 445 | 430 | 426 | 420 | 380 | 380 | 466 | 474 |
| 产量 | 1 510 | 1 500 | 1 470 | 1 430 | 1 301 | 1 273 | 1 434 | 1 434 |

说明：2003—2008 年数据为国家统计局数据，2009 年以后数据为美国农业部预测数据。

（2）花生和花生油消费。随着国民生活水平提高，花生消费量继续呈现前所未有的增长态势，近年产区深加工产业蓬勃发展，也使食用花生的需求空间持续增加。

2011 年花生和花生油供需基本平衡并略有盈余。其主要原因是：一是随着花生种植面积恢复性增长和单产提高，总产明显增长，而国内花生消费增速不变，供给增速将大于需求增速；二是压榨消费增速历来快于食用消费，花生油产量必将随着花生总产量的增长而增长，加之 2010 年花生油库存结余 23 万吨，相当于年需求的 11%，因此 2011 年国内花生油供给充足（见表 2－6－3、表 2－6－4）。

**表 2－6－3　　2011 年中国花生月度供需平衡表**

单位：千吨，千公顷，吨/公顷

| 2011 年 | 4 月 | 5 月 | 6 月 | 7 月 | 8 月 | 9 月 | 10 月 | 11 月 | 12 月 |
|---|---|---|---|---|---|---|---|---|---|
| 年初库存 | 460 | 430 | 474 | 320 | 308 | 271 | 724 | 247 | 329 |
| 产量 | 13 420 | 14 342 | 14 342 | 12 738 | 13 016 | 14 286 | 12 715 | 13 542 | 12 857 |
| 种植面积 | 5 020 | 4 745 | 4 662 | 3 960 | 3 945 | 4 487 | 3 966 | 4 270 | 3 996 |
| 单产 | 2. 67 | 3. 02 | 3. 08 | 3. 22 | 3. 3 | 3. 18 | 3. 21 | 3. 17 | 3. 22 |
| 进口量 | 5 | 2 | 4 | 3 | 2 | 2 | 1 | 0 | 3 |
| 总供给 | 13 885 | 14 774 | 14 820 | 13 061 | 13 326 | 14 559 | 13 440 | 13 789 | 13 189 |
| 压榨消费量 | 6 600 | 6 700 | 6 500 | 5 996 | 6 390 | 6 650 | 6 325 | 6 020 | 5 729 |
| 食用消费量 | 4 955 | 5 600 | 6 400 | 5 207 | 5 305 | 5 745 | 5 398 | 5 970 | 5 731 |
| 种用量 | 750 | 750 | 700 | 640 | 610 | 600 | 640 | 630 | 620 |
| 损耗量 | 250 | 250 | 250 | 230 | 200 | 210 | 210 | 240 | 230 |
| 出口量 | 900 | 1 000 | 650 | 680 | 550 | 630 | 620 | 600 | 590 |
| 总消费 | 13 455 | 14 300 | 14 500 | 12 753 | 13 055 | 13 835 | 13 193 | 13 460 | 12 900 |
| 年末库存 | 430 | 474 | 320 | 308 | 271 | 724 | 247 | 329 | 289 |
| 年末库存/消费量 | 3. 20% | 3. 31% | 2. 21% | 2. 42% | 2. 08% | 5. 23% | 1. 87% | 2. 44% | 2. 24% |

数据来源：中国花生信息网。

表 2 -6 -4　　　　2011 年中国花生油月度供需平衡表

单位：千吨，千公顷，吨/公顷

| 2011 年 | 4 月 | 5 月 | 6 月 | 7 月 | 8 月 | 9 月 | 10 月 | 11 月 | 12 月 |
|---|---|---|---|---|---|---|---|---|---|
| 年初库存 | 68 | 26 | 98 | 113 | 290 | 283 | 303 | 167 | 46 |
| 产量 | 1 972 | 2 108 | 2 107 | 2 595 | 2 748 | 2 860 | 2 720 | 2 589 | 2 463 |
| 进口量 | 7 | 4 | 3 | 2 | 6 | 20 | 53 | 55 | 76 |
| 总供给 | 2 047 | 2 138 | 2 208 | 2 710 | 3 044 | 3 163 | 3 076 | 2 811 | 2 585 |
| 消费量 | 1 996 | 2 015 | 2 080 | 2 400 | 2 750 | 2 850 | 2 900 | 2 750 | 2 480 |
| 食用消费 | 1 921 | 1 960 | 2 015 | 2 300 | 2 630 | 2 720 | 2 760 | 2 600 | 2 420 |
| 出口量 | 25 | 25 | 15 | 20 | 11 | 10 | 9 | 15 | 6 |
| 总消费 | 2 021 | 2 040 | 2 095 | 2 420 | 2 761 | 2 860 | 2 909 | 2 765 | 2 486 |
| 年末库存 | 26 | 98 | 113 | 290 | 283 | 303 | 167 | 46 | 99 |
| 年末库存/消费量 | 1. 29% | 4. 80% | 5. 39% | 11. 98% | 10. 25% | 10. 59% | 5. 74% | 1. 66% | 3. 98% |

数据来源：中国花生信息网。

2011 年花生油价格走势弱于国内植物油整体走势。其主要原因是：一是国内花生油供给增速快于需求增速；二是花生调和油挤占纯花生油市场份额，其价格抑制继续存在。

花生油价格在年内多数时间为区间振荡，节日效应继续减弱。花生调和油市场份额增加，使花生油价格与豆油价格关联性增强，二者合理差价在 3 000 ~4 000 元/吨，如果差价偏大，将抑制花生油的需求。因此，虽然花生油完全靠自给，对外无依赖性，但仍受外围因素的间接影响。纯花生油作为高端油，节日消费特征明显，有其相对独立的行情，随着节日福利的多元化，这种特征将继续减弱。从近年供求格局来看，花生仁有效供应量停滞不前，食用需求逐年增长，在一定程度上削弱了油厂收购对价格的主导作用。另据不完全统计，压榨方面，每年流入到手工作坊的花生仁数量在 300 万吨左右，尤其以广东和广西小型作坊为主，其灵活的经营方式对北方大型油厂构成较大冲击，大型油厂主导价格走势格局转变，使得花生市场呈多元竞购局面，或加剧价格的波动频率。

（3）花生进出口情况。2011 年春节后花生价格持续上涨，使国内花生仁价格竞争优势下降，印度、南非、埃塞俄比亚等国花生仁的价格优势导致国内花生仁进口量大幅增长，未来仍需考虑进口花生仁对国内价格带来的冲击（见表 2－6－5、表 2－6－6）。

**表 2－6－5　　2011 年中国花生仁进口分国家、省市、海关统计表**

| 国　别 | 单　位 | 数　量 | 美　元 | 单　价 | 美元比重 |
|---|---|---|---|---|---|
| 花生仁进口 | 吨 | 4 973.4 | 5 826 763 | 1 171.6 | 100 |
| 印　度 | 吨 | 4 756.4 | 5 451 215 | 1 146.1 | 95.6 |
| 阿根廷 | 吨 | 132.4 | 273 723 | 2 067.4 | 2.7 |
| 印度尼西亚 | 吨 | 84.6 | 101 825 | 1 203.6 | 1.7 |
| 省　市 | 单　位 | 数　量 | 美　元 | 单　价 | 美元比重 |
| 进口省市 | 吨 | 4 973.3 | 5 826 763 | 1 171.6 | 100 |
| 山东省 | 吨 | 3 190.4 | 3 903 139 | 1 223.4 | 64.2 |
| 天津市 | 吨 | 1 687.9 | 1 828 624 | 1 083.4 | 33.9 |
| 江苏省 | 吨 | 95 | 95 000 | 1 000 | 1.9 |
| 关　别 | 单　位 | 数　量 | 美　元 | 单　价 | 美元比重 |
| 进口海关 | 吨 | 4 973.3 | 5 826 763 | 1 171.6 | 100 |
| 青岛海关 | 吨 | 3 190.4 | 3 903 139 | 1 223.4 | 64.2 |
| 天津海关 | 吨 | 1 687.9 | 1 828 624 | 1 083.4 | 33.9 |
| 南京海关 | 吨 | 95 | 95 000 | 1 000 | 1.9 |

**表 2－6－6　　2011 年中国花生出口分国家、省市、海关统计表**

| 国　别 | 单　位 | 数　量 | 美　元 | 单　价 | 美元比重 |
|---|---|---|---|---|---|
| 花生出口 | 吨 | 4 567.9 | 6 687 761 | 1 464.1 | 100 |
| 西班牙 | 吨 | 1 089.9 | 1 753 072 | 1 608.5 | 23.9 |
| 德　国 | 吨 | 844.7 | 1 185 082 | 1 403 | 18.5 |
| 墨西哥 | 吨 | 421.4 | 470 743 | 1 117.1 | 9.2 |
| 意大利 | 吨 | 302.3 | 508 269 | 1 681.3 | 6.6 |
| 英　国 | 吨 | 210.6 | 326 074 | 1 548.3 | 4.6 |
| 葡萄牙 | 吨 | 163.3 | 246 609 | 1 510.2 | 3.6 |
| 哥斯达黎加 | 吨 | 141.6 | 193 881 | 1 369.2 | 3.1 |

续表

| 国别 | 单位 | 数量 | 美元 | 单价 | 美元比重 |
|---|---|---|---|---|---|
| 加拿大 | 吨 | 131.8 | 190 894 | 1 448.4 | 2.9 |
| 俄罗斯联邦 | 吨 | 130.6 | 198 167 | 1 517.4 | 2.9 |
| 荷兰 | 吨 | 109.7 | 141 689 | 1 291.6 | 2.4 |
| 省市 | 单位 | 数量 | 美元 | 单价 | 美元比重 |
| 出口省市 | 吨 | 4 586.3 | 6 714 877 | 1 464.1 | 100 |
| 山东省 | 吨 | 4 378.1 | 6 409 499 | 1 464 | 95.5 |
| 河北省 | 吨 | 74.2 | 115 641 | 1 558.5 | 1.6 |
| 吉林省 | 吨 | 55.2 | 92 281 | 1 671.8 | 1.2 |
| 河南省 | 吨 | 37.2 | 58 404 | 1 570 | 0.8 |
| 安徽省 | 吨 | 18.3 | 24 705 | 1 350 | 0.4 |
| 云南省 | 吨 | 17 | 8 009 | 471.1 | 0.4 |
| 广东省 | 吨 | 6.3 | 6 338 | 1 006 | 0.1 |
| 关别 | 单位 | 数量 | 美元 | 单价 | 美元比重 |
| 出口海关 | 吨 | 4 586.3 | 6 714 877 | 1 464.1 | 100 |
| 青岛海关 | 吨 | 4 415.6 | 6 465 433 | 1 464.2 | 96.3 |
| 天津海关 | 吨 | 74.2 | 115 641 | 1 558.5 | 1.6 |
| 大连海关 | 吨 | 73.2 | 119 456 | 1 631.9 | 1.6 |
| 昆明海关 | 吨 | 17 | 8 009 | 471.1 | 0.4 |
| 拱北海关 | 吨 | 6.3 | 6 338 | 1 006 | 0.1 |

（4）花生市场情况。2011年全年，国内花生价格走势总体呈抛物线样式，前半年市场价格重心强势上行，连创历史新高，统货花生仁价格逼近13 000元/吨，而下半年市场价格全面回落。

2011年上半年，国内花生市场价格持续走高，且不断刷新历史纪录，走势更多地是受内贸及市场花生仁供需变化的影响，油厂影响有所淡化；下半年，随着新花生仁上市，花生市场价格出现下跌趋势。其原因除了受到大的供需基本面影响外，还有其他诸如国际经济形势、国内宏观经济环境、阶段性供销节奏变化、油厂定价及天气等因素影响。

2010年国内花生价格先抑后扬，波幅大体在6 000～8 500元/吨；而2011年则相反，呈现先扬后抑走势，整体波幅大致在8 500～13 000元/吨之间。

造成2011年花生仁涨至历史最高价的主要原因是：一是经历2010年行情后，农民对花生收购价的心理预期提高；二是经过2010年成功运作后，贸易商等中间环节的需求拉动收购初期的价格；三是流动性充裕，使收购价格重心继续保持在历史高位；四是国内花生压榨能力继续增加，花生收购期延长，企业在与农民的博弈中处于弱势，提价收购。以上因素支持了2011年花生收购价高开高走，不过随着价格走高、企业成本增加，加之贸易商中间环节风险加大，且需求减少，继续提价意愿减弱（见图2－6－1）。

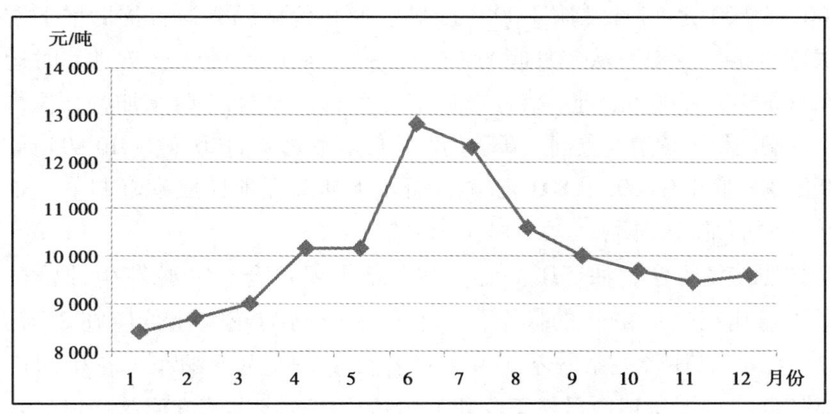


**图2－6－1　2011年国内主要产区统货花生仁价格走势**

## 2. 2011年国内花生油市场

由于2011年5月份以来花生仁价格上涨过快过猛，国内花生仁价格在一年时间内翻了将近一番，消费呈现较为明显的萎缩趋势。内贸市场销售缓慢，尤其是两广、福建等食用消费的主要市场，虽然整体库存有限，但市场成交持续低迷，由于花生并非不可替代的特性，导致价格在高位不断承受压力。原料价格上涨使得花生深加工企业举步维艰，在价格持续上涨之际，食品行业限产停工现象较为突出，部分资金实力较为薄弱的食品加工企业或倒闭或转产。作为高端食用植物油，国内花生油价格没有竞争优势，7—8月份国内花生油和一级豆油之间价差达8 500～9 000元/吨，远超合理价差，下游产品的比价效应对花生油需求带来抑制，花生油和其他油脂比价失衡，使得花生压榨企业提价收购的积极性下降。

正常年份，花生油与豆油的价差大致在 4 000 元/吨左右，然而对比 2011 年花生油与豆油价格的走势不难看出，2011 年前 3 个月，二者价差正常，花生油与周边联动性较大，然而 4 月份后，随着豆油价格不断振荡下跌，花生油价格却反而上行，二者价差不断扩大，甚至超过 9 000 元/吨，花生油过于脱离大宗油脂价格，致使其境地尴尬。

2011 年花生油价格走势甚为坚挺，其影响因素主要是原料价格，2 月下旬花生价格突破历史最高点，随后仍快速上涨，6 月底时，山东、河南及河北等主产区统货花生仁主流价达 12 400 ~ 12 800 元/吨，较 2 月底的 8 400 ~ 8 700 元/吨暴涨逾 4 000 元/吨。原料价格飙升，直接助推下游产品成本价格，花生油从 2 月底的 16 300 ~ 17 000 元/吨，至 7 月底时运行在 17 800 ~ 18 500 元/吨。9 月中秋节之后，全球经济动荡加剧，国内豆油、棕榈油期现货遭受重创，新季花生仁自上市之初的 10 400 ~ 10 800 元/吨不断回落探底至 9 400 ~ 9 800 元/吨，而花生油却在前期成本限制下，难以轻易回调而维持高位。

按照传统方法，油厂压榨要赢利，基本要符合"一吨花生油价格大致等于两吨花生价格"的模型，即花生油价格与花生比价应在 2 附近，2011 年，二者比价关系并不正常，二者价差一度迅速缩小，花生油价格明显偏低。综上所述，虽然下半年原料价格出现较大幅度回落，但二者比价仍未回至 2 附近，单从成本考虑，花生油价格也不孤高，从而使得下半年的花生油具有极强抗跌性，同时也拖累周边市场（见图 2 - 6 - 2、图 2 - 6 - 3）。

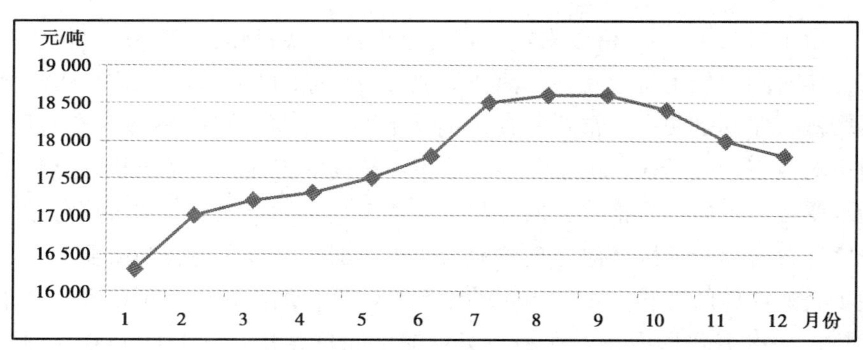


**图 2 - 6 - 2　2011 年国内压榨一级花生油价格走势图**

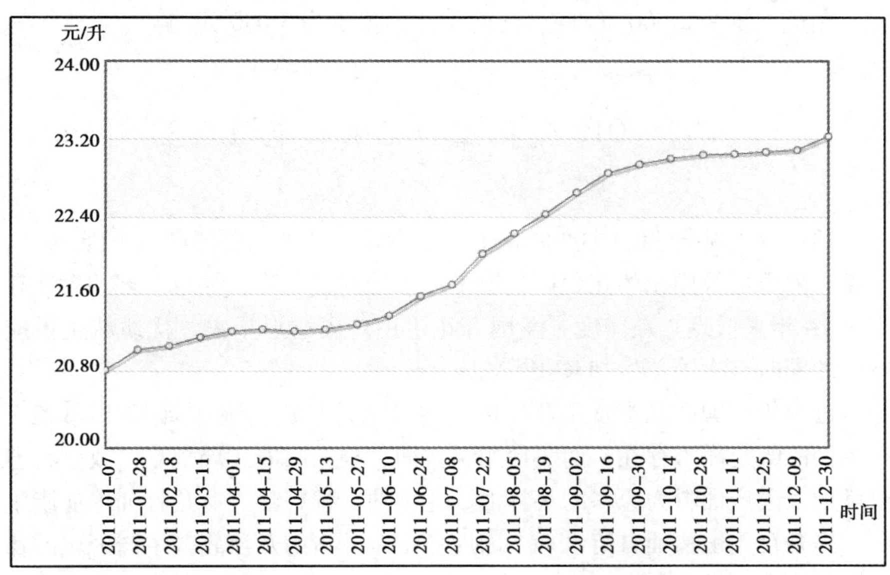


数据来源：国家商务部。

**图 2－6－3　2011 年全国花生油零售价格走势图**

### 3. 2011 年国内花生粕市场

影响花生粕市场的根本因素离不开终端需求，但在整个蛋白粕市场，豆粕占据绝对优势，因此，花生粕行情实际上还是受豆粕价格的直接影响。

2011 年花生粕走势基本与豆粕表现一致，但全年二者价差并不正常。其中，年初价差基本在 400 元/吨以上，花生粕价格相对偏低，使得在随后豆粕不断下跌的过程中，花生粕抗跌性明显，二者价差缩小至 200 元/吨以内。随着 5 月中下旬豆粕价格反弹，花生粕在性价比劣势下跟涨乏力，二者价差再度扩大，但因豆粕涨幅不大，因此价差并未扩至理想水平。9 月份豆粕价格再度走低，花生粕随之振荡下滑，价差波动频繁，但总体上因杂粕对豆粕反应时间的滞后性，花生粕显然长期处于不利地位。

国内花生粕价格在 2007 年最高位达到 3 900 元/吨之后，2009 年初跌至 2 200～2 300 元/吨。2009 年下半年至 2011 年的 3 年间基本上在 3 000 元/吨左右徘徊。2011 年底，辽宁阜新花生粕报价 3 030 元/吨，河北贸易商 46% 蛋白花生粕销售价格为 3 050 元/吨，山东临沂地区油厂 46% 蛋白花生粕成交价为2 900元/吨，河南、江苏报价为3 050元/吨。

## （二）2012年花生和花生油市场展望

2011年，由于世界主产国花生产量下降，其中，美国产量下降14%，印度、阿根廷等国家的花生产量也出现不同程度下降，导致全球花生库存降至14年来低点。在印度、美国等花生主产国遭遇旱灾、优质花生供应减少的同时，中国花生却喜获丰收。

近两年，国内花生食用及压榨量均呈上升趋势，预计2012年市场上花生仁的既定需求存在，而压榨用量方面，根据政府发展规划，政府将着力增加以国产油料为原料的菜籽油、花生油、棉籽油、葵花籽油等油脂生产，提升食用植物油自给水平，因此环山东、河南及河北等主产区域的榨油原料需求将进一步扩大。

在出口形势上，受减产原因推动，美国花生价格上涨近2倍，全球花生价格飙涨，市场对高品质花生的需求将增大，理论上为我国花生出口带来机遇，出口需求前景乐观。

但同时，我国花生出口还面临一些问题或不确定性：目前优质花生品种单一，整体竞争力不强，加上花生出口企业数量多，市场竞争的无序性使恶性价格战频发，而频频遭遇绿色贸易壁垒，也使我国花生出口的不确定性加大；花生价格高涨也给加工企业带来压力，加工企业出口减少，有的企业不能满负荷运转；此外，花生价格大幅上涨也严重影响了国外消费能力，订单和产量只有从前的2/3。

综合以上因素及目前形势分析，2012年4月份后，产区农忙逐渐展开，市场上货受限，这将推动市场价格继续上行；但在后期，各地交易趋于平缓，价格或将以振荡整理为主。7—8月份，产区气温明显回升，陈货保存难度加大，农户将逐渐清出最后库存，价格有下行压力。9月份后，产区新花生仁将逐渐上市，或因其质量水杂问题，加上油厂观望等因素，市场采购谨慎，价格走势预期偏弱。10—12月份主产区新季原料大量上市，对市场价格形成压力，不过油厂预期将逐渐开秤入市收购，基于国家大力淘汰落后产能，努力在主产区培养形成一批日处理花生200吨及以上企业，届时各油厂将积极收购，预计花生价格将获得上升动能，呈现振荡上涨趋势。

2012 年上半年，花生油价格与周边大宗油脂价格的价差仍难以回归正常，因为单从成本因素考虑，花生油的底部支撑点已经相当明显。2012 年下半年具体走势尚难以预测。

花生粕市场，随着人口增长，我国猪肉消费需求呈刚性增长，另外，由于生猪养殖仍在赢利周期，且 2011 年养殖利润丰厚，将继续激发 2012 年养殖户扩大养殖规模的热情。水产养殖方面，由于受气温、降雨等因素制约，形势难以预料。初步预测，全年养殖规模应该是继续温和膨胀，这也同时符合我国农业部对养殖规模的预期，以及饲料总量逐年稳定增加的趋势。一般来说，第二季度生猪补栏将启动，水产养殖备货也将逐渐开始，花生粕价格或将展开反弹。

2012 年下半年，国内养殖市场对饲料的需求最为旺盛，同时外盘方面，随着对北半球播种面积及生长期天气的炒作，美豆获得利多，价格重心小幅上移，将提振国内豆粕现货价格走强，花生粕同样存在走高的预期；不过此阶段后期，随着新原料上市日期临近，油厂消化库存、回笼资金的需求将逐渐加大，花生粕价格将趋于平稳。

但国内豆粕现货下跌给花生粕市场带来利空，需求疲软也造成花生粕市场被压制。随着豆粕价格下跌，当前花生粕与豆粕价差进一步缩小，性价比明显处于劣势，花生粕市场份额被压缩。正是上述利空因素打压，国内花生粕行情尚难摆脱弱势，将以稳中有跌为主。

（山东农业科学院　周垂钦）

# 第三部分

## 2011 年中国粮食市场体系建设

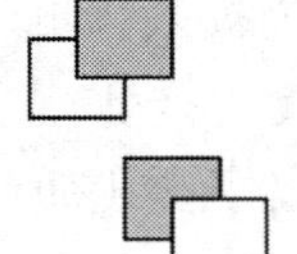

# 一、粮食批发市场发展状况与展望

【内容提要】

2011 年是“十二五”开局之年，我国经济经受了严峻的国际、国内形势的考验和挑战，特别是国内 CPI 指数节节攀升，粮食市场保供稳价任务艰巨、责任重大。各级粮食部门认真贯彻落实党中央、国务院各项方针政策，全力做好保供稳价工作，粮食市场供应和价格保持了基本稳定。粮食批发市场在稳步发展中也呈现出一些新变化、新特点，取得了新成效。2012 年，国家高度重视粮食批发市场发展建设，在制度规范和政策扶持上加大力度，粮食批发市场发展将在管理规范化、交易现代化方面迈出新步伐。

## （一）粮食批发市场发展的外部环境

### 1. 粮食生产取得历史性突破，实现“八连增”

2011 年，欧美债务危机进一步恶化，世界经济深受拖累，国际贸易增速回落，国际金融市场剧烈动荡；同时，美国继续实施量化宽松货币政策，以及北非中东紧张局势，加剧了国际大宗商品价格波动。在国际经济大环境的影响下，国际粮食市场价格也出现剧烈波动，总体上维持高位振荡运行状态。从国内看，在党中央、国务院正确领导下，我国经济继续朝着宏观调控预期方向发展，巩固和扩大了应对国际金融危机冲击的成果，国民经济呈现较快增长、价格趋稳、效益较好、民生改善的良好态势。在农业方面，中央进一步加大政策支持和资金投入，巩固和稳定了粮食生产，全年粮食总产达到 11 424 亿斤，粮食生产实现“八连增”，创造了新的历史纪录，为国民经济较快发展作出了突出贡献。

**2. 国家强化粮食批发市场扶持，着重突出批发市场的公益性**

2011 年，国家发布的《国民经济和社会发展第十二个五年规划纲要》明确要“鼓励和支持连锁经营、物流配送、电子商务等现代流通方式向农村延伸，完善农村服务网点，支持大型超市与农村合作组织对接，改造升级农产品批发市场和农贸市场”；国务院《关于促进物流业健康发展政策措施的意见》中明确提出“提高对农产品批发市场和农贸市场（含社区菜市场）公益性的认识，加大政府投入和政策扶持力度”。这些政策凸显了国家对农产品批发市场的高度重视，也有力地推动有关部门和地方政府进一步加强粮食批发市场建设。

**3. 综合施策调控粮食市场，粮油价格和供应保持稳定**

2011 年，受国际国内经济影响，国内居民消费价格指数从年初就一路走高，国家解决流动性过剩和通货膨胀的压力较大。农产品特别是粮食价格的稳定，对于稳定全年物价具有重要意义。各级粮食部门认真贯彻落实党中央、国务院有关粮食工作的方针政策，采取多项措施稳定粮油市场价格和供应，取得了明显成效，为保供稳价作出了突出贡献。一是适时适量安排政策性粮食投放市场。2011 年，累计销售成交国家政策性粮食 780 亿斤、食用植物油 152 万吨；全国 14 个省（区、市）与国家协同运作，共向市场投放地方储备粮 21.6 亿斤、食用植物油 2.3 万吨。二是科学安排粮食移库与调运。全年完成小麦跨省移库计划 55 亿斤，向西南、西北旱灾地区调运稻谷 11 亿斤，充实了薄弱地区的粮食库存，保证了灾区粮食供应。三是深化粮食产销合作。举办各类粮油产销衔接会议，交易总量达 460 亿斤，促进了产区粮食有稳定销路、销区粮源有可靠保障。2011 年国家采取的综合性调控措施，在 CPI 指数不断上涨、其他农产品价格波动剧烈的情况下，确保了粮食市场供应和价格基本稳定。

#### 4. 国家粮食行政管理部门着力加强粮食批发市场建设的指导

2011 年，国家粮食局继续着力加强全国粮食市场体系建设指导，研究编制粮食市场体系建设规划，认真修改完善《粮食批发市场管理办法》（以下简称《办法》），重点开展粮食市场体系建设调查研究，完善重点联系粮食批发市场制度，有力地推进了粮食批发市场健康有序发展。

**一是加强粮食市场体系规划工作**。国家发展和改革委员会、国家粮食局联合印发的《粮食行业“十二五”发展规划纲要》（以下简称《“十二五”规划纲要》）将粮食市场体系建设作为重要内容列入其中，提出要建设“形成以粮食收购市场和零售市场为基础、批发市场为骨干、粮食期货交易稳步发展，统一开发、竞争有序的现代粮食市场体系。”同时，按照全国粮食行业《“十二五”发展规划纲要》的编制要求，对编写的专项规划《粮食市场体系建设与发展“十二五”规划》（以下简称《“十二五”市场规划》）先后 5 次进行修改完善。《“十二五”市场规划》内容涉及粮食收购、零售、批发、期货和信息体系建设，重点突出了对粮食批发市场的规划指导和政策扶持。

**二是推进《办法》起草工作**。经申请，国家发展和改革委员会正式批准将《办法》列入 2011 年立法计划。根据当前粮食市场和国家宏观调控面临的新形势、新问题，对《办法》进行了修改完善，重点充实了有关政策性粮食竞价交易出库、大中城市成品粮批发市场监督管理等方面内容。多次组织召开专家座谈会，征求有关专家对《办法》初稿的意见；广泛征求财政、发改、商务、国土、工商、铁道、税务、交通相关部门意见，对《办法》初稿进行修改完善。

**三是推进全国统一竞价交易系统建设**。继续选择部分重点联系市场组建国家粮食交易中心，全年共批复沈阳、杭州两家市场为国家粮食交易中心，目前国家粮食交易中心数量达到 25 个。扩大全国统一交易系统联网市场范围，进一步发挥其宏观调控载体作用。2011 年，通过全国统一交易系统，采取竞价、邀标等方式销售成交政策性粮食 566 亿斤、食用植物油 90 多万吨。

**四是加强粮食批发市场调查研究工作**。先后赴北京、陕西、辽宁、江苏、安徽、浙江等地进行调研，深入了解粮食批发市场发展状况，提出相关政策建议。起草的《国家粮食局重点联系成品粮批发市场发展现状及有关政策建议》得到国务院领导同志批示。完成《我国粮食批发市场体系发展研究》课题研究，系统分析市场发展现状，总结市场建设经验，提出市场发展对策思路。

**五是加强重点联系粮食批发市场指导**。5 月份，组织召开全国重点联系成品粮市场座谈会，总结成品粮市场建设发展经验，研究提出成品粮批发市场发展的思路对策。8 月份，组织召开全国重点联系粮食批发市场座谈会，总结交流 2010 年市场经营发展情况，专题研究如何进一步发挥粮食批发市场在国家粮食宏观调控特别是在保供稳价中的作用，提出 2012 年市场发展建设工作要求，进一步推动批发市场加强交流与合作，促进市场健康发展。

## （二）2011 年各类粮食批发市场发展状况

2011 年，各类粮食批发市场在国家政策引导和扶持下，积极探索，大胆创新，认真做好粮食批发主营业务，深化拓展场际间合作，规范发展中远期交易；强化市场基础设施建设，提升市场服务水平，市场经营和发展取得了积极进展。从 2011 年发展状况看，粮食批发市场发展主要有以下几个特点：

### 1. 商流粮食批发市场交易业务减少

受国家宏观经济和粮食市场形势影响，国家政策性粮食收购逐渐减少，2010 年只启动了小麦最低收购价执行预案，托市收购粮食（含最低收购价粮、临时存储粮）563 亿斤，比 2009 年的 1 682 亿斤大幅减少，直接导致 2011 年商流市场交易业务明显萎缩。2011 年国家粮食局重点联系商流粮食批发市场交易国家政策性粮食 566 亿斤，较 2010 年的 1 600 多亿斤下降 60% 以上，经营困难，面临新的挑战。

### 2. 成品粮批发市场经营稳中突破

成品粮市场主要面向城乡居民粮食消费，用粮人口和市场辐射范围相对固定，经营规模也基本保持稳定发展态势。2011 年，多数成品粮批发市场发展平稳，部分市场经营规模、交易数量有所增加，市场辐射范围更为广泛，在宏观调控中作用更加突出。杭州市场 2011 年成交粮油 64. 2 万吨、成交金额 27. 5 亿元，分别比上年增加 7. 2% 和 31%。成品粮批发市场交易量一般都占到当地口粮的 50% 以上，有的甚至更高。大庆粮食批发市场 2011 年实现粮油交易量 52 万吨，承担了当地 90% 的市民口粮和行业用粮供应任务。

### 3. 粮食批发市场场际间交易有所突破

在政策性粮食交易粮源减少的情况下，各商流市场都在积极探索场际间交易，共享信息、客户资源，推进贸易粮进场交易，有些市场已取得了积极成效。郑州粮食批发市场从 2009 年开始分别与四川、广东华南市场进行了场际交易合作，目前正在牵头制定粮食批发市场场际间交易方案和交易规则，推进场际交易在全国粮食批发市场之间广泛深入开展。2011 年 9 月，湖北市场和四川市场联合举办粮油购销洽谈会，邀请 78 家企业参加会议，达成购买意向近 10 万吨。山东市场在过去与东北、福建等地批发市场开展场际合作的基础上，正在抓紧开发以大宗粮油交易为主，网上直营店购销、政策性粮网上采购、粮油仓储保管需求等为辅的综合性省际间商品粮交易平台。

### 4. 发展综合性粮食批发市场取得积极进展

近年来，一些粮食批发市场通过不断摸索，总结经验，开始发展新的市场模式，即立足粮油批发交易，建设集商流、物流和信息流于一体的综合性市场。一些市场在综合性市场建设方面也取得了积极进展。商流市场主要体现在围绕批发业务向收购、加工和仓储物流等方面延伸。如石家庄、武汉国家粮食交易中心积极参与粮食收购贸易；合肥、西安国家粮食交易中心建设物流园区，承担储备任务；广州国家粮食交易中心积极开展仓单抵押融资服务；河南物流市场、山东市场大力发展第三方物流等。成品粮批发市场主要体现在从成品粮交易向原粮竞价交易延伸，如福州市场、杭州市场、重庆市场、青岛市场都在积极拓展粮油竞价交易业务，福州市场、重庆市场已经纳入了全国统一联网的政策性粮食竞价交易平台。

青岛市场2011年组织了5次市级储备稻谷竞价交易和招标采购，实现服务费收入33万余元。

**5. 粮食中远期合同交易规范发展**

黑龙江省人民政府明确要“改造提升哈尔滨国家粮食交易中心服务功能，积极创办哈尔滨稻米交易所，建立短中远期合约交易平台”，目前已正式立项并完成了公司注册、场地装修等前期建设工作。北京市发展和改革委员会也批准成立了大宗农产品交易所，同时开展中远期合约与现货交易。大连有3家专门从事粮食中远期合约交易的企业。粮食中远期合约交易作为期货交易与现货交易的补充，对完整粮食市场体系的形成具有积极作用，但也需要进行合理引导和严格规范，防范潜在的风险。

**6. 基础设施建设明显改善**

一些市场通过搞活经营、提高效益以及多方筹资，包括积极争取当地政府和有关部门资金和政策支持，加强了市场基础配套设施建设，很好地改善了市场经营环境。石家庄国家粮食交易中心按照预定工期，顺利完成了新交易大楼建设任务。杭州粮油物流中心批发交易市场有限公司完成了整体搬迁，北京盛华宏林市场、沈阳粮油批发市场等在原址进行了升级改造，市场硬件条件得到很大改善，服务功能得到提升。贵阳谷丰市场加大投入，购置机械化设施，有效提升了市场货物接卸能力。

**7. 市场信息服务创新发展**

信息工作既服务粮食生产者、消费者、经营者，也服务政府部门和研究机构，是粮食批发市场的重要职能，也是其公益性的重要体现。2011年，各类粮食批发市场在继续抓好信息采集、整理和发布工作，很好地完成价格监测、信息服务职能的同时，还积极创新服务方式、拓展服务渠道，在提升信息服务水平方面取得了积极进展。武汉国家粮食交易中心强化网站和刊物建设，全年网站发布信息1.5万余条，新版《粮食市场信息》增加7个栏目；创新发布平台，建设的“粮商通”短信服务平台相继在全省14个地市开通运营；率先开通华中粮食批发市场官方微博，打造市场与客户互动的崭新网络平台。

**8. 综合管理水平得到很大提升**

作为中介组织，服务是批发市场最核心的竞争力。针对业务涉及多个部门、客户遍布大江南北的特点，2011 年各粮食批发市场都把提升综合管理水平作为市场经营管理的重点，建立健全规范化管理制度，推动市场管理上台阶。重点加强了两方面管理：一是质量管理。贵阳谷丰市场配合质检、工商、计量等部门开展专项整治活动，很好地维护了市场粮食质量安全。北京盛华宏林市场投入资金改造检测室，引进高级技术人员，严格质量检查制度，提升了质量安全检测能力和水平。二是企业内部管理。青岛市场针对市场存在的问题，完善管理制度，优化流程，明确分工，落实责任，圆满通过了 ISO9000 的复审。郑州、广州等国家粮食交易中心按照现代企业管理方式，建立和完善人力资源管理制度，加强人才队伍建设。杭州国家粮食交易中心完善绩效考核机制，实行员工分级考核和中层统一考核，建立了薪酬合理增长机制。

## （三）2012 年粮食批发市场发展展望

2012 年是实施“十二五”规划承上启下的重要一年。我国宏观经济面临的形势更加严峻复杂，经济增长下行压力和物价上涨压力并存。切实抓好粮食流通工作，稳定粮食市场供应和价格，对于国民经济平稳较快发展具有特殊重要的意义。粮食批发市场作为粮食流通的重要组成部分，在粮食流通产业发展和粮油市场保供稳价中也将发挥更大的作用。2012 年，国家更加重视粮食批发市场的发展建设，全面贯彻实施《“十二五”市场规划》，市场发展迎来了更好的机遇。但受宏观经济环境以及粮食市场形势的影响，粮食批发市场也将面临一些挑战，商流型市场由于受政策性粮食收储影响较大，仍将面临交易粮源不多、迫切需要创新开拓多元业务的境况；大中城市成品粮市场基础设施建设、质量安全管理仍需进一步提高，规范化、现代化的市场经营管理之路任重道远。

**1. 国家政策和资金扶持有力促进粮食批发市场发展**

2011 年，国家首次明确农产品批发市场具有公益性。2012 年，中央 1 号文件再次将农产品批发市场建设提到新的高度，强调要“推进全国性、区域性骨干农产品批发市场建设和改造，重点支持交易场所、电子结算、信息处理、检验检测等设施建设”，“把农产品批发市场、城市社区菜市场、乡镇集贸市场建设纳入土地利用总体规划和城乡建设规划”，明确要“鼓励有条件的地方通过投资入股、产权置换、公建配套、回购回租等方式，建设一批非营利性农产品批发、零售市场”。北京、重庆、辽宁、江苏和陕西等省市编制的“十二五”粮食市场体系建设规划中，都明确要加大政策和资金投入力度，扶持粮食批发市场发展。这些政策的贯彻落实，将有力推动解决长期以来制约粮食批发市场发展的资金、土地以及法律地位等问题。

**2. 粮食市场规划的实施将推动粮食批发市场规范科学发展**

2011 年印发的粮食行业《“十二五”规划纲要》提出要全面提升粮食批发市场功能，加快批发市场基础设施改造升级，健全市场管理制度，提高经营管理水平和从业人员素质。2012 年初国家粮食局印发了《“十二五”市场规划》，提出了进一步具体、细化的政策措施，必将有力促进粮食批发市场又好又快发展。

**3. 场际间交易将有望成为粮食批发市场发展新的增长点**

加强场际间合作，推进贸易粮进场交易，是各粮食批发市场一直以来努力发展的重点业务之一。在近几年承担政策性粮食交易任务的过程中，各粮食批发市场积累了丰富的交易经验和庞大的客户资源，具备了突破发展场际间交易、吸引贸易粮进场的有利条件。郑州、济南、成都、武汉等国家粮食交易中心在场际间合作方面也进行了有益探索，取得了很宝贵的实践经验。2012 年，场际间交易有望取得突破性进展，成为粮食批发业务创新发展的重要内容。

**4. 全国统一粮食竞价交易系统将进一步完善**

“十一五”时期，国家着力推进了全国统一粮食竞价交易系统建设，承担国家政策性粮食交易任务，在粮食宏观调控中发挥了重要作用。《“十二五”规划纲要》明确要“以国家粮食交易中心为依托，加快健全全国统一粮食竞价交易系统”，“积极推进中央储备粮及其他政策性粮油进入国家粮食交易中心交易”。2012年，国家有关部门将重点支持全国统一竞价交易系统建设，国家粮食交易中心在粮食宏观调控和粮食市场资源整合中将发挥更大的作用。

**5.《粮食批发市场管理办法》有望颁布实施**

2012年，在征求有关部门意见的基础上，国家粮食局已经将《办法》申报列入国家发展和改革委员会2012年立法计划，力争在年内以规章形式发布。《办法》的颁布实施，将对规范市场交易行为、维护正常交易秩序起到重要作用。

（国家粮食局政策法规司　赵素丽　田　野）

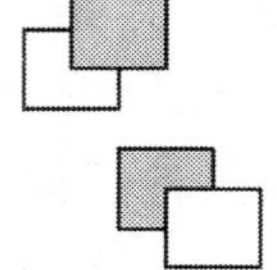

# 二、粮食期货市场发展状况与展望

【内容提要】

2011年全球经济动荡不安，欧债危机、美债危机连续打击全球经济，国际粮食期货市场外部环境不断恶化。在此背景下，虽然国内经济状况较好，但财政政策趋于收缩。在市场流动性不断收紧的情况下，全球及国内粮食期货市场交易均有所下降，部分品种降幅较大，市场面临的风险和不确定性大大增加。从基本面来看，国内各粮食主产区自然灾害频发，如冬小麦产区的旱情、稻谷产区的水灾与持续干旱、玉米产区在收获期出现连阴雨天气等，令粮食产量难以确定，并影响了市场心理，为市场炒作提供了题材，一度加大了粮食期价波动的幅度。2011年国内粮食生产成本继续提高，国家政策支持力度不减，粮食价格下行空间有限，在一定程度上保证了粮食期货市场的稳定运行。

展望2012年，全球经济环境可能更趋复杂，粮食品种期价的涨跌会更为频繁，市场所提供的信息将更具前瞻性、预期性、趋势性。2012年初，中共中央、国务院印发的《关于加快推进农业科技创新　持续增强农产品供给保障能力的若干意见》指出，提高市场流通效率，切实保障农产品稳定均衡供给，要充分发挥农产品期货市场引导生产、规避风险的积极作用。而国家发展和改革委员会、国家粮食局联合发布的《粮食行业“十二五”发展规划纲要》提出，要加快粮食市场体系建设，形成以粮食收购市场和零售市场为基础、批发市场为骨干，粮食期货交易稳步发展，统一开放、竞争有序的现代粮食市场体系。由此可以预计，2012年我国粮食期货市场将得到长足发展。

## （一）2011 年粮食期货市场运行状况

**1. 2011 年粮食期货市场总体运行平稳，但受全球经济增速下滑拖累，市场活跃度降低，成交量与成交金额双双下降**

2011 年欧债危机、美债危机席卷全球，国内经济政策趋于收缩，在全球及国内经济衰退风险加大的背景下，国内粮食期货市场虽然运行依然平稳，但大宗粮食期货市场举步维艰，投资者信心遭受重创。与此同时，虽然国家政策、生产成本增加等因素支撑粮食现货市场价格保持在合理区间，保证了种粮农民收益不下降，但大部分粮食品种期价下跌，并呈现出远期合约贴水态势。另外，2011 年粮食期货市场成交量与成交金额下降幅度较大，其中，早籼稻成交量下降近 80%，菜油、豆粕成交量均下降近 60%（见表 3－2－1）。

**表 3－2－1　　2011 年郑州商品交易所、大连商品交易所交易情况表**

| 交易所名称 | 品种名称 | 2011 年累计成交总量（手） | 2010 年累计成交总量（手） | 2011 年累计成交总额（亿元） | 2010 年累计成交总额（亿元） |
|---|---|---|---|---|---|
| 郑州商品交易所 | 强筋小麦 | 15 823 408 | 11 609 284 | 4 475. 83 | 2 995. 34 |
| | 普通小麦 | 306 320 | 70 190 | 67. 91 | 15. 25 |
| | 菜籽油 | 8 655 930 | 19 055 830 | 4 505. 76 | 8 563. 34 |
| | 早籼稻 | 11 854 832 | 53 708 172 | 3 038. 17 | 12 663. 45 |
| | 总　额 | 36 640 490 | 84 443 476 | 12 087. 67 | 24 237. 38 |
| 大连商品交易所 | 大豆一号 | 50 479 064 | 74 787 200 | 22 730. 58 | 30 852. 02 |
| | 玉　米 | 53 699 476 | 71 999 146 | 12 608. 99 | 15 366. 83 |
| | 豆　粕 | 100 340 668 | 251 163 776 | 32 535. 81 | 77 303. 25 |
| | 豆　油 | 116 025 100 | 182 812 476 | 115 551. 46 | 155 530. 42 |
| | 总　额 | 320 544 308 | 580 762 598 | 183 426. 84 | 279 052. 52 |
| 全国粮油期货交易总额 | | 357 184 798 | 665 206 074 | 195 514. 51 | 303 289. 90 |

**2. 2011年粮食期货市场出现新的运行特征，虽然粮食品种的商品属性表现依然明显，但金融属性的表现更为耀眼，进行粮油期货套保操作等更需谨慎**

2011年大部分时间里，在市场流动性泛滥、通胀较强的情况下，粮食期货品种的金融属性表现更为强劲。

年初以来，全球及国内大宗粮食商品期价大幅上涨，其原因包括大宗商品对冲通胀及对冲美元比价快速上升等，也包括国内资本市场对小麦产区长时间干旱等因素的炒作，同时国内宏观调控房地产政策持续出台后，市场上的投机资金开始寻找新的投资及避险途径，如大量买入粮油商品等，都充分彰显了大宗粮油商品的金融属性。

一般而言，粮油商品的价格走势是通过供需关系来引导，而随着市场不断发展，粮油商品除了本身的消费需求外，更是作为一种保值、融资或是投资等需求的对象，这使粮油商品被赋予了一种商品属性以外的属性，即商品的金融属性。2011年充裕的流动性是导致商品价格金融属性偏强的重要诱因。

2011年很多参与粮油期货套保交易的投资者过分看重商品自身的商品属性而忽略了金融属性，这是2011年部分粮油现货企业在期货市场进行套保或期现套利操作中蒙受损失的重要原因。

**3. 2011年主要粮食期货品种市场表现**

（1）小麦。2011年国内小麦价格走势呈现先扬后抑特征，年内小麦价格大部分时间以下跌为主。年初价格因市场炒作主产区旱情呈现大幅上涨态势，而随着小麦产量再度增加，加上最低收购价小麦托市收购预案没有全面启动，小麦价格尤其是小麦期价一路走低，如郑州强麦主力合约期价累计跌幅高达1000元/吨，同时现货市场上大部分进行小麦收购的粮食企业出现了库存积压情况，大部分企业潜在亏损较大，涉粮企业如何利用期市规避风险值得关注。

第一，小麦价格先扬后抑。春节前后受干旱因素影响，小麦期价上演了一幕暴涨行情，农历春节后第一个交易日更是以涨停板报收，当日涨幅高达200元/吨，随后期价创出年度高点。在市场对产区干旱题材炒作过后，随着各主产区旱情的缓解，市场担忧情绪逐步减弱，小麦期价也开始了长期的缓慢下跌行情。从小麦期价下跌的主要原因来看，在小麦喜获丰收后，加上小麦质量以及数量远超市场预期，市场供应量大幅增加，供需因素主导小麦期价呈现弱势运行特征。与此同时，来势汹汹的欧债危机也极大地打击了全球商品市场价格，小麦期价也受到拖累，市场信心悲观和流动性不足等均打压价格下滑（见图 3 – 2 – 1）。

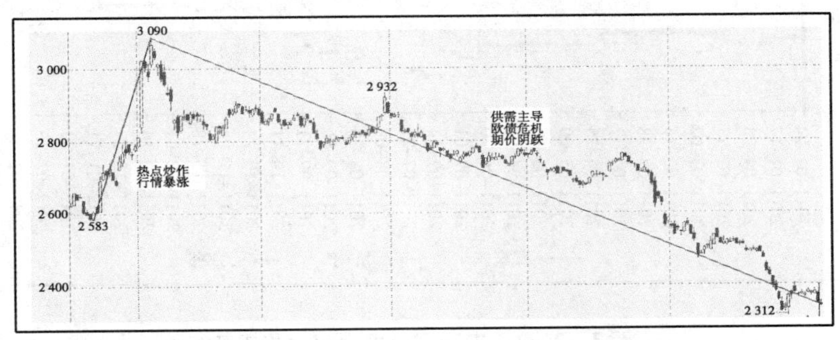


**图 3 – 2 – 1　2011 年郑州强麦指数走势图**

第二，小麦市场供需态势分析。对于国内麦市供需态势的研判应该从两个方面来进行，一是静态的供求态势，二是动态的供求态势。就国内麦市的静态供求态势而言，我国粮食生产实现连续八年增产，“八连增”的粮食生产格局从根本上决定了国内粮价不可能出现连续上涨局面。虽然静态上国内麦市供求态势较为平衡，但依然谈不上乐观。从小麦生长周期来看，天气对小麦生长的影响将始终存在，而极端天气的频繁出现为市场炒作麦价增加了筹码，该利多因素的影响将是长期的、潜在的、不可忽视的。就天气因素对小麦产量的影响分析，我们认为把市场对天气的炒作归于动态供求形势的变化是可以接受的，毕竟天气的变化影响到小麦的产量和质量，这两者都是属于供求态势的范畴。从小麦价格运行情况来看，动态供求态势的变动对小麦价格的影响要远远大于静态供求态势。估计 2012 年强麦期价大幅波动的主要动力将来源于动态需求态势的变化。

第三，政策动态分析。国家政策对小麦市场具有毋庸置疑的话语权，究其原因，在于政府手中掌握大量的粮源，对于需求弹性很低的小麦而言，市场本身的需求量在一定时间段内不会出现很大改变，使国家通过增减拍卖量能够快速影响小麦市场价格。目前，国家对粮价调控的基调是“稳中有升”，促使粮价呈现阶梯形上扬态势。国家小麦最低收购价政策的连续实施无疑为国内麦价提供了一个政策底，这也确定了 2012 年麦价区间运行的下沿（见图 3－2－2）。

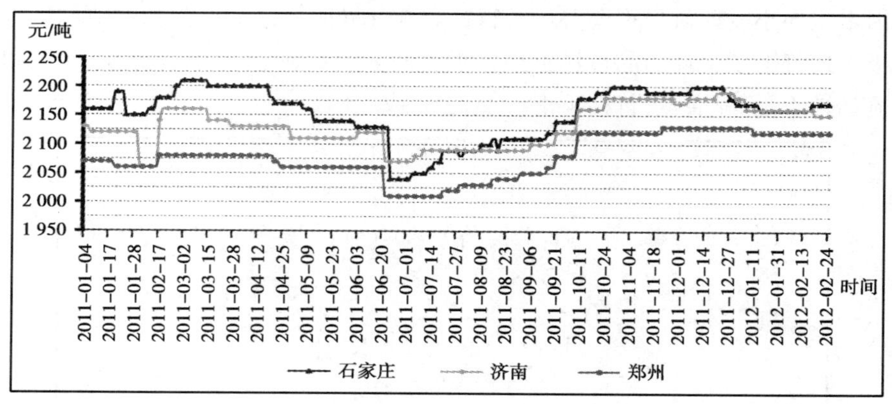


**图 3－2－2　主产区小麦出库价格走势**

第四，宏观经济环境分析。从当前大宗商品市场运行态势来看，宏观经济在商品定价体系中依然占据主导因素，而宏观经济对大宗商品价格的影响主要通过两种路径来实现：一是实体经济复苏步伐直接决定大宗商品的需求，二是货币政策如何变动则决定大宗商品面临的流动性环境。从强麦自身特性来看，宏观经济环境对价格的影响主要通过第二种路径来实现（见图 3－2－3）。

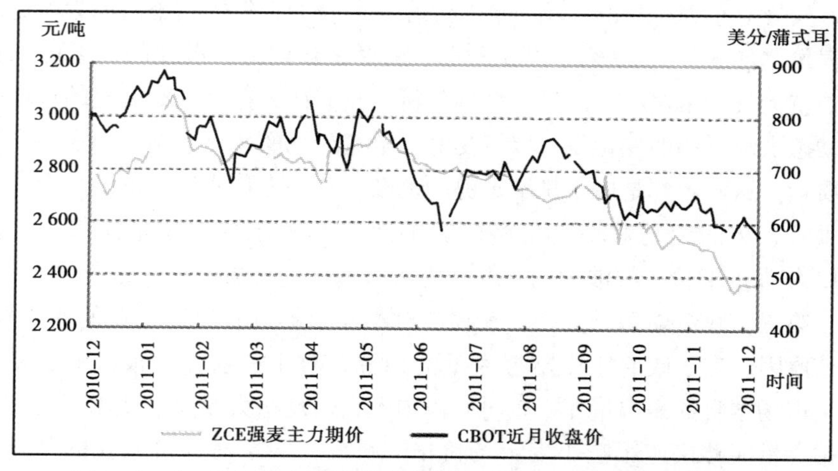


**图 3－2－3　2011 年郑州强筋小麦期货价格与 CBOT 小麦价格走势**

（2）玉米。2011 年国内玉米价格经历了高涨与持续走弱的过程，其中，大连玉米期价年内波幅较大，同时在大部分时间内领先现货价格对市场影响因素变化作出了反应。另外，2011 年国内玉米市场所处的外部经济环境、市场供求关系、下游行业等均发生较大变化。因此，玉米产业链上的各市场主体对此应多加关注。

第一，玉米价格大幅波动。2010 年 12 月，国内玉米收购市场出现火爆行情，在新玉米上市初期，各市场主体积极抬价收购，导致新玉米价格高开高走，如 2010 年 12 月初至 2011 年 2 月中旬，大连玉米价格指数从 2 220元/吨冲高到 2 460 元/吨。随后，在政府加大对粮油市场调控力度的情况下，国内数家大型玉米深加工企业暂停收购，其他市场主体的收购热情也逐步降低，玉米市场的抢购热潮不复存在，自 2 月中旬至 5 月上旬，大连玉米期价一路阴跌。进入 2011 年 6 月以后，现货需求进入淡季，国际玉米价格不断下行，同时新年度玉米增产预期强烈，市场做空力量加大，大连玉米期价再次下跌，大连玉米指数在 11 月底下跌至 2 160 元/吨。临近 2011 年底，受国家公布玉米临时收储价等利多因素影响，大连玉米指数出现短期反弹，截至 12 月底大连玉米指数回涨至 2 250 元/吨附近。

第二，玉米替代品价格优势明显，下游行业变数多。在 2011 年大部分时间内，小麦价格明显低于玉米价格，全年小麦替代玉米用做饲料原料的数量高达 1 400 万吨，对玉米价格具有较大影响。玉米下游行业方面，生猪养殖利润波动较大，深加工业也面临政策频繁调控，玉米市场需求存在较多变数，估计今后这方面的变数会更大，玉米产业链上的各市场主体应重视这方面的变化（见图 3 -2 -4）。

（3）早籼稻。2011 年国内稻米价格大部分时间在高位运行，即使受稻谷增产打压，但市场价格依然高于国家制定的最低收购价。其主要原因是：一是当前以稻米为主食的消费人口增长较快；二是稻谷生产成本提高较多；三是政策性利多力度较大；四是主产区尤其是南方主产区自然灾害频发，水灾与旱灾交替出现，令市场对供应较为担忧。

第一，南方产区旱灾、水灾交替出现，支持价格居高不下。2011 年 1 月至 5 月下旬，我国南方稻区遭遇较为严峻的旱情，尤其是从 4 月下旬开始，长江中下游 5 省受旱严重，造成局部地区秧苗无法移栽，进入分蘖期的早稻不能顺利分蘖。随后，在 6 月 3—9 日，南方稻区持续出现较强降

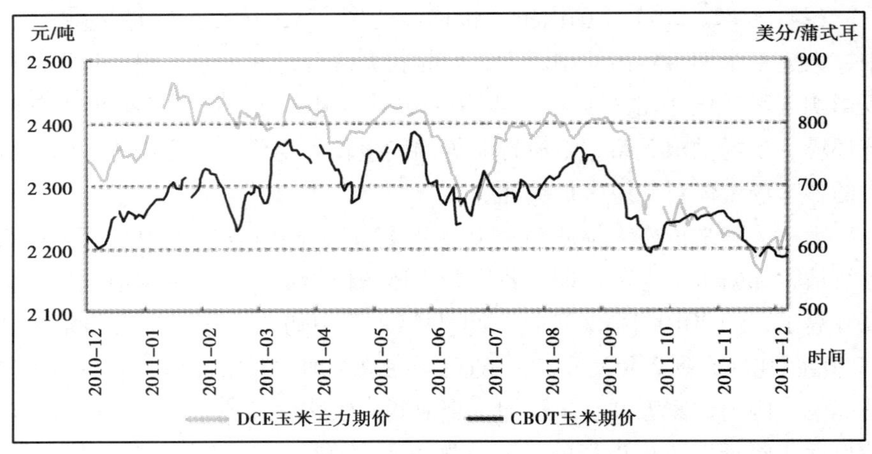


**图 3-2-4　2011 年大连玉米期货价格与 CBOT 玉米价格走势**

雨并造成部分地区出现洪涝灾害。由于人们极为关注南方稻区的生产形势，期货市场也借干旱及洪涝题材对稻价乃至国内粮价进行了炒作。

第二，稻谷总产量实现稳定增长，市场价格上涨空间受限。由于种植面积增加较多，广大农民利用降雨等有利时机积极加强田间管理，并对受灾早稻进行了补种。因此，2011 年我国稻谷实现了增产，并对稻米价格形成了压制。农业部门公布的数据显示，2011 年早稻增产 28.5 亿斤，而粳稻在 2010 年增产幅度较大的基础上，由于播种面积继续扩大，加上天气总体较好，产量再次获得丰收，市场供求关系继续得到改善（见图 3-2-5）。

（4）大豆及油脂市场。2011 年受全球经济形势动荡影响，大连大豆、豆油、棕榈油以及郑州菜籽油等期市交易趋淡，市场热点较少。不过，大豆以及油脂品种的金融属性仍表现较强。2011 年大豆及油脂品种期价大部分时间波幅较大，9 月至年底则以下行为主。

第一，大豆及三大油脂品种期价振荡下行。2011 年 8 月以前，大连大豆期价主要呈现大幅波动态势，如主力 1205 合约期价一直在 4 500～4 800元/吨区间振荡，9 月至年底，大连大豆期价则以下跌为主，最终下滑到 4 300 元/吨。2011 年油脂期价走势既有平静如水的时刻，也有波澜壮阔的瞬间，全年主要以振荡下行为主。截至 12 月 30 日，豆油指数较 2010 年底下跌 14.6%，下滑至 8 950 元/吨；棕榈油指数较 2010 年底下跌 18.2%，跌至 8 009 元/吨；菜籽油指数较 2010 年底下跌 9%，下行至

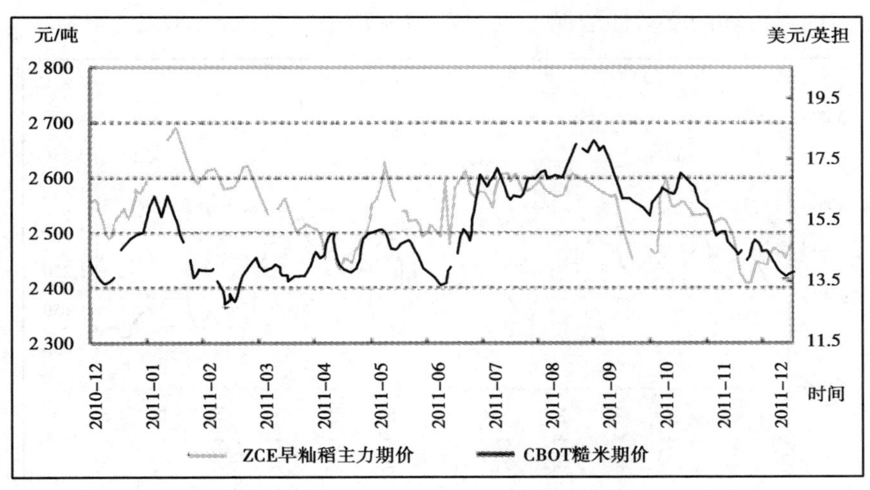


**图 3-2-5　2011 年郑州早籼稻期货价格与 CBOT 糙米价格走势**

9 513元/吨。三大油脂品种期价基本上回归到历史价格均值附近，相对真实地反映了油脂的价值，也即均衡的供需状况（见图 3-2-6）。

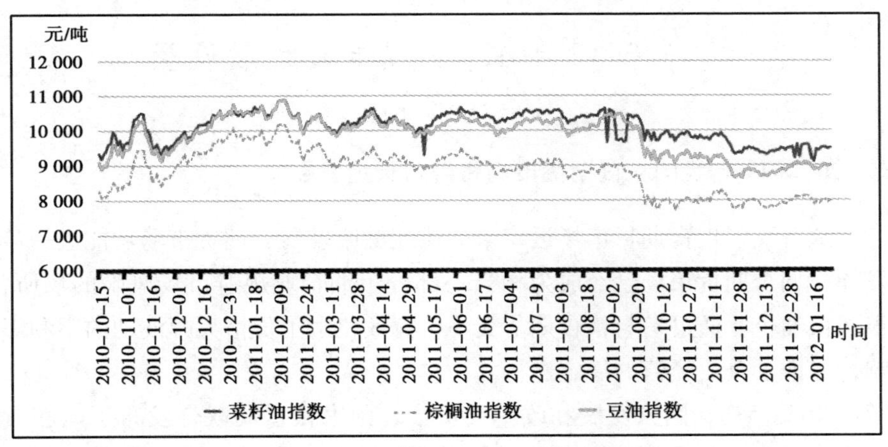


**图 3-2-6　2011 年三大油脂期价走势图**

第二，国产大豆数量下降，进口大豆及油脂占据市场主导地位。由于国内需求强劲，国产大豆供应不足，2011 年我国大豆进口数量虽然比 2010 年减少，但仍在 5 250 万吨左右，而国产大豆数量仅在 1 300 万吨左右，同时，豆油、菜籽油、棕榈油进口数量也比较大，国内大豆及油脂价格与国际市场的联动性增强（见图 3－2－7）。

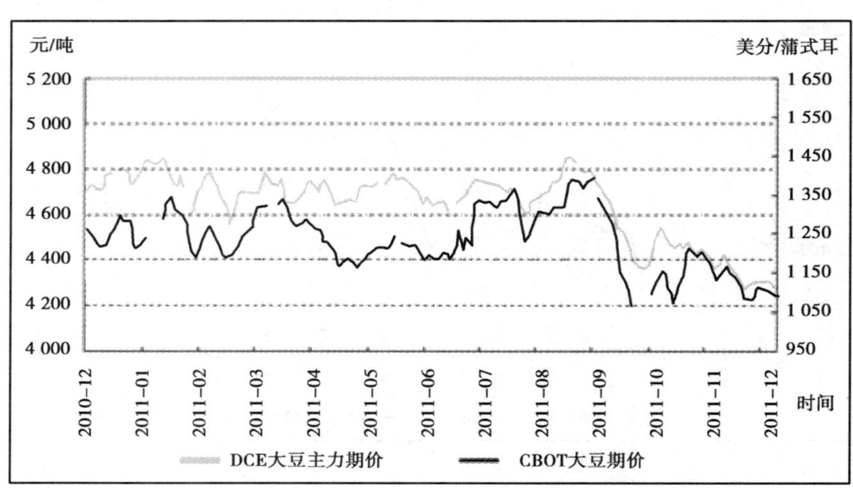


**图 3－2－7　2011 年大连大豆期货价格与 CBOT 大豆价格走势**

## （二）2012 年粮食期货市场发展展望

### 1. 2012 年我国粮食期货市场将得到长足发展

随着我国粮食期货市场近年来的快速健康发展，期货市场功能进一步发挥，如今期货市场已经成为相当一部分粮油企业规避市场风险的场所，很多粮油企业通过参与粮食期货交易，有效化解了价格大幅波动的不利影响，保证了企业经营的稳定进行。

2012 年初，国家发展和改革委员会、国家粮食局联合发布了《粮食行业“十二五”发展规划纲要》（以下简称《规划纲要》）并提出，加快粮食市场体系建设，形成以粮食收购市场和零售市场为基础、批发市场为骨干，粮食期货交易稳步发展，统一开放、竞争有序的现代粮食市场体系。针对稳步发展粮食期货交易，《规划纲要》称将逐步增加粮食期货交易品种，引导粮食企业和农民专业合作组织利用期货市场规避风险；增强现货市场与期货市场的联动性，加强对粮食期货交易的监督管理，规范粮食期货交易行为。

在新的经济形势下，期现货市场的结合将更为紧密，粮食商品的金融属性将表现得更为明显，粮食期货市场所提供信息的前瞻性、预期性、趋势性等将更为准确、及时、有效，将可以更好地为粮油企业提供经营决策依据，有效帮助企业稳步发展。更为重要的是，期货市场在解决“三农”问题、帮助农业龙头企业规避市场风险、帮助农民以及农业合作社解决粮油作物品种种植等方面优势突出。

目前，部分粮食产量大省的粮食主管部门在制定当地“十二五”发展规划时认为，要加强粮食期货市场建设，发挥粮食期货交易发现价格、规避风险等方面的作用，同时表示支持我国期货市场继续积极申请增加粮食期货上市交易品种，进一步拓宽郑州商品交易所、大连商品交易所的粮食交易种类，促进农民通过专业化组织形式参与期货交易，引导粮食企业利用期货市场规避经营风险，更好地服务于粮食生产经营发展，促进农业增效、农民增收。

**2. 落实中央 1 号文件精神，期货服务“三农”路子宽**

2012 年中央 1 号文件指出，提高市场流通效率，切实保障农产品稳定均衡供给，要充分发挥农产品期货市场引导生产、规避风险的积极作用。

经过多年稳步发展，我国期货市场对农业产业发展所发挥的引导作用日益明显，为农业生产合作组织、农产品经营企业等规避价格波动风险提供了很好的信息服务、工具与手段。

当前我国农业生产模式仍以小农生产模式为主，涉农企业生产与经营规模普遍较小。在工作实践中，期货服务“三农”必须首先解决小生产与大市场有效结合的问题。对此，2012 年粮食期货市场应注重发挥涉农龙头企业的带动作用，有针对性地开展工作。积极探索有效模式，重点培育典型案例；加强市场宣传培训，提高涉农企业利用期货市场的意识和能力；鼓励生产经营者运用期货交易机制规避市场风险。

切实保障农产品稳定均衡供给，还要在生产稳定的前提下搞好农产品流通，这就需要不断创新农产品流通方式，让农产品流通跟上市场经济快速发展的步伐。尤其是在当前全球经济一体化、农产品资源全球性互补性增强、农产品金融属性表现明显之际，期货市场对农产品新的流通方式的发展与形成有较强的引导和促进作用。

2012 年中央 1 号文件的发布，为农产品期货服务“三农”开拓了广阔空间。期货服务“三农”是一项长期、系统的工作，相关部门应不断总结经验，分析问题，结合“三农”工作的新情况和新需要，围绕期货市场服务实体经济的宗旨，以市场建设为基础，以功能发挥为依托，探索期货服务“三农”的有效途径和方法，为农村社会经济的发展，为解决“三农”问题作出应有的贡献。

### 3. 全球经济的兴衰仍影响着粮食期价的涨跌

虽然欧债危机继续影响全球经济预期，全球及国内经济下行风险依然较大，但为了刺激经济，许多国家都增加了金融政策的灵活性，预计 2012 年全球主要经济体将会为市场提供更多的流动性和实施更为宽松的货币政策，并以此来维持经济的增长，特别是美国将继续维持低利率，会给全球大宗商品价格提供支持，农产品价格将保持较强的抗跌性，对于供需相对偏紧的农产品而言，价格出现阶段性上涨的机会较大。

### 4. 关注粮食的三大属性

商品属性、政治属性、金融属性是决定国内农产品价格走向的主要因素，尤其在大宗农产品市场表现明显。2012 年国内农产品市场所处的外部环境、内在运行规律与特点，和原来相比均已经发生较大变化，不重视这些变化，就不可能把握好市场波动规律，也不可能做好粮油期现货经营业务。

（河南期货日报传媒有限公司　陈邦华　乔林生）

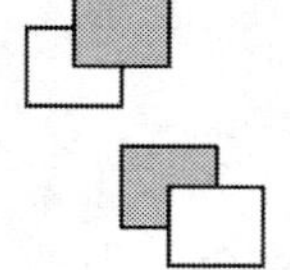

# 三、粮食电子商务发展状况及展望

**【内容提要】**

2011年是中国互联网极具魅力却又极不平凡的一年，是互联网电子商务大发展的一年。互联网电子商务这块巨大的蛋糕，随着不断竞争和细分化市场格局的变化，再次展现出无穷的生命力和广阔无垠的发展前景。

2011年，粮食行业电子商务取得重大进展，最低收购价粮食交易继续维稳国家粮食宏观面。根据地域、品种、运输、交易模式的不同，更是衍生出具有地方特色的区域化、个性化、集约化的新型粮食电子商务新模式，展现出粮食电子商务的勃勃生机。2011年，在信贷紧缩政策的大背景下，粮食电子商务领军企业——中华粮网迎势推出服务于粮食企业的贸易融资服务“粮贷通”业务，有效地带动了粮食加工、收储及贸易企业的资金运转，加强了企业的市场应变性，带动企业步入更高效快速的良性、持续发展轨道。随着中储粮总公司电子购销交易平台的平稳、高效运行，有效整合了中储粮内部资源，解决了粮食资源地域化差异，促进了粮食交易多元化发展大趋势。

2012年，我国粮食电子商务发展将取得实质性突破。中央1号文件为农产品现代化流通提供了强有力的政策支持，云计算将引领粮食电子商务的新潮流，而“O2O”以及“1+N”等基于互联网电子商务所衍生出的新兴粮食电子商务服务形式正在通过“云”方式走上行业发展、壮大与整合之路。粮食电子商务规范化、有序化、协调化、统一化发展，将有力推动我国粮食行业信息化建设进程，改变粮食地域化差异，提高粮食南北调度平衡，改善人民用粮多样化布局，调整粮食区域分配不均，全面支持国家粮食调控政策的有效执行。

目前，中国互联网的快速发展以及电子商务行业的白热化竞争，带动了全球互联网事业的持续、高效增长。移动互联网的普及、移动支付的推广无不渗透到每一个人、每一个地区、每一个国家的生产生活。互联网电子商务给我们带来的不仅是方便、快捷、高效的应用，更是一种全新的生活“必需品”。在此背景下，互联网电子商务随着技术不断革新、应用不断推广、模式不断改进，将给我们带来更加广阔、更加高效便捷的信息时代的 E 生活。

## （一）2011 年国内电子商务发展现状

### 1. 国内电子商务发展现状

2011 年，政府在国民经济和社会发展“十二五”规划纲要中明确提出要积极发展电子商务，完善面向中小企业的电子商务服务。在政策与环境的支持下，这一年国内电子商务行业得到长足有效的发展。

**（1）信息化范围不断扩展**。2011 年是国家开启“十二五”规划的开局之年，“十二五”期间，电子商务被列入战略性新兴产业的重要组成部分，电子商务将是下一阶段信息化建设的重心。纵观电子商务发展形势，综合类 B2B 电子商务市场形成了几家独大的市场格局；行业垂直型电子商务由于向纵深化发展、善于挖掘行业空白、提供专业化的资讯、开发行业个性服务等，几年间以惊人的发展速度迅速壮大。近些年来，淘宝、京东商城等电商企业的成功就印证了这一点。基于市场需求的变化，苏宁、国美这样的传统家电零售巨头也纷纷“触网”，搭建自己的网络销售平台，积极开辟全新的营销模式。

**（2）支付方式的创新向纵深化发展**。随着传统企业进军电子商务进程的加速，依托于电子商务行业，第三方支付市场亦呈现高速增长态势。《非金融机构支付服务管理办法》及其细则的出台，也为获得牌照的第三方支付企业提供了法律层面的保障。各大银行联合支付宝力推的快捷支付，无疑是 2011 年第三方支付行业创新的最大亮点。这种集安全和便捷于一身的新型支付方式，在短短一年内就赢得 4 000 万用户，交易笔数占支付宝交易总笔数的 50% 以上。在第三方支付产业发展呈现稳定增长趋势的同时，行业整体还呈现出纵深化发展趋势，所涉及领域包括保险、航空、票务、基金、房产等，覆盖了从 B2B、B2C、C2C、网游到航旅、教育、生活服务、公共事业缴费等众多领域。

**（3）电商背景下物流管理模式的信息化、自动化**。电子商务最大的优势在于高效，这无疑对物流的效率提出了很高的要求。现代物流企业通过强大的物流信息管理功能，可将散置在各地、分属不同所有者的仓库通过网络系统连接起来，使之成为虚拟仓库，进行统一管理和调配使用，服务半径和货物集散空间大大拓展，既减少了生产企业库存，加速了资金周转，提高了物流效率，降低了物流成本，优化了库存配置，又刺激了社会需求，提高了整个社会的经济效益。电子商务环境下的物流管理特征表现在信息化、自动化、网络化、智能化和柔性化上。

**（4）移动电子商务成为主流**。随着信息技术不断发展和深入，移动电子商务正前所未有地改变着社会生产、交换、分配和消费方式，成为转变经济发展方式的重要推动力量和建设创新型国家的战略性产业。移动电子商务作为电子商务的最新形态，将是中小企业电子商务信息化的重心，移动互联网带来的个性化、移动性，结合位置信息、高信息制造能力和高信息交互能力，将使信息与人和社会的结合程度达到前所未有的紧密。

**（5）开放平台逐渐成为电子商务发展的新趋势**。在互联网开放大潮的背景下，电子商务巨头们搭建了一个又一个开放平台，希望吸引更多中小型电子商务企业加入，而中小型电子商务企业也发现，加入这些开放平台，将是抵御各种营销压力的新选择。2011 年，百度、腾讯、360 以及阿里巴巴等众多知名互联网企业建立开放平台的举措，为电子商务发展指明了新的趋势。对于用户而言，通过一段时间的积累，可在平台上查询到大量的电子商务生活应用，届时只需通过这个平台，即可满足用户多方面的生活服务需求，节省时间和精力。正是企业和用户之间这种双赢的局面，使开放平台逐渐成为电子商务发展的新趋势。

### 2. 粮食行业电子商务发展现状

**（1）信息化、电子化助力国家粮食宏观调控**。2011年，电子化手段仍然是国家粮食宏观调控的重要方式。通过最低收购价等政策集中粮源，再以网上交易等电子化手段，使这些粮源在关键时刻得以快速投放市场，达到稳定粮食市场、进行粮食宏观调控的目的。

这一年内全国共举办最低收购价小麦交易会49场，交易总量1.96亿吨，共成交1 425万吨，总成交率为7.27%。其中，郑州粮食批发市场及其联网市场最低收购价小麦网上竞价销售共交易1.73亿吨，成交951万吨，成交率为5.49%；安徽粮食批发市场以及联网市场最低收购价小麦网上竞价销售共交易2 314万吨，成交474万吨，总成交率为20.48%。

此外，国家还累计拍卖政策性早籼稻680.8万吨，成交202.9万吨，总成交率为29.81%；政策性中晚籼稻4 364.7万吨，成交535.1万吨，成交率为12.26%；政策性粳稻996.7万吨，成交量350.9万吨，成交率为35.21%。国家临时储备玉米拍卖累计投放2 322.8万吨，累计成交总量360.1万吨，总成交率为15.5%。

**（2）网上交易助推传统企业产业升级**。电子商务的飞速发展让各传统行业巨头开始重新审视这一渠道的价值，粮食行业也不例外，想在电子商务领域分一杯羹，企业必须清楚自己的目标市场，将传统经营模式中的市场细分的思想放到电子商务模式中来，做到有的放矢，这样才更有机会争得一席之地。粮食行业龙头企业中国储备粮管理总公司顺应了电子商务发展的新趋势，积极突破，寻求发展，由其子公司中华粮网自主研发的电子购销交易平台于2011年4月份正式上线。

电子购销交易平台旨在促进中国储备粮管理总公司系统产销协作的开展，降低交易成本，扩大交易规模，加强市场化运作，提高市场竞争力，实现利用现代化手段开展产销协作的目的。平台建立初期，在中储粮企业原有购销渠道的基础上，以鼓励企业扩大产销协作购销量为目标，随着产销区经营规模和经营能力的提高，逐步确立中储粮总公司整体经营的渠道、模式，调整功能定位，最终推出中储粮总公司面向外部、服务社会、促进粮食网上流通的电子交易平台。

**(3) 网络融资帮助粮食行业中小企业发展**。2011 年对于网络融资业务来说是蓬勃发展的一年，在企业服务扩张和银行信贷收紧的影响下，网络融资维持强势增长势头，整体规模达到 60 亿元。对于传统粮食行业来说，因为其大宗商品的特性，中小企业发展过程中对于资金的需求更为迫切。

依托粮食行业电子商务平台应运而生的网络融资服务，立足为粮食行业中小企业提供融资贷款服务，解决了中小企业融资难的问题，促进了粮食贸易的快速流通。在此背景下，国内各家商业银行针对粮食行业量身定做了各种网络融资产品，以促进粮食行业中小企业的发展。其中，中国工商银行与中华粮网联合推出了服务于粮食企业的贸易融资业务——“粮贷通”业务。通过粮食贸易融资，在银行与粮食企业之间搭起一座资金融通的桥梁，顺应了当前企业电子商务及网络贸易发展潮流，将银行业务与企业电子商务有效地连接起来，为成长中的粮食行业中小企业搭建了多元化的网上融资新平台。

**(4) 创新“三农”服务，服务“三农”**。解决好农村、农业、农民问题一直是国家工作的重中之重，而现代农业流通、现代农业生产、农民主体地位是解决我国“三农”问题的三大基础性工程。在互联网加速渗入城市生活各个层面的同时，网络信息化也正向广大农村地区覆盖延伸，并已经开始在农村经济发展中发挥出巨大的作用。互联网信息化的应用有效地指导了农民的生产，提高了农业和农村经济的科技含量，促进农村经济的快速发展。

对于现代农业流通来说，通过电子商务这种新兴媒介，低成本、高效、便捷、健康的农产品流通服务，正以有机农产品集市、农超对接等形式实现我国城市与农村二元经济体的双赢，开拓了农业现代化的深度与广度，为农民开展现代化农业建设提供了良好的技术支持和保障。作为全国粮食主产区，河南省通过设立“三农服务社”，开拓了电子商务这种现代流通方式向农村延伸的新形式，通过在乡（镇）设立“三农”服务点，实施土地流转、土地托管，销售良种、肥料，收购粮食等一条龙服务，顺应了粮食行业电子商务发展的需要，有效地提高了农民的种粮积极性，确保了国家粮食安全。

## （二）粮食行业电子商务发展展望

电子商务代表着未来的商务活动主要方式。电子商务的推广和应用，不仅标志着我国商务活动电子化、网络化、数字化的发展，同时也显示了以知识经济为核心的国家经济信息化的总体发展水平。在掌握资源配置主动权、提升国家竞争力的过程中，电子商务日益发挥着重要的作用。粮食电子商务也要跟上时代步伐，与时俱进，闯出一片新天地。当前，粮食电子商务行业主要呈现如下几个特征及趋势：

### 1. 中央1号文件借助电子商务推动农产品现代化流通

2012年2月1日，中央1号文件再次锁定“三农”，把农业科技及农产品现代化流通作为全年“三农”工作的重要着力点。改革开放以来，高度市场化的流通体制逐步建立，大生产、大流通的产销格局初步形成，农产品供给状况极大改善，但现有农产品市场流通体系与经济社会发展、消费需求增长的要求还不适应。中央1号文件把解决好农产品市场现代化流通问题作为一项重大任务，突出强调抓好设施建设和方式创新，充分利用现代信息技术手段，发展农产品电子商务等现代交易、物流方式。

为加快完善农产品流通网络，可以利用先进的电子商务服务，统筹规划全国农产品流通设施布局，加快完善覆盖城乡的农产品流通网络。在创新农产品流通方式上，可以充分利用现代信息技术手段，促进农产品电子商务现代交易方式快速发展。大力开展农村电子商务信息服务，举办多形式、多层次的农产品展销活动，有利于探索建立生产与消费有效衔接、灵活多样的农产品产销模式。

### 2. 推动粮食电子商务标准建设是发展必由之路

目前，电子商务的发展无论从规模上还是外延上都保持着较快的爆发式增长。作为新兴经济体国家，我国电子商务行业在依托后发优势快速发展的同时，也面临着各种各样的不规范问题。电子商务的标准化、规范化正逐渐进入国家相关部门的视野。

就粮食行业来说，电子商务的标准化建设对于粮食行业电子商务发展的合理化、统一化、规范化发挥着至关重要的作用，它既能够引导粮食行业电子商务在公平、公正、公开的市场竞争中朝有序、可持续的方向健康发展，同时又能制约行业内部分企业的不规范和盲目发展行为，为粮食行业电子商务打造一个有序的、多元化的发展环境。粮食行业电子商务作为依托基础大宗商品平台的新兴产业，由于其交易标的物是基础战略物资且涉及金额巨大，针对该行业的标准化建设已到关键时期。促进粮食电子商务发展规模化、规范化，制定统一的交易标准，完善交易体制，拓展仓储与物流布局，规范资金流转程序，将是我国粮食电子商务实现可持续发展的必由之路。

**3. 云计算引领粮食电子商务发展新潮流**

云计算是一种新兴的共享基础架构方法，它可以将巨大的系统池连接在一起，以提供各种 IT 服务。如今市场趋于精细化，云计算电子商务服务在产品展示、行业资源和服务等方面更具专业水准，更有利于企业在目标范围内精确地找到自己的市场和客户群体，从而为企业和客户节约成本、提效增收。

对于粮食行业来说，通过云计算的应用，不仅提高了硬件资源利用率，更大程度上隔离了设备障碍，还能促进软硬件的兼容性，提高工作效率，降低企业运营成本。在云计算环境下，粮食电子商务平台既能对来自用户的信息进行传输和处理，也能对数据处理信息进行分析，满足了粮食电子商务信息交流的要求。云计算还集成了各组织的安全控制系统，有力增强了粮食电子交易的安全性，通过集中统一管理，使得粮食电子交易中的数据处理、信息交流、资金支付和安全控制等符合统一的规范。基于云计算的数字化粮库则是在云计算下蓬勃发展的新兴事物，也是进一步运用云计算实现物流网的发展目标。在解决粮食行业云计算应用的大潮中，中华粮网致力于为大型粮食储运基地量身打造一体式、专业化数字信息解决方案，涵盖粮库智能化建设的软、硬件系统，涉及粮食系统的储备粮管理、粮情监测、安防报警、智能导航、防洪防汛、粮食信息查询终端等多个子系统。

#### 4. "1+N"给粮食行业中小企业带来全新的电商解决方案

对于今天的企业而言，大多意识到单一的电子商务形式或是单纯依赖第三方电商平台，对于企业的电商发展始终存在较大缺失和漏洞。一个立体的综合电商体系才是未来的发展主流模式。于是"1+N"，即"1个独立商城+N个网店"形式渐成电商市场中的主流模式。

就粮食行业中小企业而言，完全独立自建自运和维护网上商城的成本和难度太大，因而目前业内帮助中小企业建设自有商城的企业有两种模式：一种企业提供软件，配合虚拟机模式帮助中小企业建设；另一种则是提供整体软、硬件解决方案的服务型企业。这两种方法各有利弊，而目前成为主流模式的"1+N"则可以带来不同于以往的自主式网上商城新模式，无论是对消费者还是企业，便捷的网购、高效的管理系统将搭建消费者与企业之间良好的沟通平台。粮食企业在大型的第三方电商平台上建设网店，借后者资源打出自己的知名度，吸引客流。第三方平台则结合目前的社交趋势，借助搜索、SNS、微博等社交网络平台进行品牌宣传，打造口碑。未来粮食行业企业发展电商的较好选择，即是"自有独立商城"+"一个或多个第三方平台上的网店"，再配合适当的网络传播工具。

#### 5. "O2O"拓宽粮食行业电子商务的新发展

随着互联网本地化电子商务的发展，信息和实物之间、线上和线下之间的联系变得更加紧密，2011年的新名词"O2O"将会让电子商务网站在2012年进入一个新的发展阶段。"O2O"（Online to Offline and Offline to Online）分两种情况：一种是把消费者从线上带到线下消费；一种是把线下的群体带到线上消费。"O2O"的优势就在于不仅具有信息发布平台的功能，能既快既远又广泛地传递产品信息，还能实现在线支付功能，让消费者线上购买线下服务。

对于传统粮食行业来说，这种交易模式可以从多方面适应农产品的销售。首先，出于粮食行业大宗商品特性的考虑，在购买量较大的情况下，为了保障交易的可靠性，可以选择在网上进行交易，而在线下完成消费，根据可跟踪的特点，完全保证买卖双方的利益。其次，针对目前诸多粮食企业在副食品和小包装食品领域的拓展，在市场开发方面可与移动支付相联系。消费者可利用手机在网络、纸质宣传页或者地铁公交站随处可见的灯箱广告上获取所需要的商品代码并进行支付，在提供自己投送地址的情况下，可以随时随地完成购物，形成针对农副产品的互联网全方位电商体系。

（中华粮网　傅　宏）

# 第四部分

## 2011 年中国
## 粮食相关政策法规

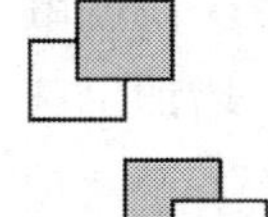

# 一、2011年粮食政策回顾

2010年，我国粮食生产实现了“七连增”，产量接近1.1万亿斤，在此基数上要保持2011年粮食生产丰收，面临的任务更加艰巨。一是粮食产量基数高；二是北方冬麦区遭遇冬春连旱，华北、黄淮等冬小麦主产区从2010年10月份起降水偏少；三是粮食生产成本不断上升，农民种粮比较收益下降；四是粮食连年丰收后，一些地方出现放松粮食生产的倾向。面对复杂的形势，党中央、国务院狠抓粮食生产不放松，2011年新年伊始就出台了一系列扶持政策，在继续实施种粮农民直补、良种补贴、农资综合补贴、农机购置补贴“四项补贴”以及产粮大县奖励、测土配方施肥补贴、高产创建补助等政策的基础上，进一步加大对粮食生产的政策支持力度，为实现粮食连续八年增产和粮食市场稳定发挥了重要作用。

## （一）粮食生产扶持政策

### 1. 出台抗旱措施

2011年1月26日，国务院召开常务会议部署进一步做好抗旱工作，要求有关地区和部门高度重视抗旱、促春管保丰收工作，努力夺取夏粮丰收，为全年粮食丰收奠定基础；研究出台了“加强气象监测预报，加强水源建设和调度、建立抗旱服务队，加强春季麦田管理、因时因地因苗落实抗旱春管措施、确保冬小麦安全越冬和返青，做好抗旱物资储备和供应、加大跨区跨省送电力度、协调电网企业开辟抗旱用电绿色通道、加大对旱区加油站点配送力度、增加旱区油品调运和投放，解决旱区人畜饮水问题和加大资金支持力度”等六项抗旱政策措施，共安排中央资金 72.4 亿元。其中，安排中央投资 40 亿元，用于受旱地区农村饮水安全、大型灌区续建配套与节水改造；8 亿元用于对冬小麦主产省 8 000 万亩小麦抗旱浇水补助；12 亿元用于对 600 个县级抗旱服务队设备购置补助。另外，中央财政安排 10.4 亿元资金，对受灾群众给予冬春临时生活困难救助。

**2. 出台进一步促进粮食生产的政策措施**

2011 年春节前夕，温家宝总理前往安徽、山东等地调研，途中看到部分耕地撂荒，小麦、油菜苗情不乐观，农民冬管积极性不高，正月初二即布置国家发展和改革委员会牵头研究对策。国家发展和改革委员会即会同财政部、农业部、水利部、国家粮食局等部门分析旱情对我国粮食生产的影响，研究如何调动干部群众粮食生产积极性、保证粮食生产丰收的相关政策措施，提出了十项政策建议上报国务院。2011 年 2 月 9 日，春节后上班第一天，国务院即召开常务会议出台了十项政策，中央共计安排资金 67 亿元。其中，强化了 1 月 26 日出台的三项措施。一是再安排 8 亿元用于冬小麦主产省 8 000 万亩小麦给予二次抗旱浇水补助；二是增加旱区 200 个县级抗旱服务队购置抗旱应急设备资金 4 亿元；三是再安排中央投资 20 亿元用于旱区农村饮水安全、大型灌区续建配套与节水改造。新出台的六项政策为：一是安排资金 8 亿元用于冬小麦主产省 8 000 万亩小麦返青拔节弱苗施肥补助；二是安排 12 亿元用于冬小麦主产区农民购置抗旱急需的水泵、喷灌机械设备以及其他抗旱节水机具补助；三是实施病虫专业化统防统治补助，粮食主产区的 800 个县和重大病虫源头区的 200 个县的 2 000 个规模化的专业化服务组织，中央财政每个补助 25 万元；四是安排 5 亿元用于支持东北地区建设水稻育秧大棚；五是对西南西北玉米覆膜种植补助，补助面积 5 000 万亩，每亩补助 10 元；六是提高稻谷最低收购价。此外，会议还决定由国家发展和改革委员会会同农业部、财政部进一步研究，实施全国粮食增产行动。

随即，2011 年 2 月 10 日，国务院召开全国粮食生产电视电话会议。

温家宝总理在会上要求各地区、各有关部门要充分认识稳定发展粮食和农业生产的极端重要性。2011 年宏观调控的首要任务就是保持物价总水平基本稳定，而粮食和农业生产的稳定是稳定农产品价格的根本措施。如果出现粮食减产，农产品市场风险将急剧扩大，势必对稳定物价带来更大压力。要保持粮食稳定增产，夏粮很关键，做好抗旱工作，直接关系夏粮和全年农业丰收，关系物价总水平的稳定，关系经济平稳较快发展。必须从全局和战略的高度，充分认识促进粮食生产、搞好抗旱保丰收工作的重要性，切实增强责任感和紧迫感，坚决克服麻痹思想和侥幸心理，立足抗大旱、抗大灾，千方百计夺取夏粮和全年农业丰收。会上，温家宝总理重申了国务院出台的十项促进粮食生产政策，并要求各地区、各有关部门一定要把思想统一到中央对粮食生产形势、经济形势的分析和判断上来，统一到中央的决策部署上来，牢固树立政治意识、大局意识、责任意识，进一步加强领导，加大支持力度，抓好政策落实，努力促进粮食和农业生产稳定发展。同时还提出要切实把粮食和农业摆到重要位置、要全面落实粮食省长负责制和抗旱工作责任制、要确保各项促进粮食生产的政策措施落到实处、要加强部门协作等四项具体要求。

**3. 开展 2011 年全国粮食稳定增产行动**

2011 年 3 月 16 日，国务院常务会议审议《关于开展 2011 年全国粮食稳定增产行动的意见》（以下简称《意见》）。会议决定，以粮食主产省和非主产省的主产县为重点地区，以增加重要紧缺品种供给和推广落实防灾减灾增产关键技术为重点，开展 2011 年全国粮食稳定增产行动，力争粮食播种面积稳定在 2010 年水平，实现夏粮丰收、早稻增产、秋粮稳定，全年粮食产量在 1 万亿斤以上。为此，一要落实播种面积，二要加强农田水利和高标准农田建设，三要大规模开展粮食高产创建，四要大力开展科技指导服务，五要全力抓好农资供应和市场监管，六要切实抓好防灾减灾工作，七要加强政策和资金支持。中央新增支农资金 100 亿元以上。

**4. 国务院十余个部委进行粮食增产督导**

2011 年 5 月，根据国务院常务会议精神，国家发展和改革委员会、财政部、农业部、水利部、科技部、国土资源部、人力资源与社会保障部、监察部、国家统计局、国家粮食局、中国气象局等 11 个部门，组成由部委领导带队的 11 个督导组，于 5 月和 8 月分赴河北、山西、内蒙古、辽宁、吉林、黑龙江、江苏、浙江、安徽、江西、山东、河南、湖北、湖南、广东、广西、重庆、四川、贵州、云南、陕西、甘肃和新疆等 23 个省（区、市）开展夏粮和秋粮生产督导。督导组就中央扶持粮食生产政策的落实情况、各省出台的相关配套政策、2011 年粮食生产目标及生产形势问题等，深入田间地头、召开座谈会，听取当地政府有关工作情况汇报，深入了解各地开展粮食稳定增产行动的进展情况。

**5. 下达粮食生产建设资金**

根据《全国新增 1 000 亿斤粮食生产能力规划（2009—2020 年）》（国办发［2009］47 号）精神，国家发展和改革委员会下达中央投资 65 亿元，用于 800 个产粮大县田间工程、农技服务体系和东北地区水稻育秧大棚建设，建成高产稳产粮田 1 600 万亩左右、水稻育秧大棚 1.2 万栋和一批县级农技推广服务站。在投资安排上，按照资金与增产任务挂钩的原则，重点向产粮大省倾斜，黑龙江和河南两省的中央投资规模均在 10 亿元左右，约占中央总投资的 1/3。

## （二）粮食最低收购价政策

为落实中央经济工作会议精神，进一步提高种粮效益，保持市场粮价平稳，保护和调动农民种粮积极性，促进粮食生产发展，2011 年国家根据种粮成本变化情况，继续稳步提高粮食最低收购价格。

**1. 2011 年小麦最低收购价政策**

为保证 2011 年夏粮生产，国家发展和改革委员会于 2010 年 10 月即公布了 2011 年小麦最低收购价。2011 年白小麦（三等，下同）、红小麦和混合麦最低收购价分别为每 50 公斤 95 元、93 元和 93 元，比 2010 年分别提高 5 元、7 元和 7 元，平均比 2010 年提高 5.4 元，平均提高幅度为 6.1%。按预计的 2011 年小麦生产成本及上述价格水平测算，加上每 50

公斤约 7 元的粮食直补和农资综合补贴，农民按最低收购价出售小麦的成本利润率可达 26% 左右，高于小麦生产近 20 年平均成本利润率 20% 的水平，能够保护农民种植小麦的积极性。

在提高小麦最低收购价格的同时，拟分两年取消白小麦与红小麦、混合麦最低收购价价差。2010 年每 50 公斤红小麦和混合麦最低收购价比白小麦低 4 元，2011 年先将价差缩小 2 元，2012 年再缩小 2 元。

### 2. 2011 年稻谷最低收购价政策

国家发展和改革委员会于 2011 年 2 月公布了 2011 年稻谷最低收购价。2011 年早籼稻（三等，下同）、中晚籼稻和粳稻最低收购价分别为每 50 公斤 102 元、107 元和 128 元，比 2010 年分别提高 9 元、10 元和 23 元，平均比 2010 年提高 14 元，平均提高幅度为 14.2%，比当时市场收购价格分别低 5 元、9 元和 13 元。按预计的 2011 年稻谷生产成本及上述最低收购价安排水平测算，加上每 50 公斤约 7 元的粮食直补和农资综合补贴，稻谷生产成本利润率将达到 36% 左右，接近稻谷生产近 20 年平均成本利润率水平，能够保护农民种粮积极性。而且，2011 年新稻上市后，稻谷市场收购价格将会继续稳步上升，农民种植稻谷的实际成本利润率还会再高一些。

2011 年，由于粮食价格水平高于最低收购价格，粮食最低收购价执行预案未启动。

（国家发展和改革委员会农经司　方　言）

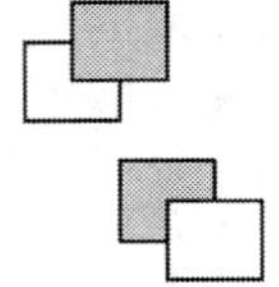

# 二、加快水利改革发展

水利是加快建设现代农业、确保国家粮食安全的首要条件，是经济社会发展不可替代的基础支撑和保障。为消除水利建设滞后这个影响我国农业稳定发展和国家粮食安全的最大“瓶颈”，补齐水利设施薄弱这个国家基础设施的明显短板，中央于2011年初颁发了《中共中央　国务院关于加快水利改革发展的决定》（中发［2011］1号）。这是进入新世纪以来中央连续发出的第八个关于“三农”的1号文件，也是新中国成立以来中央首次就水利专门出台的综合性文件，从党和国家事业全局和战略的高度对水利工作进行科学定位、统筹谋划、全面部署。

## （一）政策背景

新中国成立以来，特别是改革开放以来，党和国家始终把兴修水利作为治国安邦的大事来抓，动员亿万人民群众大规模兴修水利，集中力量系统整治大江大河，突出重点，优先解决民生水利问题，主要江河防洪能力显著提升，城乡供水保障水平大幅提高，农田水利设施不断完善。但是，我国水利建设仍然严重滞后于经济社会发展，特别是随着工业化、城镇化和农业现代化加速推进，水利对全局的影响更加凸显，加快改变水利基础脆弱、建设滞后的要求更加迫切。

首先，促进经济长期平稳较快发展和社会和谐稳定，需要着力消除水利的“瓶颈”制约。水资源短缺是我国基本国情之一，水利设施薄弱是我国经济社会发展的突出制约之一。我国年均缺水约 400 亿立方米，2/3 的城市不同程度缺水，水旱灾害年均影响人口数千万人、损失上千亿元。随着工业化、城镇化深入发展和全球气候变化影响，我国水资源、水生态、水环境面临的形势越来越严峻。亟需重新审视国情水情，从长计议，未雨绸缪，理清水利改革发展思路，完善水利发展战略，确保国家水安全。

其次，推进农业现代化、确保国家粮食安全，需要尽快夯实农田水利的物质基础。这些年，虽然农业基础设施有所加强和改善，但投入强度明显不足，即使是国家投在农业领域的固定资产投资，80% 以上主要用在大江大河治理和生态建设等方面，农田水利脆弱仍然是影响国家粮食安全的最大硬伤，是制约现代农业发展的突出软肋，也是国家基础设施建设的明显短板。从根本上改变靠天吃饭的局面、持续提高农业综合生产能力，亟需下决心尽快把农田水利建设搞上去，为农业生产特别是粮食生产再上新台阶奠定坚实基础。

再次，近年来持续不断的旱涝灾害再次敲响了警钟，需要痛定思痛、狠抓水利。2010 年西南 5 省（区）发生的百年不遇特大干旱和 17 个省（区、市）遭受历史罕见的洪涝灾害，不仅凸显我国水利建设严重滞后、水利总体呈全面吃紧的状态，再次证明水旱灾害仍然是中华民族的心腹大患，使增强水患意识、加大政策支持、加强水利建设、提高防灾减灾能力成为全社会的共同呼声。

最后，党的十七届三中全会决定和连续 7 个中央 1 号文件已对农村改革发展作出了系统部署，“三农”政策体系和制度框架已初步形成，使中央有条件在不断强化和完善现有政策的同时，就水利等影响全局的薄弱环节和重大问题专门出台综合性文件，有利于统一全党全社会的思想认识，形成治水兴水合力。

## （二）政策内容

2011 年中央 1 号文件采用条块结合、以条为主的构架，分为三个板块，共 8 章 30 条。文件不仅明确指出新形势下水利的战略地位、指导思想、目标任务、工作重点和领导保障，而且从突出加强农田水利等薄弱环节建设、全面加快水利基础设施建设、建立水利投入稳定增长机制、实行最严格的水资源管理制度、不断创新水利发展体制机制等五个方面提出了一系列含金量高、操作性强的具体政策举措。

### 1. 突出加强农田水利等薄弱环节建设

一是大兴农田水利建设。到 2020 年，基本完成大型灌区和重点中型灌区续建配套和节水改造任务。结合全国新增千亿斤粮食生产能力规划实施，在水土资源条件具备的地区，新建一批灌区，增加有效灌溉面积。实施大中型灌溉排水泵站更新改造，加强重点涝区治理，完善排灌体系。加快推进小型农田水利重点县建设，加强灌区末级渠系节水改造和田间工程配套，促进旱涝保收高标准农田建设。支持山丘区加快“五小水利”工程建设。大力发展节水灌溉，推广先进节水灌溉技术。发展牧区水利。二是加快中小河流治理和小型水库除险加固。治理河段基本达到国家防洪标准，尽快消除小型病险水库安全隐患，抓紧完善专群结合的山洪地质灾害监测预警体系。三是抓紧解决工程性缺水问题。加快推进西南等工程性缺水地区重点水源工程建设，显著提高雨洪资源利用和供水保障能力。四是提高防汛抗旱应急能力。加强监测预警预报能力、应急抢险救援队伍和物资储备体系建设。五是继续推进农村饮水安全建设。到 2013 年解决规划内农村饮水安全问题，“十二五”期间基本解决新增农村饮水安全问题。

### 2. 全面加快水利基础设施建设

一是继续实施大江大河治理。推进主要江河河道整治和堤防建设。加快蓄滞洪区建设，抓紧建设一批流域防洪控制性枢纽工程，加强城市防洪排涝工程建设。二是加强水资源配置工程建设。尽快建设一批骨干水源工程和河湖连通工程，提高水资源调控水平和供水保障能力。三是搞好水土保持和水生态保护。实施国家水土保持重点工程建设，加强重点区域及山洪地质灾害易发区的水土流失防治，继续推进生态脆弱河流和地区水生态修复。四是合理开发水能资源。在保护生态和农民利益前提下，加快水能资源开发利用，大力发展农村水电，搞好农村水电配套电网改造工程建设。五是强化水文气象和水利科技支撑。加强水文气象基础设施建设，着力增强重点地区、重要城市、地下水超采区水文监测和应急监测能力。推进水利科技创新和成果转化，加快水利信息化建设。

### 3. 建立水利投入稳定增长机制

一是加大公共财政对水利的投入。将水利作为公共财政投入的重点领域，进一步提高水利建设资金在国家固定资产投资中的比重。大幅度增加中央和地方财政专项水利资金。从土地出让收益中提取10%用于农田水利建设。进一步完善水利建设基金政策，延长征收年限，拓宽来源渠道，增加收入规模。完善水资源有偿使用制度，合理调整征收标准，扩大征收范围。从城市建设维护税中划出一定比例用于城市防洪和水源工程建设。二是加强对水利建设的金融支持。支持农业发展银行积极开展水利建设中长期政策性贷款业务，鼓励农业银行等银行业金融机构进一步增加农田水利建设信贷资金。三是广泛吸引社会资金投资水利。加大“一事一议”财政奖补力度，充分调动农民兴修农田水利的积极性。积极推进经营性水利项目进行市场融资。

### 4. 实行最严格的水资源管理制度

一是建立用水总量控制制度。确立水资源开发利用控制红线，抓紧制订主要江河水量分配方案，建立取用水总量控制指标体系。建立和完善国家水权制度，充分运用市场机制优化配置水资源。二是建立用水效率控制制度。确立用水效率控制红线，加快制定区域、行业和用水产品的用水效率指标体系，加强用水定额和计划管理。三是建立水功能区限制纳污制度。确立水功能区限制纳污红线，从严核定水域纳污容量，严格控制入河湖排污总量。四是建立水资源管理责任和考核制度，守住“三条红线”。

### 5. 不断创新水利发展体制机制

一是完善水资源管理体制。强化城乡水资源统一管理，完善流域管理与区域管理相结合的水资源管理制度，进一步完善水资源保护和水污染防治协调机制。二是加快水利工程建设和管理体制改革。深化国有水利工程管理体制改革，落实好公益性、准公益性水管单位基本支出和维修养护经费。深化小型水利工程产权制度改革，落实管护主体和责任。非经营性政府投资项目，加快推行代建制。三是健全基层水利服务体系。健全基层水利服务机构，按规定核定人员编制，经费纳入县级财政预算。四是积极推进水价改革。工业和服务业用水要逐步实行超额累进加价制度。合理调整城市居民用水价格，稳步推行阶梯式水价制度。推进农业水价综合改革。

## （三）执行情况

总体来看，2011 年中央 1 号文件得到了很好地贯彻落实。农田水利等重点薄弱环节建设明显加强，农业特别是粮食抗灾减灾能力和综合生产能力明显提高，灾害损失明显降低，在全国 31 个省（区、市）均发生程度不同旱涝灾害的情况下，2011 年全国粮食产量再创历史新高，总产量达到 57 120 万吨，比 2010 年增加 2 479 万吨，实现了历史罕见的“八连增”，为稳定物价、稳定经济、稳定社会作出了突出贡献。

2011 年中央 1 号文件执行情况较好主要体现在四个方面：一是各方对水利特别是农田水利建设重视程度空前。全国上下重视和支持水利蔚然成风，合力治水兴水渐成气候。各地区各部门结合实际，制定了有效措施。一些地方对水利建设给予特殊倾斜支持，如贵州省提取土地出让收益的 12%、山东省提取土地出让收益的 10% ~20% 用于农田水利建设。一些地方不断探索“民办公助、以奖代补”等做法，不断探索农田水利建设新机制。二是资金投入再创新高。2011 年全国农田水利基本建设共完成投资 2 163 亿元，较上年增长 43.8%，是新中国成立以来投资最多、增幅最大的一年；累计投工投劳 34.1 亿个工日，增长 12.7%，是 2000 年以来投劳最多、增幅最大的一年。三是项目建设全面提速。新一轮大江大河大湖治理进展顺利，中小河流治理、山洪灾害防治、坡耕地整治等项目建设全面推进。全国小型农田水利重点县达到 1 250 个，基本覆盖所有农业大县。全年新增节水灌溉面积 2 000 万亩以上，解决了 6 398 万人饮水安全问题。四是水利服务得到明显加强。公益性水管单位基本支出和维修养护经费进一步落实。全国农民用水合作组织达到 5 万多个，管理灌溉面积占全国有效灌溉面积的 23%。农村饮水安全工程以县为单元建立管理机构、落实运行维修基金、建立水质检测中心的新机制在全国加快推广。

（国务院研究室农村司　张顺喜）

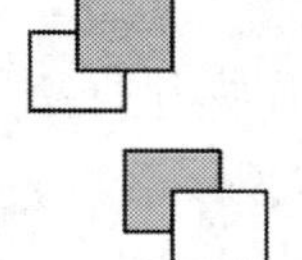

# 三、加快推进现代农作物种业发展

## （一）政策背景

“一粒种子可以改变世界”。良种是农业生产无可替代的基本生产资料，是科技进步的重要载体。加强良种科技创新与推广、加快种业发展，是事关“三农”工作和经济社会发展全局的一项重大而紧迫的战略任务。为提升我国农业科技创新水平，增强农作物种业竞争力，满足建设现代农业的需要，2011 年 4 月 10 日国务院发布了《国务院关于加快推进现代农作物种业发展的意见》（国发［2011］8 号）。这一政策的出台，主要基于以下三大背景：

一是保障国家粮食安全和建设现代农业，对我国现代农作物种业发展提出了新的更高要求。改革开放特别是进入 21 世纪以来，我国农作物种业取得长足发展，为提高农业综合生产能力、保障农产品有效供给作出了重要贡献。但随着我国人口总量不断增长、城镇人口比重不断提升、城乡居民消费水平不断提高和农产品用途不断拓展，全社会对农产品的需求持续增长，粮食等主要农产品供给持续偏紧。同时，随着耕地面积不断减少、水资源紧缺程度不断增强、农业劳动力不断向外转移、农业生产资料价格不断上涨，农业生产面临的资源和成本约束日益趋紧。在这种情况下，要保障主要农产品供给和国家粮食安全、促进经济社会发展，迫切需要从科技进步上找出路，从提高单产上挖潜力，从改良品种上寻突破，切实加强种业科技创新，加大良种选育和推广力度，加快提升种业发展水平。

二是全球化进程加快和改革开放不断深入，给我国现代农作物种业发展带来新的严峻挑战。我国农作物种业起步较晚，仍处在初级发展阶段，育种创新能力、产业集中度和市场监管能力较低，品种多乱杂、企业多小散、种子假冒伪劣等问题突出。在自身面临许多困难和问题的同时，又面临着国外种业资本竞争的巨大压力，内忧外患并存。国外种子企业凭借雄厚的资金实力、强大的创新能力、灵活的营销方式，形成了对国内种子企业的明显竞争优势，我国种子企业发展空间受到挤压，产业整合和升级受到抑制。目前，国外品种占领了我国相当大部分种子市场份额，并由园艺作物向大宗粮食作物拓展，有的品种已处于垄断地位。在国外种业资本的冲击下，国内育种单位已经被迫退出了国外种子所占市场份额较大品种的选育，即使是国内种子仍占主导的粮食作物也存在着种质资源流失、人才流失等问题，品种选育和创新受到严重影响。要防止农作物特别是粮食作物种子市场、品种选育和种业体系被外资掌控，避免丧失农业生产发展的主导权，确保国家粮食安全，迫切需要高度重视、有效应对这些新的挑战，切实加快推进现代农作物种业发展。

三是各方面重视和种业界积极努力，为我国现代农作物种业发展提供了难得机遇。随着现代农业建设的深入推进和种业地位的不断彰显，各方面对加快发展现代农作物种业的认识趋于统一，各种有利条件越来越多。特别是伴随着国家支持鼓励政策的逐步完善，近年来种业发展吸引了大量工商资本进入，为种业发展注入了新的活力。不仅上市的种子企业通过股市募集了大量资金，一些大型涉农国有企业和部分民营资本也在积极谋划进入种业。同时，种业界对种业发展的信心大增，正在快速吸收转化国外种业的先进技术、管理理念和经营服务模式，加快发展现代农作物种业的积极性很高。我国有世界上最大规模的农业，是世界上第二大种子资源国，种业发展有广阔的市场空间和丰富的种质资源，完全应该也有条件发展世界上规模最大的现代农作物种业。

## （二）政策内容

国发［2011］8 号文件总的要求是：坚持依靠自主创新，坚持发挥企业主体作用，坚持产学研结合，坚持扶优扶强，把发展现代农作物种业作为建设现代农业的战略举措，把良种培育作为农业科技创新的首要任务，把提高种子企业核心竞争力作为做大做强种业的关键支撑，把建立产学研联盟、促进“育推繁一体化”作为整合种业资源的重要切入点，创新体制机制，完善法律法规，强化政策扶持，努力走出一条中国特色现代农作物种业发展道路。为此，文件在深刻阐述农作物种业发展的指导思想、基本原则、发展目标和重点任务的基础上，系统安排了加快推进现代农作物种业发展的政策和保障措施。其主要内容可以归纳为以下四个方面：

一是着力提升科技创新能力。大力推进农作物种业科技原始创新、集成创新和引进消化吸收再创新，加快培育一批具有重大应用前景和自主知识产权的突破性优良品种。强化农作物种业基础性、公益性研究，引导科研教学单位逐步退出商业化育种、逐步剥离开办的种子企业。加大对企业育种投入，完善科研成果共享机制，支持科研教学单位的科研成果、育种资源、研发人才向种子企业流动，鼓励“育推繁一体化”种子企业整合现有育种力量和资源，按照市场化、产业化育种模式开展品种研发，逐步建立基础性研究以公益性科研教学单位为主体、商业化育种以企业为主体的种业科研新体制。加强统筹规划，积极推动不同单位、不同企业间的交流与合作，分作物、分区域、分阶段开展联合攻关，提高种业科研的集约度和集成度。改进现有农作物种业科研成果评价方式，修改和完善商业化育种成果奖励机制，健全利益分配机制，形成有利于加强基础性、公益性研究和解决生产实际问题的评价体系，调动科研人员创新的积极性。加强高等院校农作物种业相关学科、重点实验室、工程研究中心以及实习基地建设，加大继续教育和培训力度，打造一支结构合理、业务精良、爱岗敬业的种业科技创新人才队伍，培养和造就一批紧跟世界农业科技潮流、锐意进取的种业科技领军人才。

二是着力提升企业竞争能力。加快打造一批育种能力强、生产加工技术先进、市场营销网络健全、技术服务到位的“育推繁一体化”现代农作物种业集团。提高种业市场准入门槛，支持大型企业通过并购、参股等方式进入农作物种业，鼓励种子企业间的兼并重组，尤其是鼓励大型优势种子企业并购优势科研单位和具有一定市场份额的种子企业，通过市场机制优化和调整种子企业布局，促进种业资源整合，提高种子市场集中度。加强种子企业现代企业制度建设，改进企业产权和治理结构，建立健全激励约束机制，树立品牌意识，增强控制力和执行力，积极承担社会责任。强化对规模大、实力强、成长性好的“育推繁一体化”种子企业政策扶持，在税收、信贷、种子基地建设、科研项目、品种审定、科研人员落户等方面给予重点扶持。中央财政增加对“育推繁一体化”种子企业投入，支持开展商业化育种，引进国内外先进育种技术、装备和高端人才，加强育种创新、品种测试和试验、种子检验检测等基础设施建设，购置先进的种子生产、加工、包装、检验和仓储、运输设备，改善工程化研究、品种试验和推广应用条件。

三是着力提升供种保障能力。加快建设一批标准化、规模化、集约化、机械化的优势种子生产基地。科学规划种子生产布局，大力扶持种子生产基地，建立优势种子生产保护区，加大种子生产基地建设投入力度，特别是搞好西北、西南及海南优势种子生产基地和种子加工项目建设。鼓励种子企业与制种合作社建立相对集中、稳定的生产基地。完善种子生产收储扶持政策，建立政府支持、种子企业参与、商业化运作的农作物种子生产风险分散机制，对符合条件的农作物种子生产开展保险试点。加大安全高效制种技术和先进适用制种机械的推广使用，将制种机械纳入农机具购置补贴范围。鼓励和引导金融机构加大对种子企业收储的信贷支持。加强种子储备调控体系建设，在现有国家救灾备荒种子储备基础上，建立国家和省两级种子储备体系。完善种子储备任务落实方式，中央和省级财政对种子储备给予补助。

四是着力提升市场监管能力。加强种子市场准入管理，严格种子生产、经营行政许可管理，规范品种试验、测试和跨区引种行为。统一鉴定标准，提高品种审定条件，加快不适宜种植品种退出。完善植物新品种保护制度，强化品种权执法，加强品种保护和信息服务。加强种子市场监督检查，全面推进县级农业综合执法，加大对种子行政许可事后监管和日常执法力度，扩大企业监督抽查和市场检查范围，严厉打击套牌侵权、生产经营假劣种子等违法行为，强化进出境种子的检验检疫。加强种子管理体系建设，强化各级农业部门种子管理职能，健全种子管理机构和队伍，保障工作经费。加强种子行业自我管理，充分发挥种子行业协会的协调、服务、维权、自律作用，规范企业行为，开展种子企业信用等级评价。加强种子法制建设，适时修订种子法律法规和品种退出制度，完善种子生产、经营行政许可审批和监督管理的相关规定。认真做好外资并购境内种子企业的安全审查工作。

## （三）执行情况

《国务院关于加快推进现代农作物种业发展的意见》颁发后不久，国务院于2011年5月9日在湖南长沙召开了全国现代农作物种业工作会议，就贯彻落实意见和今后一个时期推进现代农作物种业发展工作进行了全面部署。国务院办公厅于2011年7月23日专门下发了《落实国务院关于加快推进现代农作物种业发展意见有关政策措施分工的通知》，将各项政策措施落实任务逐条分解，要求相关部门研究提出具体实施意见并认真加以落实。各有关部门、各地区对推进现代农作物种业发展工作高度重视，响应积极，行动迅速，措施有力，加快推进现代种业发展的格局已经建立。农业部、财政部、税务总局、国家开发银行等部门在落实《国务院关于加快推进现代农作物种业发展的意见》方面拟定了具体的推进措施，成立了由农业部牵头、17个部委组成的“推进现代农作物种业发展工作协调组”和农业部种子管理局，颁布了新的《农作物种子生产经营许可管理办法》，现代种业发展基金即将设立，免征“育推繁一体化”企业所得税已经作出细化规定，通过种子工程和综合开发项目扶持了近20家骨干种子企业。全国绝大部分省（区、市）人民政府先后出台了本地区的实施意见，制定了种业发展的具体目标，明确了长远的规划布局，提出了实实在在的政策措施。可以说，目前各部门、各地区更加重视和关注种业发展的“大气候”已经具备，共同推进种业发展的合力正在形成。

（国务院研究室农村司　张顺喜）

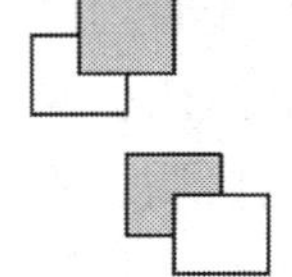

# 四、打造国家重要的粮食生产和现代农业基地

## ——中原经济区建设重要战略定位

粮食关系国计民生，是经济发展、社会和谐的重要基础。河南作为全国第一农业大省，承担着保障国家粮食安全的重要责任。2011 年 9 月，国务院出台了《关于支持河南省加快建设中原经济区的指导意见》，对打造国家重要的粮食生产和现代农业基地提出了明确要求。作为全国重要粮食生产大省的河南，必须按照中央的战略部署，把这项工作做好、做扎实，为保障国家粮食安全和主要农产品有效供给作出贡献，为经济社会又好又快发展继续提供有力保障。

### （一）政策背景

近年来，面对国家区域经济战略布局细分的大势，河南如何围绕中原崛起确立有效的载体、谋划发展的战略，省委、省政府作了深入思考，在持续、延伸、拓展、深化中原崛起战略的基础上，提出了建设中原经济区的战略构想。经过大量深入细致艰苦的工作，国务院于 9 月 28 日印发了《关于支持河南省加快建设中原经济区的指导意见》（以下简称《指导意见》），以此为标志，中原经济区正式上升为国家战略。

中原经济区之所以能够在较短的时间内引起广泛关注并获国务院批准成为国家战略，一个很重要的原因就是要探索走出一条不以牺牲农业和粮食、生态和环境为代价的新型城镇化、工业化、农业现代化的“三化”协调科学发展的路子。这条路子的一个显著特点是以“两不”为前提，首先强调的就是不牺牲农业和粮食。解决好近亿人口吃饭问题，同时为保障国家粮食安全作贡献，是河南必须担负的责任。回顾全球工业化、城镇化发展进程，不少国家的发展是以牺牲农业和粮食为代价的。工业化、城镇化与粮食安全间的失衡，也成为我国经济发展中的突出问题。中国过去有 20 多个粮食主产省，现在只有 13 个；过去全国粮食调出省有十几个，现在只剩下 6 个。“南粮北调”变成了“北粮南运”。胡锦涛总书记曾多次强调，如果现在河南的粮食没有了，那么全世界的流通粮食都补不上这个缺口。基于此，国务院《指导意见》对中原经济区的五大定位第一条就是“国家重要的粮食生产和现代农业基地”，明确提出要“集中力量建设粮食生产核心区，巩固提升在保障国家粮食安全中的重要地位”。

粮食是安天下稳民心的战略物资。孔子曾经说过，“足食，足兵，民信之矣”。美国前国务卿亨利·基辛格说：“如果你控制了粮食，你就控制了所有的人。”粮食一直是一个国家最重要的战略资源，特别是中国这样一个世界人口第一大国，单靠国际市场上的粮食供应远远不能解决问题，中国哪怕采购年需要量 1% 的粮食，都将引发国际粮价暴涨。在 2012 年中央农村工作会议上，温家宝总理强调指出：“尽管这些年粮食和主要农产品产量大幅增加，但生产能力仍不稳固，供求关系仍然偏紧，农业稍有闪失就会影响经济发展和社会稳定大局。”河南是全国重要的粮食生产大省，近年来在党中央、国务院的高度重视和正确领导下，始终坚持把“三农”工作，特别是粮食生产放在全省工作重中之重，以科学发展观为指导，以加快转变农业发展方式为主线，科学应对各种困难和挑战，努力确保粮食生产持续稳定发展。2011 年，粮食生产克服严重自然灾害影响再获丰收，总产达到 1 108.5 亿斤，连续 6 年超千亿斤，连续 8 年增产，为保障国家粮食安全、稳定市场物价和支撑地方发展作出了重要贡献。同时，也要清醒地认识到，就目前情况来看，河南要在现有较高起点上继续实现粮食生产持续稳定增长，还面临不少困难和问题。耕地和水资源短缺日益加剧，农业基础依然薄弱，粮食生产比较收益依然较低，粮食生产的资金、人才等要素外流严重，科技支撑能力不强，粮食生产发展后劲不足，实现 2020 年粮食总产达到 1 300 亿斤的目标任务仍然艰巨。在这种情况下，贯彻落实好国务院《指导意见》精神，积极探索粮食稳定增长的长效机制，利用现有工作基础和良好发展条件，着力提高粮食综合生产能力，打造国家重要的粮食生产基地，既是推进中原经济区建设的重要内容，也是保证国家粮食战略安全义不容辞的政治责任。

## （二）主要内容

建设中原经济区，加快中原崛起、河南振兴，是河南省委作出的重大战略决策，有着广泛的经济和社会基础。2011 年 9 月，国务院颁布了《指导意见》，标志着中原经济区正式上升为国家战略区域。河南省九次党代会对推进中原经济区建设进行了全面部署，进一步明确了中原经济区建设的途径和目标。

中原经济区是以全国主体功能区规划明确的重点开发区域为基础，中原城市群为支撑，涵盖河南全省、延及周边地区的经济区域，地理位置重要，粮食生产优势突出，市场潜力巨大，文化底蕴深厚，在全国改革发展大局中具有重要的战略地位。加快中原经济区建设，有利于国家区域经济布局的进一步完善；有利于国家统筹协调、梯次推进发展重大战略的实施；有利于国家形成新的经济增长板块；有利于河南在全国发展大局中明晰发展定位、发挥自身优势；有利于河南走一条不以牺牲农业和粮食、生态和环境为代价的“三化”协调科学发展的路子；有利于遵循经济发展规律，特别是区域经济发展规律，更好地深入贯彻落实科学发展观、加快转变经济发展方式。

建设中原经济区，主题是科学发展，主线是加快转变经济发展方式，目标是富民强省，核心是“三化”协调，活力是解放思想，动力是改革开放，方法是统筹兼顾，关键是实干实效。

在战略定位上，一是国家重要的粮食生产和现代农业基地；二是全国工业化、城镇化和农业现代化协调发展示范区；三是全国重要的经济增长板块；四是全国区域协调发展的战略支点和重要的现代综合交通枢纽；五是华夏历史文明传承创新区。

## （三）政策措施

**一要加大扶持力度，充分调动农民种粮积极性**。继续巩固、完善和全面落实对粮食生产的各项扶持政策，形成农民种粮基本收益保障机制，确保农民种粮收益逐步提高。国家各项强农惠农政策要向粮食生产核心区倾斜，向提高粮食生产能力倾斜。大幅度增加对粮食生产核心区的投入，继续加大对农民的补贴力度，增加粮食直补、良种补贴、农机具购置补贴和农资综合直补，实现补贴全覆盖。加大对粮食生产大县的奖励补助。严格控制农资价格过快上涨，确保农资市场供需平衡，降低粮食生产成本。加大对种粮农民特别是种粮大户的信贷扶持力度，支持发展主要粮食作物的政策性保险，促进粮食稳定增产。

**二要强化基础建设，夯实粮食生产的物质支撑**。加大粮食生产核心区的投入力度，以开展中低产田改造为突破口，集中力量搞好大型农田基础设施建设。继续加强以水利为重点的农业农村基础设施建设，大幅度增加农田水利工程建设补助专项资金，整体推进粮食核心区农田水利工程建设。加快完成大中型和重点小型病险水库除险加固任务。采取奖励、补助等形式，激励农民进行小型农田水利工程建设，扶持农民投工投劳进行农田治理改造，加快沃土工程建设步伐。继续把大型灌区节水改造作为农业固定资产投资的重点，增加大中型灌区田间节水改造资金投入。引导农民积极采用节水设备和技术，大力发展节水灌溉。加大机械化保护性耕作、机械化收获技术的推广力度，加快粮食作物生产全程机械化。

**三要严格保护耕地，稳定和扩大粮食种植面积**。建立严格的耕地保护机制，提高引进项目的环保门槛，鼓励工业用地和建设用地向丘陵、浅山、荒坡等不适于农业的地方进军，确保耕地不减少、良田不受侵蚀，为粮食生产创造良好条件。加大投入力度，通过土地开发、土地整理、土地复垦、废旧厂矿整治、旧宅基地还田、利用闲置和闲散土地等途径，扩大耕地再造规模。大力推行村庄改造，通过适当撤村、并村、并乡，既节约土地、保护资源，又利于完善公共设施。以集约节约利用土地为主线，推进布局集中、用地集约、产业集聚。严格控制建设项目用地规模，尽可能少占耕地，尤其是良田。发展林果业和养殖业要尽量占用荒山、荒地和闲散土地。要减少农田抛荒，推进农业土地适度规模经营，增加粮食复种补贴，运用经济杠杆提高粮食复种指数。

**四要加快科技进步，提升粮食生产的科技含量**。河南省扩大耕地面积的潜力有限，粮食增产越来越依靠科技进步，因此必须加快现代农业技术体系建设，切实转变粮食发展方式，把主攻单产、提质提效作为粮食稳定增产的重点。要坚持产业需求导向，从农民的实际需要出发，促进产学研密切结合，形成开放、竞争、协作的粮食科技发展运行新机制，提高粮食及粮食加工企业的技术创新能力。要着眼长远，超前部署农业前沿技术和基础研究，力争在世界农业科技前沿领域占有重要位置。加强高产优质粮食品种的研发、选育、引进、推广，提高良种覆盖率，基本实现良种化。强化节水、高产技术组装配套，加强先进适用农业机械的研发和普及，大力实施沃土工程和丰收计划，促进粮食生产集约化发展。大力强化农技推广服务，完善基层农技推广体系，加强农民技能培训，深入实施农业科技入户工程，解决农技推广“最后一公里”问题，引导农民推广测土配方施肥，改善耕地质量，改进耕作制度，优化种植结构，提高科学种田水平。大幅度提高农业科技投入力度，引导和鼓励金融机构、社会资金投入农业科技。

**五要推进工农互动，走新型工业化、新型城镇化道路**。遵循经济社会发展规律，立足基本省情农情，同步推进工业化、城镇化和农业现代化。把农产品特别是粮食加工业作为发展产业集群的突破口，扩大优势产业规模，延伸产业链条。完善利益联结机制，增强粮食产业化经营发展动力。坚持把园区建设作为工业集群发展的平台，形成发挥区域比较优势的系列特色产业园区。大力发展劳务经济，深化户籍制度改革，建立城乡一体的就业服务体系、用工管理体系、劳动培训体系、社会保障体系，积极促进农村富余劳动力向外转移。积极推进新型农村社区建设，为粮食生产腾出更多空间。

**六要客观认识粮价，合理利用价格的激励作用**。要客观认识粮价上涨，通过不断完善现行粮食最低收购价政策，逐步形成更科学的、真正反映农民种粮成本收益的价格机制。要看到反映价值变化的粮价适度上涨对激励农民生产粮食、减缓价格持续上涨压力的积极意义。在粮食价格上，既要运用宏观调控促进粮食市场稳定，又要注重发挥市场机制促进粮食生产的作用。应根据未来经济发展、粮食产销格局变化、物价体系变动与人们消费水平提高等情况，适时提高粮食价格，更好地调动农民生产粮食的积极性。在粮食大丰收时，国家要敞开收购，避免"谷贱伤农"，保障农民种粮有利可图。同时，采取有力措施，切实缓解农资价格上涨对农民种粮积极性的负面影响。

**七要深化改革创新，增强粮食生产经营的活力**。注重农业制度创新，激发粮食生产的活力。在稳定农村基本经营制度的前提下，按照依法、自愿、有偿原则，通过转包、转让、互换等方式，使闲置耕地和复种指数低的土地进行使用权流转，促进耕地逐渐向种田大户集中，规避良田季节性抛荒现象，以提高耕地粮食种植的利用率。大力发展农民专业合作经济组织，提高粮食生产经营的组织化程度，促进粮食生产、加工和销售。推进粮食产业化经营，将粮食生产置于整个粮食产业链条之中，加强粮食及粮食作物的综合利用，提高粮食及其加工产品的附加值。加快粮食零售市场网络建设，健全城乡粮油供应网络服务体系。加快粮食流通基础设施建设和粮食现代物流体系建设，提升粮食流通效率。建立粮食经营企业对国内外市场准确快速反应机制，增强粮食储备经营企业的市场竞争力，开拓粮食增产的市场空间，增加粮食经营的盈利。

**八要保护自然资源，改善粮食生产的生态环境**。粮食生产高度依赖土地、水、气候等自然资源，促进粮食稳定增产，必须建立有利于粮食增产的自然生态环境保护机制，加快循环农业发展，积极发展节地、节水、节肥、节药、节种的节约型农业，努力提高农业投入品的利用效率。加大农业面源污染防治力度，形成城乡一体化的节能减排格局。积极扶持秸秆还田、改良土壤的农业技术的研发、改进、制造和普及。发展和应用农业自然灾害的综合防灾减灾新技术，包括干旱、洪涝、低温等重大农业气象灾害或爆发性、毁灭性病虫害的监测预警、评估及控制技术等。加大生态林建设力度，减少风沙、酸雨、干热风、水土流失等影响。加大对粮食生产核心区人工影响天气的基本建设投入，提高对自然天气的预报和应对能力。积极应对全球气候变化，统筹做好流域防汛和防污的联合调度工作，最大限度地减轻粮食生产核心区水旱灾害损失和污染的危害。

（中共河南省委政策研究室农村处　刘光生　王　昱）

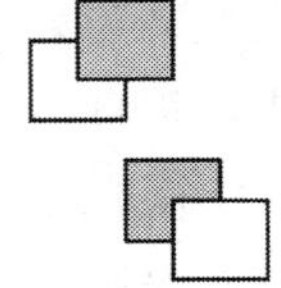

# 五、完善粮油信贷政策　确保支持粮油收购不出问题

## （一）政策背景

2011 年，我国经济形势复杂严峻，为应对国际金融危机和国内物价高企，国家实施积极的财政政策和稳健的货币政策，把稳定物价总水平放在更加突出的位置。宏观经济政策转向积极稳健、审慎灵活。同时，国内粮食市场起伏波动加大。为充分发挥农业发展银行（以下简称“农发行”）政策性银行职能，确保支持粮油收购不出大的问题，为“十二五”开局之年谋好局、布好篇，农发行粮油信贷工作面临更多挑战。一方面，国家更加重视抓好农业生产，确保粮食生产实现“八连增”，保障主要农产品有效供给，保持价格合理水平，对粮棉油等主要农产品调控的力度、频度进一步加大；另一方面，货币政策回归稳健，市场流动性趋紧，银行信贷投放面临规模和资金双紧压力，客户经营环境发生变化，客户资金成本增加，客户经营的不确定因素增大，信贷风险防控面临新的压力。

一是国家继续加强和完善支农、惠农政策，对信贷支农提出更高的要求。党的十七届五中全会和中央经济工作会议、农村工作会议都明确指出，在工业化、城镇化的深入发展中同步推进农业现代化。特别是 2011 年中央 1 号文件以加快水利改革发展为主题，强调加快水利基础设施建设、加强农田水利等薄弱环节建设，建立水利投入稳定增长机制，加快扭转农业主要“靠天吃饭”的局面，切实增强水利对农业生产的支撑保障能力。同时，继续实施对种粮农民直补政策，增加农资综合补贴、良种补贴、农机具购置补贴等。进一步提高粮食最低收购价格，继续对重点地区、重点粮食品种实施国家临时收储政策，支撑粮价的底部空间。合理把握粮食储备吞吐和进口力度，保障市场供应，稳定市场预期，充实国家粮食库存，确保粮食安全。

二是国际经济形势严峻。2011年国际经济形势异常复杂，国际金融危机后，经济复苏过程中的不确定性增加，主要发达经济体尚处于“去杠杆化”过程中，欧洲主权债务问题不断恶化，已由边缘国家向核心国家扩散，由政府债务向银行体系蔓延。此外，地缘政治危机更增加了经济的不确定，特别是西方对伊朗实施石油制裁很可能导致世界石油价格继续攀升，从而对全球经济复苏带来新的困难。国际经济形势对我国经济影响凸现，特别是对出口影响较大，拖累经济快速增长，我国经济面临增长下行和物价上涨压力并存的挑战。

三是粮食市场发生深刻变化。当前，我国农业生产正在步入高成本时期，农产品供求进入紧平衡阶段，粮食市场逐步由卖粮难向收粮难转化，或二者并存。粮油收购资金供应多元化趋势加快发展，多渠道竞争收购开始显现，价格下行压力和上行推力并存，作用因素复杂多变，起伏波动趋于频繁。国家粮食调控目标向多目标转化，由过去解决农民卖粮难的单目标向除了解决“卖粮难”问题，还要促进农民增收、及时掌握粮源、保供稳价等多元目标转变，农发行所面临的任务和赋予的职能更加丰富。

## （二）信贷政策

2011年，农发行粮油信贷工作紧密围绕“增加收购、强化管理”两个主题，突出收购信贷工作、调整客户结构、贷款风险见底三条主线，坚持在不打白条的前提下切实防控信贷风险。概括起来，出台的信贷政策主要有：

一是实施优质客户战略。2011年4月，农发行下发了《关于开展粮油信贷战略性客户布局定点工作的通知》，提出农发行粮油信贷战略性客户群的核心客户应全面吸纳全国性中央大型企业（包括中央储备企业及其直属库）以及省级储备粮管理公司及其直属库，重点支持中央和地方政府纳入粮油保供稳价体系、承担调控任务的骨干企业，力争成为行业全国排名前 30 位、省级分行所辖区域内粮油行业排名前 10 位的 70% 以上的粮油产业化龙头企业、加工企业和购销贸易企业的主办银行。到“十二五”期末，要与 60% 以上的省级粮食产业化龙头企业建立信贷关系。10 月，又根据各省战略性客户认定情况，下发了《关于进一步做好粮油信贷战略性客户布局定点工作的通知》，进一步明确农发行战略性客户应“成规模、有效益、讲诚信”。要求各省级分行要加大对战略性客户的营销力度，以银企合作为前提，以建立长期信贷关系为目标，突出区位优势、资源优势和产业优势，以支持产业化龙头企业为着力点，通过战略性客户布局定点稳定贷款客户粮油收购市场份额，同时努力形成粮食全产业链信贷支持格局，实现粮油信贷业务健康可持续发展。

二是完善了中央储备企业轮换收购贷款政策。为维护国家粮食安全和市场稳定，适应中储粮公司改革和发展需要，积极支持中央储备粮公司提高轮换收储能力。对中储粮企业轮换以及产区为销区轮换准备粮源的，全部通过发放中央储备粮轮换贷款解决，积极支持中储粮企业掌握粮源。既有效落实了温家宝总理要求中储粮企业多掌握粮源的批示精神，又降低了粮油收购贷款风险。

三是实施粮油收购贷款双结零的信贷政策。为加强粮油收购贷款管理，切实防范风险，下发了《关于实行粮油准政策性收购贷款按年度本息结零管理的通知》，实施粮油准政策性收购贷款“双结零”，明确了“双结零”的贷款范围、标准、要求等事项。对 18 个重点省级分行（包括 13 粮食主产区）按粮油品种确定了收购贷款“双结零”的时间，并且及时调整粮油贷款会计科目，按照企业性质、粮食品种增设粮油准政策性收购贷款科目，对 2011 年 5 月 1 日后发放的新的粮食收购贷款与以前的贷款分科目核算，为粮油准政策性收购贷款“双结零”奠定了基础。

四是规范了龙头加工企业同时使用商业性流动资金贷款和粮食准政策性贷款两类贷款的管理。2011 年，农发行下发了《关于规范粮油龙头加工企业同时使用商业性流动资金贷款和准政策性贷款管理的通知》，有条件地允许龙头加工企业在粮食收购旺季，销售回笼货款直接用于收购粮食，暂不归还收购贷款，规范了粮油加工企业和粮油产业化龙头企业同时使用商业性流动资金贷款、粮油准政策性贷款两类贷款的管理；同时，为龙头加工企业粮油准政策性贷款实现“双结零”提供了制度保障。

五是加强了地方储备粮油和调控粮油贷款管理。为规范县级储备粮油贷款操作，适度控制市县级储备粮油贷款和调控贷款规模，农发行下发了《关于县级储备粮油贷款核准问题的通知》，明确了县级储备粮油和地方调控粮油贷款核准要求，对新建县级粮油储备、新增县级粮油储备规模和县级调控粮油所需贷款，经省级分行审批后，报总行核准。

## （三）执行情况

面对复杂多变的国际国内粮油市场形势，农发行粮油信贷工作基于粮油收购市场总体不存在“卖粮难”和粮食收购将以市场性收购为主导的正确判断基础上，认真谋划，及时部署，牢牢把握了收购信贷工作的主动权。全年贷款投放同比大幅增加，开户企业粮油收购市场份额下降趋势得以扭转。

一是确保全年粮油收购顺利完成。全年累计投放各类粮油收购贷款3 357.16亿元，同比多投放962.07亿元，增幅为40.17%；支持开户企业收购粮食3 007.14亿斤，同比多收612.18亿斤，增幅为25.56%；收购油脂79.51亿斤，同比多收4.95亿斤，增幅为6.64%。2011年度农发行开户企业收购量占粮食商品量的47%，比2010年度增加11个百分点，比2009年度增加4个百分点。

二是全力支持国家粮油调控政策顺利实施。全年累计发放储备及轮换贷款2 091.63亿元，保证了中央和地方储备粮油增储及轮换的资金需要。特别是2011年跨年收购对东北地区发放168亿元轮换贷款，支持中储粮企业自主轮换收购玉米200亿斤，为国家掌握粮源、调控市场赢得了先机和主动。累计发放国家临储粮油贷款298.8亿元，支持企业累计收购国家临储粮食70.8亿斤、油料66.3亿斤。同时，配合有关部门及时研究出台了最低收购价小麦、国家临储大豆、豆油的定向销售政策，认真做好政策性粮油竞价销售和收贷工作，有效保证了市场供给，在年初市场出现临时性供求趋紧的情况下平抑了粮价，确保了国家“保供稳价”政策的实施，维护了市场稳定。

三是客户结构和贷款结构进一步优化。从客户结构看，截至 2011 年 12 月末，粮油客户总数 19 210 家，比年初减少 1 164 家，减幅为 6%。其中，购销贸易类企业数量逐渐减少。截至 2011 年 12 月末，购销贸易类企业 2 639 家，比年初减少 1 186 家，减幅为 31%。龙头加工企业大幅增加，龙头加工企业 3 336 家，比年初增加 338 家，增幅为 11%。从市场性粮油收购贷款投放看，2011 年农发行全年 60% 的粮食收购资金贷款用于支持中储粮企业轮换收购和龙头加工企业入市收购，收购量占粮食市场性收购的 75%。

四是粮油不良贷款实现了双降。2011 年农发行狠抓不良贷款管理，结合实际情况采取了现金清收、贷款重组等多种清收处置措施，取得明显成效。粮油类不良贷款实现“双降”，粮油贷款整体质量向好。2011 年底粮油类不良贷款率为 2.54%，比年初下降了 1.22 个百分点。同时，对 2010 年粮食年度发放的政策指导性粮油收购贷款实现了“双结零”，对 2009 年粮食年度及以前发放的粮油政策指导性收购贷款实现了风险见底。

（中国农业发展银行客户一部总经理 朱远洋
中国农业发展银行客户一部处长　李　楠）

# 第五部分

## 中国粮食市场专论

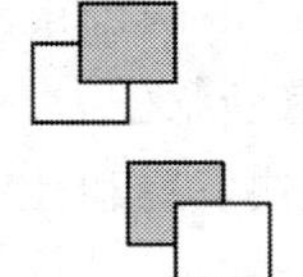

# 一、入世十年中国农业对外开放：经验、挑战与战略选择

【内容提要】

加入世贸组织十年来，我国不断拓展农业对外开放的广度和深度，着力提升农业的整体素质、经营效益和市场竞争力，为维护国家粮食安全、保障主要农产品供给，保持经济平稳较快发展及社会和谐稳定大局，提供了有力支撑和保障。农业对外开放的重要经验和启示是：要始终坚持把解决好“三农”问题作为全部工作的“重中之重”；不断深化农业改革，加大对农业的支持保护力度；积极实施服务于国家粮食安全大局的农产品贸易战略；着力提升农产品进出口管理能力及市场调控水平。与过去10年相比，今后随着我国国际化、市场化程度的明显提高，国内经济与世界经济的关联度日益增强，农业发展的国内外环境将发生重大变化，农业对外开放将面临更加复杂的形势和挑战。因此，我国要以加入世贸组织10年为推进农业对外开放的新起点，从全球视野、战略高度，进一步提高推进农业对外开放的战略认识，以更加积极主动的姿态，进一步扩大开放领域，优化开放结构，提高开放质量，稳步提升农业对外开放的广度和深度，为促进中国农业持续稳定协调发展、加快建设中国特色农业现代化提供基础支撑和良好环境。

## （一）我国农业对外开放的经验与启示

加入世贸组织十年来，我国严格履行入世承诺，不断拓展农业对外开放的广度和深度，积极提高统筹利用国际国内两个市场、两种资源能力，着力提升农业的整体素质、经营效益和市场竞争力，为维护国家粮食安全、保障主要农产品供给，保持经济平稳较快发展和社会和谐稳定大局提供了有力支撑和保障。

但是，加入世贸组织之初，由于我国农业经营规模小、组织化程度低、科技实力弱，在农业国际竞争中处于不利地位，因此许多人对开放条件下的农业发展充满疑虑和担心。为什么 10 年来我国农业能够打破种种悲观预言，实现持续稳定发展？归纳起来，主要有如下经验和启示：

第一，始终坚持把解决好“三农”问题作为全部工作的“重中之重”。加入世贸组织以来，根据我国农业参与国际合作和竞争所面临的新形势、新挑战，按照中国特色社会主义事业总体布局和全面建设小康社会战略全局的新要求，党中央、国务院高度重视农业农村问题，提出了一系列“三农”工作的战略理念和大政方针，从统筹城乡经济社会发展的基本方略，到把解决好“三农”问题作为全党全国全部工作“重中之重”的战略思想；从明确中国特色农业现代化道路的基本方向，到推进社会主义新农村建设的战略任务；从加快形成城乡经济社会发展一体化新格局的重要目标，到在工业化城镇化深入发展中同步推进农业现代化的重大决策，为新时期扩大农业对外开放、应对农业国际化竞争挑战指明了方向、明确了重点，提供了强大的政策支撑和制度保障。

第二，不断深化农业改革，加大对农业的支持保护力度。加入世贸组织以来，我国坚持并不断完善农村基本经营制度，深化粮食流通体制改革，全面放开粮食购销市场，建立和完善农产品和农村生产要素市场；实行农村税费改革，全面取消农业税、牧业税、特产税、屠宰税；连续发出八个以“三农”问题为主题的“1 号文件”，对农民实行直接补贴①，建立健全农产品价格保护制度，初步建立了以价格支持为基础、直接补贴为主体的农业支持政策体系，基本形成农业投入稳定增长机制，实现从农业“负保护”向“正保护”的政策转型，不仅有效保护和提高了农民种粮务农的积极性，也极大地提高了农业综合生产能力、抗风险能力和市场竞争能力。

---

① 直接补贴包括粮食直接补贴、良种补贴、农机具购置补贴、农业生产资料综合直补。

第三，积极实施服务于国家粮食安全大局的农产品贸易战略。一方面，优化和调整农产品出口结构，积极扩大优势农产品出口，建立并形成以劳动密集型产品为基础的优势农产品出口体系。10 年来，我国园艺、水产、畜禽等优势产品出口在全部农产品出口中的比重，从 2001 年的 60% 增加到 2010 年的 70%；粮食等土地密集型、资源性产品出口占农产品出口总额中的比重，从 2001 年的 20% 下降至 2010 年不足 10%。另一方面，适度进口资源性农产品，探索建立统筹利用国际国内两个市场、两种资源的战略机制。2010 年，我国进口植物油及油籽折油共 2 035 万吨，按目前国内大豆亩产 236 斤的生产技术水平测算，相当于利用了国外 9.6 亿亩的种植面积（与国内水稻及玉米种植面积之和相当）。若全部由国内生产来替代，意味着要以减少 68% 的粮食总产为代价。因此，适度进口国外资源性农产品，在一定程度上缓解了国内农业资源短缺的压力，对我国立足国内实现粮食基本自给、确保国家粮食安全和主要农产品供给具有重要意义。

第四，着力提升农产品进出口管理能力及市场调控水平。我国按照加入世贸组织的承诺，采取关税配额管理等进口管理措施，有效把握粮食等重要农产品进口的时间、节奏及规模，防范部分品种过度进口对国内生产和市场形成冲击；积极利用世贸组织规则，应对化解日益严峻的贸易摩擦与纠纷，扩大优势农产品出口，保持农业稳定发展，营造公平、合理的国际竞争环境。特别是 2008 年以来，随着国际金融危机的爆发，农产品能源化、金融化趋势加快，全球农产品价格波动更加频繁，我国进一步强化农产品进出口管理，着力提高驾驭复杂国际市场环境的能力和水平；健全完善国内农产品调控体系，通过实施最低价收购、临时收储、竞价销售，把握储备吞吐、进出口节奏与时机，不断提高农产品市场调控的针对性和有效性，确保国内粮食等主要农产品有效供给和市场稳定，成功化解国际粮食危机的严峻挑战，为国家应对国际金融危机的冲击奠定了坚实的物质基础。

## （二）农业对外开放中需要重视的几个问题

入世十年来，对农业开放的争议一直没有停息。如有人认为大豆等个别农产品进口过度，对国内生产冲击严重，导致大豆行业集体“沦陷”[①]；也有人认为国内种业、大豆加工行业面临外资垄断，农业产业安全存在严重隐患，等等。虽然这些争议还需进一步讨论，但客观看，在农业对外开放中存在一些需要给予高度关注的问题。

第一，对统筹利用国际国内两个市场、两种资源战略的认识还有待深化。对农业开放的不同认识，有的来自对中国农业的强烈忧患意识，担心中国农业在不利的国际竞争中受到严重影响；有的则强调农产品消费需求增长所带来的经济发展机会，应该由本国农业、农民来分享，因此对农产品进口心存疑虑。究其本质，在于对中国基本国情的认识有待进一步深化，对农业对外开放战略缺乏深入的把握，对立足国内实现粮食基本自给与利用国际农业资源的依存关系缺乏战略认识。

日本、韩国以及中国台湾地区经济增长的经验表明，农业资源相对紧缺的国家或地区经济发展到一定阶段，农产品进口将快速增长、农业对外贸易依存度逐步上升，出现巨额农产品贸易逆差。到工业化完成后，农产品消费进入稳定增长阶段，农产品进口趋于稳定[②]。中国正处于工业化、城镇化快速发展阶段，在今后相当长的时期内，粮食需求刚性增长、水土资源约束不断加大的双重压力将越来越大，进口国外农产品、利用国外农业资源不可避免。

与此相反，由于战略缺失，目前中国的农产品贸易格局令人担忧。一方面，虽然中国农产品进口规模逐年扩大、对外依存度日益提高，但仍然

---

① 从2004年开始，国内对大豆行业给予了高度的关注，媒体进行了密集的报道。媒体引用行业以及部分学者的观点，似乎形成了一个“共识”，大豆行业是我国农产品市场开放的一个深刻教训。

② 如中国台湾地区，1952—1969年农产品出口贸易顺差为29.3亿美元，占外汇收入的50%以上，为台湾经济起飞奠定了基础、作出了重要贡献。但从1970年经济起飞开始，台湾第一次出现6.6万美元的农产品贸易逆差，此后随着农产品进口大幅度增长，再也没有出现过顺差。

没有建立有效利用国际农业资源和市场的战略机制，大宗资源性农产品进口既没有稳定的渠道，也没有形成全球供应链，难以规避日益频繁的国际风险；另一方面，虽然中国已经是世界上重要的农产品贸易大国，但仍然没有掌握必要的国际农产品市场与价格话语权，国内市场和企业不得不为国际农产品价格剧烈波动付出巨额代价。

第二，缺乏对农业国际化战略的总体规划和统筹管理。加入世贸组织10 年，中国农业已经从加入之初的过渡期管理，进入全面参与农业国际化竞争阶段。但是，目前我们对新形势下的农业国际化战略尚缺乏顶层设计和总体规划，特别是还没有制定符合今后中国经济发展需要的农业对外开放战略目标和重点。与此相反，农业部门分割、管理多头、职能错位、层级复杂等问题还十分严重，没有建立对农业国际化战略进行统一协调管理的体制机制。在某些领域，部门利益影响全局决策、行业利益左右社会舆论、地区利益挑战中央政策等现象越来越严重。

需要重视的是，目前我们较多地注重于农产品进口限制、贸易保护，没有统筹管理农业产前、产中与产后相关产业开放的可能风险，农业对外开放政策体系还不完善，利用外资管理制度还不健全，农业产业安全管理存在一定的隐患。例如，各方面都关注的外资在油脂加工行业大举扩张问题，调研表明，其中既有部分外资企业违规直接或变相扩大对油脂加工投资的问题，如以压榨棉籽、棕榈油加工等不受限制的名义申报项目，项目建成后，实际上可用于压榨大豆、菜籽或油脂加工；也有个别外资企业利用某些地方政府“GDP 崇拜”心理，采用多种方式规避国家油脂加工产业政策。如根据总投资不超过5 000万美元项目直接由地方政府审批的规定，一些外资企业将油脂加工项目投资设在限额以下，或将总投资超过5 000万美元的项目“化大为小”，避开国务院投资主管部门的审批。与此同时，少数外国粮商利用其全球供应链优势，在国内市场运用低价等策略冲击国内中小粮企，不断提高市场占有率，正在形成快速扩张之势。这在缺乏农产品贸易、外商投资统筹管理的形势下，将危及国内农产品市场稳定和粮食安全，事关国家经济安全全局。

第三，农产品国际市场风险管理机制亟待加强。开放条件下，国内外农产品市场融合不断加快、相互影响日益加深，国际农产品价格波动对国内市场的传导影响越来越复杂，对市场风险管理的要求越来越高。但与此不相适应的是：一方面，国内企业的市场风险管理意识还有待于进一步加强；另一方面，国内期货市场、远期合同等市场风险管理工具也不健全，市场发育也不够成熟，尚未形成有效防范和控制国际市场风险的机制。比如，近几年社会普遍关注的大豆问题，表象是近10年来大豆进口激增，因此质疑大豆市场开放过大、是加入世贸组织冲击最大的产品。但理性分析，其实质是，由于2004年、2008年国际市场大豆价格的两次剧烈波动①，导致国内部分缺乏风险管理意识的压榨企业亏损严重、甚至停产关闭，引发两次行业兼并重组浪潮，而部分跨国粮商在两次危机中都幸免于难，趁机扩张，到目前已经掌握国内70%～80%的压榨产能。这或许是农业开放10年来我们真正需要吸取的深刻教训。

## （三）农业对外开放面临的新形势与新挑战

与过去10年相比，今后随着中国国际化、市场化程度明显提高，国内经济与世界经济关联度日益增强，农业发展的国内外环境将发生重大变化，农业对外开放将面临更加复杂的形势和挑战。其主要表现如下：

**1. 从国内看**

一方面，今后主要农产品供需矛盾日益突出、资源环境压力越来越大，维护国家粮食安全的任务更加艰巨。从中国的基本国情出发，坚持立足国内实现粮食基本自给，就需要适度进口大豆、植物油、棉花、橡胶等资源性农产品，利用国外农业资源，弥补国内农业资源的不足。如何进一步提高统筹利用国际国内两个市场、两种资源的能力，建立持续、稳定、合理的全球资源性农产品进口供应链，既十分重要，也尤为紧迫。

另一方面，农业比较利益呈持续下降趋势，提高农业竞争力难度加大，农民增收困难日益严重。近年来，由于土地等农业资源成本、人工成

---

① 美国芝加哥商品交易所新世纪以来的两次大豆价格剧烈波动：2004年，大豆期货价格一路上涨，4月达1 050美分/蒲式耳，然后快速下跌，11月跌到506美分/蒲式耳，7个月下跌51.8%；2008年，大豆期货价格7月上涨到1 639美分/蒲式耳，12月下跌到787美分/蒲式耳，5个月下跌52%。

本、物质与服务费用等大幅上涨，中国农业生产成本进入快速上升通道。特别是由于农业小规模分散经营，农业的兼业化、副业化趋势日趋显著，现代农业产业体系仍须进一步健全，农业科技创新与推广能力亟待加强，农业标准化建设与国际市场也未完全接轨。因此，今后提高中国农业国际竞争力的难度将越来越大，面临的挑战将更加严峻，对加快完善和强化农业支持保护制度的要求更加紧迫。

**2. 从国际看**

首先，影响国际农产品市场的不确定因素日益增多，保持国内市场稳定的挑战越来越大。一是全球气候变化影响将继续深化，进一步加剧全球农产品供给波动。二是农业“能源化”趋势有可能更加凸显。由于国际石油价格持续攀升，将进一步推动生物能源快速发展，大幅增加对玉米、糖料、油菜籽及大豆等原料的需求，全球粮食供求格局将更趋不稳定。三是农产品“金融化”趋势难以逆转，投机资本炒作的影响更加突出，国际农产品价格波动将更趋剧烈。

其次，农业国际竞争环境日益复杂，扩大农业对外开放将面临更加严峻的挑战。发达国家继续对农业实行高补贴、高保护政策，农业贸易保护主义仍然甚嚣尘上。而 WTO 多哈回合谈判几近无果而终，建立国际农产品贸易新规则和新秩序步履维艰，不公平的国际农业竞争环境难以得到根本的改变。

最后，全球农业经营集中度进一步提高，利用国际市场和国际资源的难度将越来越大。全球农业跨国公司利用资金、品牌、管理等优势，进一步加快垂直整合与联盟，强化全球粮源、物流、贸易、加工、销售“全产业链”布局，已经控制全球 80% 的粮食贸易、70% 的油籽贸易，对全球农业资源的掌控与竞争制高点的争夺将更趋激烈。因此，今后中国农业“走出去”的外部环境将日益复杂，利用国外农业资源的难度会越来越大。

## （四）今后农业对外开放的战略取向与政策选择

在中国工业化、城镇化快速发展中，稳步推进农业对外开放，是国家实行更加积极主动开放战略部署的重要组成部分，必须始终坚持，毫不动摇。

笔者认为，从现在起到今后的5~10年，推进农业对外开放的基本思路是：从中国基本国情和改革开放全局出发，以服务保障国家粮食安全和主要农产品供给大局为核心，以全面提高统筹利用国际国内两个市场、两种资源能力为目标，以深入拓展农业对外开放广度和深度为路径，以加快实施农业“走出去”战略、建立全球供应链为重点，以建立健全农业开放支持政策体系为支撑，以强化农业开放风险防控与产业安全管理为关键，为促进中国农业持续稳定协调发展、加快建设中国特色农业现代化提供基础支撑和良好环境。

因此，要以加入世贸组织10年为推进农业对外开放的新起点，从全球视野、战略高度进一步提高推进农业对外开放的战略认识，以更加积极主动的姿态，进一步扩大开放领域，优化开放结构，提高开放质量，稳步提升农业对外开放的广度和深度。今后几年需要重点实施的政策措施如下：

第一，抓紧制定扩大农业对外开放的总体规划。要根据中国农业资源禀赋特征和经济发展的阶段性特征，全面研究评估主要农产品供需的中长期趋势、加工产业结构变化规律，建立基于全球视野的国家粮食安全保障机制，提出新形势下重要农产品及其加工产业国际贸易的国家战略，构建统筹利用国际国内两个市场、两种资源的农业国际化战略框架。

第二，着力深化农业管理体制改革，强化和完善农业对外开放支持政策体系。要积极推进农业管理体制改革，从根本上消除部门分割、管理多头与缺位并存的体制性矛盾，建立健全统筹管理农业对外开放的体制机制；对水稻等关系国家粮食安全根本利益的主粮产品，要作为国家粮食安全战略保障重点产品，在现有最低收购价、直接补贴等政策支持基础上，探索实行差价补贴等措施，进一步完善和强化国内政策支持、进出口贸易与投资保护制度；建立和完善服务于国家粮食安全战略利益的农产品进出口支持政策体系，扩大优势农产品出口，强化进口管理；建立健全外资准入和安全管理制度，建立外资并购境内涉农企业报告和安全审查机制。为扩大农业对外开放、维护农业产业安全，提供强有力的体制支撑和制度保障。

第三，重点实施农业“走出去”战略，加快建设持续、稳定、安全的全球农产品供应链。要把实施农业“走出去”战略作为新一轮农业对外开放的重点领域，采取财政、税收、金融等政策支持措施，鼓励各类企业在境外投资农产品加工、仓储物流、市场营销、国际贸易，构建持续、稳定、安全的农产品进口渠道，建立全球农产品进口供应链；大力扶持基础较好的国内粮农企业发展，培育农业跨国经营企业，支持中国企业通过参股、并购等方式，参与农业跨国公司全球供应链建设。

第四，抓紧研究建立全球大宗商品交易中心。抓紧谋划在现有商品交易所基础上筹建与纽约、芝加哥和伦敦等交易中心竞争的全球大宗商品交易中心。其关键是，要充分发挥中国国内巨大市场需求的战略资源作用，逐步形成全球大宗农产品定价话语权，使之成为中国统筹利用国际国内两个市场、两种资源的战略平台，从根本上维护中国国际贸易权益乃至国家经济安全。

第五，建立健全农产品进出口调控机制。根据国际国内农产品供求和价格变化趋势，探索建立农产品国内生产与进口稳定衔接机制，有效调控进口，避免进口农产品对国内生产和市场形成冲击；建立农产品进口监测与产业损害预警系统和快速反应机制，充分运用反倾销、反补贴、保障措施等贸易救济措施，建立应对国外农业高额补贴的应急机制。

第六，积极参与国际农产品贸易规则、农业标准制定，以及动植物疫病防控、生物安全、生物能源、气候变化等涉农国际谈判与协作，进一步开展区域和双边贸易谈判，促进建立更加公平合理的国际贸易规则，着力改善中国农业发展的国际环境。

（国务院发展研究中心　程国强）

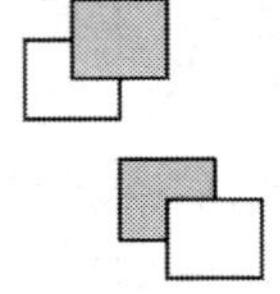

# 二、中国农业收益与生产成本变动结构分析

【内容提要】

1998年以来，中国主要农产品收益与生产成本发生了极大变化，粮食、大豆、油料、棉花、糖料、蔬菜六类农产品收入增长的主要贡献来自价格上涨；在多数农产品纯收益都有明显增长的情况下，粮食收益是最低的，粮食与其他农产品收益关系恶化。在六类农产品中，多数农产品生产成本的增长速度都快于收入的增长速度，其中，种子、化肥、机械作业、土地、劳动等成本增加是农产品生产成本上升的主要推动力量。需要关注的是，2004年以来，中国粮食生产收益率连续下降。现阶段，要高度重视价格对农业增收的积极作用，科学处理好控制通货膨胀与促进农民增收的关系，国家应该通过允许农产品市场价格上涨和增加补贴，让农产品特别是粮食收入的增长速度快于其生产成本的增长速度。

多年来，我国农业生产成本不断上升、农业生产收益下降问题越来越突出，给农业发展和粮食安全带来了深刻影响。本研究将就农业收益和生产成本变动的结构性特点进行分析，并提出作者的建议。

十几年来，我国农业收益和生产成本变化有以下特点：

## （一）主要农产品收入均取得明显增长，其中收入增长贡献主要来自于价格上涨

从表5－2－1可以看出，1998年以来，三种粮食、大豆、两种油料、棉花、糖料、蔬菜每亩产值都分别取得了71.2%、57.4%、112.4%、56.6%、38.1%、88.9%的增长。如果将这六类产品的每亩产值增长按照单产增加和价格上涨因素分解，我们发现，所有产品中，价格上涨对其收入的增加作用都要显著高于单产增加的作用。受年际间产量波动影响，大豆和糖料的每亩产量增加对于收入增长还是负作用。进一步分析还发现，11年间，三种粮食、大豆、油料、糖料市场价格上升对于每亩收入的增长作用都超过了70%，这显然与国内旺盛的市场需求密切相关。价格对农业增收的作用大于单产提高的作用，主要得益于近10年来的经济增长，1998—2009年，我国经济增长年均达到10%，超过主要农产品产量的增长，在收入增长和消费结构转换双重作用下，社会对农产品的旺盛需求将价格水平向上拉动。从长期趋势看，只要我们的边际保护水平不变，土地资源矛盾不缓解，经济继续保持高增长，我国农产品价格还将继续上涨。

**表5－2－1　2009年与1998年相比增产与涨价对农业收入贡献比较**

| | 亩产值增长（%） | 比较内容 | 增量产值分割（元） | 贡献率（%） |
|---|---|---|---|---|
| 三种粮食 | 71.2 | 增产增收 | 96.4 | 29.3 |
| | | 涨价增收 | 233.22 | 70.7 |
| 大　豆 | 57.4 | 增产增收 | －0.48 | －0.2 |
| | | 涨价增收 | 177.51 | 100.2 |
| 两种油料 | 112.4 | 增产增收 | 121.42 | 26.9 |
| | | 涨价增收 | 329.2 | 73.1 |
| 棉　花 | 56.6 | 增产增收 | 215.4 | 41.4 |
| | | 涨价增收 | 305.0 | 58.6 |
| 糖料（甘蔗） | 38.1 | 增产增收 | －17.33 | －4.2 |
| | | 涨价增收 | 436.3 | 104.2 |

续表

| | 亩产值增长（%） | 比较内容 | 增量产值分割（元） | 贡献率（%） |
|---|---|---|---|---|
| 蔬　菜 | 88.9 | 增产增收 | 856.26 | 41.4 |
| | | 涨价增收 | 1212.51 | 58.6 |

资料来源：2000 年、2003 年、2009 年《全国农产品成本收益资料汇编》，分别由中国物价出版社、中国统计出版社出版。

说明：三种粮食包括稻谷、小麦、玉米；两种油料包括花生、油菜籽；蔬菜基期年份是 1999 年；收入比较都是以每亩为单位，以下各表均以亩为单位。

## （二）多数农产品纯收益均有较大增长，但粮食收益依然最低

从表 5－2－2 整理的资料来看，由于 2008 年以来大豆、棉花、糖料受到国际金融危机影响较大，造成资料的可比性差，这里我们只好用 2007 年资料与 1998 年相比，我国六类农产品亩均纯收益分别增长 30.84%、53.37%、363.25%、1692.9%、2.85%、75.97%，除糖料外，三种粮食的纯收益增长是最慢的，与其他农产品收益关系是恶化的。从绝对量看，2009 年蔬菜、糖料、油料收益分别是三种粮食的 10.9 倍、1.8 倍、1.53 倍，棉花收益是粮食的 1.6 倍。与烤烟、水果收益比较，1998—2009 年，烤烟亩纯收益从 189.74 元增加到 269.18 元，苹果亩纯收益从 550.57 元增加到 2941.28 元，分别增长 41.9%、434.2%。到 2009 年，烤烟、苹果每亩纯收益分别是三种粮食的 1.4 倍、15.29 倍。在农业内部，只要粮食与主要农产品之间收益有明显差距并有扩大趋势，如果机会和条件成熟，农民势必会放弃粮食生产。

**表 5－2－2　　六类产品纯收益比较**　　单位：元，%

| 项目 | 1998 年 | 2003 年 | 2004 年 | 2005 年 | 2006 年 | 2007 年 | 2008 年 | 2009 年 |
|---|---|---|---|---|---|---|---|---|
| 三种粮食 | 141.53 | 34.21 | 196.5 | 122.58 | 154.96 | 185.18 | 186.39 | 192.35 |
| 大　豆 | 114.24 | 111.73 | 127.06 | 81.48 | 67.84 | 175.21 | 178.45 | 107.52 |
| 两种油料 | 86.52 | 78.56 | 201.33 | 101.48 | 187.71 | 400.8 | 282.24 | 294.3 |

续表

| 项目 | 1998 年 | 2003 年 | 2004 年 | 2005 年 | 2006 年 | 2007 年 | 2008 年 | 2009 年 |
|---|---|---|---|---|---|---|---|---|
| 棉　花 | 23.05 | 461.28 | 223.05 | 331.36 | 335.72 | 387.92 | -16.71 | 308.59 |
| 糖料（甘蔗） | 348.97 | -17.73 | 88.68 | 393.11 | 399.48 | 358.93 | 195.82 | 348.74 |
| 蔬　菜 | 1 265.45 | 1 340.89 | 1 562.91 | 1 606.70 | 1 509.94 | 2 226.79 | 1 881.69 | 2 087.83 |

说明：纯收益是指主产品产值和副产品产值之和减去总成本，蔬菜纯收益是 1999 年的数据。

## （三）多数农产品成本增长速度快于收入增长速度，粮食收益率出现持续下降趋势

与 1998 年相比，2008 年六类农产品每亩产值增长有五类都慢于成本的增长速度，唯独油料产值增长快于成本增长速度。2009 年与 1998 年相比，六类农产品中三种粮食、大豆、糖料、蔬菜每亩成本增长速度也快于其产值增长，其中，蔬菜、大豆、三种粮食、糖料成本上升较快。值得注意的是，在成本持续快于产值增长情况下，三种粮食的收益率从 2004 年以来持续下降，无论是与 1998 年还是 2004 年比较，粮食的收益率都是降低的（见表 5-2-3 至表 5-2-8）。从上一轮粮食生产周期波动曲线看，粮食收益率从 1998 后连续 5 年下行，恰恰也是我国粮食减产时期。2004 年以来我国粮食收益率持续下降，但粮食产量却连续增产，这说明我们的粮食政策影响和调节了成本、收益率与生产周期之间的变动关系。但有两个问题需要关注：一是统计资料的不实夸大了政策对粮食增产的效果；二是在收益率继续下降作用下，粮食生产的下行周期可能被推后了，并没有消除，一旦政策强度减弱，下行周期就会马上显现。

**表 5-2-3　　三种粮食成本收益变化情况**　　单位：元，%

| 项　目 | 1998 年 | 1999 年 | 2000 年 | 2001 年 | 2002 年 | 2003 年 | 2004 年 | 2005 年 | 2006 年 | 2007 年 | 2008 年 | 2009 年 |
|---|---|---|---|---|---|---|---|---|---|---|---|---|
| 产　值 | 463.1 | 396.3 | 353.0 | 390.0 | 375.3 | 411.2 | 592.0 | 547.6 | 599.9 | 666.2 | 748.8 | 792.8 |
| 成　本 | 321.6 | 306.5 | 294.9 | 292.9 | 295.4 | 377.0 | 395.5 | 425.0 | 444.9 | 481.1 | 562.4 | 600.4 |

续表

| 项　目 | 1998年 | 1999年 | 2000年 | 2001年 | 2002年 | 2003年 | 2004年 | 2005年 | 2006年 | 2007年 | 2008年 | 2009年 |
|---|---|---|---|---|---|---|---|---|---|---|---|---|
| 收　益 | 141.5 | 306.5 | 58.1 | 97.12 | 79.9 | 34.2 | 196.5 | 122.6 | 155.0 | 185.2 | 186.4 | 192.4 |
| 收益率 | 30.6 | 22.6 | 16.5 | 24.9 | 21.3 | 8.32 | 33.2 | 22.39 | 25.83 | 27.8 | 24.89 | 24.26 |

注：成本中包括物质费用、劳动用工费和期间费用，期间费用含土地承包费、管理费、销售费、财务费等；产值包括了副产品产值，以下各成本收益表均相同。

**表5-2-4　　大豆成本收益变化情况　　单位：元,%**

| 项　目 | 1998年 | 1999年 | 2000年 | 2001年 | 2002年 | 2003年 | 2004年 | 2005年 | 2006年 | 2007年 | 2008年 | 2009年 |
|---|---|---|---|---|---|---|---|---|---|---|---|---|
| 产　值 | 308.7 | 255.6 | 261.6 | 244.1 | 309.1 | 366.4 | 380.1 | 352.0 | 335.4 | 467.0 | 526.4 | 485.7 |
| 成　本 | 194.4 | 170.9 | 164.0 | 164.7 | 161.1 | 254.7 | 253.1 | 270.5 | 267.5 | 291.8 | 348.0 | 378.2 |
| 收　益 | 114.2 | 84.68 | 97.6 | 79.44 | 147.9 | 111.7 | 127.1 | 81.48 | 67.84 | 175.2 | 178.5 | 107.5 |
| 收益率 | 37.01 | 33.13 | 37.3 | 32.55 | 47.86 | 30.5 | 33.43 | 23.15 | 20.23 | 37.52 | 33.9 | 22.1 |

**表5-2-5　　两种油料成本收益变化情况　　单位：元,%**

| 项　目 | 1998年 | 1999年 | 2000年 | 2001年 | 2002年 | 2003年 | 2004年 | 2005年 | 2006年 | 2007年 | 2008年 | 2009年 |
|---|---|---|---|---|---|---|---|---|---|---|---|---|
| 产　值 | 401.0 | 362.6 | 353.7 | 341.9 | 375.0 | 424.9 | 570.1 | 486.1 | 595.5 | 859.9 | 817.8 | 851.7 |
| 成　本 | 314.5 | 282.9 | 283.8 | 285.6 | 264.6 | 346.3 | 368.8 | 384.6 | 407.8 | 459.1 | 535.5 | 557.4 |
| 收　益 | 86.52 | 79.7 | 69.99 | 56.29 | 110.4 | 78.56 | 201.3 | 101.5 | 187.7 | 400.8 | 282.2 | 294.3 |
| 收益率 | 21.57 | 21.98 | 19.79 | 16.46 | 29.44 | 18.49 | 35.32 | 20.88 | 31.52 | 46.61 | 34.51 | 34.55 |

**表5-2-6　　棉花成本收益变化情况　　单位：元,%**

| 项　目 | 1998年 | 1999年 | 2000年 | 2001年 | 2002年 | 2003年 | 2004年 | 2005年 | 2006年 | 2007年 | 2008年 | 2009年 |
|---|---|---|---|---|---|---|---|---|---|---|---|---|
| 产　值 | 789.9 | 959.2 | 861.8 | 915.0 | 1 053.8 | 1 138.7 | 966.2 | 1 122.9 | 1 206.1 | 1 353.5 | 1 063.3 | 1 440.0 |
| 成　本 | 766.8 | 725.6 | 743.9 | 759.8 | 791.4 | 677.4 | 743.1 | 791.5 | 870.4 | 965.6 | 1 079.9 | 1 131.4 |
| 收　益 | 23.05 | 233.6 | 117.8 | 155.2 | 262.4 | 461.3 | 223.1 | 331.4 | 335.7 | 387.9 | -16.71 | 308.6 |
| 收益率 | 2.92 | 24.35 | 13.67 | 16.97 | 24.9 | 40.5 | 23.09 | 29.51 | 27.84 | 28.66 | -1.57 | 21.43 |

表 5-2-7 糖料（甘蔗）成本收益变化情况 单位：元,%

| 项 目 | 1998 年 | 1999 年 | 2000 年 | 2001 年 | 2002 年 | 2003 年 | 2004 年 | 2005 年 | 2006 年 | 2007 年 | 2008 年 | 2009 年 |
|---|---|---|---|---|---|---|---|---|---|---|---|---|
| 产 值 | 1 098.5 | 795.9 | 914.4 | 971.6 | 785.2 | 763.4 | 894.1 | 1 220.4 | 1 334.3 | 1 405.4 | 1 307.3 | 1 517.4 |
| 成 本 | 749.53 | 678.5 | 694.5 | 686.6 | 721.1 | 781.1 | 805.4 | 827.3 | 934.8 | 1 046.5 | 1 111.5 | 1 168.7 |
| 收 益 | 348.97 | 117.4 | 219.9 | 285.0 | 73.06 | -17.73 | 88.68 | 393.1 | 399.48 | 358.9 | 195.8 | 348.7 |
| 收益率 | 31.77 | 14.75 | 24.05 | 29.34 | 9.3 | -2.32 | 9.92 | 32.21 | 29.94 | 25.54 | 14.98 | 22.98 |

表 5-2-8 蔬菜成本收益变化情况 单位：元,%

| 项 目 | 1999 年 | 2003 年 | 2004 年 | 2005 年 | 2006 年 | 2007 年 | 2008 年 | 2009 年 |
|---|---|---|---|---|---|---|---|---|
| 产 值 | 2 328.39 | 2 652.05 | 3 325.93 | 3 350.56 | 3 483.84 | 4 329.29 | 4 097.77 | 4 398.3 |
| 成 本 | 1 062.94 | 1 311.16 | 1 763.02 | 1 743.86 | 1 973.9 | 2 102.5 | 2 216.08 | 2 310.5 |
| 收 益 | 1 265.45 | 1 340.89 | 1 562.91 | 1 606.7 | 1 509.94 | 2 226.79 | 1 881.69 | 2 087.8 |
| 收益率 | 54.35 | 50.56 | 46.99 | 47.95 | 43.34 | 51.44 | 45.92 | 47.47 |

## （四）种子、化肥、机械作业、土地、劳动等成本增加是农产品成本上升的主要推动力量

分析表 5-2-9 至表 5-2-14 六类农产品成本结构变动可以发现，2003 年以来，种子、化肥、农药农膜、机械作业、排灌、人工、土地租金等成本占三种粮食、大豆、两种油料、棉花、糖料、蔬菜等农产品总成本的比重均大幅度上升，除大豆和糖料之外，粮油棉菜的总成本均上升 59% 以上。在这些农产品成本中，化肥、土地、机械作业费的上涨全部都超过了总成本的增长速度。需要说明的是，在能以数量计算的成本投入中，种子、农膜、人工成本等在过去几年间大多数投入都是下降的，只有少数农产品成本投入有少量增加，这表明此类成本费用增加主要是由价格上涨引起的，而不是数量增加形成的。以三种粮食为例，2003—2009 年，每亩种子用量由 7.3 公斤下降到 6.6 公斤，化肥用量由 20.2 公斤增加到 21.74 公斤，农膜由 0.2 公斤减少到 0.16 公斤，人工用量由 11.1 日减少到 7.22 日，但这几项成本费用却大幅度增长。通过计算发现，因种子价格上涨对种子费用增加的贡献为 112.6%，用量减少对种子费用增加的贡

献为 -12.6%；因化肥价格上涨对化肥费用增加的贡献为 92.58%，用量增加对化肥费用增加的贡献为 7.42%；因农膜价格上涨对农膜费用增加的贡献为 185.1%，用量减少对农膜费用增加的贡献为 -85.1%；因劳动工资上涨对用工成本增加的贡献为 174.3%，用工量减少对用工成本增加的贡献为 -74.3%。其他五类农产品成本变动方向与粮食基本相同。由此可见，价格上涨是农产品成本增加的主要力量。从六类农产品的成本投入结构分析，在所有成本投入中，化肥、农药、农膜、机械作业、土地租金等成本上涨较快，主要生产成本上升是农产品总成本增长的主要动力。

**表 5-2-9　　三种粮食成本结构变化情况　　单位：元,%**

| 项　目 | 2003 年 | 2004 年 | 2005 年 | 2006 年 | 2007 年 | 2008 年 | 2009 年 | 2009/2003 |
|---|---|---|---|---|---|---|---|---|
| 总成本 | 377.0 | 395.5 | 425.0 | 444.9 | 481.1 | 562.4 | 600.4 | 1.593 |
| 种　子 | 19.07 | 21.06 | 24.9 | 26.29 | 27.57 | 30.58 | 33.58 | 1.761 |
| 化　肥 | 57.93 | 71.44 | 84.31 | 86.81 | 90.8 | 118.5 | 117.6 | 2.03 |
| 农药、农膜 | 10.88 | 13.18 | 16.39 | 18.25 | 20.34 | 22.98 | 22.71 | 2.087 |
| 机械作业费 | 24.09 | 31.58 | 37.73 | 46.73 | 54.44 | 68.97 | 72.6 | 3.014 |
| 排灌费 | 14.72 | 15.01 | 15.27 | 16.79 | 18.48 | 16.28 | 19.45 | 1.321 |
| 人工成本 | 128.1 | 141.3 | 151.4 | 151.9 | 159.6 | 175.0 | 188.4 | 1.471 |
| 土地租金 | 52.73 | 54.07 | 62.02 | 68.25 | 81.64 | 99.62 | 114.6 | 2.173 |
| 7 种成本之和 | 307.5 | 347.6 | 392.0 | 415.0 | 452.8 | 531.9 | 568.94 | 1.85 |
| 占总成本比重 | 81.6 | 87.9 | 92.2 | 93.3 | 94.1 | 94.6 | 94.8 | |

**表 5-2-10　　大豆成本结构变化情况　　单位：元,%**

| 项　目 | 2003 年 | 2004 年 | 2005 年 | 2006 年 | 2007 年 | 2008 年 | 2009 年 | 2009/2003 |
|---|---|---|---|---|---|---|---|---|
| 总成本 | 366.4 | 380.1 | 352.0 | 335.4 | 467.0 | 526.4 | 378.2 | 1.032 |
| 种　子 | 19.21 | 22.82 | 21.72 | 20.84 | 23.56 | 34.37 | 29.15 | 1.517 |
| 化　肥 | 20.79 | 29.52 | 35.41 | 35.49 | 36.97 | 53.75 | 45.95 | 2.21 |
| 农药、农膜 | 5.23 | 8.87 | 8.71 | 7.47 | 8.23 | 9.81 | 11.72 | 2.241 |
| 机械作业费 | 11.38 | 22.62 | 26.18 | 31.07 | 34.3 | 43.54 | 47.74 | 4.195 |
| 排灌费 | 4.33 | 1.78 | 1.69 | 1.8 | 1.83 | 1.77 | 2.35 | 0.543 |
| 人工成本 | 86.56 | 74.16 | 81.53 | 81.87 | 87.7 | 88.32 | 103.5 | 1.196 |
| 土地租金 | 56.82 | 62.14 | 75.22 | 75.95 | 87.31 | 106.0 | 129.84 | 2.285 |
| 7 种成本之和 | 204.3 | 221.9 | 250.5 | 254.5 | 279.9 | 337.5 | 370.3 | |
| 占总成本比重 | 55.8 | 58.4 | 71.2 | 75.9 | 59.9 | 64.1 | 97.9 | |

表 5－2－11　　两种油料成本结构变化情况　　单位：元,%

| 项　目 | 2003 年 | 2004 年 | 2005 年 | 2006 年 | 2007 年 | 2008 年 | 2009 年 | 2009/2003 |
|---|---|---|---|---|---|---|---|---|
| 总成本 | 346.3 | 368.8 | 384.6 | 407.8 | 459.1 | 535.5 | 557.4 | 1.61 |
| 种　子 | 31.98 | 44.08 | 43.93 | 46.69 | 58.49 | 68.78 | 57.48 | 1.797 |
| 化　肥 | 41.05 | 52.55 | 61.37 | 66.36 | 71.02 | 92.06 | 91.87 | 2.238 |
| 农药、农膜 | 7.52 | 11.54 | 14.04 | 15.29 | 16.67 | 19.16 | 19.41 | 2.581 |
| 机械作业费 | 8.25 | 12.48 | 14.15 | 16.2 | 20.28 | 26.54 | 29.84 | 3.617 |
| 排灌费 | 5.2 | 4.97 | 4.23 | 4.74 | 5.21 | 4.2 | 5.18 | 0.996 |
| 人工成本 | 145.2 | 156.8 | 168.8 | 177.1 | 188.2 | 211.2 | 229.5 | 1.581 |
| 土地租金 | 44.62 | 42.84 | 49.13 | 52.89 | 69.46 | 84.61 | 93.96 | 2.106 |
| 7 种成本之和 | 283.8 | 325.3 | 355.7 | 379.5 | 429.3 | 506.5 | 527.2 | 1.858 |
| 占总成本比重 | 81.95 | 88.2 | 92.49 | 93.06 | 93.51 | 94.58 | 94.58 | |

表 5－2－12　　棉花成本结构变化情况　　单位：元,%

| 项　目 | 2003 年 | 2004 年 | 2005 年 | 2006 年 | 2007 年 | 2008 年 | 2009 年 | 2009/2003 |
|---|---|---|---|---|---|---|---|---|
| 总成本 | 677.4 | 743.1 | 791.5 | 870.4 | 965.6 | 1 079.9 | 1 131.4 | 1.67 |
| 种　子 | 24.56 | 31.08 | 29.99 | 35.8 | 37.7 | 40.08 | 41.08 | 1.673 |
| 化　肥 | 84.94 | 101.9 | 113.6 | 125.9 | 134.0 | 168.8 | 146.2 | 1.721 |
| 农药、农膜 | 54.55 | 51.09 | 59.68 | 67.11 | 74.12 | 83.97 | 79.53 | 1.458 |
| 机械作业费 | 15.99 | 27.2 | 26.82 | 32.05 | 37.47 | 45.5 | 45.29 | 2.832 |
| 排灌费 | 22.12 | 22.41 | 23.92 | 28.56 | 30.46 | 31.06 | 36.71 | 1.66 |
| 人工成本 | 309.4 | 354.8 | 397.4 | 442.6 | 490.7 | 527.1 | 568.2 | 1.837 |
| 土地租金 | 83.35 | 90.52 | 98.58 | 104.7 | 128.7 | 149.5 | 169.6 | 2.035 |
| 7 种成本之和 | 594.9 | 678.9 | 749.97 | 836.7 | 933.1 | 1 045.9 | 1 086.6 | 1.827 |
| 占总成本比重 | 87.82 | 91.36 | 94.75 | 96.13 | 96.63 | 96.85 | 96.04 | |

表 5－2－13　　糖料（甘蔗）成本结构变化情况　　单位：元,%

| 项　目 | 2003 年 | 2004 年 | 2005 年 | 2006 年 | 2007 年 | 2008 年 | 2009 年 | 2009/2003 |
|---|---|---|---|---|---|---|---|---|
| 总成本 | 781.1 | 805.4 | 827.3 | 934.8 | 1 047.0 | 1 111.5 | 1 168.7 | 1.496 |
| 种　子 | 77.8 | 64.83 | 63.27 | 85.7 | 81.96 | 82.39 | 90.16 | 1.159 |
| 化　肥 | 148.6 | 167.9 | 184.7 | 217.1 | 242.96 | 285.2 | 271.5 | 1.827 |
| 农药、农膜 | 20.41 | 22.09 | 23.7 | 27.42 | 31.52 | 35.33 | 34.37 | 1.684 |

续表

| 项　目 | 2003年 | 2004年 | 2005年 | 2006年 | 2007年 | 2008年 | 2009年 | 2009/2003 |
|---|---|---|---|---|---|---|---|---|
| 机械作业费 | 20.18 | 20.81 | 21.14 | 24.61 | 22.71 | 30.27 | 32.73 | 1.622 |
| 排灌费 | 2.9 | 5.26 | 5.19 | 4.11 | 4.3 | 3.91 | 3.53 | 1.217 |
| 人工成本 | 307.7 | 337.8 | 365.6 | 405.6 | 467.17 | 470.97 | 513.2 | 1.668 |
| 土地租金 | 78.43 | 92.79 | 100.5 | 105.0 | 118.93 | 127.48 | 139.3 | 1.776 |
| 7种成本之和 | 656.0 | 711.5 | 764.0 | 869.6 | 969.55 | 1 035.5 | 1 084.8 | 1.654 |
| 占总成本比重 | 83.98 | 88.34 | 92.35 | 93.03 | 92.6 | 93.12 | 92.82 | |

**表5-2-14　　蔬菜成本结构变化情况**　　单位：元,%

| 项　目 | 2003年 | 2004年 | 2005年 | 2006年 | 2007年 | 2008年 | 2009年 | 2009/2003 |
|---|---|---|---|---|---|---|---|---|
| 总成本 | 1 311.2 | 1 763.0 | 1 743.7 | 1 973.9 | 2 102.5 | 2 216.1 | 2 310.5 | 1.762 |
| 种　子 | 70.51 | 73.42 | 73.48 | 83.82 | 95.82 | 103.1 | 93.07 | 1.32 |
| 化　肥 | 137.73 | 165.99 | 165.51 | 198.92 | 211.22 | 249.9 | 250.4 | 1.818 |
| 农药、农膜 | 164.52 | 261.14 | 212.8 | 243.45 | 257.76 | 256.9 | 200.6 | 1.219 |
| 机械作业费 | 16.48 | 15.35 | 19.19 | 22.88 | 28.51 | 33.09 | 42.1 | 2.555 |
| 排灌费 | 27.99 | 28.62 | 30.7 | 32.46 | 39.33 | 43.48 | 42.0 | 1.50 |
| 人工成本 | 495.11 | 731.41 | 752.49 | 796.27 | 852.73 | 902.6 | 1 006.8 | 2.033 |
| 土地租金 | 53.4 | 111.68 | 113.98 | 178.97 | 173.51 | 191.6 | 225.42 | 4.221 |
| 7种成本之和 | 965.7 | 1 387.6 | 1 368.2 | 1 556.8 | 1 658.9 | 1 781.0 | 1 860.4 | 1.926 |
| 占总成本比重 | 73.65 | 78.71 | 78.47 | 78.87 | 78.9 | 80.37 | 80.52 | |

## （五）几点思考

第一，现阶段，要高度重视价格对农业增收的积极作用，科学处理好控制通货膨胀与农民增收的关系。在低度或温和通货膨胀阶段，农产品价格上涨有利于农民增收，宏观调控应顺应这种趋势，此时如果过度抑制主要农产品价格上涨，只能单边刺激需求，打击供给，这将加剧市场供求矛盾，对食品特别是粮食安全不利。即使在中度或重度通货膨胀阶段，抑制农产品价格上涨也要考虑如何使受损失的农民得到补偿。

第二，粮食的收益率偏低并持续下降问题要给予高度关注。在人口众多、农业资源稀缺的国家，要想保持较高的粮食自给率，要么推进粮价大幅度上涨，要么对种粮进行持续不断的补贴，要么两者兼而有之，在这方面我国应该借鉴日本、韩国的经验。无论从我国国情看，还是与日本、韩国相比，目前我国粮价依然偏低，应该让粮价上涨快一些，快过生产成本上升速度，并能更好地反映农业资源稀缺程度，这才是我国今后农业政策的长期目标。

第三，当前，成本增加快于农产品产值增长是影响农业收益的大问题。近几年，虽然国家出台并大幅度增加了农业生产资料综合补贴，但这些补贴远不足以弥补农业总成本和物质成本增加的部分（见表5－2－15）。今后，国家应该瞄准农产品主要成本变动趋势，继续提高农资综合补贴标准，大幅度增加农资综合补贴数量，以此减缓成本快速增加对农业收益的严重侵蚀。

**表5－2－15　2007－2008年农产品成本增加额与各种补贴比较**　　单位：元

| | 2007年 | | | | 2008年 | | | |
|---|---|---|---|---|---|---|---|---|
| | 总成本 | 物质费 | 补贴 | 增补额 | 总成本 | 物质费 | 补贴 | 增补额 |
| 三种粮食 | 36.16 | 15.12 | 24.93 | 8.35 | 81.36 | 47.91 | 49.19 | 24.26 |
| 大豆 | 24.22 | 7.03 | 23.11 | 7.43 | 59.48 | 36.97 | 46.12 | 23.01 |
| 两种油料 | 51.35 | 23.7 | 7.66 | 2.33 | 76.42 | 38.23 | 25.2 | 17.54 |
| 棉花 | 95.21 | 23.16 | 11.51 | 7.5 | 114.41 | 57.2 | 21.78 | 10.27 |
| 糖料（甘蔗） | 111.73 | 36.25 | 6.71 | －2.96 | 64.99 | 52.64 | 20.18 | 13.48 |
| 蔬菜 | 128.6 | 77.6 | 6.85 | 5.74 | 113.58 | 45.67 | 7.86 | 1.01 |

说明：表中补贴栏指的是当年每亩补贴收入，其他栏均指比上年增加额；从表中可看出，除了大豆2007年补贴收入增加额稍大于当年物质费用增加额外，其余年份和品种的补贴收入均低于当年总成本增加额和物质费用增加额。

（国家发改委宏观经济研究院　马晓河）

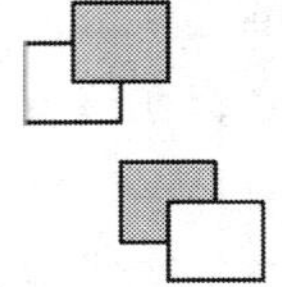

# 三、粮食公共信息管理：面临的问题与完善对策*

**【内容提要】**

粮食公共信息是典型的公共品，也是一种非常重要的要素资源。公共部门提供粮食公共信息具有必要性：可以弥补粮食市场失灵；使社会公众的基本权利得到保障；可有效提高政府的透明度；可加强粮食市场风险管理。但是，当前我国粮食公共信息管理存在很多问题，树立粮食公共信息管理的正确理念，增加粮食公共信息的有效供给，满足粮食公共信息的合理需求，建立粮食公共信息的综合平台，应该是强化粮食公共信息管理的重要选择。

在理论界，粮食公共信息问题很少有人研究，在相关文献检索中几乎没有发现一篇论文。粮食公共信息重要吗？公众需要粮食公共信息吗？粮食公共信息管理存在问题吗……我想这些问题并不需要回答。因此，本文对此作一个初步的研究。

## （一）粮食公共信息的性质与特征

### 1. 粮食公共信息是典型的公共品

粮食公共信息是指由公共部门提供、社会公众通过

---

* 本文为教育部人文社会科学研究规划基金项目（11YJA790178）和上海市教委创新项目（12ZS180）的阶段性研究成果。

公共渠道都能够自由获得的与粮食相关的信息集合，是由公共部门在管理粮食公共事务中产生、搜集、传递、利用和管理，并且与社会公众有着密切关系的信息，它属于整个社会公共信息的重要组成，在性质上属于公共品。

在此概念中涉及以下几个要点：①粮食公共信息是与私人信息相对应的概念，其突出表现是公共性。②信息提供者主要是公共部门，包括政府部门、公益性组织及承担一定社会职能的企事业单位，最主要的是政府部门。③信息需求者是社会公众或市场主体。粮食公共信息的所有权应该属于社会公众，除受法律限制的信息之外，社会公众都可以获取和利用。④信息传播通过公共渠道，其建设主要应由政府承担责任。⑤信息具有多元性，为信息集合，包括粮食生产、流通、消费、储备、价格及与之相关的一些基本信息。

### 2. 粮食公共信息具备的主要特征

粮食公共信息作为公共品，具备公共品的基本特征。一是非排他性。粮食公共信息是对全体国民而言的，具有不可分割性，一个人在享受这种信息的利益时，不排除他人也可同时享受这种产品的利益。二是非竞争性。粮食公共信息不会因为增加一个消费者而增加成本，即增加一个消费者的边际成本为零。

同时，还应看到，粮食公共信息作为信息，应具有信息的一般特征，如可识别性、传载性、时效性、可加工性、能动性等，但作为公共品的粮食公共信息还有一些其本身所具有的特性，如公共性、公益性、公开性、共享性、基础性等。

### 3. 粮食公共信息类别划分

粮食公共信息可从不同的角度分类：①按照提供者分类，粮食公共信息可分为政府部门提供的信息、公益组织提供的信息、承担一定社会职能的企事业单位提供的信息。②按照信息产生的环节分类，粮食公共信息可分为生产环节、流通环节、消费环节的信息。③按照信息的覆盖范围分类，粮食公共信息可分为全球性、全国性和地方性信息。④按照信息的性质分类，粮食公共信息可分为政策性、经营性信息。

通过对粮食公共信息进行合理分类，可以对粮食公共信息进行有效管理，满足社会公众对不同种类粮食公共信息的需求，更好地发挥粮食信息资源的作用。

## （二）公共部门提供粮食公共信息的必要性

### 1. 提供粮食公共信息可以弥补市场失灵

充分的信息是决策的基础。粮食市场放开后，存在信息不充分等市场失灵问题。市场经济是分散决策的经济，而中国以家庭为单位的粮食生产方式又把分散决策推向了极致。由于受专业知识、中介组织发育、市场发展状况、社会服务体系等方面的限制，市场为农民和其他经济主体提供的信息有限，这必然会影响粮食生产者、经营者、消费者的决策。政府应通过提供充分、及时、权威的公共信息，为粮食生产和经营决策提供可靠依据。

同时，由于粮食公共信息属于公共品，其非竞争性、非排他性的特征决定了这类产品没有市场供求关系，市场不能提供或不能有效提供，这也是粮食市场失灵的重要表现。因此，提供粮食公共信息弥补粮食市场失灵，就成为政府的必然选择。

### 2. 获得粮食公共信息是社会公众的基本权利

知情权是公民享有的一项基本权利，也是公民实现其他权利的必要基础和前提，知情权的实现必须依赖于公共信息拥有者的信息供给和公开。而政府是粮食公共信息最大的拥有者、生产者、供给者，因此，最大限度地提供粮食公共信息是政府部门的重要职责。

### 3. 提供粮食公共信息是透明政府的基本要求

纳税人与政府是一种委托代理关系，随着民主与法制不断健全，公众参政议政呼声越来越高，政府快速、有效地提供粮食公共信息，是建立透明政府的重要选择。我国已经颁布实施《政府信息公开条例》，从法律层面保障了公众依法获取粮食公共信息的权利和政府提供粮食公共信息的义务。

**4. 公开是信息资源有效发挥作用的基本前提**

21 世纪是信息经济时代。信息已被看做一种重要的要素资源，在促进生产发展与社会进步过程中发挥着极其重要的作用。现阶段，粮食公共信息资源的绝大部分由政府或其他公共部门管理，其公开程度直接关系到整个社会信息资源开发利用的深度与广度。只有让相关粮食信息公开并流动起来，才能真正发挥信息资源的作用。

**5. 公开透明是粮食市场风险管理的有效途径**

粮食信息公开透明，可让相关部门、单位、经营者及时把握市场形势，快速作出判断，有效进行风险管理。在粮食市场日益国际化的情况下，提高世界粮食市场的透明度，应对国际粮价剧烈波动、保障世界粮食安全等问题也备受关注。2011 年 6 月，20 国集团（G20）农业部长会议在巴黎召开，会议议题就包括创立含产量、消费量及库存信息的“农业市场信息系统”（AMIS），并对此问题达成一致，其主要目的就是提高世界农业的透明性，通过共享农产品信息，平抑国际市场粮价。AMIS 总部设在联合国粮农组织（FAO），由世贸组织等 9 大组织共同参与。日常主要负责搜集和分析相关信息，紧急时刻会发出警告或提出对策建议。我们可以看出，在这里粮食公共信息已成为全球性公共品，其国际化受到国际社会高度关注。

## （三）粮食公共信息管理存在的主要问题

随着民主法治进程不断加快，我国政府信息公开力度有所提高，粮食信息更加透明，但是在粮食公共信息管理方面还存在诸多矛盾，而矛盾的焦点应是供给问题。

**1. 粮食公共信息供给问题**

粮食公共信息作为公共品，从理论上来说，只能由政府来供给或提供，政府实际上就是粮食公共信息的最大生产者和拥有者，这注定了政府必然是粮食公共信息的最大供给者。但应注意，供给或提供与生产并不是一回事，粮食公共信息应由政府来供给，但不一定必须由政府来生产。实际上，粮食公共信息的生产与供给可以有三种模式：公共部门生产，公共部门提供；私人部门生产，公共部门提供；公私部门生产，公共部门提供。到底采用何种方式提供，主要取决于公共品公共的程度（是纯公共品还是准公共品）及社会需求状况等。

（1）供给总量不能满足社会需求。目前，我国粮食公共信息供给总量存在较严重的不足问题，甚至很多社会关注程度高、使用范围广的基本信息都没有提供。

第一，粮食公共预算信息供给非常有限。公共预算资金是粮食公共信息生产的财力保障，纳税人应该知道这些资金是如何使用并用到什么地方。尽管我国已经迈开政府部门预算公开的步伐，但公开的程度远低于社会期待或者是应该公开的程度。如 2011 年我国中央政府部门预算共 20 张预算表，但相关农业与粮食部门公开的只有收支预算总表与财政拨款支出两张预算表的有限信息。而收入预算表、支出预算表、基本支出预算表、项目支出预算表、政府采购预算表、三项经费等最基本而且应该公布的预算表都没有公开。

第二，基本信息数据严重不足。如我国粮食总产量历年统计数据，在农业、粮食、统计等部门网站上，最早只能检索到 1978 年的数据，要想查找新中国成立后系统的数字是不可能的事。很明显，这远不能满足社会需求。

（2）供给类型不能满足公众需要。粮食公共信息涉及范围广、类型多，社会公众在进行生产、经营、消费等决策时对其有全面要求。统计等官方部门只发布生产方面信息，不定期发布总需求方面的数字，且国家库存数据保密，民间库存不能提供。当人们根本不知道我们到底有多少粮食的时候，必然会导致各种各样的猜测，出现对供求形势截然不同的判断，甚至出现以国外提供的中国粮食产量、库存数据作为研究分析中国粮食市场根据的滑稽现象。同时，粮食加工、流通、交易、储备等方面的公共信息少，而获取世界市场的粮食生产、消费、库存、加工、贸易等方面公共信息渠道更加单一、困难。这会导致我国粮油企业与国际粮油巨头竞争过程中处于信息不对称地位，加大企业经营风险。

（3）存在粮食公共信息商品化的问题。到底哪些粮食信息属于公共信息，哪些信息应该向社会免费提供，公共信息与市场信息的界限如何划分，可能还需要进一步讨论。但一个不争的事实是，存在粮食公共信息商品化的问题。一是某些部门故意推迟公共信息发布的时间，而把某些信息先以报告、年鉴的方式向社会出售，并由此获益，但这些信息的生产往往使用的是公共预算资源。二是某些公共信息被政府官员或信息掌握者以非规范的方式或非正式的渠道发布出来。三是存在公共信息非法交易的问题。原国家统计局和中国人民银行干部泄露涉密经济数据就是典型案例。说到底，粮食公共信息商品化问题的实质是某些部门或个人把其利益凌驾于公共利益之上。

（4）存在粮食市场信息公共化的局限问题。与某些公共品的供给一样，由政府部门自己生产、自己提供是导致供给不足的重要原因。当然，我们不能要求企业信息完全公共化，但是对某些带有基础性、外部正效应明显的市场信息，可以通过一定的途径使其公共化，其实质是实现某种条件下的公共品的私人提供。很明显，如何通过私人部门的介入，增加粮食公共信息这种公共品的供给是应该研究的重要问题。

### 2. 粮食公共信息需求问题

有了粮食公共信息这种产品，如何让它更好满足人们的需求，还面临很多问题。

（1）缺少粮食公共信息需求的反映机制。从政府为公众提供公共服务的角度看，到底提供何种类型的粮食公共信息不应该由公共部门自己来决定，而应体现社会公众的偏好，因此，建立公众对粮食公共信息需求的反映机制十分重要。

（2）缺少需求满足的有效评估机制。消费者需求满足的程度如何，哪些需求得到满足，哪些需求没有得到满足，如何让消费者需求得到更好满足，这都应该建立在对公众需求满足的评估基础之上。由于没有需求满足的有效评估机制，必然会影响粮食公共信息供给的效果。

### 3. 粮食公共信息流通问题

粮食公共信息从供给者手中传递到需求者手中需要通过一定的流通渠

道和流通媒介，但目前粮食公共信息的流通还存在不少问题。

（1）信息发布不统一，存在多渠道流通。目前，发布粮食公共信息的主要有国家统计部门发布的官方信息，农业、粮食等部门发布的统计或预测数据，海关发布的进出口数据等。由于政出多门，信息发布分散，必然会造成多渠道流通，且有时还会出现统计口径不一致的问题。

（2）信息发布不及时，存在流通滞后的问题。官方发布的一些统计数据时间滞后近一年，进度数据少，时效性差，对当前生产和流通的指导价值低，往往只能作为历史研究数据，而且中国没有建立粮食供需平衡表及公共信息定期发布制度。这反映出在市场放开后，粮食公共服务体系远未建立起来，因此，必须高度重视粮食公共信息的流通渠道和现代粮食服务体系建设。

（3）信息分散流通，缺少综合信息流通平台。没有综合性的粮食公共信息流通平台会带来很多问题：①多渠道查询信息，加大了人们获取信息的难度，提高了获取信息的成本；②流通环节较多，渠道分散，可能导致流通信息失真；③影响信息的权威性；④可能会带来公共服务平台重复建设和人力资源浪费。

## （四）完善粮食公共信息管理的基本对策

### 1. 树立粮食公共信息管理的正确理念

（1）粮食公共信息的所有权属于纳税人。政府为纳税人的受托人，其活动要接受纳税人的监督，在其活动过程中产生、搜集、掌握的粮食信息应该为纳税人所有，所有人当然有权利知道自己拥有所有权的东西。

（2）粮食公共信息是一种为社会共享的非常重要的资源。资源只有充分流动才能发挥效用，人们只有掌握充分的信息才能作出正确决策。

（3）提供粮食公共信息是服务型政府的重要职能。政府必须树立服务意识，是否提供了充分有效的粮食公共信息应该是衡量政府公共服务水平的重要指标。

### 2. 增加粮食公共信息的有效供给

（1）以满足需求为导向，增加粮食公共信息供给总量。一方面，以政府部门预算公开为契机，逐步提高粮食公共预算信息的透明度；另一方面，对现行供给的粮食公共信息进行梳理，及时补充一些基本信息，更新过时的信息。

（2）以科学分类为基础，优化粮食公共信息供给的结构。一是针对粮食公共信息分类比较混乱的现状，进一步研究粮食公共信息分类方法，夯实粮食公共信息管理的基础。二是增加国内及国际市场粮食加工、贸易、物流、储备及一些大的粮油企业的信息供给量。三是就一些保密信息进行研究，在条件许可的情况下，可对一些信息解密。

（3）以规范管理为方向，有效抑制粮食公共信息商品化。一是进一步完善粮食公共信息管理法律法规，提高粮食公共信息管理的法制化程度。二是提高信息管理人员的素质，加强廉政建设。三是加强对粮食公共信息泄密事件的打击力度。

（4）以支持引导为手段，鼓励部分粮食市场信息公共化。基于商业利益、竞争和保密等原因，政府不可能要求企业经营信息公共化，但实际上市场信息公共化的例子也已经很多，如期货、股票等市场信息。就粮食行业而言，可分步骤、有选择地使部分市场信息公共化。一是对整个社会而言带有基础性的信息，这会涉及一些大的带有垄断性的粮油集团。二是政府政策性的业务，这会涉及一些政策性的金融机构和粮油企业。三是政府要对粮食市场信息公共化的企业给予必要的补贴或支持。原因很简单，因为这些企业做了政府应该做的事情。

### 3. 满足粮食公共信息的合理需求

粮食公共信息作为公共品，社会对其需求具有无限性，因为社会资源是有限的，与其他公共品的供应一样，并不是要满足所有的需求，而应满足合理的需求。一是建立粮食公共信息需求反映机制，搜集公众对粮食公共信息的合理需求。二是建立以绩效为导向的需求满足评估机制。换句话说，公共部门提供的公共服务效果到底怎样，不应自己说了算，而应建立在需求满足的绩效评估上，要考虑信息消费者的满足程度。

**4. 建立粮食公共信息综合平台**

针对粮食公共信息多渠道分散流通、获取难、成本高、效率低的现状，最经济、最具效率的改进办法应该是建立粮食公共信息综合平台。该平台是一个全国性的公共服务平台，最具权威性，主要提供粮食基本公共信息。

（1）平台构建。该平台的建设应该在政府综合部门协调下，由涉及粮食公共信息供给的农业、粮食、统计等相关部门共同建设，建设资金应由中央财政安排。

（2）主要功能。主要功能包括权威发布、沟通交流、研究预测等功能。平台下可设高质量的研究中心，提高搜集、加工、研究粮食信息的能力。

（3）信息来源。一方面，由相关部门按照规定要求提供。该平台为粮食公共信息的指定发布平台，需要发布的粮食公共信息的类型、数量等，可在研究的基础上，通过制度来规定。另一方面，平台自身搜集、加工的粮食信息和研究的成果。此外，通过国际合作等方式获得并提供国际市场粮食信息。

（上海立信会计学院财税学院　杨光焰）

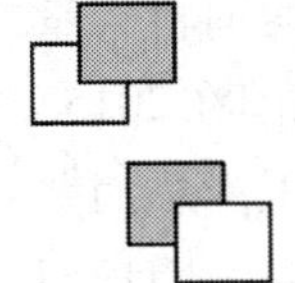

# 四、中国玉米进口形势分析与评估

**【内容提要】**

2010 年以来，我国连续两年玉米进口数量突破 150 万吨，年度玉米进口进入以百万吨计的新阶段。本文在饲料产量经济计量分析和其他数据研究的基础上认为：城镇居民人均可支配收入每增加 1 000 元，中国人均饲料产量将增加 5 千克，每人年均饲用玉米需求增加 3.33 千克；预计我国在 2015/2016 年度的玉米总消费约为 2.081 亿吨，在 2020/2021 年度的玉米总消费约为 2.703 亿吨。虽然中国成为世界第一玉米进口大国尚需时日，但仍应未雨绸缪。对此，提出的政策建议是：以更加积极的心态看待玉米进口，调整种植结构并利用科技手段提高玉米单产，尽快出台政策限制玉米深加工产业的发展，扩大玉米酒糟蛋白饲料（DDGS）的进口规模。

我国是世界第二玉米生产大国，玉米的供需和进出口变动在国际市场上有着举足轻重的影响。2011 年，中国进口玉米 175 万吨，较 2010 年增长 11.5%，是 1996 年以来进口数量最多的一年。连续两年进口玉米突破 150 万吨，标志着中国年度玉米进口正式进入以百万吨计的新阶段。与国内外众多机构的预测相比，中国 2011 年的玉米进口量远远低于这些机构的预测中值 500 万吨。尽管如此，最近两年中国玉米进口规模迅速突破百万吨的事实仍然令人侧目。近期，关于中国将成为世界第一玉米进口大国的论断开始持续升温。

本文在饲料产量经济计量分析和其他数据研究的基

础上认为：城镇居民人均可支配收入每增加 1 000 元，中国人均饲料产量将增加 5 千克，每人年均饲用玉米需求增加 3. 33 千克；预计我国在 2015/2016 年度的玉米总消费约为 2. 081 亿吨，在 2020/2021 年度的玉米总消费约为 2. 703 亿吨。虽然中国玉米消费会因为饲料用粮和工业用粮的增长而持续增长，但由于 2011 年末我国玉米库存在 1 100 亿斤左右，加上国内玉米增产局面较为可观，且猪肉等畜禽产品的进口会间接抵消一部分玉米饲用需求，玉米酒糟蛋白饲料（DDGS）和大豆的进口都会对玉米需求产生明显的替代效应，玉米供需仍大体平衡。2011 年，我国玉米总产量已经达到 1. 9175 亿吨，按过去 5 年年均增产 800 万吨计算，2015 年总产量比总需求还会有所盈余。所以，中国成为世界第一玉米进口大国尚需时日，不必为此过度惊慌。

## （一）我国玉米进出口历史回顾

从 2007—2011 年的贸易数据来看，我国玉米主要进口来源国有美国、老挝、缅甸和泰国，从这些国家进口的玉米占到总量的 90% 以上。最近两年，从美国进口的玉米已经占据了进口总量的 95% 以上。从玉米出口情况来看，我国玉米出口市场集中在东亚各国，主要是韩国、日本、朝鲜。一般情况下，这些国家占我国玉米出口总量的 90% 以上。这样的进出口国别结构与国内玉米的产需区域分布密切相关。

### 1. 1983 年以前，我国曾经是玉米净进口大国

20 世纪 80 年代，我国玉米贸易以进口为主，1980 年的玉米进口量为 164 万吨，玉米出口为 8 万吨，净进口 156 万吨。到 1983 年，我国玉米进口量上升到 211 万吨，出口玉米下降到 6 万吨，净进口 205 万吨。整体上看，这个阶段中国是玉米净进口大国。

### 2. 1984 至 2009 年，我国成为玉米净出口大国

1984 年，我国玉米出口达到 95 万吨，进口下降到 6 万吨，标志着中国成为玉米净出口大国。这一阶段，中国玉米在国际上具有价格比较优

势，加上国内玉米库存量较多，需要通过国际市场来调节，国家开始增加玉米出口配额，鼓励玉米出口。此后，玉米出口量进一步在波动中增长，至1993年，玉米出口达到阶段性高峰，出口1 110万吨。但在1995年和1996年两年中，由于国内库存量大幅下滑，国家通过减少出口配额、适量增加进口配额来限制玉米出口，出口量急剧减少。1997年以后，随着我国玉米总产量大于玉米消费量，国内库存又有大幅增长，国家又开始鼓励出口，2000年，我国玉米出口量再次超过1 000万吨。2003年，我国玉米出口达到历史最高峰，为1 639万吨。2007年，我国玉米出口下降到492万吨。此后，在国内玉米供求关系改变的基础上，受金融危机冲击和粮食出口政策调整的影响，我国玉米出口大幅减少，2009年玉米出口13万吨，进口8万吨，净出口仅5万吨。在这26年间，除了1995年和1996年两年，我国整体上保持了玉米净出口大国的地位（见图5－4－1）。

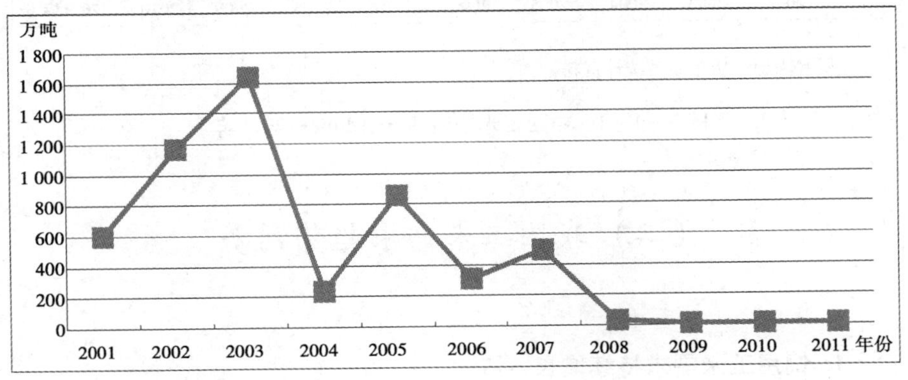


资料来源：历年海关统计资料。

**图5－4－1　中国玉米出口情况（2001—2011年）**

### 3. 2010年以后，我国再次开始变成玉米净进口大国

2010年，我国玉米进口量激增，达到157万吨，玉米出口仅为13万吨，玉米净进口为144万吨。虽然我国在2010年由玉米净出口国转为净进口国，但我国玉米进口量占世界玉米进口总量的比重依然很小。根据美国农业部统计，2009/2010年度中国玉米进口仅占世界玉米贸易总量的1.4%，远低于世界前5位的日本（1 598万吨）、墨西哥（830万吨）、韩国（846万吨）、埃及（583万吨）、欧盟（293万吨）。中国玉米进口所

占比重在全球排名第 17 位。随着 2011 年我国玉米进口总量超过 175 万吨，净进口超过 160 万吨，关于中国将成为世界第一玉米进口大国的论断开始甚嚣尘上（见图 5－4－2）。

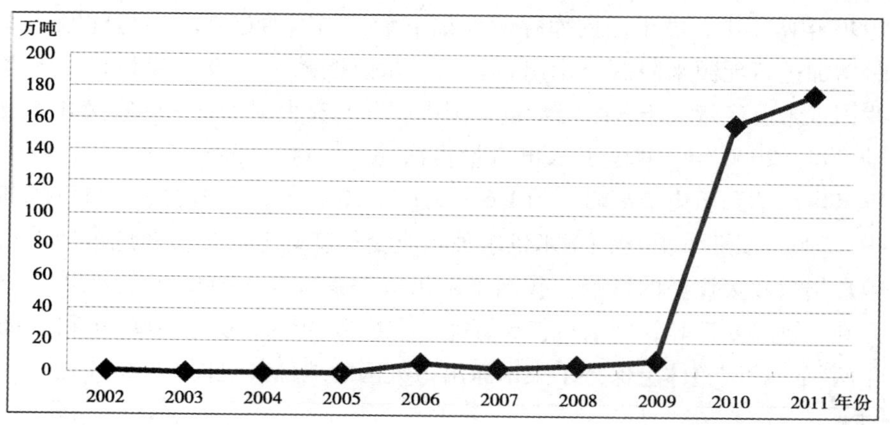


资料来源：历年海关统计资料。

**图 5－4－2　中国玉米进口情况（2002—2011 年）**

## （二）我国玉米需求趋势判断

### 1. 饲用玉米需求持续增长

进入 21 世纪以来，随着我国城镇化进程加快和居民收入水平提高，对肉、蛋、奶产品的需求迅猛增长。相应地，畜禽产品的产量也大幅提高。2000 年，我国肉类总产量为 6 014 万吨，其中，猪肉 3 966 万吨，牛肉 513 万吨，羊肉 264 万吨。2010 年，我国肉类总产量增加到 7 926 万吨，比 10 年前增长 31.8%，其中，猪肉 5 071 万吨，增长 27.9%；牛肉 653 万吨，增长 27.3%；羊肉 399 万吨，增长 51.1%。禽蛋产量从 2000 年的 2 182 万吨增长到 2010 年的 2 763 万吨，增长率为 21%。奶产量从 2000 年的 919 万吨增长到 2010 年的 3 748 万吨，增长 3 倍多（见图 5－4－3）。

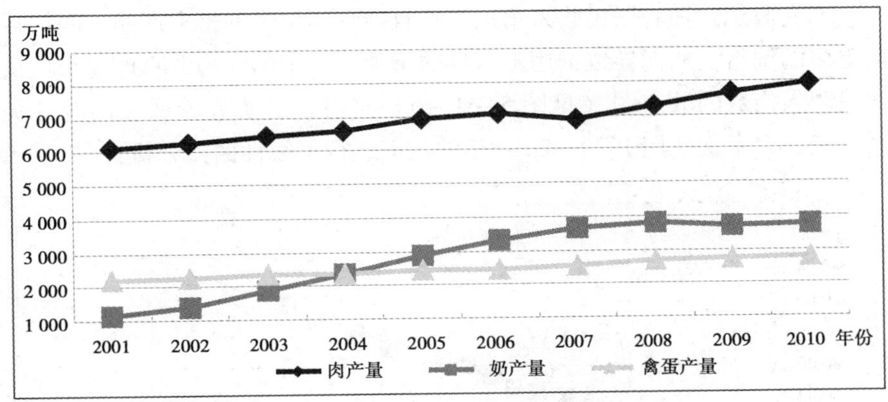


资料来源：《中国统计年鉴（2011）》，中国统计出版社 2011 年版。

**图 5－4－3　中国畜禽产品增长情况（2001—2010 年）**

畜禽产品的大量增长意味着饲料需求的迅猛增长。2010 年，我国饲料总产量为 1.62 亿吨，比 2001 年的 7 806 万吨增长 108%。其中，配合饲料 1.2974 亿吨，浓缩饲料 2 648 万吨，添加剂预混合饲料 579 万吨。按照饲料与谷物原料配比折算，浓缩饲料需按 1∶4 配比谷物原料成为配合饲料；添加剂预混合饲料按 1∶9 配比谷物原料成为配合饲料。这样，2010 年折合配合饲料的总产量为 3.2 亿吨。这些配合饲料中的谷物原料大约占 50%，计 1.6 亿吨，其中，饲用玉米 1.078 亿吨，其他 5 220 万吨为玉米的谷物替代物（见图 5－4－4）。

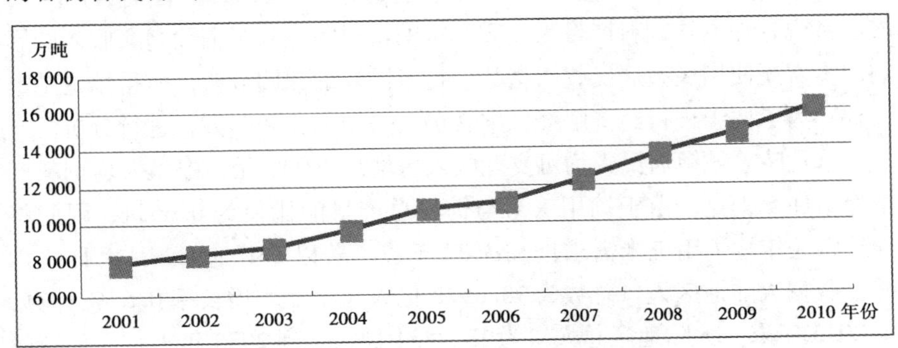


资料来源：农业部编：《新中国农业 60 年统计资料》，中国农业出版社 2009 年版。

**图 5－4－4　中国饲料总产量增长情况（2001—2010 年）**

本文假定：随着居民收入增加，将直接食用更多的畜禽产品，间接耗用更多的饲料，从而导致饲用玉米量的增加。从中国人均饲料产量与城镇居民收入指数的散点图（见图5－4－5）来看，二者有着明显的线性关系。据此，本文使用1990—2010年的数据进行了线性回归分析。

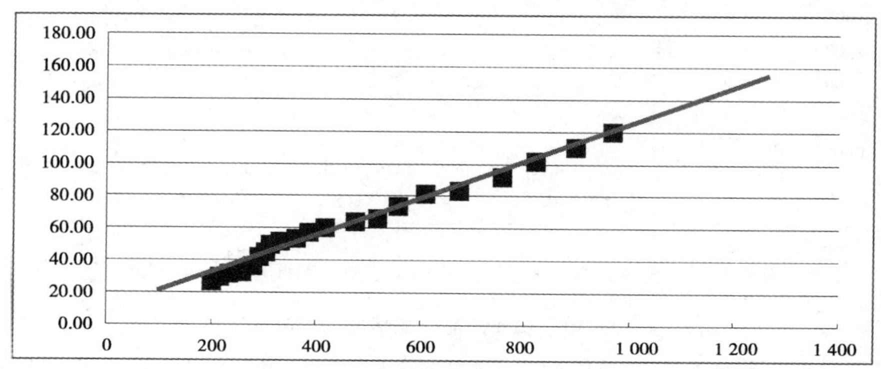


说明：人均饲料产量数据是根据《新中国农业60年统计资料》和农业部资料核算而来；城镇居民收入指数数据来自《中国统计年鉴（2011）》。

**图5－4－5　中国人均饲料产量与城镇居民收入指数的线性关系**

直接以城镇居民人均可支配收入“Income－city”为解释变量，以中国人均饲料产量“Feed”为被解释变量，所得回归方程为：

$$Feed = 22.522 + 0.005 \times Income - city$$

T检验在0.005的检验水平下显著通过，$R^2 = 0.993$。同时，出于严谨性考虑，在人均饲料产量为实质变量的情况下，为了消除名义收入的影响，本文还使用城镇居民收入指数进行了同样的回归分析，所得结论基本一致。为了便于进行经济解释，本文仍旧采用上述回归方程进行分析。

这意味着城镇居民人均可支配收入每增加1 000元，中国人均饲料产量将增加5千克，由于饲用玉米与饲料总产量的比值为0.6654，因此将导致每人年均饲用玉米需求增加3.33千克。若以2010年11月1日“六普”数据大陆地区人口总数为13.3972亿人、年平均增长率0.57%计算，到2015年末，大陆地区总人口为13.7834亿人，到2020年末，大陆地区总人口为14.1807亿人；同时，若以城镇居民可支配收入年均增长10%计算，到2015年末，我国城镇居民可支配收入为27 661元，到2020年末，我国城镇居民可支配收入为44 548元。

基于此，根据回归方程，2015 年，我国人均饲料产量为 160.83 千克，全国饲料总产量为 2.217 亿吨；到 2020 年，我国人均饲料产量为 245.26 千克，全国饲料总产量为 3.478 亿吨。2010/2011 年度，饲用玉米为 10 780 万吨，同期饲料总产量为 16 200 万吨，饲用玉米与饲料总产量的比值为 0.6654，考虑到这个比值近年在以年均 1 个百分点的速度递减，估计 2015/2016 年度的饲用玉米消费为 1.364 亿吨，2020/2021 年度的饲用玉米消费为 1.966 亿吨。

**2. 工业用玉米稳步增长**

在玉米深加工业技术发展、国际能源和其他原料价格上涨以及玉米深加工业收益提高的大背景下，2004 年前后，国家陆续出台政策支持燃料乙醇产业发展，赋予黑龙江中粮肇东、吉林燃料乙醇、河南天冠、安徽丰原等四家企业生产车用乙醇的权利，同时配套系列财税政策，每生产 1 吨车用乙醇补贴 1 880 元，同时享有消费税减免和增值税返还。2012 年初，玉米价格在 2 200元/吨左右。按照生产 1 吨乙醇需要消耗 3.2 吨玉米计算，乙醇企业购买原料的成本大概是 7 000 元/吨，加工成本如果以 1 000 元/吨计算，乙醇企业生产出的乙醇成本价格在 8 000 元/吨左右，而目前玉米乙醇的价格在6 400 元/吨左右。这就等于说，如果不计算国家补贴，玉米乙醇生产将会亏损。

2009 年后，为了应对金融危机，刺激玉米需求回升、保护玉米种植户的利益，国家又出台了鼓励玉米深加工行业提高开工率的政策。综合我国玉米深加工业中酒精、玉米淀粉、淀粉糖、柠檬酸、赖氨酸和味精等产品的生产情况，我国工业用玉米需求持续上升，2010/2011 年度工业用玉米需求为 5 250 万吨。根据国家粮油信息中心的估计，2010 年全国玉米深加工能力达到 7 700 万吨左右。工业企业与人争粮的局面正在加剧。2005—2011 年我国玉米消费情况如表 5－4－1 所示。

**表 5－4－1　　中国玉米平衡表（2005—2011 年）**

| 年　度 | 2005/2006 | 2006/2007 | 2007/2008 | 2008/2009 | 2009/2010 | 2010/2011 | 2011/2012 |
|---|---|---|---|---|---|---|---|
| 国内产量 | 13 937 | 15 160 | 15 230 | 16 592 | 16 397 | 17 725 | 19 175 |
| 净进口 | －367 | －525 | －50.7 | －12.5 | 114.5 | 89 | 162 |

续表

| 年　　度 | 2005/2006 | 2006/2007 | 2007/2008 | 2008/2009 | 2009/2010 | 2010/2011 | 2011/2012 |
|---|---|---|---|---|---|---|---|
| 年度国内总供给 | 13 570 | 14 635 | 15 179. 3 | 16 579. 5 | 16 511. 5 | 17 814 | 19 337 |
| 饲用消费 | 8 850 | 8 950 | 9 100 | 9 380 | 10 000 | 10 780 | 11 280 |
| 工业消费 | 3 632 | 3 980 | 4 180 | 3 930 | 4 700 | 5 250 | 5 350 |
| 食用消费 | 1 377 | 1 380 | 1 385 | 1 385 | 1 440 | 1 540 | 1 580 |
| 种用消费 | 120 | 129 | 130 | 128 | 130 | 130 | 131 |
| 年度国内总消费 | 13 979 | 14 439 | 14 795 | 14 823 | 16 270 | 17 700 | 18 341 |
| 年度结余量 | -409 | 196 | 384. 3 | 1 756. 5 | 241. 5 | 114 | 996 |
| 期末库存量 | 1 841 | 2 037 | 2 421. 3 | 4 177. 8 | 4 419. 3 | 4 533. 3 | 5 529. 3 |

数据来源：国家粮油信息中心；2010/2011 年度的净进口数据为海关数据核算；2011/2012 年度数据中，净进口数据使用了 2011 年我国玉米进出口数据，而非作物年度数据，消费数据为估算数据；期末库存量为连续估算数据。

### 3. 食用玉米微幅上涨

与持续上涨的饲用玉米需求和工业用玉米需求相比，玉米的食用消费基本保持微幅上涨，近年在 1 500 万吨左右。随着人民生活水平提高，玉米面直接作为口粮的消费量逐年减少。20 世纪 90 年代以后，由于人们生活水平提高带来的膳食结构改善需求，玉米食品的质量和口感明显提高，使得食用玉米开始增加，玉米食用消费量开始处于微幅增加阶段。种用消费则长期稳定在 130 万吨上下。

### 4. 2015 年和 2020 年我国玉米总需求预测

假定玉米的种用消费维持在 130 万吨；食用消费继续以过去 5 年的年均 40 万吨速度增长；在国家宏观政策干预下，玉米深加工行业的开工率维持在 70%，则玉米的工业消费将维持在 5 300 万吨左右。结合前文对饲料产量的经济计量分析所得，2015/2016 年度的饲用玉米消费为 1. 364 亿吨，2020/2021 年度的饲用玉米消费为 1. 966 亿吨。那么，我国在 2015/2016 年度的玉米总消费约为 2. 081 亿吨，在 2020/2021 年度的玉米总消费约为 2. 703 亿吨。

## （三）我国玉米供给趋势判断

进入21世纪以来，我国玉米产量总体上呈现增长态势。2000年，我国玉米总产10 600万吨，2011年达到玉米总产最高水平，为19 175万吨，年均增长5.4%，比2000年增产8 575万吨（见图5－4－6）。从增产因素分解来看，我国玉米播种面积对增产的贡献率为84%，单产提高的贡献率为16%。而使用玉米优良品种、改进种植技术和其他生产要素的投入，都为提高玉米单产发挥了至关重要的作用。从分省区情况看，黑龙江、吉林、内蒙古、辽宁、河北、河南和山东的玉米增产，为我国玉米总量的增加贡献了70%以上。

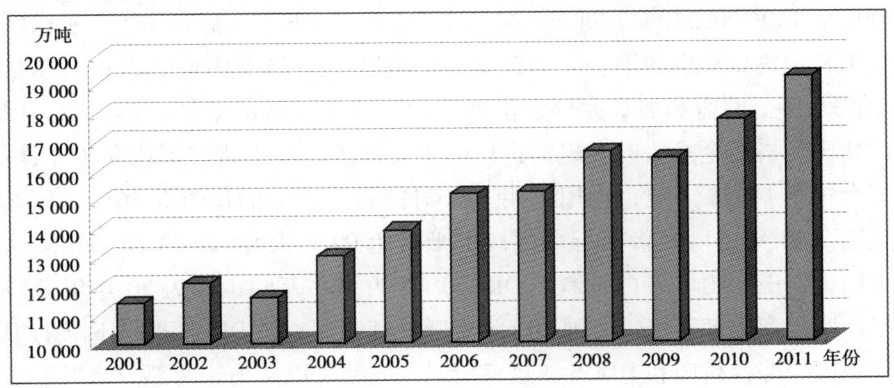


数据来源：中国统计局：《中国统计年鉴（2011）》，中国统计出版社2011年版；2011年数据来自农业部。

**图5－4－6　中国玉米产量增长情况（2001—2011年）**

目前，我国玉米单产为5.4吨/公顷，远低于美国的9.7吨/公顷，也低于埃及的8.2吨/公顷、阿根廷的7.2吨/公顷、欧盟的6.7吨/公顷，仅比世界平均水平5.0吨/公顷略高一点。由于美国和阿根廷主要种植转基因玉米，和他们的数据没有可比性。但欧盟主要种植非转基因玉米，在同是小规模种植的情况下还能达到6.7吨/公顷，比中国高24%。倘若我国继续在使用玉米良种和改进种植技术方面下功夫，玉米继续增产是有可能的。如果能够继续以年均 5.4% 的速度增产玉米，那么我国 2015 年的玉米总产量将达到 2.3665 亿吨，2020 年玉米总产量将达到 3.0782 亿吨。不过，预计中国玉米长期年均增产将低于 3%。如果以欧盟的单产标准 6.7 吨/公顷为极限，以 2011 年的玉米播种面积 3 343 万公顷为极限，中国玉米产量的极限水平为 2.2398 亿吨。考虑到未纳入统计范围的“黑地”储备持续减少、水资源约束的增加、种植技术的限制和气候异常因素，我国玉米产量将难以超过 2.24 亿吨。

## （四）我国玉米进口替代判断

2011 年，我国共进口猪肉 46.8 万吨，价值 8.5 亿美元，比 2010 年分别增加 130% 和 310%，进口均价为 1 812 美元/吨，上涨 74.6%。美国跃升为我国进口猪肉的第一大来源地，从美国进口 25.2 万吨，占进口总量的 53.8%。欧盟和加拿大分别位列我国进口来源地的第二、第三位。国内猪肉价格高企是猪肉大规模进口的主要原因。按生猪料肉比 3.2 计算，折合饲料 149.8 万吨，沿用饲用玉米与饲料总产量的比值 0.6654，那么我国 2011 年进口的猪肉折合进口玉米量为 99.7 万吨。2011 年，我国从美国进口玉米酒糟蛋白饲料（DDGS）约为 160 万吨，仅为 2010 年的一半。我国商务部对进口美国 DDGS 展开反倾销调查是 DDGS 进口下降的重要原因。综合猪肉和 DDGS 的进口情况，大致可以认为这两部分相当于每年进口 200 万吨玉米。

## （五）主要结论和政策建议

我国城镇居民人均可支配收入每增加 1 000 元，中国人均饲料产量将增加 5 千克，每人年均饲用玉米需求增加 3.33 千克；预计我国在 2015/2016 年度的玉米总消费量约为 2.081 亿吨，在 2020/2021 年度的玉米总消费量约为 2.703 亿吨。以欧盟的单产标准 6.7 吨/公顷为极限，以 2011 年的玉米播种面积 3 343 万公顷为极限，中国玉米产量的极限水平为 2.2398

亿吨。目前，世界第一玉米进口大国日本的年均玉米进口量为 1 600 万吨左右。“十二五”时期中国玉米年均进口量将在百万吨数量级的水平上波动，离成为世界第一玉米进口大国尚需时日，不必为此过度惊慌。但是，我们必须在提高国内玉米生产能力上下功夫，通盘考虑玉米进口、大豆进口、DDGS 进口和畜禽产品进口的互补替代，尽最大可能维护国内玉米生产者、加工企业和消费者的利益。建议如下：

**1. 调整种植结构，并利用科技手段提高玉米单产**

我国小麦库存在 1 亿吨左右，占我国主粮库存的一半以上，大概是玉米库存的 3 倍。据估计，2011 年有 300 亿斤小麦替代玉米进入饲料行业作为原料，小麦饲用替代已经成为常态。由于我国 2011 年的玉米单产为 5. 74 吨/公顷，小麦单产为 4. 87 吨/公顷，玉米单产还比小麦高 17. 9% 。建议采用有针对性的补贴政策，吸引农户种植更多的玉米，大规模扩大玉米播种面积。在东北地区，继续使用现有的玉米高产种质资源。同时，加快我国转基因玉米种子研发步伐，择机在华北黄淮和南方地区放开转基因玉米生产，大幅提高玉米单产水平，以满足南方销区快速增长的饲料粮需求。

**2. 尽快出台政策限制玉米深加工产业发展**

2004 年前后，我国制定的扶持玉米深加工产业政策与我国农业资源相对匮乏的国情不符。如果内蒙古、黑龙江、辽宁等地的玉米深加工在建项目完工，我国玉米加工能力还将增加 1 000 万吨，全国玉米加工能力将超过 8 000 万吨，且在不计算国家补贴的情况下，玉米乙醇生产已经面临亏损。当前，必须尽快出台政策限制玉米深加工产业发展，尤其是要限制那些生产玉米深加工出口产品企业的扩张。

**3. 扩大玉米酒糟蛋白饲料（DDGS）的进口规模**

玉米酒糟蛋白饲料（DDGS）作为玉米和豆粕的替代品，是我国饲料企业的重要添加物。进口美国的 DDGS 与国产的相比，具有蛋白含量和油脂含量较高、黄曲霉毒素和呕吐毒素较低等优点，是饲料的优质添加物。在大量进口转基因大豆并使用其豆粕作为饲料原料的前提下，以美国的

DDGS 主要为转基因玉米所制为理由限制其进口，难以令人信服。将猪肉进口作为平衡玉米进口的补充手段。目前，全球猪肉贸易量是 600 多万吨，而中国猪肉消费量超过 5 000 万吨。40 多万吨的猪肉进口只能弥补国内少量的供需缺口，不能把希望寄托在猪肉进口上。

**4. 以更加积极的心态看待玉米进口**

玉米作为一种初级农产品，我国扩大其进口规模意味着利用了更多的国外耕地资源和淡水资源，这本身并不是一件坏事。中国逐步扩大玉米进口量已是大势所趋，不可逆转。要提前谋划玉米大规模进口情况下的政策储备，避免大豆进口乱象重现。加快推动我国与阿根廷、南非等国转基因玉米贸易协定和质检协定的谈判工作，避免造成转基因玉米进口过于集中在美国一个国家的情况发生。与嘉吉、邦基、路易达孚、ADM 等一系列玉米国际贸易商同时开展贸易合作，分散玉米进口渠道，避免玉米进口受制于人的情况发生，尽快完善玉米统筹进口机制。

（国务院发展研究中心农村部　樊雪志）

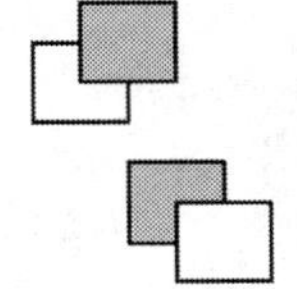

# 五、如何看待市场经济条件下的粮食宏观调控

**【内容提要】**

粮食是关系国计民生和经济安全的重要商品和战略物资，具有“特殊商品”和“一般商品”两种属性。粮食的特殊性在于“民以食为天”，其使用价值具有较强的不可替代性，消费需求弹性较小。粮食的特殊属性，决定了政府必须对粮食市场实施宏观调控。粮食宏观调控的目标就是通过耕地保护、生产补贴、储备粮吞吐、保护性收购、政策性销售、粮食进出口等多种经济手段，以及制定政策和价格干预等必要的行政手段，促进粮食供需基本平衡，保障粮食市场供应和价格基本稳定，保护农民的生产积极性和利益，维护国家粮食安全。粮食宏观调控总的原则是：在充分发挥市场配置资源基础性作用的前提下，解决单纯市场调节的缺陷并弥补市场失灵。从2004年开始，我国放开粮食购销价格和粮食经营，国家实施了一系列有力、有效的粮食宏观调控措施，通过储备粮吞吐、政策性粮食购销、移库、进出口调剂等，粮食市场经受住了国际金融危机、粮食危机、粮价大幅波动，以及国内粮食价格上涨压力加大、自然灾害多发重发的严峻考验，我国粮食生产连年丰收，保证了粮食供求总量、品种结构基本平衡和市场价格基本稳定，保护了生产者和消费者的利益，保障了国家粮食安全，取得了显著成效。

## （一）市场经济条件下粮食的特殊属性

粮食是关系国计民生和经济安全的重要商品和战略物资，具有“特殊商品”和“一般商品”两种属性。粮食的特殊性在于“民以食为天”，其使用价值具有较强的不可替代性，消费需求弹性较小。这种特殊性决定了粮食生产和市场供应必须保持较高的稳定性。而粮食作为一种“一般”商品，其生产和流通必然受到一般商品生产和流通发展规律的制约。相对于其他商品而言，由于处于整个商品流通链底层的粮食获利性低，粮食生产和流通的比较效益低，已经和“特殊性”所要求的粮食供应的稳定性发生了冲突，这种冲突对确保国家粮食安全造成了巨大的影响。近年来，全球范围内的数次大幅度粮价波动所带来的世界粮食危机，引发一些国家社会动荡，甚至造成政权更迭。我国作为一个人口和粮食消费大国，妥善解决粮食安全问题始终是我们面临的一个最基本的问题。

## （二）市场经济条件下粮食宏观调控的必要性

国家宏观调控是政府为了防止市场经济条件下市场失效和保证国民经济总体稳定运行，在市场发挥配置经济资源基础性作用的前提下，通过运用宏观经济政策工具来调节国民经济，以实现国家宏观经济目标的一整套运作过程。

粮食的特殊属性，决定了在我国历来就是由国家直接进行调控：我国历史上的“皇粮国税”中的“皇粮”就是政府进行粮食调控的基本方式；新中国建立之后，在计划经济时期，粮食是国家严格计划管理和调控的产品；随着我国社会主义市场经济体制的建立和完善，粮食生产、流通、消费逐步实行了市场化改革，但同样存在粮食宏观调控问题。

在市场经济条件下，市场对实现资源的优化配置发挥着十分重要的作用。尽管粮食商品具有特殊性，但它的一般商品属性仍然是第一位的，因此应该而且必须通过市场调节的方式来优化粮食资源配置。我国从 2004

年全面放开粮食购销市场，正是为了充分发挥市场机制的基础性调节作用。同时也应看到，市场调节存在固有的弱点和缺陷，主要表现为市场调节具有自发性、盲目性、滞后性，容易导致经济波动和资源浪费，特别是在粮食生产上，这种影响更为明显。由于粮食的供给和需求弹性都比较小，市场机制有时会失灵。从供给看，粮食生产受耕地、水资源以及气候等自然条件制约，其供给的价格弹性较小；从需求看，粮食作为人类赖以生存的必需品，其需求的刚性很强，价格弹性较小，随着人口不断增长，不论粮食价格如何变化，粮食消费需求仍会保持刚性增长的趋势。可见，粮食不易完全通过市场机制来自发实现供求总量和品种结构的长期基本平衡和价格基本稳定。同时，现实的市场是不完全竞争市场和不完全信息市场，这些情况都会妨碍市场机制的正常运行，必须通过政府宏观调控，把政府"有形的手"与市场"无形的手"结合起来，才能克服市场的种种缺陷，保证粮食供求基本平衡和价格基本稳定。因此，加强和改善粮食宏观调控是我国粮食市场化改革的必然选择。

## （三）市场经济条件下粮食宏观调控目标和原则

粮食宏观调控目标就是通过耕地保护、生产补贴、储备粮吞吐、保护性收购、政策性销售、粮食进出口等多种经济手段，以及制定政策和价格干预等必要的行政手段，促进粮食供需基本平衡，保障粮食市场供应和价格基本稳定，保护农民的生产积极性和利益，维护国家粮食安全。具体目标主要包括以下两方面：一是保持全国粮食供求总量和品种结构基本平衡；二是保持粮食价格在合理水平上基本稳定。

粮食宏观调控总的原则是：在充分发挥市场配置资源基础性作用的前提下，解决单纯市场调节的缺陷并弥补市场失灵。在社会主义市场经济条件下，要坚定不移地坚持粮食市场化改革取向，全面放开粮食购销市场和价格。粮食市场放开，让市场在粮食资源配置中起基础性作用，也就是要用市场的办法解决市场问题。但由于市场存在失灵问题，这就需要政府通过宏观调控进行弥补。同时，也应该注意粮食宏观调控作为一种政府行为，有其局限性，如操作不慎，粮食宏观调控将难以收到预期效果，甚至带来不利后果。为了更好地发挥粮食宏观调控作用，增强预见性、针对性和科学性，减少和避免失效，粮食宏观调控应当遵循以下基本原则：

一是粮食宏观调控必须以市场调节为基础。粮食宏观调控对象仅限于市场机制已经不能解决或者不能很好解决的问题。

二是准确把握粮食宏观调控目标。粮食宏观调控作为国家宏观调控的重要组成部分，其目标的制定应服从和服务于国家宏观调控的总体目标。粮食宏观调控的政策目标应与公众利益相一致，与国民经济发展战略目标和长远规划目标相适应。

三是合理运用粮食宏观调控的手段。应以经济手段为主，辅之以法律手段和必要的行政手段，综合运用各种政策和措施，打好“组合拳”，发挥组合效应。

四是正确选择粮食宏观调控的时机。审时度势，准确把握国内外经济社会变化，抓住合适时机，及时采取有效调控措施。对已经实施的调控措施，及时判断效果并进行相应调整，使其达到预定效果。

五是科学掌握粮食宏观调控力度。经济系统是一个十分复杂的系统，涉及方方面面，情况千差万别，调控必须适度，力度太小可能达不到预期效果，力度过大则会危害经济。粮食宏观调控力度应该与粮食生产者、经营者和消费者的接受程度相适应。

## （四）对近年来我国粮食宏观调控的评价

从2004年开始，我国放开粮食购销价格和粮食经营，国家实施了一系列有力、有效的粮食宏观调控措施，通过储备粮吞吐、政策性粮食购销、移库、进出口调剂等，粮食市场经受住了国际金融危机、粮食危机、粮价大幅波动，以及国内粮食价格上涨压力加大、自然灾害多发重发的严峻考验，我国粮食生产连年丰收，保证了粮食供求总量、品种结构的基本平衡和市场价格的基本稳定，保护了生产者和消费者的利益，保障了国家粮食安全，取得了显著成效。

### 1. 粮食产量连续八年增长，粮食综合生产能力显著提升

2003 年，由于受粮食播种面积减少和自然灾害严重等多种因素的影响，我国粮食大幅减产，当年产需缺口急剧扩大，粮食市场价格大幅上涨，粮食供求形势发生重大变化。国家及时加强粮食市场调控，保证市场供应，稳定粮食价格，并出台了一系列政策措施，加强粮食综合生产能力建设，调动地方政府抓粮和农民种粮的积极性，促进粮食生产稳定发展。从 2004 年起实行对种粮农民直接补贴政策，并逐步由单一补贴走向综合补贴，补贴金额也逐年加大。2011 年，中央财政用于“三农”的投入首次突破 1 万亿元，达到 10 419 亿元，其中，粮食直补、农资综合补贴、良种补贴和农机具购置补贴等“四项补贴”达 1 406 亿元，比 2004 年的 145 亿元增长近 9 倍。同时，国家不断增加农田水利基本建设投入，加大对产粮大县财政转移支付力度，逐步取消主产区粮食风险基金地方配套，增加地方粮食风险基金规模。这些强农惠农富农政策的实施，有力地促进了粮食生产持续稳定发展。从 2004 年起，我国粮食产量已经连续 8 年增长，2004 年粮食产量恢复性增长达到 4. 69 亿吨，比 2003 年增加 3 877 万吨，2007 年我国粮食产量再次突破 5 亿吨，2011 年我国粮食产量又创新纪录，达到 5. 7 亿吨。这也是首次连续 5 年保持在 5 亿吨以上水平。粮食产量稳步增加，标志着我国粮食综合生产能力跃上了新的台阶，也为粮食流通发展创造了有利条件。

### 2. 实行粮食最低收购价和临时收储政策，有效保护了种粮农民利益

2004 年，我国全面放开粮食购销市场，为了防止粮食丰收后出现粮价过度下跌，保护和调动广大农民的种粮积极性，国家决定在放开粮食市场的同时，实行粮食最低收购价政策。我国从 2004 年起陆续在粮食主产区对稻谷、小麦实行最低收购价政策，2007 年以来连续 5 年提高最低收购价格，对促进粮食生产发展、增加农民收入发挥了积极作用。2007—2011 年，我国白小麦、混合麦、红小麦、早籼稻、中晚籼稻、粳稻最低收购价每斤分别提高了 0. 23 元、0. 24 元、0. 24 元、0. 32 元、0. 35 元和 0. 53 元，提价幅度最低 31. 9%，最高达 70. 7%。2005—2010 年，累计收购最低收购价粮食 2. 06 亿吨。2011 年由于市场粮价较高，最低收购价执

行预案没有启动。

此外，对玉米、大豆、油菜籽等未实行最低收购价政策的品种，从2008年起国家在主产区实行临时收储政策，从2009年起还对新疆小麦实行了临储收购。在实施最低收购价和临时收储政策的同时，国家还在一些年份采取了运费补贴和采购补贴方式，解决东北地区粳稻、玉米销售难和外运难的问题。总的来看，粮食最低收购价和临时收储政策的实施，对稳定市场粮价发挥了积极的引导作用，保护和调动了广大农民的种粮积极性，促进了我国粮食生产稳定发展，增加了农民种粮收益，农民真正得到了实惠，实现了中央提出的促进粮食增产和农民增收的政策目标，同时对缓解我国粮食供求偏紧的矛盾发挥了积极作用，取得了预期的效果。

**3. 组织开展政策性粮食销售，保证粮食市场供应和价格基本稳定**

为加强粮食市场宏观调控，国家有关部门制定了《国家临时存储粮食销售办法》，运用规范化的市场机制，对最低收购价粮、临时存储粮常年常时公开竞价销售。国家还根据市场情况，适时适量投放了部分中央储备粮油。目前，全国已有25家联网粮食批发交易市场共同承担国家政策性粮食交易任务，竞价销售的粮源存储地点覆盖了除西藏自治区外的其他所有省份，已经形成了全国统一、竞争、有序的粮食竞价交易平台，成为国家实施宏观调控的有效载体。2006年4月以来，交易品种由最初单一的籼稻，逐步涵盖小麦、玉米、粳稻、进口小麦、大豆、植物油等大宗粮油；粮食性质包括最低收购价粮食、国家临时存储粮及中央储备粮油。截至2011年12月底，累计成交政策性粮油2.7亿多吨。同时，根据粮食市场形势变化情况，创新工作机制，采取定向销售和邀标销售等方式，对政策性粮油实行定价、定向销售，定点加工后投放市场。在安排国家政策性粮食销售过程中，有关部门注意把握好投放的力度和节奏，同时按照顺价销售的原则合理确定销售底价，充分发挥市场机制的作用，实现了以经济手段为主的间接调控，又使粮食市场价格在国家宏观调控下运行，确立了政府对粮食市场调控的主动权。在近几年国际市场粮价大幅剧烈波动的大背景之下，我国粮食市场保持了供应充足、价格基本稳定的良好局面。

**4. 进一步健全中央和地方粮食储备体系，增强政府宏观调控的物质基础和应急保障能力**

近年来，我国粮食储备调节体系逐步完善，宏观调控的物质基础显著增强。中央储备粮垂直管理体系进一步健全，通过直接收购、轮换补库、进口、移库等方式，充实了中央储备规模，提高了中央储备玉米、粳稻、食用油、大豆的比重，增加了西南、西北等地区的库存量，中央储备粮油地区布局和品种结构更趋合理。同时，地方储备体系建设得到加强。2008年和2009年国家有关部门分别下达了地方储备粮和食用植物油规模的指导性计划，各地利用粮食连年丰收的有利时机，充实地方粮油储备。2010年末，地方储备粮和食用油比“十五”末分别增加26%和208%。小包装成品粮油储备从无到有并逐步充实，应急保障能力明显增强。随着中央和地方粮油储备体系不断完善，政府调控粮食市场的物质基础显著增强，应对突发事件的能力明显提高，储备粮在调控市场、救灾应急、保证供应、稳定粮价等方面发挥了积极作用，产生了较好的社会效益。如在应对2003年“非典”疫情、2008年南方雨雪冰冻灾害和四川汶川特大地震、2010年青海玉树地震和甘肃舟曲特大山洪泥石流等重大自然灾害和突发公共事件，以及近两年粮油市场保供稳价工作中，分别及时安排动用中央和地方储备粮油投放市场，对保障供应和稳定价格发挥了中流砥柱的作用。

**5. 合理利用国际国内两个市场两种资源，促进国内粮食供求平衡**

近年来，国家有关部门在探索灵活运用进出口手段，充分利用两个市场、两种资源加强粮食宏观调控，促进粮食供需总量和结构平衡上，作了有益的尝试。在国内粮食供求趋紧的情况下，采取有效措施，严格控制短缺品种的粮食出口，积极利用进口粮调剂国内供需。在国际市场粮价下降时择机进口部分粮食，以增加国内市场供给或补充库存；在国内粮食供大于求、库存大幅增加的情况下，适当鼓励多余品种出口，促进国内粮食市场供需基本平衡。这种灵活的进出口调控政策，既保障了国家粮食安全，又稳定了国内市场，保护了种粮农民利益。

总体来看，近几年国家实施的一系列粮食宏观调控政策措施，对于促进生产、保证供应、维护粮食市场稳定发挥了重要作用，取得了明显成效。但也要看到，当前国际国内经济形势仍然十分复杂且处于不断变化之中，这就需要进一步加强和改善粮食宏观调控，及时完善相关政策措施，不断增强宏观调控的预见性、针对性和有效性，把粮食宏观调控提高到一个新的水平。

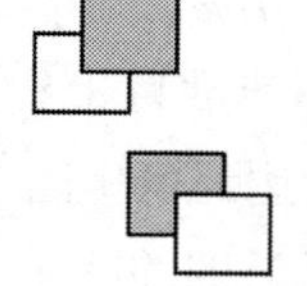

# 六、世界生物燃料发展现状、特点和趋势

【内容提要】

自本世纪初以来，生物燃料在以美国、巴西和欧盟为代表的许多国家和地区迅速发展。全球现有约50个国家已颁布生物燃料消费法令或发展目标。到2020年，全球生物燃料预计仍将保持良好的增长势头。借鉴先进国家和地区有关政策措施和成功经验，对于我国因地制宜发展生物燃料生产，保障能源安全、保护生态环境和建设社会主义新农村，具有重大的意义。

## （一）世界生物燃料发展现状

### 1. 全球

自本世纪以来，全球生物燃料生产一直保持着强劲的增长速度。根据德国F. O. Licht公司的统计，2006—2010年间，全球生物燃料生产年均增长15%。2010年，燃料乙醇和生物柴油产量分别为858亿升和150亿升，分别消耗全球粮食产量的5.7%和油籽产量的10%；全球用于扩大乙醇生产的投资总额达到310亿美元。目前，生物燃料已占全球运输燃料消费总量的1%。

2010年，美国和巴西是世界上两个最大的乙醇生产国，乙醇产量分别约占全球燃料乙醇总产量的58%和30%；欧盟和美国是世界上两个最大的生物柴油生产地区和国家，其中，欧盟本身约占全球生物柴油总产量的近70%。

根据美国全球可再生燃料联盟的统计，2010年，全球乙醇产量为858亿升，比上年的730亿升增长近17.5%；其中，美国乙醇产量达到500亿升（即132亿加仑），高于上年的410亿升，占全球乙醇总产量的58%；巴西乙醇产量为287亿升，占全球乙醇总产量的33%；欧盟乙醇产量为46亿升；非洲和亚洲乙醇产量分别为1.65亿升和31.83亿升（见表5-6-1）①。

**表5-6-1　　2010年全球主要乙醇生产国家和地区**　　单位：百万加仑

| 洲别及国家 | 2010年 |
|---|---|
| 北美洲和中美洲 | 13 721 |
| 南美洲 | 7 122 |
| 欧　洲 | 1 209 |
| 亚　洲 | 786 |
| 大洋洲 | 66 |
| 非　洲 | 44 |
| 全球总计 | 22 948 |
| 美　国 | 13 230 |
| 巴　西 | 6 922 |
| 欧　盟 | 1 177 |
| 中　国 | 542 |
| 加拿大 | 357 |
| 澳大利亚 | 66 |

资料来源：F. O. Licht。

根据美国全球可再生燃料联盟2011年2月的预测，2011年，全球乙醇产量估计比上年增长3%，达到887亿升；美国乙醇产量估计为510亿升（135亿加仑）以上；巴西乙醇产量估计达到315亿升；欧盟乙醇产量估计达到54.6亿升，比上年增长15%；非洲和亚洲乙醇产量估计分别为1.7亿升和40.77亿升（见表5-6-2）。

① 1加仑=3.785升；1吨生物乙醇=1 267升；1吨生物柴油=1 136升。

表 5-6-2　　全球燃料乙醇生产一览表　　单位：百万升

| | 2006 年 | 2007 年 | 2008 年 | 2009 年 | 2010 年 | 2011 年 |
|---|---|---|---|---|---|---|
| 欧　洲 | 1 627 | 1 882 | 2 814 | 3 683 | 4 615 | 5 467 |
| 非　洲 | 0 | 49 | 72 | 108 | 165 | 170 |
| 南北美洲 | 35 625 | 45 467 | 60 393 | 66 368 | 77 800 | 79 005 |
| 亚洲/太平洋 | 1 940 | 2 142 | 2 743 | 2 888 | 3 183 | 4 077 |
| 全　球 | 39 192 | 49 540 | 66 022 | 73 047 | 85 763 | 88 719 |

资料来源：F. O. Licht。

**2. 美国**

（1）乙醇。美国乙醇商业化生产始于20世纪90年代，主要原料一直是玉米。乙醇掺烧比例为10%～15%，添加乙醇的混合汽油占全国汽油供应总量的90%。乙醇占美国汽油供应总量的比例，2000年为1%，2010年则达到8%。

自2007年以来，美国一直是世界上最大的乙醇生产国。根据美国可再生燃料协会的统计，截至2010年末，美国共有29个州建有乙醇生产厂（高于上年的26个），全国共有204个乙醇生产厂（高于上年的189个），乙醇生产能力为135亿加仑，比上年增加16亿加仑，即增长13%；另有10个乙醇生产厂在建设或扩建之中，可扩大产能5.2亿加仑；乙醇实际产量2009年为106亿加仑，2010年为132亿加仑，2011年估计为140亿加仑；乙醇进口2009年和2010年分别为1.94亿加仑和0.1亿加仑；乙醇出口2009年和2010年分别为1.13亿加仑和3.5亿加仑（见表5-6-3）。

表 5-6-3　　2000—2010 年美国乙醇业发展一览表

| | 2000 年 | 2005 年 | 2006 年 | 2007 年 | 2008 年 | 2009 年 | 2010 年 |
|---|---|---|---|---|---|---|---|
| 乙醇生产厂总数（家） | 54 | 95 | 110 | 139 | 170 | 189 | 204 |
| 乙醇生产能力（百万加仑） | 1 748.7 | 4 336.4 | 5 493.4 | 7 888.4 | 10 569.4 | 11 877.4 | 13 507.9 |
| 乙醇实际产量（百万加仑） | 1 630 | 3 904 | 4 855 | 6 500 | 9 000 | 10 600 | 13 230 |
| 乙醇进口（百万加仑） | | 136 | 653 | 435 | 600 | 194 | 10 |
| 乙醇出口（百万加仑） | | 63 | 37 | 150 | 158 | 113 | 350 |

续表

| | 2000年 | 2005年 | 2006年 | 2007年 | 2008年 | 2009年 | 2010年 |
|---|---|---|---|---|---|---|---|
| 正在修建或扩建之中的乙醇生产厂（家） | 6 | 31 | 76 | 61 | 24 | 15 | 10 |
| 正在修建或扩建之中的乙醇生产能力（百万加仑） | 91.5 | 1 778 | 5 635.5 | 5 536 | 2 066 | 1 432 | 522 |
| 建有乙醇生产厂的州（个） | 17 | 20 | 21 | 21 | 26 | 26 | 29 |

资料来源：美国可再生燃料协会。

（2）生物柴油。美国于20世纪90年代初开始商业性生产生物柴油，目前是世界上第二大生物柴油生产国。主要生产原料是豆油（占85%）、菜籽油以及其他油脂。生物柴油掺烧比例为15%～20%。

根据美国能源局的统计，截至2010年末，美国共有111个生物柴油厂（低于上年的173个），生产能力为22亿加仑（低于上年的26.9亿加仑）；由于原料量少价高，生物柴油实际产量远远低于生产能力，2008年为6.91亿加仑，2009年下降至5.45亿加仑，2010年则进一步减少至3.9亿加仑；2010年，生物柴油消费量为2.22亿加仑，低于上年的3.17亿加仑。

（3）扶持政策。自本世纪初以来，美国政府一直将大力发展生物燃料作为促进能源供应结构多元化、确保能源安全、拓宽剩余农产品出路的重要途径。

2007年12月美国国会通过的《能源独立与安全法》规定，到2022年，美国用于运输的可再生燃料必须达到360亿加仑（1 363亿升），是2008年目标的4倍，其中包括利用玉米生产的150亿加仑乙醇、利用第二代原料和技术生产的200亿加仑乙醇以及约10亿加仑生物质生物柴油。

此外，政府采取多项具体措施鼓励乙醇生产和消费：一是提供45美分/加仑的消费税减免优惠，从而降低乙醇价格；二是为修建乙醇生产设施提供优惠贷款。

（4）社会和经济效益。生物燃料业迅猛发展，对美国经济可持续性发展发挥了巨大的推动作用。根据美国可再生燃料协会的统计，2010年，美国乙醇产量为132亿加仑，相当于减少进口4.45亿桶原油，约占美国原油进口总量的13%，相当于为美国经济节省了340亿美元；乙醇生产经营、乙醇运输、新建乙醇生产企业投资以及研发支出，共为国内生产总值增加536亿美元，为各经济领域创造40万个工作岗位，为从业者创收360亿美元，为联邦政府创税约86亿美元，同时为各州和当地政府创税48亿美元，而联邦政府实施“乙醇消费税减免计划”和“小型乙醇生产商信贷计划”的支出仅为60亿美元。

**3. 巴西**

（1）乙醇。巴西乙醇商业生产始于上世纪70年代，生产原料主要是甘蔗，产量一直排名世界第一，但从2007年开始落后于美国。目前乙醇掺烧比例为20%~25%。

国产甘蔗的50%以上用于生产乙醇。由于地理和气候原因，巴西甘蔗产量在世界上名列第一。2010年，甘蔗种植面积达到920万公顷，甘蔗单产为79.7吨/公顷，甘蔗总产量为7.3亿吨，约占全球甘蔗总产量的1/3，其中54%用于生产乙醇，其余用于生产糖。

唯一实现乙醇生产成本低于汽油的国家。甘蔗占巴西乙醇生产总成本的60%~70%。2008年，巴西甘蔗乙醇生产成本为48美分/升，比美国玉米乙醇生产成本低近58%，比欧盟小麦乙醇生产成本低30%，比欧盟甜菜乙醇生产成本低28%。2009年，巴西国内汽油价格平均为1.3美元/升，而乙醇价格仅为0.83美元/升。

乙醇产量逐年快速增长。2010年，巴西共有436家乙醇生产厂，高于上年的426家，是美国204家的2倍以上；乙醇生产能力为414亿升；乙醇实际产量为279亿升，比上年的261亿升增长近7%，仅次于美国的490亿升；产能利用率为67.6%。

混合燃料汽车导致国内乙醇需求强劲。巴西混合燃料汽车产量逐年增长，2010年全国共有2 800万台汽车，其中50%是混合燃料汽车；2010年乙醇消费量为243亿升，占全国汽油消费总量的42%，而美国仅为8%。

乙醇出口世界领先。2008年之前，巴西一直是世界上最大的乙醇出口国，占全球乙醇出口市场的60%。从2009年开始，美国成为全球最大的乙醇出口国（见表5－6－4）。

**表5-6-4　2006—2012年巴西乙醇生产、消费与出口一览表**　单位：百万升

| | 2006年 | 2007年 | 2008年 | 2009年 | 2010年 | 2011年（估计） | 2012年（预测） |
|---|---|---|---|---|---|---|---|
| 产　量 | 17 782 | 22 557 | 27 140 | 26 105 | 27 965 | 24 198 | 25 500 |
| 进　口 | 0.1 | 4 | 0.5 | 4 | 76 | 1 020 | 770 |
| 出　口 | 3 429 | 3 533 | 5 124 | 3 296 | 1 906 | 1 450 | 1 850 |
| 国内消费 | 13 723 | 17 573 | 21 062 | 24 548 | 24 267 | 22 195 | 25 050 |
| 年终库存 | 3 373 | 4 829 | 5 783 | 4 048 | 5 916 | 7 489 | 6 859 |
| 生产厂家（个） | 352 | 377 | 407 | 426 | 436 | 440 | 443 |
| 生产能力 | 27 500 | 32 540 | 38 300 | 35 600 | 41 360 | 42 800 | 43 250 |
| 产能利用率（%） | 64.7 | 69.3 | 70.9 | 73.3 | 67.6 | 56.5 | 59.0 |
| 甘蔗消费量（万吨） | 21 520 | 26 965 | 33 519 | 34 607 | 34 257 | 29 641 | 31 238 |

资料来源：美国农业部。

（2）生物柴油。巴西生物柴油远不如欧盟和美国。2010年，全国共有69个生物柴油生产厂，生物柴油生产能力为50亿升，实际产量为24亿升，生产原料主要是大豆（占82%）、动物脂肪（占14%）以及棉籽。

（3）扶持政策。在上世纪70年代初发生的石油危机之后，巴西政府于1975年颁发了旨在确保国家能源自给的《国家酒精计划》，强制规定从1977年开始将从甘蔗中提取的乙醇应用于动力汽车。

政策支持主要体现在：一是政府强制规定乙醇在所有汽油中的含量必须达到20%～25%；二是对乙醇生产给予大幅减税，以保证乙醇价格低于汽油价格，自2000年以来，国内乙醇价格一直保持为汽油价格的60%～70%；三是为甘蔗种植和乙醇生产提供优惠贷款；四是鼓励开垦边远地区，以扩大甘蔗种植面积。

政府于2005年1月颁布实施国内第一个生物柴油法令，要求生物柴油2008年必须占柴油消费总量的2%，即达到65万吨，2013年将提高至5%。

（4）经济和社会效益。近30多年来，乙醇生产导致巴西原油消耗下

降，累计节省 520 亿美元，还提供了近 100 万个工作岗位。

**4. 欧盟**

2010 年，生物燃料约占欧盟能源消费总量的 5%，生物柴油和乙醇分别占欧盟生物燃料生产总量的 75% 和 25%；生物燃料占欧盟陆路运输燃料消费总量的 4.26%。

（1）生物柴油。欧盟一直是世界上最大的生物柴油生产、消费和进口地区。主要生产原料是菜籽油（占 70%），其次分别是豆油（占 15%）、泔水油和动物脂肪。

根据美国农业部 2011 年 7 月的统计，2009 年、2010 年和 2011 年，欧盟生物柴油生产厂分别为 243 家、256 家和 255 家（估），生物柴油生产能力分别为 237.3 亿升、245.5 亿升和 251 亿升（估），生物柴油生产能力利用率分别为 44%、44% 和 47%（估），生物柴油实际产量分别为 94.85 亿升、106.8 亿升和 116.5 亿升（估），生物柴油进口量分别为 21.9 亿升、24 亿升和 26.1 亿升（估）；生物柴油消费量分别为 118.85 亿升、132.35 亿升和 141.2 亿升（估）（见表 5－6－5）。

**表 5－6－5　2008—2012 年欧盟生物柴油供需一览表**

| | 2008 年 | 2009 年 | 2010 年 | 2011 年（估） | 2012 年（预计） |
|---|---|---|---|---|---|
| 产量（百万升） | 9 080 | 9 485 | 10 680 | 11 655 | 11 930 |
| 进口（百万升） | 2 020 | 2 190 | 2 400 | 2 610 | 2 730 |
| 出口（百万升） | 70 | 80 | 120 | 110 | 110 |
| 消费（百万升） | 9 930 | 11 885 | 13 235 | 14 120 | 14 510 |
| 年终库存（百万升） | 1 100 | 810 | 535 | 570 | 610 |
| 生产厂家数量（个） | 234 | 243 | 256 | 255 | 256 |
| 生产能力（百万升） | 19 025 | 23 730 | 24 550 | 25 100 | 25 270 |
| 生产能力利用率 | 57% | 44% | 44% | 47% | 47% |

资料来源：美国农业部。

（2）乙醇。生物乙醇是欧盟第二大生物燃料，主要生产原料是谷物和甜菜。2010 年，乙醇产量为 41.8 亿升，比上年增长 18%，相当于

2 620万桶原油；乙醇约占欧盟运输领域生物燃料使用总量的25%，占欧盟汽油消费总量的2%。

根据美国农业部2011年7月初的统计，2009年、2010年和2011年，欧盟乙醇生产厂分别为65个、71个和74个（估），乙醇生产能力分别为66亿升、74.3亿升和80亿升（估），乙醇实际产量分别为34.8亿升、41.8亿升和48.1亿升（估），生产能力利用率分别为59%、60%和62%（估），乙醇进口量分别为9亿升、8.3亿升和9.5亿升（估），乙醇消费量分别为45.6亿升、51.9亿升和56.7亿升（估）（见表5-6-6）。

**表5-6-6　　2008—2012年欧盟生物乙醇供需一览表**

| | 2008年 | 2009年 | 2010年 | 2011年（估） | 2012年（预计） |
|---|---|---|---|---|---|
| 产量（百万升） | 2 660 | 3 480 | 4 180 | 4 810 | 5 510 |
| 进口（百万升） | 1 100 | 900 | 830 | 950 | 630 |
| 出口（百万升） | 60 | 60 | 80 | 90 | 90 |
| 消费（百万升） | 3 550 | 4 560 | 5 190 | 5 670 | 6 050 |
| 年终库存（百万升） | 630 | 390 | 130 | 130 | 130 |
| 生产厂家数量（个） | 61 | 65 | 71 | 74 | 80 |
| 生产能力（百万升） | 5 150 | 6 600 | 7 430 | 8 000 | 8 700 |
| 生产能力利用率 | 62% | 59% | 60% | 62% | 66% |

资料来源：美国农业部。

（3）扶持政策。鉴于进口石油占石油需求总量的50%，欧盟认为，发展生物燃料是未来15年降低运输领域对石油依赖性的唯一途径；同时，可再生能源生产对未来欧盟农业发展具有巨大的推动作用，并且可为农村地区创建约30万个工作岗位。

以法律形式规定生物燃料必须在运输燃料中占有一定的比例，从而保证生物燃料的市场份额。2009年4月，欧盟委员会通过了《欧盟能源与气候变化组合方案》。该组合方案确定到2020年必须实现的目标之一是：可再生能源占欧盟能源消费总量的20%，并且占欧盟运输燃料消费总量的10%。

减免消费税和燃料税，以使生物燃料比常规燃料便宜。与常规汽油相比，生物燃料生产成本较高。为了鼓励生物燃料消费，欧盟允许各成员国降低对生物燃料的消费税。

## （二）世界生物燃料发展特点和面临的挑战

### 1. 生物燃料在生物质资源丰富国家和地区具有巨大的发展空间

目前，全球已有近50个国家根据自身实际情况，颁布了旨在促进生物燃料生产与消费的生物燃料掺烧法令或发展规划目标，并且已经开始商业化生产或修建生产设施。随着转化技术不断改进和可用做生物燃料生产原料的生物质种类越来越多，作物单产高、土地和劳动力成本低的国家在生物燃料领域都具有极大的发展潜力。

### 2. 推动全球生物燃料行业规模和生产国数量迅速扩大的主要因素

这些主要因素包括：一是石油价格逐年上涨，导致人们对能源安全的担忧不断增加；二是全球性温室气体排放日趋严重，导致人们环保意识逐步增强；三是拓展农业功能、发展循环经济和提高农业效益已经成为各国建设新农村的共识；四是相关国家政府不断强化支持生物燃料生产的政策措施；五是效率更高的生物燃料转化技术不断出现。

### 3. 各国都将可再生资源的利用当做一项全社会共同关注和努力的系统工程

除了政府的政策支持和引导之外，农业、交通、工业、科研以及环保等行业都承担相应的责任和义务。

### 4. 各国支持生物燃料生产的鼓励措施

这些鼓励措施主要包括：一是以法令形式规定生物燃料必须在运输燃料消费中占有一定比例，以确保其市场出路；二是减免生物燃料消费税和燃料税，以使其比常规燃料便宜；三是为生物燃料技术开发、设施建设和原料生产提供优惠贷款，以保障其投资经费。

### 5. 全球生物燃料发展目前面临的挑战

生物燃料发展目前面临的挑战主要包括：运输基础设施不足、原料价格不断上涨、资本成本不断提高、利润率逐步下降、市场国际化尚不成熟等。世界粮农组织预测，未来10年，基于粮食和油籽的生物燃料将导致全球农产品和食品价格不断上涨。

## （三）世界生物燃料发展趋势

### 1. 生物燃料生产将保持高速增长

根据经合组织和联合国粮农组织2011年上半年的预测，到2018年，全球生物乙醇产量将达到近1 600亿升，生物柴油产量将达到410亿升。

### 2. 新型生产工艺和高级生物燃料产量将不断增加

为了减少生物燃料生产对全球粮食安全和环境的影响，实现可持续性发展和原料多样化，许多国家都在积极研发效率更高的第二代转化技术。第二代转化技术是指利用范围更广的生物质资源——纤维质材料、草本材料和木本材料，作为生物燃料生产原料。

### 3. 巴西有望成为世界最大乙醇出口国

根据美国农业部的预测，到2018年，巴西国内乙醇需求预计年均增长3%，达到300亿升；乙醇生产能力预计将增长45%，达到464亿升；乙醇占运输燃料总量的比例到2018年预计将达到12%，到2050年达到26%。

到2018年，全球乙醇出口量预计年均增长18%，达到169亿升；巴西乙醇出口预计将占全球乙醇出口总量的近2/3。

（南京视觉艺术职业学院　尹必健
南京财经大学粮食经济研究院　朱　行）

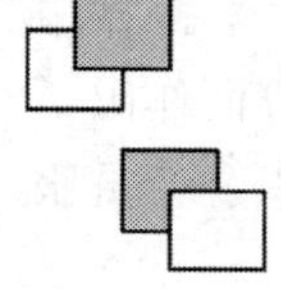

# 七、开展场际交易

## ——粮食批发市场可持续发展的战略选择

**【内容提要】**

粮食批发市场在为政府宏观调控服务、成为粮食市场"稳定器"的同时，还承担着促进粮食流通、为粮食企业生产经营服务的社会责任和历史使命。要促进粮食批发市场的稳定持续发展，发挥市场机制配置粮食资源的基础性作用，粮食批发市场就必须转变发展方式，坚持科学发展，实现两大功能并举，敢于创新业务模式，积极开展跨区域的大宗粮食品种交易。组织场际交易是实现这一要求的重要途径。

国家粮食局发布的《全国粮食市场体系建设与发展"十二五"规划》提出，粮食批发市场要"积极组织开展跨区域大宗粮食品种的交易，充分发挥在粮食产销衔接中的作用"；聂振邦局长在全国粮食局长会议上的讲话要求，推进粮食市场体系建设，促进产销衔接。粮食批发市场在为政府宏观调控服务、成为粮食市场"稳定器"的同时，还承担着促进粮食流通、为粮食企业生产经营服务的社会责任和历史使命。

**为政府粮食宏观调控服务是粮食批发市场的重要功能**。2004 年国家宣布粮食购销和粮食价格市场化，同时出台了最低收购价政策。自 2006 年起，国家收购的最低收购价粮食通过粮食批发市场公开销售。在中央一系列支农惠农政策指引下，粮食生产连年丰收，粮食流通调控措施得力，有效抵御了国际粮食危机带来的冲击，我国粮食市场供应充足、价格平稳，成为改革开放30多年来粮食市场调控效果最好的时期。粮食批发市场在为政府宏观调控服务方面作出了重要贡献，成为政府调控粮食市场的重要平台，同时在交易组织、会员服务及规范运营方面积累了经验，市场自身建设得到了较大提升。

**促进社会粮食流通是粮食批发市场的另一项重要功能**。22年前国务院文件明确指出，促进省际间粮食流通是郑州粮食批发市场的重要职责，之后国务院历次粮食流通体制改革文件一再强调，支持引导和积极促进贸易粮食进场交易。粮食批发市场采取了各种措施，作出了不懈努力，但是效果并不明显，贸易粮食进场交易至今没有形成社会粮食流通的主流，没有成为粮食批发市场的主要业务模式。政策性粮食的购销是为政府调控目的服务的，随着政府调控政策措施丰富完善和调控意图逐步实现，政策性粮食购销作为调控手段之一，其数量不会一直处于粮食流通的主导地位，贸易性经营将逐渐成为粮食流通的主要形式。要促进粮食批发市场稳定持续发展，发挥市场机制配置粮食资源的基础性作用，粮食批发市场就必须转变发展方式，坚持科学发展，实现两大功能并举，敢于创新业务模式，积极开展跨区域的大宗粮食品种交易，充分发挥粮食批发市场在粮食产销衔接中的作用，提高粮食流通的组织化、规范化程度，促进粮食流通的现代化。开展批发市场合作、组织场际交易，是实现这一要求的重要途径。

**开展场际交易是促进粮食批发市场可持续发展的战略选择**。粮食批发市场在为政府宏观调控服务、组织政策性粮食交易方面取得了突出成绩，市场自身建设得到了明显提高，但同时也造成了对政策性粮食过度依赖、贸易粮食交易组织能力较弱，市场两大功能呈现一强一弱的状态。当粮食流通形势和粮食调控政策发生变化的情况下，粮食批发市场将受到较大影响，粮食交易主业将会面临困境。虽然在基础设施建设和经济实力方面大多市场已经具备较好的基础，市场运营不存在困难，但是作为主业，粮食交易业务不能萎缩；作为事业，组织粮食流通的社会责任不容推卸。因此，健全粮食市场功能，在发挥为政府宏观调控服务的同时，采取措施组织社会粮食流通，在履行历史使命的过程中使市场自身得到可持续发展，是粮食批发市场共同面临、不可回避的重大战略问题。开展场际交易，正是顺应形势任务的需要，开辟新形势下组织粮食企业进场交易的一条新路，符合粮食批发市场的根本利益和发展阶段的客观实际，反映了粮食批发市场持续发展的内在要求。

**开展场际交易是促进粮食批发市场体系建设的迫切需要**。加强市场之间的联系与合作，在各市场建立之初就形成了共识。从单一市场到众多市场，从市场主任联席会到中国粮食行业协会粮食批发市场分会，逐步形成了互相联系、互相依存的粮食批发市场体系。在此基础上，再从市场之间工作、经验、信息沟通交流提升到主业业务合作，是市场之间联系、依存关系质的升华，是深度融合、有机结合、资源共享、互利共赢，将有力地促进粮食市场的共同发展，推进粮食市场体系整体功能和力量的提升。开展市场合作、组织场际交易的时机和条件已经成熟。粮食批发市场具备规范完善的交易机制、成熟健全的管理制度，承担着共同的任务，具有相同的功能，是市场合作的重要基础；粮食流通具有跨区域的特点，粮食批发市场分布在全国各地，开展场际交易能够发挥各地批发市场的优势，实现各市场资源共享，共同承担跨区域粮食流通的组织任务，充分发挥粮食批发市场体系的整体功能。

**开展场际交易是促进粮食流通现代化的创新实践**。在市场化条件下，运用经济手段和市场工具加强粮食流通的组织和管理是政府的一项重要责任。开展场际交易是粮食批发市场为政府组织粮食流通服务的实际行动。我国粮食生产和流通的区域性、差异性、互补性特点，使得粮食流通经常地大量地跨区域乃至全国性流动，大产业、大流通、大市场，需要运用规范化的市场机制提高组织化、规范化程度，促进粮食流通的现代化。粮食批发市场联合组织场际交易，是传统产销协作、产销衔接、购销洽谈的升级，是新形势下组织粮食企业进场交易积极的创新实践，开辟了贸易粮食流通新途径。通过支持、引导、吸引粮食企业进场交易，克服分散、封闭、私下交易的弊端，促进信息对称、信号正确、流通顺畅及交易安全高效，从而促进粮食流通安全。同时，粮食批发市场在组织贸易粮食流通的过程中，贯彻执行政府的调控政策，促进政府调控意图的实现，能够服务于政府粮食调控。

**开展场际交易已经具备了各方面条件**。第一，符合政策导向。组织贸易粮食进场交易是国务院有关文件一贯倡导的政策要求，是《全国粮食市场体系建设与发展“十二五”规划》提出的重要任务，符合市场化条件下组织粮食流通的实际需要。第二，粮食批发市场具有较强的交易组织能力。粮食批发市场在组织企业进场交易方面进行了长期艰苦的努力，近年来组织政策性粮食交易的实践使组织管理能力、规范化水平、基础设施建设、服务功能和市场形象明显提高，积累了丰富的交易管理经验。第三，具备了实践基础。近几年郑州粮食批发市场与四川、华南、广西、通辽和陕西等市场合作进行了场际交易试验，积累了经验，培养了人才，试验了机制，受到会员企业的广泛欢迎，取得了良好效果。第四，市场主体培育成熟。会员企业的生产经营规模、规范交易意识、执行政策和遵守规则观念得到了较大提升，对批发市场的凝聚力明显增强。第五，粮食企业需要规范的市场机制和市场服务。企业在生产经营中需要批发市场提供交易机会、购销渠道、市场信息和银行融资、物流运输等服务，需要批发市场机制规避履约风险、结算风险，符合粮食企业的利益，具有客观现实需求。

开展粮食批发市场合作是发挥粮食市场体系整体作用的重要途径，组织场际交易是引导粮食企业进场交易的业务模式创新。开展场际合作、组织场际交易，既是粮食批发市场发展和粮食市场体系建设的必然要求，也是粮食批发市场为政府组织社会粮食流通服务的具体行动。虽然面临不少困难，但也具有很多有利条件，我们对场际交易的前景充满信心。在实践中，粮食批发市场要不断积累经验，完善交易机制，创新交易方式，扩展服务功能，健全规则制度，为粮食流通的现代化作出不懈努力。希望各级粮食行政主管部门和社会各界给予大力支持，期待粮食企业踊跃参加交易，充分利用场际交易这个平台，提高生产经营效益。参与场际交易组织活动的粮食批发市场要密切合作，共同努力，在实现这项对于粮食批发市场具有重大战略意义的历史性任务的过程中，推进粮食批发市场迈向发展新阶段、跨上时代新台阶。

（郑州粮食批发市场　乔林选）

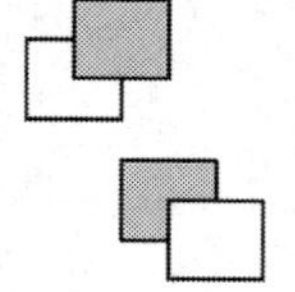

# 八、我国粮食“八连增”后的形势分析与政策走向

【内容提要】

2011 年，我国粮食生产实现了自 2004 年以来的连续 8 年增产，对国民经济健康发展和社会稳定具有重大意义。本次“八连增”属于恢复性增长，主要受益于土地产出率的提高，三大粮食作物增产显著，粮食主产区贡献突显。在实现“八连增”后，粮食生产面临下行的风险和压力也在加大，一些影响粮食生产稳定的问题要高度关注。为此，必须坚定不移地保护耕地资源，进一步加大对粮食主产区和粮农的支持力度，加强以农田水利为重点的农业基础设施建设。

“十二五”开局之年，我国粮食生产再获丰收，全国粮食总产量达到 57 121 万吨（11 424 亿斤），实现了自 2004 年以来的连续 8 年增产（以下简称“八连增”），为改善粮食供求关系、有效抑制通货膨胀、增加种粮农民收入、维护社会稳定奠定了坚实基础。同时，也要正确看待我国粮食形势，粮食生产不可能长期持续增产。粮食产量实现“八连增”，既有必然性，也有偶然性。正确看待我国粮食生产形势，对“十二五”期间粮食生产稳定发展具有重要意义。

## （一）“八连增”对我国经济社会发展的重大意义

### 1. 为经济持续稳定健康发展提供了物质保障

粮食产量增减是造成我国经济波动的先导性因素。粮食减产、供求紧张、粮价大幅上涨，往往会助推通货膨胀，制约宏观经济的持续稳定健康发展。从图 5－8－1 可以看出，粮食产量稳步增长阶段大多是经济发展较快的时期，如 2004—2010 年间粮食产量年均增长 2.6%，经济增长保持了 10% 以上的发展速度。反之，粮食产量下滑阶段也是经济增长放缓时期，如 1996—2000 年间粮食产量变动与 GDP 增速放缓的相关系数为 0.37（如把 GDP 增速滞后一期，两者相关系数达到 0.62），粮食产量连续下滑，经济增长也从 10.01% 下降到 8% 左右。

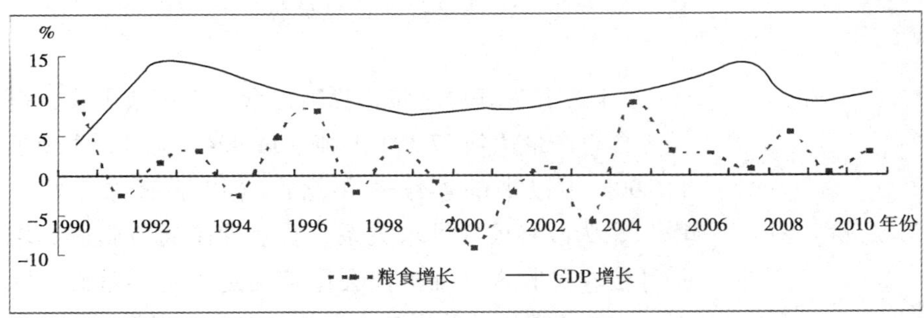


数据来源：历年《中国统计年鉴》，中国统计出版社出版。

**图 5－8－1　我国粮食产量增速与 GDP 增速比较**

### 2. 对保持总体物价水平相对稳定发挥了积极作用

受“粮价是百价之基”的社会习惯性思维影响，粮价通过社会预期间接影响 CPI 可能比直接影响 CPI 的作用力更大。从历史情况来看，粮食减产与 CPI 具备较强的相关程度，如 1988 年出现了粮食周期性波动与通货膨胀交汇的态势，诱发群众抢购的恐慌心理。1993—1994 年、2003—

2004年粮食供应紧张，尤其是稻谷连续减产，导致粮食供求矛盾突然尖锐（见图5-8-2）。在此期间，稻谷大幅度减产引发的大米价格上涨，形成全国性的粮价猛涨，成为当时推动全国性通货膨胀的重要原因①。

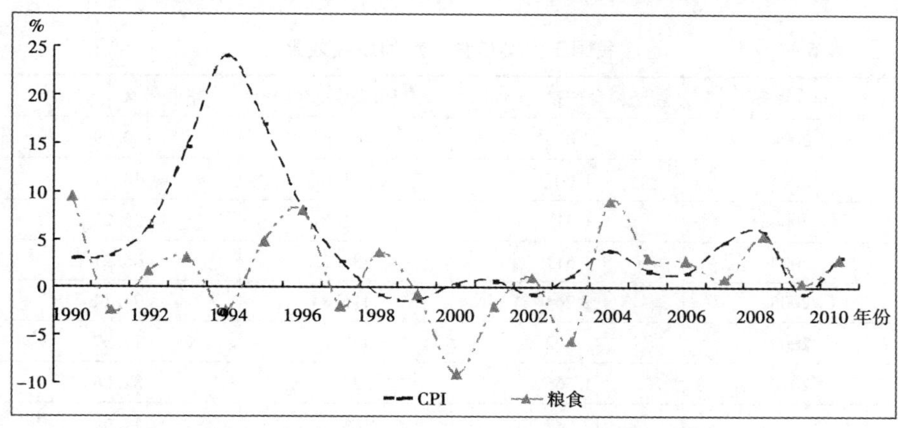


数据来源：历年《中国统计年鉴》，中国统计出版社出版。

**图5-8-2　我国粮食产量与CPI增长走势**

改革开放以来的经验证明，在粮食生产波动的同时，通常会出现粮食供求和粮食价格的周期性波动。一旦粮食减产与物价膨胀“双碰头”，我国经济运行就会出现波澜。虽然我国近年来粮食产量连年增长，国内粮价不但没有走低，反而却不断上涨，甚至出现企业在高价位抢粮收购的现象。如果粮食不增产，必然加重社会的通胀预期。因此，粮食丰收对于平抑物价意义重大，为政府遏制通胀提供了物质基础，为政策措施落实提供了时间保证。当前，我国粮食连续增产对农业生产以及稳定物价将产生积极作用，有助于纾解粮食涨价担忧，进而令通胀预期有所弱化。

### 3. 一定程度上增加了种粮农民收入

与我国粮食产量连续增产相伴随的是农村居民人均纯收入快速增长。2004—2010年农村居民人均纯收入年均增长12.4%。据农业部预计，2011年全年农民人均纯收入实际增长10%以上，增幅再次超过城镇居民

① 姜长云：《改革开放以来我国历次粮食供求失衡的回顾与启示》，《中国农村观察》，2006年第2期。

可支配收入增幅。从表 5 - 8 - 1 可以看出，2004—2010 年间，我国三大类粮食累计增产 12 687 万吨，按当年净利润/吨主产品计算，累计增加种粮农民纯收入 544. 6 亿元。

**表 5 - 8 - 1　　　　我国三大类粮食增产的增收效果**

| 年　　份 | 新增粮食产量（万吨） | 净利润（元/吨） | 增收效果（亿元） |
|---|---|---|---|
| 2004 | 3 835 | 469. 6 | 180. 09 |
| 2005 | 1 607 | 301. 6 | 48. 47 |
| 2006 | 1 512 | 371. 8 | 56. 22 |
| 2007 | 1 511 | 438. 2 | 66. 21 |
| 2008 | 2 264 | 415. 8 | 94. 14 |
| 2009 | 392 | 443. 2 | 17. 37 |
| 2010 | 1 566 | 524. 0 | 82. 06 |
| 总　　计 | 12 687 | N. A. | 544. 6 |

说明：净利润（元/吨）来源于《全国农产品成本收益资料汇编 2011》并经换算。

#### 4. 为应对国际粮荒、维护社会稳定提供了坚实基础

一般说来，随着人均 GDP 进入 1 000 ~ 3 000 美元后，社会经济结构将发生深刻变动，一个国家或地区会进入不协调因素和社会矛盾活跃的阶段。一旦有某个突发事件引发，很有可能转化为对政府部门乃至整个社会的极端行为。近些年，我国社会不稳定的突出表现是群体性事件和集体上访明显增多，表明我国进入社会矛盾易发和多发时期。在 2011 年全球发生较为严重的粮食危机背景下，我国因粮食持续增产、库存充裕、不依赖进口，保持了国内粮价平稳，社会也比较稳定，避免了其他一些发展中国家出现示威抗议、政权更迭等严重社会危机。粮价大幅上涨时期，一些发展中国家因为粮食供应紧张而引发通货膨胀和社会动荡，如出现了抗议食品价格上涨的示威活动，菲律宾等稻米进口国则担心国内粮食供应出现短缺而加紧进口大米；甚至泰国和越南等东南亚传统大米出口国也纷纷限制粮食出口。

## （二）我国粮食“八连增”的基本特点

### 1. 粮食“八连增”属于恢复性增长

改革开放后我国粮食生产能力显著提高，粮食总产量由1978年的3.04亿吨，先后登上了3.5亿吨、4亿吨和4.5亿吨三个台阶，1996年总产量超过5亿吨，然后1998年和1999年又突破5亿吨。连续多年粮食丰收引起结构性、区域性供给过剩，导致种粮效益下降，农民种粮积极性受挫；加之农业结构调整、退耕还林还草等政策出台，粮食产量逐年递减。2004年及以后几年，在政策驱动、市场拉动和工作推动综合作用下，粮食生产出现了重要转机，总产量出现恢复性增长。到2011年，我国粮食产量实现8年连续增长，打破了自1985年以来粮食生产“两丰一平一减”的周期循环[①]。粮食生产多年增产，难度越来越大，“八连增”既是恢复性增长，也是在原有基点上的新突破。

### 2. 粮食“八连增”主要受益于土地产出率的提高

在我国快速工业化和城市化进程中，我国粮食种植面积已不可能大幅度增加，2011年全国粮食播种面积11 057.2万公顷，比1978年的12 058.7公顷减少8.3%。持续的粮食增长主要依靠提升单产水平，粮食单产从1978年的2 527公斤/公顷上升到2011年的5 166公斤/公顷，增加了1倍多，年均增长3.2%。2011年，各地积极抓农业关键技术措施的落实，良种推广与普及、测土配方施肥、节水灌溉、病虫害专业化统防统治、玉米地膜覆盖等新栽培技术和新农艺的应用，加之农业机械化水平进一步提高，为粮食稳定增产作出了重要贡献，全国因单产提高增产粮食425.4亿斤，科技对增产的贡献率达到85.8%。

---

① 农民日报编辑部：《创造粮食“七连增”奇迹的伟大实践》，《农民日报》，2010年11月9日。

**3. 品种结构变动促进总产增加效果明显**

2011 年，水稻、玉米、小麦三大粮食作物为实现粮食“八连增”发挥了重要作用，全国三大粮食作物总产量达到 51 045 万吨。三大粮食作物中，以玉米作用最为突出，高产作物玉米播种面积达到 3 343 万公顷，比 2010 年增加 93 万公顷，增长 2. 9%；玉米总产量 19 175 万吨，比 2010 年增加 1 450 万吨，增长 8. 2%，玉米大幅度增产，使我国粮食生产结构得到进一步改善。稻谷播种面积达到近 3 000 万公顷，比 2010 年增加 12. 3 万公顷，增长 0. 4%；总产量达到 20 078 万吨，比 2010 年增产 503 万吨，增长 2. 6%。小麦播种面积 2 419 万公顷，比 2010 年下降 0. 3%；总产量 11 792 万吨，比 2010 年增产 274 万吨，增长 2. 4%。三大粮食作物共增产 445 亿斤，约占全年粮食增量的 90. 1%。

**4. 粮食主产区是“八连增”的坚实后盾**

我国粮食生产的一个鲜明特点是越来越向主产区集中，粮食主产区为实现“八连增”发挥了核心作用。2009 年 13 个主产省粮食产量占全国粮食总产量的 3/4 三左右，最近 7 年全国粮食增产 2 496 亿斤，九成以上的增产来自粮食主产区。2011 年全国 13 个粮食主产省（区）粮食总产量达到 43 422 万吨，比 2010 年增产 2 238 万吨，增长 5. 4%，占全国总增产量的 90. 5%。粮食主产区的稳产增产效应得到进一步彰显，占全国粮食总产量的比重上升到 76%，其中，东北及内蒙古 4 省（区）共增产粮食 1 386万吨，增产量占全国总增产量的 56%。

## （三）促进粮食稳产的政策走向

从当前某些迹象看，连续 8 年增产之后，粮食生产下行压力与风险也在加大。一是土地资源约束增强，为了满足工业化、城镇化建设用地需要，一些地方政府大量挤占耕地，导致粮食增产变数加大。二是粮食生产效益低的矛盾突出，虽然近几年我国粮食价格整体呈上升趋势，但由于生产成本加快上涨，粮食生产实际效益总体呈下降趋势，2010 年三种粮食平均出售价格比2007年上涨了31.7%，但平均成本利润率却低于2007年的38.5%。更为严重的是，近年来农民种粮的机会成本明显上升，进一步降低了农民种粮的积极性。三是农业基础设施薄弱，到目前为止还没有根本改变靠天吃饭的局面，2011年长江中下游特大旱情深刻暴露出我国农业基础设施欠账太多。为此，我们务必克服盲目乐观情绪，只有毫不松懈地继续抓好粮食生产工作，才能牢牢掌握粮食安全主动权，为国民经济稳定健康发展提供坚实的物质保障。

### 1. 坚定不移地保护耕地资源

必须落实最严格的耕地保护制度，坚定不移地守住耕地面积18亿亩、粮食播种面积16亿亩这两条“红线”。按照“建立健全中央和地方粮食安全分级负责制，全面落实粮食安全省长负责制”的要求，落实耕地保护和粮食安全责任。继续推进土地整理复垦开发，加大遏制耕地“占优补劣”趋势。建立健全基本农田保护补偿机制，完善土地开发收益中央、地方分成制的政策文件，通过土地收益分成，弱化地方利用信息不对称优势占用耕地的利益冲动。运用经济手段调整土地利用中的利益分配关系，要让农民参与土地出让收益的分配，加大对失地农民的补偿。

### 2. 进一步加大对粮食主产区和粮农的支持力度

加大对粮食主产区的转移支付和奖励支持力度，并使之常态化。中央财政在原有奖励基础上对产粮大县按照粮食产量给予附加奖励，鼓励产粮大县安心发展粮食生产。建立国家商品粮食补偿基金，达到主产区与主销区之间的利益均衡。着力落实“提高劳动报酬在初次分配中的比重”，提高农民粮食收购价，让种粮农民在提高产量的同时增加收入，这是促进农民增收、缩小城乡收入差距的必要途径。合理制定粮食最低收购价，建立价格浮动机制。粮食最低收购价格应保证从事粮食生产所获得的利润率与从事非农业生产的利润率基本平衡，至少应足以弥补其生产成本。

### 3. 加强以农田水利为重点的农业基础设施建设

突破农田水利建设资金投入“瓶颈”的有效途径，就在于进一步加大农业水利建设力度。严格落实好从土地出让收益中提取10%用于农田水利的政策，积极化解土地出让收益与农田水利建设投资需求不匹配的矛盾，重点支持粮食主产区农田水利建设。走农田水利设施管理和农业合作组织互动发展之路，通过产权、补助、补偿等多种方式，大力扶持农业用水合作组织，从根本上解决水利设施管护难题。围绕强化农田抗灾能力，加快中低产田改造，完善田间排灌沟渠、管道、泵站等基础设施，开展土地平整，建设小型集雨蓄水设施和灌溉设备。

（中国农业科学院农业经济与发展研究所　钟　钰）

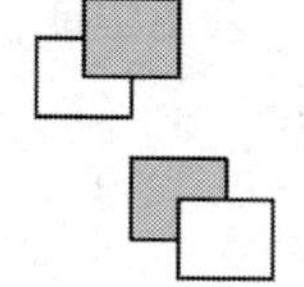

# 九、国际粮食价格的波动趋势及内在机理（1961—2010年）

【内容提要】

国际粮食价格波动是影响我国粮食价格和物价总水平的重要因素。本文基于1961—2010年的长时期数据分析表明：1961年以来，国际粮价波动经历了6个周期，且呈现出从极其平稳到剧烈波动、再到相对平稳、最后到剧烈波动的变动轨迹。国际粮价波动的影响因素及影响程度已发生了结构性变化，1961—1999年供给、需求和库存对粮价波动的解释程度为89.50%，但2000—2010年金融和能源成为影响粮价波动的主要方面，其解释程度达到98.08%。2000年以来，国际粮食的消费品属性逐渐弱化，而投资品和能源品属性显著增强，以金融因素为主导、金融化和能源化相交织已成为影响国际粮价的核心因素，这种格局与美元发行缺乏实体经济吸纳和外部制衡机制紧密相关。从上述研究结论出发，可引申出稳定国内粮食价格、实现粮食安全目标的若干政策建议。

粮食是关系国计民生和社会秩序的重要战略物资，粮食价格是影响食品价格、进而影响整体物价水平的关键性因素。在后国际金融危机时代，我国仍面临着削减通货膨胀压力、保持物价总水平相对稳定的严峻挑战，而回应这一挑战的基点是促使国内粮食供求相对平衡、规避国内粮食价格急速飙升。然而，在经济全球化的背景下，国际粮食价格波动很容易通过贸易、资本、预期等因素影响国内粮食价格。因此，探究我国粮价波动问题不能仅局限于国内粮食市场，而应从国际粮价视角形成对中国粮价走势的系统性认知。基于此，本文以 1961—2010 年国际粮价为分析样本，采用实证分析方法力求探究近半个世纪以来国际粮价的波动路径和内在机制。

## （一）1961—2010 年国际粮食价格呈现周期性波动规律

与石油、钢铁等大宗商品相类似，世界范围内的粮食价格波动是一个特征性事实。为了把握国际粮价的长期变动趋势，本文选取 1961—2010 年国际整体粮价以及大米、大豆、玉米、小麦①分品种粮价的真实价格和名义价格为指标（见图 5－9－1），可以发现 1961 年以来国际粮价波动呈现以下三个基本特征：

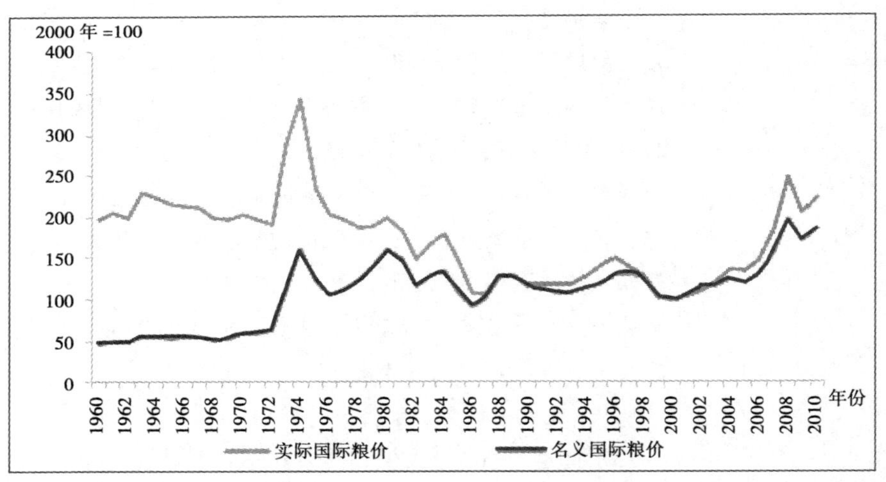


资料来源：世界银行，其中名义粮价以当期美元标度，实际粮价以 2000 年美元标度，两者均以 2000 年 = 100 进行指数化处理。

**图 5－9－1　1961—2010 年国际粮价呈现周期性波动**

第一，近半个世纪以来国际粮价呈现周期性波动，波动周期约为 8～10年。自 1961 年以来，国际粮价呈现 6 个波动周期，即 1961—1971

① 其中，玉米以美国黄玉米价格为基准，大米以泰国 5% 特级大米价格为基准，小麦以美国 NO. 1 HRW 品种价格为基准，大豆以美国黄大豆价格为基准。

年的相对平稳期，1972—1978 年的显著波动期，1979—1986 年的持续波动期，1987—1992 年和 1993—1998 年的微幅波动期，1999—2010 年的剧烈波动期。其中，1974 年、1981 年、1996 年和 2008 年是国际粮价的 4 个峰点。

第二，分品种的国际粮食价格呈现同方向波动，但波动幅度存在显著差异。与整体粮价变动类似，1974 年、1981 年、1996 年和 2008 年四种粮食价格均达到峰值，但在不同阶段，分品种的粮食价格呈现差异化波动。在 20 世纪 80 年代之前，大米是波动最显著的品种；在 20 世纪 80—90 年代，随着生物能源的发展，大豆和玉米取代了大米，成为波幅最显著的品种；进入 21 世纪以来，以大米为主导，大豆和玉米等品种价格波幅都非常显著。

第三，2000 年以后，国际粮食价格呈现剧烈波动。与过去相比，2000 年以后国际粮价波动周期持续时间更长、波动幅度更大、波动品种更广，对应的峰谷值比值高达 2.92 倍，是 6 个周期中波动最大的时段，且所有品种价格均表现出快速走高的态势，其中，大米、小麦、玉米和大豆的峰谷比值分别达到 2.92 倍、2.38 倍、2.02 倍和 2.19 倍，远高于 20 世纪 80—90 年代的波幅水平（见表 5－9－1）。

**表 5－9－1　　1961—2010 年国际粮价波动幅度表**

| 起止时间 | 周期年限（年） | 实际价格整体波幅（最高/最低，2000 年 = 100） | 波幅最大品种 | 实际价格波幅（最高/最低，美元/吨） |
|---|---|---|---|---|
| 1961—1971 年 | 11 | 265.57/193.04 = 1.38 | 大米 | 728.77/367.39 = 1.98 |
| 1972—1978 年 | 7 | 385.80/186.99 = 2.06 | 大米 | 1 104.95/390.88 = 2.83 |
| 1979—1986 年 | 8 | 211.03/112.34 = 1.88 | 大米 | 565.27/218.17 = 2.59 |
| 1987—1992 年 | 6 | 138.50/101.09 = 1.37 | 大豆 | 306.66/216.05 = 1.41 |
| 1993—1998 年 | 7 | 156.07/106.27 = 1.49 | 玉米 | 144.77/92.98 = 1.56 |
| 1999—2010 年 | 12 | 225.36/100 = 2.25 | 大米 | 520.12/178.08 = 2.92 |

资料来源：根据世界银行的初始国际粮价数据分析整理而成。

## （二）1961—2010 年国际粮食价格波动的内在机理探究

国际粮价形成是一个系统性事件，粮食供给、需求、库存、能源市场状况以及国际金融市场格局等都会影响国际粮价变动。为探究国际粮价波动的内在机理，本文选取国际粮食生产量、消费量、库销比、国际能源价格和联邦基准利率等分别作为供给、需求、库存、能源和金融因素的测度指标，据此构建对数线性模型，以对国际粮价进行回归分析。同时，为了探究分阶段国际粮价波动机理，本文以 2000 年为界，将样本分为 1961—1999年和2000—2010年两个阶段进行差异化分析。在数据处理上，1961—1999年选取对应指标的年度数据为样本，2000—2010年选取对应指标的月度数据为样本，且所有指标均以 2000 年 =100 进行指数化处理。

回归分析的结果显示：其一，不同阶段影响国际粮价波动的因素存在差异化特征，2000 年后金融因素对国际粮价的影响显著且作用系数较高，但 2000 年之前金融因素对国际粮价基本无显著影响。其二，整体上供给、需求、库存和能源因素都是影响国际粮价的主要因素，但不同阶段其影响程度存在差异。在整体意义上以及在 2000 年之前，供需、库存等基本面因素是影响国际粮价波动的重要因素，其作用程度接近 88%，能源因素影响很小，金融因素基本无影响。但 2000 年后，金融和能源因素成为主导型影响因素，其作用程度高达 98%，而供需等基本面因素影响较小。由此可见，2000 年前后影响国际粮价波动的内在机理发生了显著变化（见表 5 -9 -2）。

**表 5 -9 -2　1961—2010 年以及分阶段国际粮食价格波动影响因素排序表**

<table>
<tr><th>时间阶段<br>影响因子排序</th><th>1961—2010</th><th>1961—1999</th><th>2000—2010</th></tr>
<tr><td>1</td><td>供给</td><td>供给</td><td>金融</td></tr>
<tr><td>2</td><td>需求</td><td>库存</td><td>能源</td></tr>
<tr><td>3</td><td>库存</td><td>需求</td><td>供给</td></tr>
<tr><td>4</td><td>能源</td><td>能源</td><td>需求</td></tr>
<tr><td>5</td><td>金融</td><td>金融</td><td>库存</td></tr>
<tr><td colspan="4">因素解释程度</td></tr>
<tr><td>供需库存因素</td><td>87.49%</td><td>89.50%</td><td>0.27%</td></tr>
<tr><td>能源因素</td><td>2.09%</td><td>2.19%</td><td rowspan="2">98.08%</td></tr>
<tr><td>货币因素</td><td>不显著，0.19%</td><td>不显著，0.05%</td></tr>
</table>

说明：影响因子按照强弱程度从 1 ~5 排序，值越小表示影响程度越大。由于还有其他因素作用于粮价，因此 5 种因素贡献度之和不等于 100%。2000 年以后，由于能源与货币因素之间的互动性增强，因此将两者的解释程度进行整合分析。

## （三）金融化和能源化：2000 年后国际粮价波动的新特征

为了探究 2000 年后金融和能源因素对国际粮价的影响规律，本文选取 WTI 原油价格和美元指数作为能源和金融因素指标，构建与上相同的对数线性模型，对大米、大豆、小麦和玉米 4 个品种进行分析，其对应的价格数据来自 Bloomberg 数据库。回归结果见表 5－9－3。

**表 5－9－3　2000—2010 年能源、金融因素对分品种粮食价格的影响**

| | 大米 | | 大豆 | | 小麦 | | 玉米 | |
|---|---|---|---|---|---|---|---|---|
| | 系数值 | T 值 | 系数值 | T 值 | 系数值 | T 值 | 系数值 | T 值 |
| 常数 | | | 13.32*** | 8.36 | 8.36*** | 7.74 | 8.71*** | 7.37 |
| 能源 | | | 0.08* | 1.79 | 0.130*** | 4.08 | 0.10*** | 2.96 |
| 金融 | | | −1.69*** | −5.23 | −0.76*** | −3.44 | −0.90*** | −3.73 |
| $R^2$ | 0.99 | | 0.98 | | 0.99 | | 0.99 | |
| F | 36 936.60 | | 5 026.80 | | 17 514.70 | | 11 997.30 | |
| D.W | 2.00 | | 2.01 | | 1.96 | | 2.14 | |

说明：***、**、* 分别表示在 1%、5% 和 10% 的水平下显著，空白处表示该系数不显著，n.a 表示数据不可得；相应的回归系数和检验值根据对数线性模型回归计算得出。

回归结果显示：其一，2000 年以来，金融和能源是影响大豆、小麦、玉米价格波动的主要原因，但对大米品种影响不显著，导致这种差异的主要原因是金融、能源因素首先作用于投资性和能源性较强的粮食品种，如大豆、玉米和小麦，其后借助粮食品种之间的比价复归和替代效应传导至大米等其他品种。其二，在影响强弱上，金融因素对大豆、小麦和玉米的影响强度分别为 95%、85% 和 90%。其三，在品种差异上，大豆是受能源和金融因素影响最显著的品种，大米是最不显著品种，这与分品种的能源属性强弱直接相关。其四，在影响机理上，金融因素不仅通过改变流动性、投机性以及市场预期等直接影响国际粮价，而且会通过国际能源价格间接影响国际粮食价格（这种间接效应在玉米、小麦、大豆等产品中表现得尤其突出)，而粮价变动又会通过大宗商品之间的比价复归或市场预期而催生能源价格变动。很容易看出，以金融因素为主导、金融和能源因素相互交织为基本特征的国际粮价新机制正在形成并不断强化，而粮食也成为兼具消费品、能源品和资产品三重属性的综合性商品。可以说，2002年以后的美元贬值导致了国际粮价直线上升，2008 年国际金融危机后美元走强又促使粮价短期下滑，2009 年之后由于美国采取量化宽松货币政策以及其他经济体的经济刺激计划，导致国际流动性充裕但缺少新的经济增长点，其结果必然是近期国际粮价重新步入新的上升通道。

## （四）结论和政策建议

本文基于 1961—2010 年的长时期数据分析表明：1961 年以来，国际粮价呈现从极其平稳、到剧烈波动、再到相对平稳、最后到剧烈波动的变动轨迹。2000 年前后，影响国际粮价波动的内在机理发生了结构性转变，其中在 1961—1999 年阶段中，供需、库存等基本面因素是主导因素，其对粮价波动的解释程度达到 89. 50%；但在 2000 年后，金融和能源因素成为影响粮价波动的主要方面，其解释程度高达 98. 08%，2000 年以来，国际粮食商品属性、能源属性和投资属性“三位一体”的特征以及生物能源和全球量化宽松是引致这种转变的主要原因。现今，以金融因素为主导、且金融化和能源化相交织已成为影响国际粮价的核心因素，而这种格局是与当前美元发行缺乏实体经济吸纳和外部制衡机制紧密相关的。

未来，我国为稳定粮价可以从以下几方面寻求突破路径：

第一，必须从全球化、多层次视角去看待国内粮食价格，单纯基于国内市场（尤其是基于国内粮食增产）来确保粮食市场稳定是有局限的。

第二，随着粮食投资品和能源品属性不断增强，我国不能仅仅从供求和库存的传统角度去构建国际粮价预警体系，而必须充分考虑金融化和能源化等新特征，将国际流动性和能源价格走势引入到国际粮价走势把握之中。

第三，由于美国货币政策、全球重大集群式创新以及国际能源价格变动日益显著地影响着国际粮价，因此，中国有必要在构建创新型国家的基础上为流动性吸纳提供有效途径，同时更应依托双边或多边共同治理机制，与其他经济体共同努力对美国货币政策和能源政策施加外部影响，减缓因金融冲击和能源价格调整而引致国际粮价急剧振荡。

第四，应通过多元化措施组合来形成对国际粮价剧烈波动的“防火墙”，加大对国内粮食生产和流通的公共品投资，通过生产组织化来提高粮农的产出能力和议价能力，在粮食进口中（尤其是大豆进口）扩宽贸易伙伴国范围，依托海外库存体系和国内库存体系的双重保障来维护粮食市场，切实改善实体经济营商环境来减弱货币对粮食的投机动向。

只有从上述多维度进行努力，中国才能成为稳定国际粮价中的重要因素，并在国际粮价变动大环境下更好地实现国内粮食市场的相对稳定。

（复旦大学经济学院　高　帆　龚　芳）

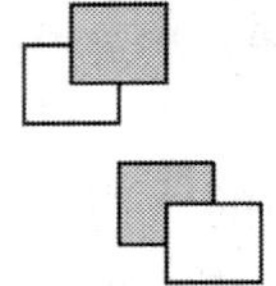

# 十、基于农业一般均衡模型的粮食价格政策与粮食安全研究

【内容提要】

通过构建农业一般均衡模型（CGE），本研究分析了粮食价格变化条件下的粮食安全问题。模拟结果显示，粮食价格上调，导致土地租金、物价指数、GDP 价格指数、投资价格指数、出口价格指数增长，进而投资、资本和实质 GDP 减少，直接影响就业、实际工资、名义工资、家庭可支配收入，家庭消费和政府消费缩减。人民币升值影响出口，关税收入减少，净出口对 GDP 贡献减少，国家宏观经济形势变坏。因此，在保障粮食安全政策中，必须慎用粮食价格政策，密切关注粮食市场价格波动状况，坚决干预粮食价格异动，确保国家粮食安全。

## （一）问题的提出

研究粮食价格对粮食安全的影响需要两个先决条件：一是粮食市场是否是完全开放性市场；二是粮食市场价格是否是竞争性价格。众所周知，从上世纪 80 年代起始的中国粮食市场改革经历了 24 年的曲折历程，在迈向市场化进程中，有前进也有保守。这种渐进性的改革，终结于国务院 2001 年 8 月正式确立的粮食流通体制改革基本思想，即放开销区、保护产区、省长负责、加强调控，由此确立中国粮食市场价格的开放性和竞争性。

从上世纪 80 年代中国粮食体制改革的历程看，粮食价格是决定粮食产量的重要因素，鉴于国家粮食统购统销的制度安排，但凡统购粮食价格失去市场吸引力，粮食产量必降，由此导致国家制定新的统购粮价和新一轮迈向市场机制的改革。总体而言，我国粮食市场价格机制已经形成，价格调节生产的机制基本建立。鉴于粮食生产的基础性，粮食价格政策的适当应用对于我国粮食安全仍然具有重要的作用。

2004 年，中国的粮食价格补贴演变成粮食直补，随着补贴范围的扩大，粮食直补演变为农业补贴。虽然中国粮食价格补贴政策改变，但是从历史经验看，粮食价格对于粮食安全的作用仍然不可低估。鉴于粮食商品的特殊性，粮食价格在中国粮食安全中依然扮演重要角色。在新的农业生产环境下，粮食价格政策能否确保粮食安全是一项值得研究的问题。

## （二）理论基础与模型构建

### 1. 模型理论

在农业 CGE 模型理论中，价格分为生产者价格、消费者价格和进口价格。模型中，价格影响经济变量主要是通过替代原理实现。生产者价格包括土地，资本，劳动力，中间投入、要素、产出和其他投入价格。模型中，假定厂商生产为零利润，因此，产品价值等于投入成本，即产品的产出价格乘以产量等于所有的投入之和。模型中，消费者价格是通过商品的产出价格加平均流通费用加产品消费税实现，也是生产者价格传导到消费者价格的机制。产出价格的变化据此来影响消费者接受的价格。本研究是通过改变生产者价格实现模拟的。

### 2. 模型结构

（1）生产模块。

①结构。模型结构图如图 5 - 10 - 1 所示。

②等式如下：

$$P_j Y_j = \sum_{i=1}^{n} P_{ij} X_{ij} + \sum_{i=1}^{4} P_j^{(i)} X_j^{(i)} + T_j$$

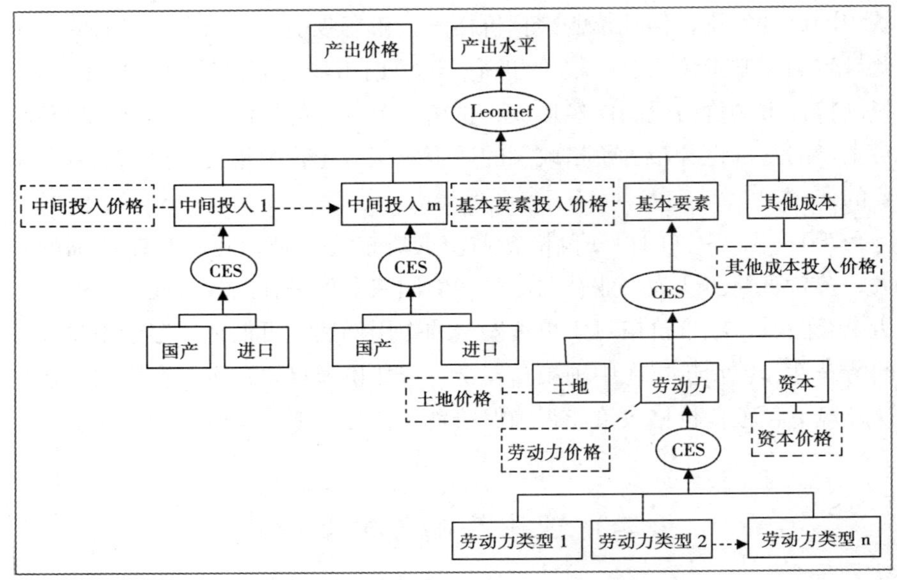


**图 5－10－1　模型结构图**

式中，$P_j$、$Y_j$ 分别为 j 部门产出价格与产出量；$P_{ij}$、$X_{ij}$ 分别为 j 部门使用中间投入价格及数量；$P_j^{(i)}X_j^{(i)}$，i＝1，2，3，4 分别为 j 部门生产使用的劳动力、资本、土地和其他成本价值；$T_j$ 为 j 部门生产税。

（2）需求模块。

$$P3_c^s \times X3_c^s = P0_c^s \times X3_c^s + T3_c^s + \sum_{i=1}^{m} MAR_c^s(i),\ s = 1,2$$

式中，s＝1，2 分别指国产与进口；$P3_c^s$、$X3_c^s$ 分别为消费者消费来源 s 产品 c 的价格和数量；$P0_c^s$ 为来源 s 产品 c 的基本价格；$T3_c^s$ 是指对来源 s 产品 c 征收的税收；$MAR_c^s$（i）为来源 s 产品 c 流通中使用的第 i 种流通服务成本。

（3）数据结构。本模型的基础数据是根据我国 2002 年的投入产出表，根据图 5－10－3 进行修正，得到了模型的基础数据。模型的基础数据包括了我国 137 个部门的投入产出关系。其中，消耗矩阵描述了生产者、投资、消费、出口和政府消费所消耗的投入。产出矩阵描述了每个部门所生产的各种产品的数量，本模型的数据库假设是单部门单产出。进口关税矩阵描述了对所有产品的进口关税值。模型基础数据结构图如图 5－10－2 所示。

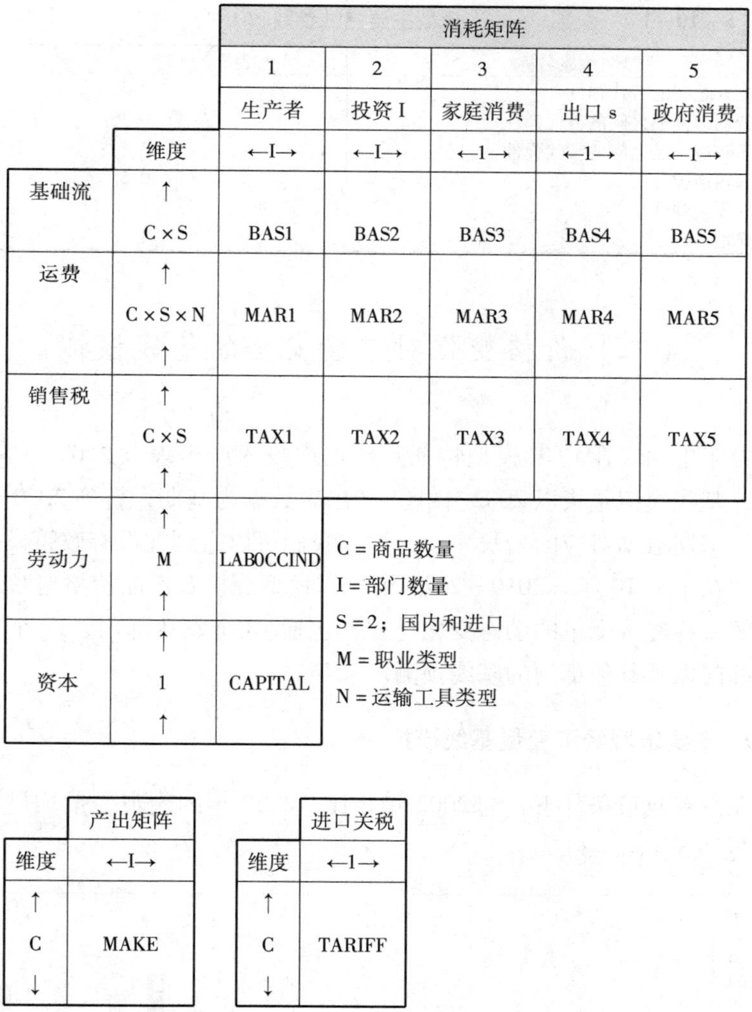

| | | 消耗矩阵 | | | | |
|---|---|---|---|---|---|---|
| | | 1 | 2 | 3 | 4 | 5 |
| | | 生产者 | 投资 I | 家庭消费 | 出口 s | 政府消费 |
| | 维度 | ←I→ | ←I→ | ←1→ | ←1→ | ←1→ |
| 基础流 | ↑ C×S | BAS1 | BAS2 | BAS3 | BAS4 | BAS5 |
| 运费 | ↑ C×S×N ↑ | MAR1 | MAR2 | MAR3 | MAR4 | MAR5 |
| 销售税 | ↑ C×S ↑ | TAX1 | TAX2 | TAX3 | TAX4 | TAX5 |
| 劳动力 | ↑ M ↑ | LABOCCIND | | | | |
| 资本 | ↑ 1 ↑ | CAPITAL | | | | |

C = 商品数量
I = 部门数量
S = 2；国内和进口
M = 职业类型
N = 运输工具类型

| | 产出矩阵 |
|---|---|
| 维度 | ←I→ |
| ↑ C ↓ | MAKE |

| | 进口关税 |
|---|---|
| 维度 | ←1→ |
| ↑ C ↓ | TARIFF |

**图 5－10－2　模型基础数据结构图**

（4）模型的主要参数。初级要素之间的替代弹性 0.5，不同劳动力类型之间的替代弹性 0.35，国产品和进口品之间的替代弹性 2，产出的转换弹性 0.5，需求的收入弹性 1，出口弹性 4（见表 5－10－1）。

表5－10－1　　模型主要弹性参数

| 弹性参数名称 | 数　值 |
|---|---|
| 初级要素之间的替代弹性 | 0.5 |
| 不同劳动力类型之间的替代弹性 | 0.35 |
| 国产品和进口品之间的替代弹性 | 2 |
| 产出的转换弹性 | 0.5 |
| 需求的收入弹性 | 1 |
| 出口弹性 | 4 |

## （三）价格变化对粮食安全的基线模拟

鉴于中国农业CGE模型特征及数据库投入产出表以2002年为基期，因此，基线模拟是指以2002年投入产出表数据为基期，直到2020年，每一年与基期数据对应的增长率。这样，我们可以得到在没有政策模拟的条件下，在未来10年（2010—2020年）以模型分析农产品价格对粮食安全影响的一些经济变量的动态变化过程，包括18个农业部门、17个农产品加工部门以及其他部门的基线预测。

### 1. 主要宏观经济变量基线模拟

在没有政策条件下，与2002年相比，2020年的宏观变量均呈增长趋势（见图5－10－3）。

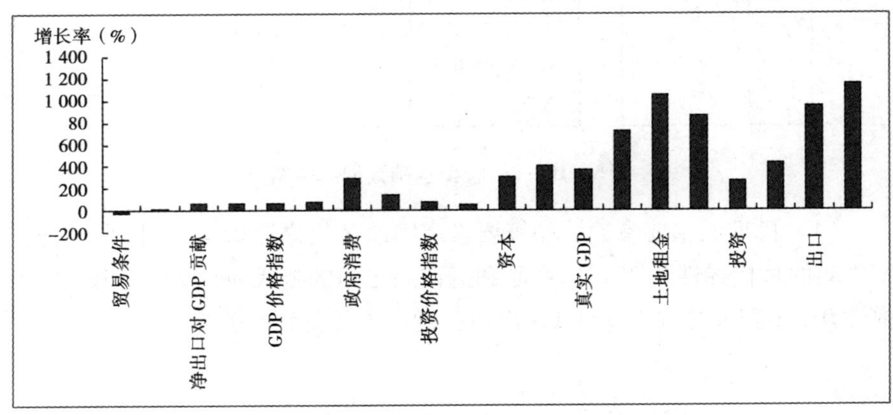


图5－10－3　宏观经济变量增长率

### 2. 农业部门基线模拟

在农业 18 个部门中，与 2002 年相比，2020 年的农业各部门除就业为负增长外，在产出、投资、进口与产出价格上均呈增长趋势（见图 5－10－4）。

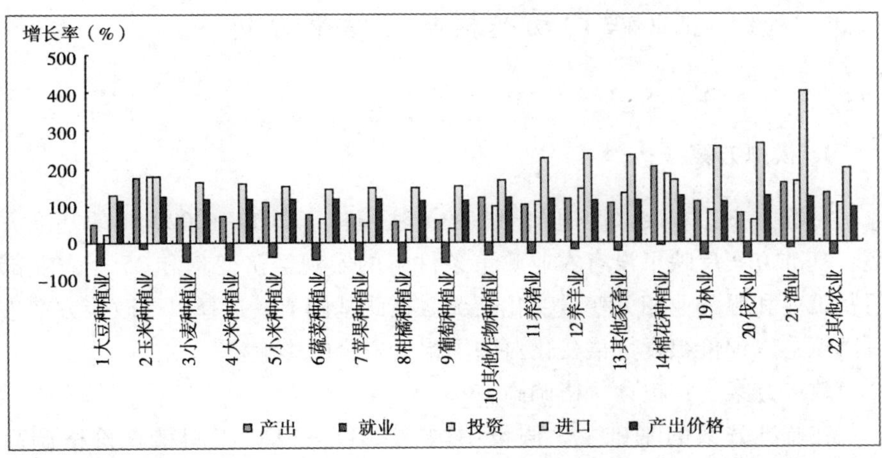


图 5－10－4　农业部门增长率

### 3. 农产品加工业基线模拟

在农业加工业 17 个部门中，与 2002 年相比，2020 年，除奶制品加

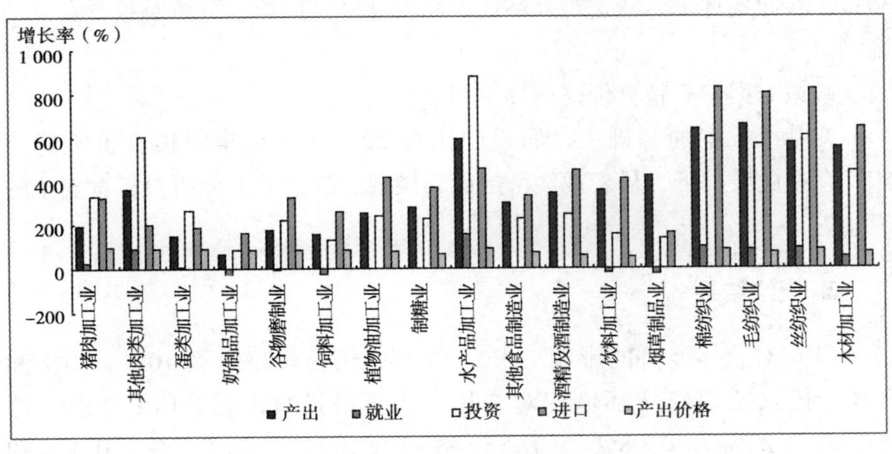


图 5－10－5　农产品加工业增长率

工业、谷物磨制业、饲料加工业、制糖业、其他食品制造业、饮料加工业、烟草制品业在就业上负增长外，其余部门在产出、就业、投资、进口和产出价格上均呈增长趋势（见图5－10－5）。

## （四）动态模拟与结果分析

### 1. 模拟方案

基准方案：本文采用递归动态的方法模拟了2011—2020年的基准方案。基准方案反映了没有农业政策条件下的宏观经济变量和25个农业部门及工业和服务业相关变量变化情况。在此基础上，选择以下政策方案进行模拟，以评价粮食价格变化对中国粮食安全的影响。

政策方案一：粮食价格调高10%

在基准方案的基础上，假设中国在2011—2020年间粮食价格调高10%，在此条件下，从宏观经济层面和微观经济层面上分析对粮食安全的影响。

政策方案二：粮食价格调高30%

在基准方案的基础上，假设中国在2011—2020年间粮食价格调高30%，在此条件下，从宏观经济层面和微观经济层面上分析对粮食安全的影响。

政策方案三：粮食价格调高50%

在基准方案的基础上，假设中国在2011—2020年间粮食价格调高50%，在此条件下，从宏观经济层面和微观经济层面上分析对粮食安全的影响。

### 2. 模拟结果

（1）对总体经济的影响。未来10年，粮食价格上调10%、30%和50%，国家宏观经济环境相对变坏。从价格指数上看，CPI分别上涨0.4%、1.22%和2.08%，GDP价格指数分别上涨0.13%、0.4%和0.69%，出口价格指数分别上涨0.03%、0.1%和0.18%，投资价格指数较大幅度上升，分别上升 0.02%、0.05% 和 0.1%；导致投资分别减少 0.1%、0.34%、0.62%，资本分别减少 0.27%、0.83%、1.42%，实际 GDP 分别减少 0.2%、0.65%、1.13%；由此影响就业分别减少 0.16%、0.5%、0.87%，实际工资分别减少 0.58%、1.76%、2.96%，名义工资分别减少 0.19%、0.56%、0.95%，家庭可支配收入分别减少 0.34%、1.06%、1.81%，家庭消费分别减少 0.28%、0.86%、1.49%，政府消费分别减少 0.27%、0.86%、1.49%；人民币实际升值分别为 0.13%、0.4%、0.68%，直接导致出口分别减少 0.13%、0.41%、0.72%，关税收入分别减少 0.11%、0.34%、0.61%，贸易状况变坏（见图 5－10－6）。

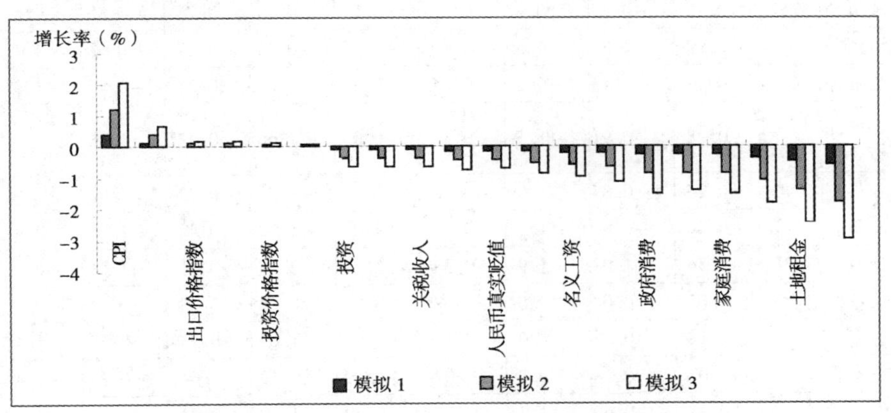


**图 5－10－6　农产品价格变化对宏观经济的影响**

（2）对农业部门的影响。粮食价格增长，对农业部门产生的影响是负面的。首先，粮食价格增长并没有为粮食生产部门带来产量、就业和投资的增长，只带来了粮食大幅度进口效应。以大豆种植业、玉米种植业、小麦种植业、大米种植业和小米种植业为主要的粮食生产部门，在粮食价格增长 50% 的条件下，上述产业进口分别增加 46.49%、89.1%、83.73%、88.06% 和 92.48%。其次，粮食价格增长，使蔬菜种植业、水果种植业、林业、渔业的生产环境变坏，这些产业在产出、就业、投资、出口、产出价格方面均出现负增长。最后，粮食价格增长，虽然带动了畜牧产业的产出价格增长，但是这些部门除了进口量增加外，并没有带来其他方面的增长。粮食价格增长，也不利于畜牧业生产发展（见表5－10－2）。

**表5－10－2　粮食价格上调对农业部门的影响**　单位：%

| 部门<br>指标 | 产出 | | | 就业 | | | 投资 | | |
|---|---|---|---|---|---|---|---|---|---|
| | 模拟1 | 模拟2 | 模拟3 | 模拟1 | 模拟2 | 模拟3 | 模拟1 | 模拟2 | 模拟3 |
| 大豆种植业 | -5.13 | -14.4 | -22.7 | -5.36 | -15.04 | -23.55 | -6.42 | -17.96 | -28 |
| 玉米种植业 | -1.39 | -3.91 | -6.19 | -1.47 | -4.15 | -6.56 | -1.72 | -4.89 | -7.8 |
| 小麦种植业 | -2.37 | -6.56 | -10.2 | -2.48 | -6.86 | -10.62 | -3.01 | -8.35 | -13 |
| 大米种植业 | -1.45 | -4.07 | -6.37 | -1.52 | -4.25 | -6.66 | -1.88 | -5.28 | -8.3 |
| 小米种植业 | -1.19 | -3.48 | -5.66 | -1.25 | -3.65 | -5.93 | -1.49 | -4.4 | -7.2 |
| 蔬菜种植业 | -0.21 | -0.67 | -1.18 | -0.21 | -0.69 | -1.22 | -0.33 | -1.06 | -1.9 |
| 苹果种植业 | -0.15 | -0.49 | -0.87 | -0.15 | -0.5 | -0.89 | -0.26 | -0.85 | -1.5 |
| 柑橘种植业 | -0.09 | -0.3 | -0.55 | -0.09 | -0.3 | -0.55 | -0.17 | -0.58 | -1.1 |
| 葡萄种植业 | -0.14 | -0.46 | -0.81 | -0.14 | -0.46 | -0.83 | -0.24 | -0.77 | -1.4 |
| 其他作物种植业 | -0.28 | -0.91 | -1.59 | -0.3 | -0.95 | -1.66 | -0.43 | -1.38 | -2.4 |
| 养猪业 | -0.26 | -0.85 | -1.51 | -0.26 | -0.84 | -1.5 | -0.33 | -1.08 | -1.9 |
| 养羊业 | -0.3 | -0.97 | -1.7 | -0.34 | -1.09 | -1.92 | -0.42 | -1.36 | -2.4 |
| 其他家畜业 | -0.34 | -1.08 | -1.9 | -0.38 | -1.21 | -2.13 | -0.47 | -1.51 | -2.7 |
| 棉花种植业 | 0.02 | 0.03 | 0.04 | 0.02 | 0.05 | 0.06 | -0.03 | -0.14 | -0.3 |
| 林　业 | -0.18 | -0.57 | -1.01 | -0.18 | -0.58 | -1.04 | -0.23 | -0.75 | -1.4 |
| 伐木业 | -0.02 | -0.1 | -0.2 | -0.02 | -0.09 | -0.19 | -0.04 | -0.18 | -0.4 |
| 渔　业 | -0.21 | -0.69 | -1.23 | -0.22 | -0.72 | -1.29 | -0.31 | -1 | -1.8 |
| 其他农业 | -0.22 | -0.67 | -1.14 | -0.23 | -0.7 | -1.2 | -0.3 | -0.95 | -1.7 |
| 大豆种植业 | -0.56 | -1.76 | -3.05 | 8.52 | 26.77 | 46.49 | 10 | 30 | 50 |
| 玉米种植业 | -0.56 | -1.76 | -3.05 | 14 | 47.46 | 89.1 | 10 | 30 | 50 |
| 小麦种植业 | -0.56 | -1.76 | -3.05 | 13.32 | 44.89 | 83.73 | 10 | 30 | 50 |
| 大米种植业 | -0.56 | -1.76 | -3.05 | 13.85 | 46.94 | 88.06 | 10 | 30 | 50 |
| 小米种植业 | -0.56 | -1.76 | -3.05 | 14.36 | 48.99 | 92.48 | 10 | 30 | 50 |
| 蔬菜种植业 | -0.56 | -1.76 | -3.05 | -0.4 | -1.21 | -2.06 | -0.13 | -0.39 | -0.66 |
| 苹果种植业 | -0.56 | -1.76 | -3.05 | -0.4 | -1.21 | -2.06 | -0.13 | -0.38 | -0.64 |
| 柑橘种植业 | -0.56 | -1.76 | -3.05 | -0.38 | -1.17 | -1.98 | -0.12 | -0.36 | -0.61 |
| 葡萄种植业 | -0.56 | -1.76 | -3.05 | -0.4 | -1.22 | -2.08 | -0.12 | -0.37 | -0.63 |
| 其他作物种植业 | -0.56 | -1.76 | -3.05 | -0.43 | -1.31 | -2.23 | -0.14 | -0.42 | -0.71 |

续表

| 部门<br>指标 | 产出 | | | 就业 | | | 投资 | | |
|---|---|---|---|---|---|---|---|---|---|
| | 模拟 1 | 模拟 2 | 模拟 3 | 模拟 1 | 模拟 2 | 模拟 3 | 模拟 1 | 模拟 2 | 模拟 3 |
| 养猪业 | -0.56 | -1.76 | -3.05 | 0.29 | 0.9 | 1.54 | 0.34 | 1.08 | 1.87 |
| 养羊业 | -0.56 | -1.76 | -3.05 | 0.45 | 1.4 | 2.41 | 0.44 | 1.37 | 2.38 |
| 其他家畜业 | -0.56 | -1.76 | -3.05 | 0.44 | 1.35 | 2.33 | 0.44 | 1.37 | 2.39 |
| 棉花种植业 | -0.56 | -1.76 | -3.05 | -0.41 | -1.25 | -2.13 | -0.12 | -0.35 | -0.59 |
| 林　业 | -0.56 | -1.76 | -3.05 | -0.41 | -1.27 | -2.19 | -0.13 | -0.4 | -0.68 |
| 伐木业 | -0.56 | -1.76 | -3.05 | -0.25 | -0.8 | -1.4 | -0.13 | -0.41 | -0.69 |
| 渔　业 | -0.56 | -1.76 | -3.05 | -0.32 | -1.01 | -1.75 | -0.04 | -0.12 | -0.19 |
| 其他农业 | -0.56 | -1.76 | -3.05 | -0.16 | -0.49 | -0.81 | 0.03 | 0.11 | 0.2 |

资料来源：本研究测算。

（3）对加工业部门的影响。粮食价格增长10%、30%和50%，对农产品加工行业带来的影响除了使猪肉加工业、其他肉类加工业、蛋类加工业、奶制品加工业、谷物磨制业、饲料加工业、其他食品制造业、酒精及酒制造业、饮料加工业的进口量和产出价格得到提高外，在产出、就业和投资领域均没有正效应（见表5-10-3）。

**表5-10-3　　　　价格波动对农产品加工业的影响**　　　　单位：%

| 部门<br>指标 | 产出 | | | 就业 | | | 投资 | | |
|---|---|---|---|---|---|---|---|---|---|
| | 模拟 1 | 模拟 2 | 模拟 3 | 模拟 1 | 模拟 2 | 模拟 3 | 模拟 1 | 模拟 2 | 模拟 3 |
| 猪肉加工业 | -0.22 | -0.72 | -1.29 | -0.17 | -0.58 | -1.06 | -0.17 | -0.58 | -1.09 |
| 其他肉类加工业 | -0.42 | -1.32 | -2.29 | -0.4 | -1.28 | -2.23 | -0.52 | -1.66 | -2.9 |
| 蛋类加工业 | -0.32 | -1.01 | -1.76 | -0.31 | -0.99 | -1.73 | -0.45 | -1.44 | -2.52 |
| 奶制品加工业 | -0.21 | -0.68 | -1.19 | -0.2 | -0.65 | -1.15 | -0.33 | -1.07 | -1.88 |
| 谷物磨制业 | -1.32 | -3.84 | -6.21 | -1.29 | -3.76 | -6.09 | -1.36 | -4.03 | -6.65 |
| 饲料加工业 | -0.29 | -0.93 | -1.63 | -0.25 | -0.82 | -1.46 | -0.3 | -0.98 | -1.77 |
| 植物油加工业 | -0.23 | -0.75 | -1.32 | -0.18 | -0.59 | -1.05 | -0.21 | -0.71 | -1.29 |
| 制糖业 | -0.34 | -1.07 | -1.87 | -0.29 | -0.92 | -1.63 | -0.33 | -1.09 | -1.94 |
| 水产品加工业 | -0.44 | -1.39 | -2.42 | -0.42 | -1.33 | -2.34 | -0.52 | -1.66 | -2.92 |
| 其他食品制造业 | -0.49 | -1.56 | -2.71 | -0.47 | -1.5 | -2.62 | -0.55 | -1.76 | -3.11 |

续表

| 指标＼部门 | 产出 | | | 就业 | | | 投资 | | |
|---|---|---|---|---|---|---|---|---|---|
| | 模拟1 | 模拟2 | 模拟3 | 模拟1 | 模拟2 | 模拟3 | 模拟1 | 模拟2 | 模拟3 |
| 酒精及酒制造业 | -0.29 | -0.91 | -1.6 | -0.24 | -0.78 | -1.39 | -0.28 | -0.91 | -1.64 |
| 饮料加工业 | -0.29 | -0.93 | -1.63 | -0.23 | -0.74 | -1.32 | -0.25 | -0.84 | -1.53 |
| 烟草制品业 | -0.17 | -0.55 | -0.98 | -0.05 | -0.18 | -0.37 | -0.04 | -0.18 | -0.38 |
| 棉纺织业 | 0.08 | 0.22 | 0.37 | 0.11 | 0.33 | 0.55 | 0.09 | 0.25 | 0.39 |
| 毛纺织业 | -0.14 | -0.44 | -0.79 | -0.09 | -0.3 | -0.55 | -0.14 | -0.47 | -0.85 |
| 丝纺织业 | -0.14 | -0.44 | -0.78 | -0.11 | -0.38 | -0.68 | -0.19 | -0.63 | -1.13 |
| 木材加工业 | -0.19 | -0.62 | -1.09 | -0.14 | -0.48 | -0.86 | -0.15 | -0.52 | -0.94 |
| 猪肉加工业 | -0.56 | -1.76 | -3.05 | 0.21 | 0.65 | 1.11 | 0.22 | 0.69 | 1.21 |
| 其他肉类加工业 | -0.56 | -1.76 | -3.05 | 0.19 | 0.59 | 1.02 | 0.22 | 0.7 | 1.21 |
| 蛋类加工业 | -0.56 | -1.76 | -3.05 | 0.16 | 0.48 | 0.83 | 0.24 | 0.75 | 1.3 |
| 奶制品加工业 | -0.56 | -1.76 | -3.05 | 0.07 | 0.21 | 0.35 | 0.19 | 0.6 | 1.05 |
| 谷物磨制业 | -0.56 | -1.76 | -3.05 | 9.12 | 29.61 | 53.34 | 5.58 | 17.45 | 30.25 |
| 饲料加工业 | -0.56 | -1.76 | -3.05 | 0.41 | 1.26 | 2.15 | 0.41 | 1.28 | 2.22 |
| 植物油加工业 | -0.56 | -1.76 | -3.05 | -0.39 | -1.23 | -2.14 | -0.08 | -0.25 | -0.43 |
| 制糖业 | -0.56 | -1.76 | -3.05 | -0.49 | -1.53 | -2.66 | -0.08 | -0.26 | -0.44 |
| 水产品加工业 | -0.56 | -1.76 | -3.05 | -0.22 | -0.7 | -1.24 | -0.01 | -0.02 | -0.03 |
| 其他食品制造业 | -0.56 | -1.76 | -3.05 | 0.58 | 1.79 | 3.06 | 0.62 | 1.92 | 3.32 |
| 酒精及酒制造业 | -0.56 | -1.76 | -3.05 | 0.45 | 1.4 | 2.41 | 0.45 | 1.4 | 2.43 |
| 饮料加工业 | -0.56 | -1.76 | -3.05 | 0.2 | 0.59 | 0.98 | 0.29 | 0.91 | 1.58 |
| 烟草制品业 | -0.56 | -1.76 | -3.05 | -0.16 | -0.52 | -0.93 | -0.01 | -0.03 | -0.05 |
| 棉纺织业 | 0.21 | 0.64 | 1.09 | -0.07 | -0.23 | -0.41 | -0.05 | -0.16 | -0.27 |
| 毛纺织业 | -0.56 | -1.76 | -3.05 | 0.04 | 0.13 | 0.2 | 0.05 | 0.15 | 0.26 |
| 丝纺织业 | -0.56 | -1.76 | -3.05 | -0.19 | -0.6 | -1.04 | -0.07 | -0.23 | -0.39 |
| 木材加工业 | -0.56 | -1.76 | -3.05 | -0.18 | -0.57 | -1.01 | -0.04 | -0.14 | -0.23 |

资料来源：本研究测算。

（4）对工业部门和服务业的影响。粮食价格升高，对工业部门和服务业带来的影响全部为负面影响。未来10年，粮食价格上调10%、30%和50%，工业部门的产出分别下降0.081%、0.257%、0.457%，就业分别下降0.064%、0.202%、0.367%，投资分别下降0.078%、0.254%、0.472%，出口分别下降0.058%、0.182%、0.323%，进口分别下降0.135%、0.423%、0.744%，要素价格分别下降0.127%、0.392%、0.675%。服务业部门产出分别下降0.17%、0.534%、0.935%，就业分别下降0.144%、0.451%、0.797%，投资分别下降0.11%、0.356%、0.656%，出口分别下降0.565%、1.762%、3.055%，进口分别下降0.198%、0.619%、1.082%，要素价格分别下降0.104%、0.32%、0.546%（见图5－10－7）。

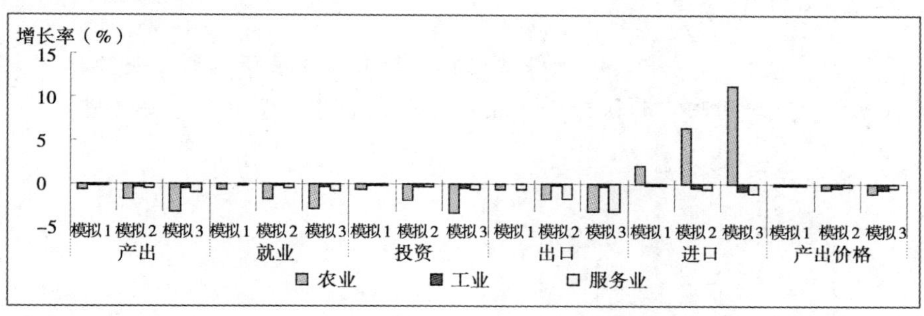


**图5－10－7　农产品价格变化对其他部门的影响**

## （五）讨论及建议

本研究通过构建中国农业一般均衡模型（CGE），分析了粮食价格上调对我国粮食安全的影响。鉴于一般均衡理论是把整个经济系统作为分析对象，着眼经济系统内的所有市场、所有价格以及各种商品和要素的供需关系，要求所有的市场都结清。同时，在一般均衡模型中，还设定一些外生变量。外生变量变化引起的经济系统内任何一部分的结构变化都会波及整个系统，导致商品和要素价格、数量的普遍变动，使得经济系统从一个均衡状态向另一个均衡状态过渡。我们对抽象的一般均衡模型给出具体的数字设定，从而判断外生变量变化会导致内生变量如何变化的过程，因此本研究所得出的结论具有一定的价值。

提升粮食价格将会对国家粮食安全产生不良的影响。在国家层面上，提高粮食价格，促进了价格指数的增长，导致投资、就业和消费不足，贸易条件变坏。对于农业部门，提高粮食价格并没有达到提高粮食生产能力、增加就业和投资的目标，相反，却导致粮食进口数量大幅度增加。提升粮食价格，对农产品加工部门，无论是与粮食密切相关还是不直接相关，均没有带来正面影响；同时对工业部门和服务部门也未带来正面效应，所以，价格不再是粮食安全的政策保障，我们必须慎用粮食价格政策，同时要密切关注粮食市场上的价格异常波动，防止因粮食价格的剧烈波动而拖累国家宏观经济增长速度。

（中国农业科学院农业经济与发展研究所　黄德林
李向阳　蔡松锋　　农业部人力资源开发中心　安　岩）

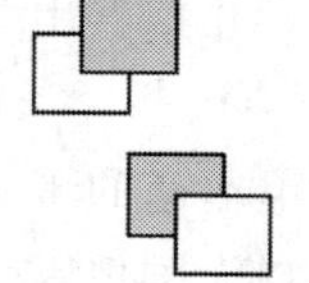

# 十一、粮食储备和价格控制能否稳定粮食市场

## ——世界粮食危机的若干启示*

【内容提要】

通常认为，粮食储备可以在年度生产和市场波动时平衡当年供应，控制粮价也可以在一定程度上实现同样目标。尽管储备可以吸收短期生产和市场波动并保持供应和价格稳定，但是，它也可能延缓市场价格的信号作用，把本来不严重的短缺倾向积累成巨大的波动。例如，1999/2000 年度到 2005/2006 年度世界粮食储备持续下降，虽然维持了 5～6 年粮价稳定，但却导致 2007/2008 年度更激烈的粮价上涨。因此，如果把供应不足的趋势当做生产的短期波动，并且用储备加以平衡，粮食储备的作用就可能走向原定目标的反面。同理，控制粮价也可能是今后粮价更大幅度上升的原因。

### （一）引　言

对于大多数发展中国家来说，粮食安全始终是一个敏感的政治问题。粮食价格的大幅度波动不仅可能引发广大民众的不满，低收入弱势人群更加深受其害，其福利水平将受到很大影响。因此，许多发展中国家的政府都试图通过公共储备的运行和价格控制等措施维持价格稳定；特别是在国内外粮食市场发生大幅度波动的时

* 本文转载自《南京农业大学学报（社会科学版）》，2011 年，第 11（2）卷。

候，不仅进口国力图维持国内市场稳定，出口国也会限制甚至禁止粮食出口以维持国内市场较低的价格水平。

2008年的世界粮食危机之后，2010年不仅俄罗斯遭受百年不遇的干旱和大火，巴基斯坦遭遇严重水灾，乌克兰和加拿大等粮食出口大国也因灾减产，俄罗斯和乌克兰等国因而限制粮食出口，世界粮价也随之上涨了大约1倍。2008年的世界粮食危机是否会再次出现？如果新的危机由自然灾害引发，作为传统的风险管理工具，粮食储备是否确实有助于稳定市场供求平衡？更一般地说，粮食储备和价格控制是否能胜任稳定市场供求的重任？承担这样的任务需要什么条件？面临什么样的制约条件？或者说，粮食储备和价格控制在稳定短期市场价格的同时，是否可能积累市场供求的潜在不平衡力量并引发今后更大幅度的波动？

为了回答这些问题，让我们首先回顾2008年世界粮食危机及其以前一段时期世界粮食市场价格的变化、世界粮食储备在这一过程中的相应变化以及相关国家政府的反应，以便更清楚地理解三者之间的关系。

从图5-11-1中可以看出，玉米、小麦和大米这三种主要谷物的世界市场价格从2007年到2008年上半年分别上涨了2~3倍，但随后的下降速度更快，在2008年下半年短短几个月内就跌了回去。世界粮食价格短期内大幅度波动的情况令人印象深刻，并且很容易得到一个结论，即这次价格波动在很大程度上可归因于投机行为而不是基本供求失衡。因此，针对短期波动和投机行为的政策工具——储备和价格控制，应当能发挥其应有作用；它们应当不仅能够稳定市场供求，而且能够维持较低的市场价格，从而保持城市贫民和缺粮农户的实际福利不受粮食价格波动的影响。

然而，这种似乎常识性的政策措施需要一个前提条件：即当前的市场价格或者政策确定并试图维持的目标价格足以在预期的水平上维持长期的供求平衡。换句话说，在这一预定的价格水平上，长期的市场供求可以保持平衡；短期的价格波动完全由偶然的突发因素触发，与市场价格水平没有关系。当然，如果期望动用储备来平衡市场的偶然波动，储备水平必须足以吸收任何短期波动。

值得注意的是，图5-11-1揭示2005年以前主要谷物的世界市场价格一直稳定处于较低水平，2005年开始缓慢上升。这是否意味着2005年以前世界粮食市场的供求基本处于平衡状态？如果不是，特别是如果

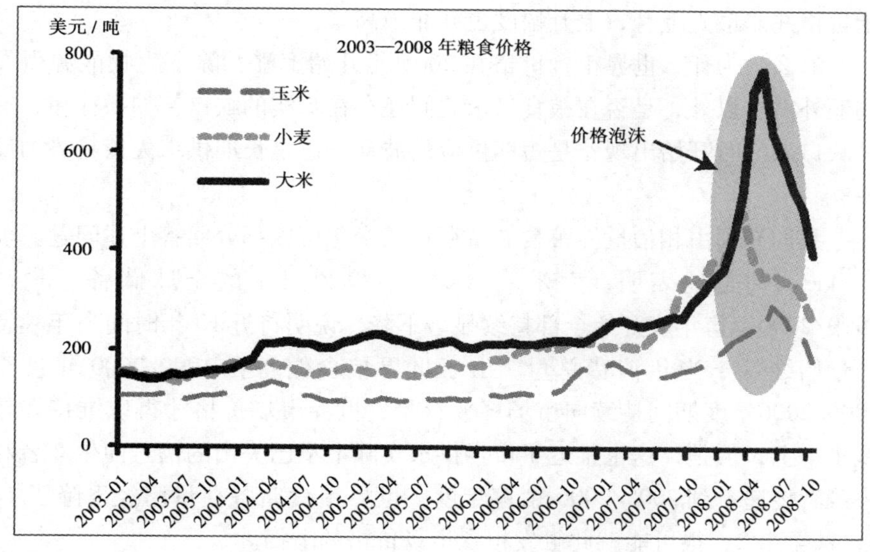


资料来源：FAO，2008a.

**图 5－11－1　2007/2008 年度危机以前的世界粮食价格**

2005 年以前世界粮食市场长期供不应求，仅仅是依赖粮食储备的释放才维持了相当一段时期的稳定较低价格，那么，这种看似稳定的市场价格是否扭曲了市场供求信号，并且延缓了正确供求信号的释放？如果确实是这样，那么，储备乃至于价格控制是否有可能积累并放大粮食市场的波动？这种现象取决于哪些条件？

## （二）生产、储备和市场价格之间的关系

世界粮食价格在 2005 年以前一直稳定地保持在较低水平，然后从缓慢上升变为飞速上涨。许多人把世界粮价自 2005 年开始的上涨归因于生物能源的发展占用了大量的玉米。如果确实如此，那么，可以合理推论生物能源对玉米的需求应当首先推高玉米价格，进而刺激农民扩大玉米生产并减少其他粮食作物的生产，其他主要作物的价格因供应减少而随后上涨。但是，图 5－11－1 中各种主要粮食作物价格的变动却并非如此：玉

米价格并非最先上升，上升幅度也并非最高。

那么，为什么世界粮食价格在2005年开始上涨？除了生物能源引发的额外需求以外，是否在粮食供求之间还存在真实的缺口？如果存在，这种缺口从何时开始出现？是短期供应的波动，还是长期供求失衡趋势的反映？

我们有理由相信世界粮食储备存量的变化可以部分回答上述问题。表5－11－1清楚地表明，大米、小麦、杂粮和玉米的全球储备存量从1999/2000销售年度开始全部持续显著下降，说明将近10年时间当年粮食产量始终低于当年消费总量。由于世界粮食储备在1999/2000年度至2005/2006年度期间持续向市场释放存量，世界市场价格才得以维持在较低水平上；但是，这也推迟了市场供求实际上早已失衡的信号向生产者和决策者传递。到2005/2006销售年度，世界粮食储备存量已经下降了1/3，甚至1/2，很可能就此触发粮食市场价格的上扬。

**表5－11－1　　主要粮食品种的期末库存　　单位：百万吨**

| 年度 | 大米 | 小麦 | 玉米 | 杂粮 |
|---|---|---|---|---|
| 1977/1978 | 44.8 | 109.2 | 124.0 | 77.3 |
| 1987/1988 | 105.3 | 191.1 | 263.3 | 197.5 |
| 1990/1991 | 126.7 | 170.5 | 141.2 | 195.2 |
| 1991/1992 | 126.8 | 162.0 | 140.9 | 194.4 |
| 1992/1993 | 123.3 | 175.7 | 162.5 | 219.3 |
| 1993/1994 | 119.1 | 181.4 | 129.3 | 181.1 |
| 1994/1995 | 117.8 | 162.1 | 152.9 | 196.5 |
| 1995/1996 | 118.4 | 155.3 | 132.7 | 162.1 |
| 1996/1997 | 120.6 | 164.5 | 165.6 | 202.1 |
| 1997/1998 | 127.9 | 197.0 | 166.2 | 216.2 |
| 1998/1999 | 134.3 | 207.9 | 190.9 | 237.9 |
| 1999/2000 | 143.5 | 208.5 | 193.6 | 232.8 |
| 2000/2001 | 147.2 | 205.8 | 174.3 | 211.2 |
| 2001/2002 | 133.4 | 201.6 | 151.0 | 198.3 |
| 2002/2003 | 103.6 | 166.3 | 126.2 | 170.7 |
| 2003/2004 | 82.1 | 132.4 | 104.6 | 141.0 |

续表

| 年度 | 大米 | 小麦 | 玉米 | 杂粮 |
|---|---|---|---|---|
| 2004/2005 | 74.5 | 150.6 | 131.4 | 178.6 |
| 2005/2006 | 76.7 | 147.6 | 123.7 | 164.4 |
| 2006/2007 | 75.1 | 125.1 | 107.3 | 136.5 |
| 2007/2008 | 72.1 | 109.7 | 101.9 | 126.0 |

资料来源：美国农业部，转引自 Zwinger，2008。

表 5－11－2 是对表 5－11－1 数据的总结和简化。数据表明，4 种主要谷物的世界储备存量从上世纪 70 年代后半期开始持续增长，自 80 年代后期直到世纪之交，或者继续上升，或者始终保持在较高水平上。这一趋势自新世纪开始发生变化：大米储备存量在 6 年时间内下降了一半，而同期小麦、玉米和杂粮的世界储备存量均大约减少了 1/3。

**表 5－11－2　　世界粮食储备变化**

| | 大　米 | | | 小　麦 | | |
|---|---|---|---|---|---|---|
| 年　度 | 消费 | 储备 | 储备/消费 | 消费 | 储备 | 储备/消费 |
| 1977/1978 | 244.6 | 44.8 | 18.3% | 396.0 | 109.2 | 27.6% |
| 1987/1988 | 313.3 | 105.3 | 33.6% | 511.3 | 191.1 | 37.4% |
| 1999/2000 | 399.7 | 143.5 | 35.9% | 585.1 | 208.5 | 35.6% |
| 2005/2006 | 415.5 | 76.7 | 18.5% | 624.4 | 147.6 | 23.6% |
| | 杂　粮 | | | 玉　米 | | |
| 年　度 | 消费 | 储备 | 储备/消费 | 消费 | 储备 | 储备/消费 |
| 1977/1978 | 680.8 | 124.0 | 18.2% | 356.5 | 77.3 | 21.7% |
| 1987/1988 | 799.5 | 263.3 | 32.9% | 458.3 | 197.5 | 43.1% |
| 1999/2000 | 882.3 | 232.8 | 26.4% | 604.9 | 193.6 | 32.0% |
| 2005/2006 | 991.5 | 164.4 | 16.6% | 704.0 | 123.7 | 17.6% |

资料来源：根据表 5－11－1 数字计算而得。

世界主要谷物储备持续下降表明，自 1999/2000 年度以来，每年的粮食生产一直低于消费总量，而市场价格没有上升的最主要原因就在于：储备的释放连续 6 年补充了当年生产的缺口。这一期间粮食价格稳定在较低水平上，显然有利于增进或至少保持低收入消费者的福利；但是，这也向生产者、农业科技人员和政府决策者发出了错误信号。由于没有及时发出供不应求警报，粮食生产也没有得到有效、充分的刺激，在低于当年消费的水平上保持了过长的时间。而在这一时期内，储备的释放并不是用于平衡短期的偶然或突发波动，它实际上被用于弥补长期供不应求的缺口。显然，这种使用超出了粮食储备的预期和正常功能。一旦储备存量明显下降，无力再弥补长期存在的供不应求缺口，长期拖延的供不应求信号就可能用一种更加激烈的方式表达出来。这就是为什么 2005/2006 年度以后世界粮价先缓慢上升、后加速上升的直接原因。

如果我们回顾更长时期的世界粮食生产和价格数据，也许有助于比较清楚地理解生产、储备和价格之间的关系。图 5 - 11 - 2 显示，世界粮食生产增长率从上世纪 60 年代到本世纪初期总体上呈放缓趋势；尽管 70 年代后期有一段上升时期，但 80 年代初期又开始下降。总体上，40 年间粮食生产的增长率处于下行通道。图 5 - 11 - 3 则显示，除了上世纪 70 年代初期石油危机引发能源价格飞涨从而导致粮食价格也出现短时大幅度上升以外，从 60 年代到本世纪初 40 年间世界市场的粮食价格实际上也处于下行通道。

如果粮食生产的增长率和市场价格均处于长期下降的过程之中，合理的解释应当是生产过剩导致价格下降，价格下降则导致增长速度放缓。只要总产量仍然高于消费量，这一过程就可能持续下去；即使增产量已经低于消费量，只要过去积累的储备在一段时间内可以弥补当年产量的缺口，价格就可能保持在低位，甚至短期继续下滑。

让我们把表 5 - 11 - 1 中世界粮食储备的变化趋势做成图形进一步比较（见图 5 - 11 - 4），可以看出，尽管上世纪 90 年代世界粮食价格继续下降，并且导致粮食总产增长速度不断下滑，世界粮食储备存量仍然增长，说明尽管增长率下降到较低水平，在当年价格水平上仍然供过于求，仍然有过剩粮食被储备吸收。不过，在粮食增长率长期下滑、降低到年均大约 1% 的水平之后，当年产量再也不够满足当年消费，世界粮食储备开始连续减少；而在储备下降的最初五六年时间里，释放的储备足以弥补当年生产的缺口，粮食的市场价格并没有上升。

粮食生产、价格和储备三者之间的关系和相互作用可以大致总结如

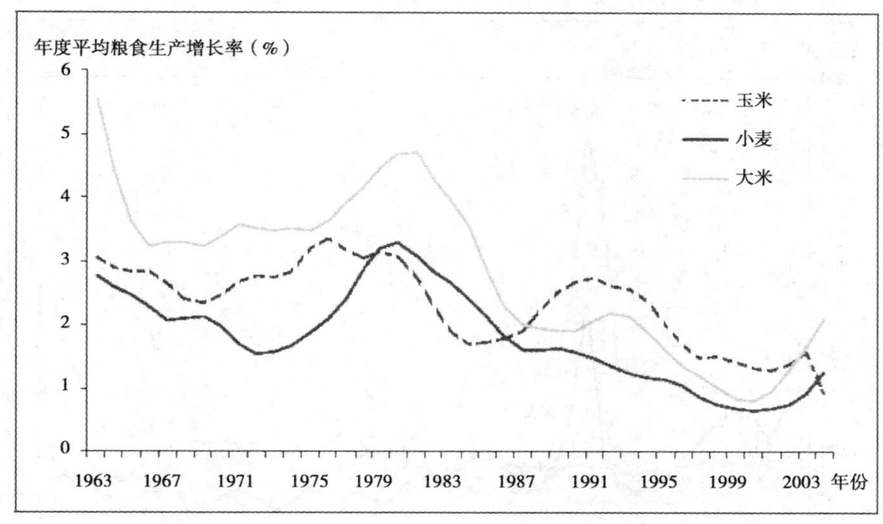


资料来源：世界银行，2008；转引自 Von Braun，2008b。

**图 5－11－2　主要谷物生产的增长趋势**

下：

（1）生产和生产率的增长在很大程度上取决于过去和当前的价格；

（2）由于粮食消费比较稳定（或消费的增长比较稳定），价格的波动主要反映生产和储备构成的总供应的波动；

（3）储备存量的变化可能是市场力量和政策干预的共同结果；

（4）储备存量及其变化可能对当前的市场价格有重大影响，并进而影响今后的生产。

如果这一结论成立，那么，使用储备能否稳定市场价格就取决于价格上升的原因是短期的偶然波动，还是反映了长期供不应求的趋势。如果当前市场供不应求的原因不是短期的偶然波动而是一种长期趋势的苗头，说明当前的市场价格已经不足以刺激足够的生产，此时动用储备稳定市场价格，就可能延缓市场价格发挥其应有的资源配置信号作用，从而积累和放大未来的价格波动，与设立储备的初始目标背道而驰。从逻辑上讲，这一结论也适用于政府对价格的控制，因为价格控制同样可能扭曲或延缓市场价格信号。

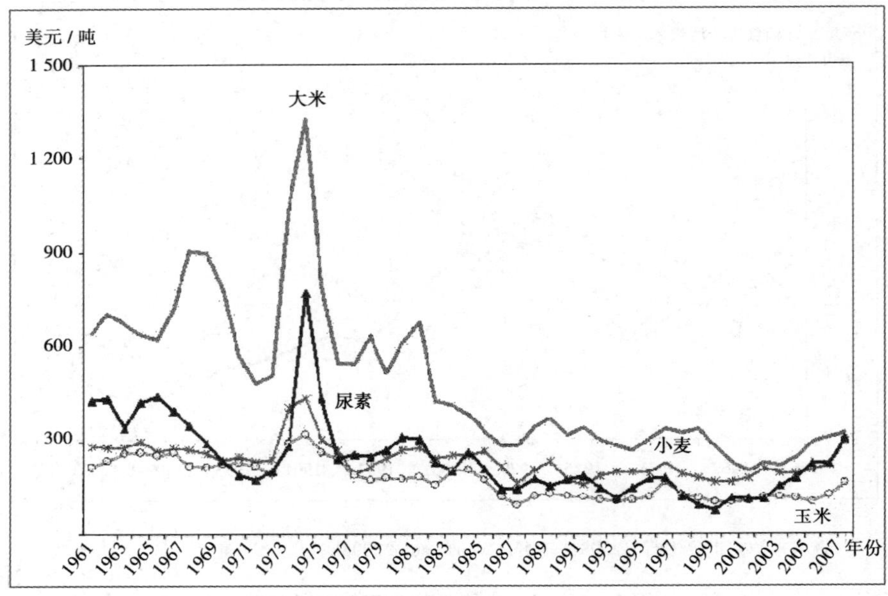


资料来源：世界银行，2008；转引自 Barker，2008。

**图5－11－3　主要谷物价格的下降趋势**

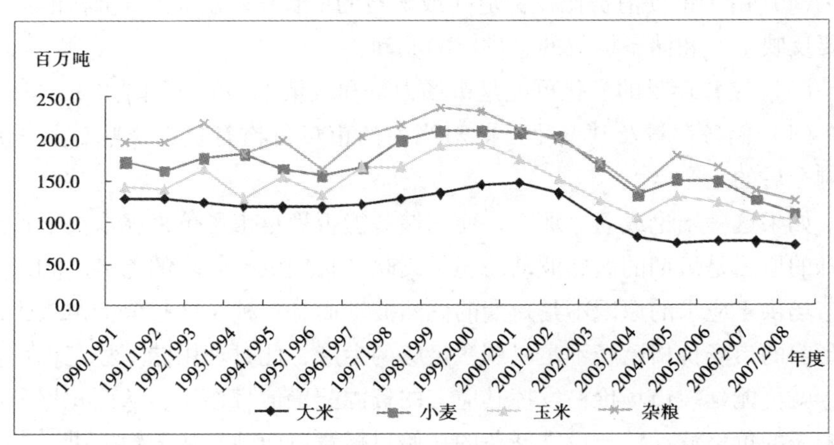


资料来源：本书表5－11－1。

**图5－11－4　世界粮食储备的变化**

## （三）对中国粮食储备存量变化的模拟

从储备对市场长期供求关系的影响来看，显然应当把后备储备和周转储备分开：前者的目标是平衡年度间的产量波动，维持总供应量的相对稳定；后者的作用是保持年度内的正常供应，调节季节性生产和周年供应的矛盾。我们的研究集中关注后备储备，但又不能局限于国家储备，因为不仅商业机构可能保持超出正常周转需要的库存用于规避风险或投机，农户也可能在市场粮价低迷时库存大量粮食。商业机构和农户的这种库存也构成一个国家后备总储备的一部分。从我们国家的情况看，农户可能在长达数年的时间内库存相当数量的粮食；尽管每户库存数量不是很大，但由于农户数量巨大，库存总量也很巨大。上世纪 90 年代中期开始的低迷价格导致长期"卖粮难"，农户库存曾经达到很高水平并且维持了好几年。

为了模拟包括商业和农户库存在内的粮食储备总量变化，我们采用通过粮食平衡表来估计储备增量的办法，然后通过累计增量的方式估计储备的总量（存量）及其变化。基本的假设是：一是消费总量（包括直接消费、间接消费和生产性消费）随着人口和经济的增长而增长，其增长速度相对稳定；二是粮食储备的年度变化（增量）等于总供应（生产加净进口）与总消费的差额；三是储备的总量（存量）构成当年总供应的一部分。

生产和贸易的数据取自于国家统计局公布的统计数字；消费总量是估算的，按照假设的两种消费增长率进行模拟；储备增量和存量则简单计算上述总供应和总消费的差额并加总而得到[①]。

图 5－11－5 描述了两种模拟的结果：第一种情景假设初期的粮食总消费水平较低，但增长速度较快；而第二种情景则假设初期消费水平较高但增长速度相对较慢。由于粮食总产量和贸易量相同，关于消费水平及其增长速度的两种假设就导致粮食储备存量的两种不同变化。两种结果的变化趋势相当接近，相比较而言，似乎第二种结果更接近现实，所以下文的

① 详细方法参见苗齐、钟甫宁（2006）。

分析以第二种模拟结果为依据（见图 5－11－5）。

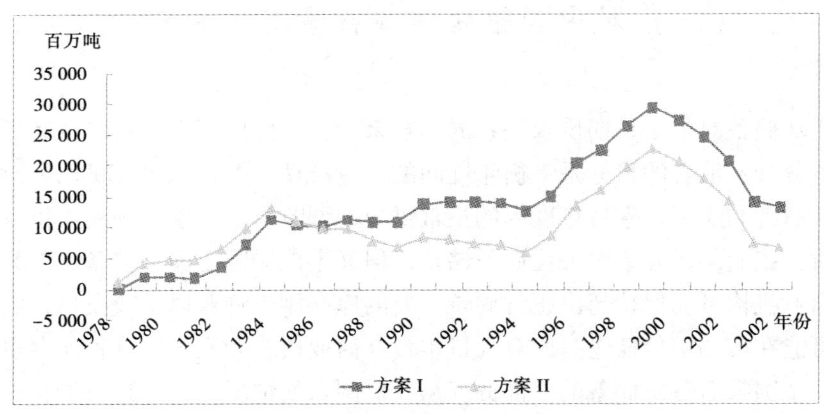


资料来源：作者根据上述假设计算。

**图 5－11－5　中国粮食储备存量变化趋势**

根据上述方法估算的各年储备存量加上当年产量和贸易量就可以得到当年的总供应量，与当年产量以及根据物价指数折算得到的实际粮食零售价格一道，以 1978 年为基期，以百分比的方式描绘在图 5－11－6 中。根据定义，总供应量曲线与当年产量曲线之间的垂直距离就是该年份储备总量（存量）。改革开放初期的粮食零售价格与农民得到的出售价格（国家收购价格）不仅有差距，而且两者的变化不同步：政府不断提高收购价格，但保持零售价格基本不变，两者差距越来越大，直到上世纪 90 年代初期，1991 年、1992 年两年国家零售价格连续大幅度提高（合计增幅超过 50%），1993 年又彻底取消定量供应制度，粮食零售价格才逐渐与农户得到的价格趋同，至少两者的变化方向和程度逐渐趋同。

如上所述，上世纪 80 年代的粮食零售价格与农户得到的价格不同，因而不大可能影响生产和储备的变动。因此，我们的分析中会比较谨慎地使用这一时期的数据。图 5－11－6 显示，如众所周知的那样，1978 年以后的几年里粮食生产增长很快，由于粮食的平均年净进口量高达 1 500 万吨，总供应增长更快。由于消费的增长速度滞后于总供应量，储备总量持续增长，表现在图 5－11－6 中，就是当年生产和总供应量之间的差距不断扩大。因为供过于求（总供应大于总需求，储备增长），市场零售价格

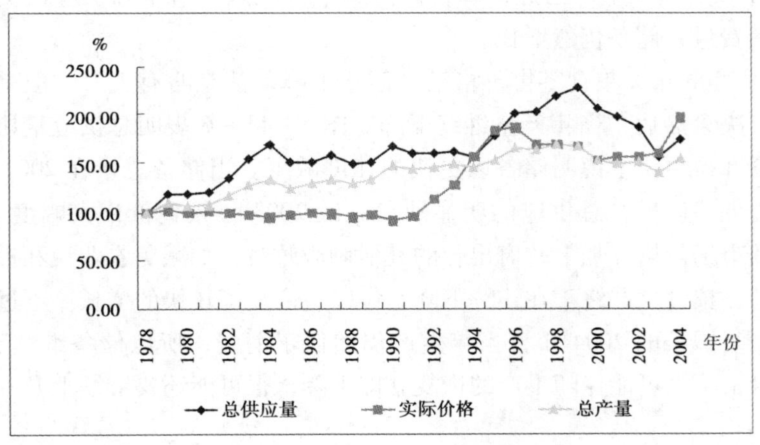


资料来源：作者根据上述假设计算。

图 5－11－6　粮食生产、价格和总供应的变化

不仅长期保持在低水平上，而且表现出一定的下降趋势。由于价格偏低，生产增长速度逐渐放缓，80 年代后半期供过于求的现象逐渐消失并开始出现供应缺口。1990 年前后当年生产量与总供应量之间的距离开始缩短，表明当年生产与净进口的总量已经低于当年消费，以前积累的储备开始释放。由于储备减少，导致总供应也相应减少，一两年后粮食零售价格开始上升。

但是，尽管粮食价格已经开始上升，也许因为积累的储备还比较多，上世纪 90 年代初期的粮食生产并没有立刻作出反应；相反，当时每年出口的玉米还超过 1 000 万吨。因此，储备以更快的速度下降并导致价格更快地上升。1994 年粮食生产重新快速增长，同时玉米出口大幅度减少，储备开始以很快的速度增长，以至于两年之后粮食市场价格在 1996 年 12 月急剧下跌。粮食生产的反应再次滞后：尽管价格下跌了大约 40% 以后长期维持在较低水平，粮食生产的增长却又持续了两年，到 1998 年才再次明显下降。1996—1998 年间的持续增产也许可以归因为生产者对价格的预期高于市场水平，特别是政府不断重申对粮食生产的支持，并实际开始保护价收购政策。因此，即使市场价格较低，总供应仍然超过总消费，储备继续增长，即总供应和当年生产曲线之间的距离继续迅速扩大。即使

1998年以后当年生产已经下降，但直到上世纪末，当年总供应量仍然高于总消费量，储备仍然增长。

到2000年，粮食零售价格已经停止下降，甚至略有上升，但是，由于生产决策滞后，当年产量继续下降。图5－11－6表明总供应量比当年生产下降得更快，说明储备以更快的速度减少。当储备总量在2002年跌入历史低谷以后，总供应的明显缺口导致2003年粮食价格大幅度上升。较高的市场价格，加上政府出台的其他刺激政策，如减免农业税和提供粮食直补，粮食生产终于在连续下降5年以后恢复了较快的增长。不过，在刚刚恢复增长的2004年，当年生产仍然低于消费，所以储备继续下降，预示价格不大可能伴随生产的恢复立即下降，很可能还要继续上升一段时间。

## （四）小结和进一步的讨论

从以上讨论可以看到，除了应付短期的意外波动，在供求长期平衡出现问题的初期，粮食储备也往往用于弥补由于基本供求力量不平衡所产生的缺口，从而推迟市场价格发出正确信号的时间。这样，由于释放累积储备的压制作用，滞后爆发的价格波动很可能更加激烈，至少比逐步反映市场供求关系的及时变化更加激烈。因此，一旦粮食储备的下降达到某一临界点，价格的波动可能远远大于生产波动可能引起的变化。反过来也一样，滞后并且更加激烈的价格变化，不仅可能导致生产决策反应滞后，并且很可能导致生产决策反应过度，形成时间更长、波动幅度更大的生产周期。

如果政府出于稳定市场价格的目标，忽视市场供求失调的原因，力图通过对储备粮运行的干预维持较低的市场价格，这种情况就更可能发生。如果希望储备粮真正承担我们希望的任务，在生产发生偶然波动时平衡市场供求和稳定价格，必须明确认识下列基本条件：

（1）必须充分了解储备粮运行对粮食生产和供应的长期影响；

（2）必须正确区分市场波动的原因是短期的偶然、意外波动，还是长期供求失衡的苗头；

（3）更重要的可能是根据市场和储备数量的变化制定粮食安全政策，而不是片面关注市场价格；

（4）保护低收入弱势人群的福利应当通过收入政策或类似措施，而不要过多依赖价格。

制定正确的粮食安全政策有赖于区分两个看上去一致的政策目标：一是允许市场价格发出正确的供求信号以确保长期供应；二是为了低收入弱势人群的福利（或其他政治目标）尽力维持较低的市场价格。笔者认为，对于长期安全来说，前者显然更加重要，应当作为基本目标；然而，现实生活中的政策往往更注重价格的变化，特别是价格变化可能造成的政治、社会压力，因而往往为了实现短期目标而牺牲了更长期、更基本的目标。同样值得注意的是，如果储备粮的运行可能背离原定基本目标而用于稳定短期价格，政府直接制定的价格政策就更可能服务于稳定短期市场价格的目标，尽管可能导致长期的更大幅度波动也在所不计。因此，制定价格政策、使用价格控制工具应当更加小心，要尽量避免短期目标与长期目标的冲突，更要防止因为追求短期目标而造成更大、长期问题的出现。

（南京农业大学　钟甫宁）

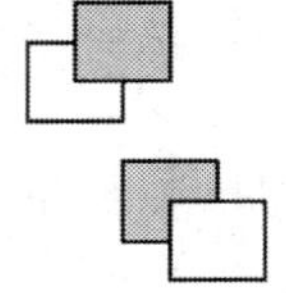

# 十二、外资进入中国粮食产业案例分析*

【内容提要】

外资粮食企业遵循纵横点面结合的内部管理机制、多管齐下的生产组合方式、全循环式的经济加工模式和依托品牌为核心的销售运营途径，以前所未有的速度和规模进入我国粮食产业。外资进入提升了国内粮食加工技术和工艺水平，推动了国内粮食产业格局的里程碑式变革，加快了我国粮食流通体制改革步伐；但与此同时，也增强了粮食市场的宏观调控难度和不确定性，造成部分加工能力闲置，挤压了国内中小粮食企业的发展空间。为此，要增强政府对粮食市场的调控能力，加强对外资企业监管并规范其经营行为，加快培育国内领军的粮食企业集团，继续完善粮食产业监测功能。

近些年，以益海嘉里为代表的外资粮企遵循供应链管理模式，以前所未有的速度和规模进入我国粮食产业，并呈现出广度拓展、深度进入、全面覆盖的趋势。外资粮企在粮食流通、加工等环节，已对国内粮食企业的控制力、竞争力和可持续发展力产生了一系列冲击。当前，“外资垄断”、“威胁粮食安全”、“产业安全”等言论弥漫，也有观点提出“无须过分担忧外资进入我国粮食产业”。在开放市场经济条件下，我国尚缺乏有效调控粮食产业的经验与手段。因此，对粮食产业外资进入情况和形势要进行客观、系统的分析和认识，并

* 本文为 2011 年农业部市场与经济信息司委托项目的研究成果（主持人为李先德）。

作出相应的产业政策安排，这对我国粮食企业平稳、健康、有序发展具有重要意义。

## （一）外资粮食企业生产经营特征

### 1. 纵横点面结合的内部管理机制

益海嘉里把中国大陆地区的业务按照地域范围来划分管理，分别设立了南区（深圳）、中区（上海）和北区（北京）三个区域性管理中心，遵循“总部—大区—公司”的管理系统，通过内部市场化运作，把集团内部各单位分别当做独立的市场主体，以内部市场交易中心为媒介，以各公司、各系统、上下工序之间所提供的产品或服务来联结，各种生产要素通过内部市场机制的作用，形成责权利相统一。同时，集团还成立了事业部，按照“总部—事业部—公司”的管理体系，大部分产品要经过事业部统一调配与运销；事业部还要协调不同地区加工厂管理层与技术人员之间的流动。总部研发中心统一负责产品加工与研发技术，经下属公司试验成功后，再把生产模式复制到其他地区加工企业。

### 2. 多管齐下的生产组合方式

2006 年益海（佳木斯）粮油工业有限公司开始发展订单农业，计算出最贴近实际的亩产，然后以企业实际需要的原粮数量，折算出最终投放的土地面积，随后与各个村里的水稻协会联系，与其签订水稻种植订单。经过专业化验后，按照优质优价回收稻米，出米率提高 1 个百分点，回收价提高 1.5 分/斤①；否则，将降低 1.5 分/斤。

益海嘉里粮油（兖州）公司组织当地农民成立了兖州市益海嘉里粮油生产专业协会，兖州农业局将基地与农业部科技入户项目相结合，向农民提供技术服务，办培训班。益海嘉里粮油（兖州）公司设立了 22 家销

---

① 加工企业收购水稻不同于储备粮公司，前者更关注出米率，后者则更关注水分。益海（佳木斯）粮油工业有限公司对水稻的基本要求是 68% 的出米率、14.5% 的水分。

售益海嘉里产品的专卖店，专卖店实际上是益海嘉里粮油生产专业协会的最主要会员。益海嘉里粮油（兖州）公司向专卖店免费提供货架，他们既销售包括种子在内的农业生产资料给农民，也销售益海嘉里的面粉、食用油给消费者，专卖店成为连接公司与农民的重要纽带。

### 3. 全循环式的经济加工模式

益海（佳木斯）粮油工业有限公司探索确立了“良种选育—订单种植—精深加工—产品名牌化—副产品综合利用—高科技产品研发”的水稻综合加工产业模式。水稻加工车间一期采用布勒公司整体设计，碾米、色选、抛光采用布勒设备，烘干塔采购美国 GSI 设备；二期采用日本“佐竹”水稻加工设备。米糠油厂采用世界先进的美国皇冠榨油工艺，提炼出优质稻米油。为了进一步提高水稻附加值，公司成立了研发实验室，从稻壳灰中提取白炭黑和活性炭，采用天津嘉禾的生产设备，从根本上解决了稻壳灰对环境的污染，使水稻循环利用加工链条完全闭合。

益海（佳木斯）粮油工业有限公司建成了闭环式的水稻加工循环产业链，将水稻加工延伸到 16 道工序，从初级稻米中加工成“香满园”系列珍珠米和米粉，余下的米糠进一步加工成米糠油、米糠蜡等系列产品，产生的废渣再被加工成活性炭和白炭黑（高级的新型建筑材料）。根据《2010 粮油加工业统计资料》、《2011 粮油加工业统计资料》计算，2009 年和 2010 年全国大米加工业平均利润为 43.2 元/吨和 72.7 元/吨，而该公司“全循环式”水稻加工平均利润为 470 元/吨左右。

### 4. 以交叉销售、依托品牌为核心的销售运营

益海（佳木斯）粮油工业有限公司原料来源主要有三个部分：一是在加工厂附近地区实行订单农业；二是委托一些粮食系统改制剥离的粮库代收代储，通过租赁粮库仓容，以提高自己在粮食流通领域的市场份额，代储费用为 4 元/吨，收购费用为 25 元/吨；三是工厂挂牌收购或与有资质有实力的粮食经纪人签订收购合同。总体上，三种不同方式收购的原料各占 1/3。

益海嘉里推出的“金龙鱼”大米，成功地运用了品牌的延伸作用，利用“金龙鱼”食用油品牌知名度和营销资源，并结合央视广告的推广

效应和其本身优异的品质，大大节省了开支，缩短了品牌宣传周期[①]。为了使市场更加细分，又陆续推出了“香宴”、“鲤鱼”、“元宝”等品牌，总共30多种规格的产品，通过品牌战略引领下游产品终端市场。同时，对包装规格、终端价格、包装图案以及商标所蕴涵的内容、差异化等都作了精心设计。

## （二）外资进入对我国粮食市场影响的初步评价

### 1. 积极影响

（1）提升了国内粮食加工技术和工艺水平。益海嘉里研发的“金龙鱼大米产业链创新技术”，以其良好的经济和社会效益，荣获中国粮油学会科学技术奖项一等奖。整个加工链条完整对接，使水稻实现全利用，无废料无污染。该技术投产之后，许多国内的大型粮食加工企业陆续引入这种加工模式，总体上提高了我国粮食加工业的现代化程度。

（2）推动了国内粮食产业格局的里程碑式变革。外资粮企为我国粮食行业提供了一个参照标的、竞争对象，一定程度上促进了国内粮食企业成长。为了实现“全产业链”战略，中粮集团摆脱过去的稳健性管理，投入资本进行了一系列兼并收购，在黑龙江、吉林、辽宁、江苏等水稻主产区投建10多个大米加工基地，确保上游掌控原粮[②]。国内外粮食企业之间的竞争还会进一步加剧，这将促使国内粮食产业格局发生里程碑式变革。

（3）加快了我国粮食流通体制改革步伐。国内粮食流通企业为了生存，不得不加快行业间重组、体制和机制创新等。国内主要粮食企业从粮食收购、仓储、加工到营销等方面实行了一系列全产业链举措，甚至出现了一定高端产品的垄断态势。粮食流通体制在外资的巨大压力和国家不断

① 据悉，益海嘉里刚开始进入大米领域时，担心毁掉“金龙鱼”品牌多年积累下来的良好口碑，并没有用“金龙鱼”这个品牌作实验，而是采用“香满园”。而当各项产业链技术趋于成熟、水稻生产基地布局完成后，才开始启用“金龙鱼”品牌。

② 郭阳：《中粮受困一体化　全产业链苦寻支点》，《时代周报》，2010年6月10日。

改革的动力之下，势必会继续沿着市场化改革的路径，在激烈的市场竞争中成长并成熟起来。

**2. 消极影响**

（1）增强了粮食市场的宏观调控难度和不确定性。外资粮企已经初步控制了某些链条，其间任何一个环节出现问题，都可能对粮食生产和消费稳定造成影响。在粮食资源和国际金融产业资本全球配置的情况下，国际市场与国内市场的联动也越来越密切。通过贸易、金融、信息等多种传导机制，国际粮价高的时候，可能加大国内通货膨胀压力；国际粮价低的时候，又可能冲击国内产业。国际资本加快对粮食产业的进入步伐，而国内主体竞争能力不足，进一步加大了粮食宏观调控的难度。

（2）大量投资建厂造成部分加工能力闲置。2005—2010年间，我国水稻加工能力从1.24亿吨增加到2.43亿吨①，增长了96%。在此期间，国内水稻总产量仅增长8.4%，国内水稻加工能力增长速度远快于水稻产量增长，导致我国水稻加工出现严重过剩的局面。2010年全国大米加工业产能利用率仅为45.6%，是粮油加工业中最低的②。2010年底益海嘉里涉及大米的加工企业，合计日加工能力达5 400吨，年加工水稻160万吨③，位于中粮集团（408万吨/年）和北大荒米业集团（255万吨/年）之后④。

（3）挤压了国内中小粮食企业发展空间。外资企业因总体数量少，主要经济指标占全部粮食加工业的比重并不高，但从单个企业平均水平看，外资企业的竞争优势凸显。2010年平均每个外资粮油企业的销售收入和利税分别为7.01亿元和0.39亿元，是民营企业的10.2倍和15倍，是国有企业的7.4倍和17.8倍⑤，表明外资粮食加工企业的市场拓展和赢

① 国家粮食局流通与科技发展司：《2011粮油加工业统计资料》。

② 2010年，小麦粉加工业产能利用率为70.3%，食用植物油加工业产能利用率为78.4%，油料精炼加工业产能利用率为79.2%。

③ 熊国生：《2010年底益海大米加工能力将达160万吨》，神农网，《9月份小麦及粮食价格行情周报（第1周）》。

④ 胡军华：《中粮取代北大荒成为米业老大 水稻加工能力突破400万吨》，《第一财经日报》，2011年10月13日。

⑤ 根据《2011粮油加工业统计资料》中的数据计算。

利能力处于较快增长的通道。

## （三）政策建议

### 1. 加强政府对粮食市场的调控能力

整合粮食仓储物流建设，根据粮食行业“十二五”规划布局粮食流通基础设施，与当地城市建设、土地利用相衔接，加快以中心库为重点的仓储设施建设步伐，形成以中心示范库为重点、骨干收储库为支撑、基层收纳库（点）为基础的相辅相成的粮食仓储设施体系。启动粮食信息化，依托公用互联网，采用VPN（Virtual Private Network）技术实现承储企业与粮食部门的安全互联。建立健全粮食销售渠道，在主要粮食集散地和交通枢纽，增建或改造一批“四散化”（散储、散装、散运、散卸）为主的中转库、装卸设施和节点枢纽。

### 2. 加强对外资企业监管并规范其经营行为

2011年商务部会同有关部门起草拟定了新的《外商投资产业指导目录》，修订征求意见稿中拟把粮食（含马铃薯）作为限制外商投资产业。地方政府应按照《外商投资产业指导目录》严格执行，不得放宽标准和越权审批。规范外资企业经营行为，国家发展和改革委员会、国家粮食局应完善粮食流通环节相关法规和规则，大幅提升对企业垄断或其他不正当竞争行为的惩处力度，提高查处效率，大幅削弱企业不法经营的动力。

### 3. 加快培育国内领军的粮食企业集团

推进国内粮食企业整合、重组，按照“将零散资产整合为整体资产、低效资产整合为高效资产、劣质资产整合为优质资产、小型资产整合为大型资产”的原则，整合国内中小粮食企业资源。通过并购实现强强联合，并借此培育我国粮食领域的世界级跨国公司。鼓励粮食企业“走出去”，对土地购买及租赁、基地建设给予补贴，对农业项目需要的生产资料和设备给予免税或退税，对农业技术研发和农业科技成果转化给予支持，对项目境外保险费予以补贴等。进一步争取宽松的国际农产品贸易环境和公正合理的农产品贸易秩序，联合新兴市场经济体与发展中国家，形成要求发达国家放宽粮食企业准入的国际环境，为国内粮食企业实施“走出去”提供条件。大力改善民营粮食加工企业生存环境，凡是从事政策性粮食储备、采购、轮换、销售业务的企业，不论它是非国有、一般纳税人还是小规模纳税人，其取得的销售收入均可享受免征增值税政策。

**4. 继续完善粮食产业监测功能**

为进一步加强粮食收购统计和市场监测，及时掌握粮食收购和市场粮价总体状况，对具有行业影响力的内外资粮食加工龙头企业，可利用现代监测设备和互联网，对企业的原料采购、制成品仓储和销售等重要生产经营环节动态监测。属地粮食管理部门要进一步健全粮食市场监测预警体系，加强对各级粮食市场信息监测直报点的业务督导。统筹粮食生产、消费、库存及进出口各环节，建立早期判断风险识别技术，增强调控的科学性和预见性。

（中国农业科学院农业经济与发展
研究所　钟　钰　李先德　杨东群）

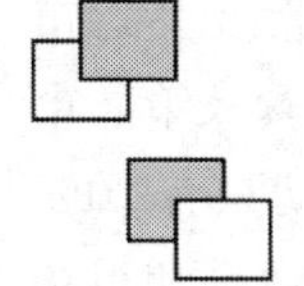

# 十三、河南省农户小麦存售粮行为调查分析

【内容提要】

本文利用2011年河南省农户调查数据来分析农户小麦存售粮行为。研究发现，农户小麦存售比率下降，小麦消费市场化程度提高，自给自足的传统农业正向以市场化为表征的现代农业方向快速演化。影响农户小麦存售行为的因素有农户家庭人口规模、人均非农收入和户主年龄。人口规模大的家庭，存多售少；人均非农收入高的农户存麦低于人均非农收入低的农户；年轻的新型农民存粮显著低于年龄大的传统农民。综合这些观察，可以预测未来中国粮食市场规模会大幅度提高，这需要调整国家粮食储备、市场流通、粮食贸易等相关政策，以适应粮食快速市场化的新形势。

## （一）研究背景

传统小农耕作以满足自家消费为目的，粮食等农产品市场化程度低，存售比率高。随着上世纪80年代农业改革逐步推进，在中国粮食产量逐年增加的同时，非农收入在农户家庭收入中所占比重不断提高，大量农村劳动力流向城市，许多种粮农户粮食消费也越来越多地通过市场购买，这势必影响中国粮食市场规模和结构。近年来，国际粮食市场深度动荡，国内CPI居高不下，因此需要充分调查研究农户的存售粮行为，为国家制定粮食政策提供重要参考。

柯炳生（1997）较早关注了中国农户粮食储备的影响因素及其对市场的影响，认为农户储粮的基本动机是出于粮食安全考虑。粮食政策、市场风险和不稳定的气候条件使农户储粮，农户储备粮水平变动只有 20% ~30% 与市场价格变动相关。Park（1999）认为，在市场缺乏效率和市场不完全的情况下，交易成本最小和消费安全是农户粮食储备的决定因素。万广华等（2007）利用中国 1992—2002 年间 27 个省（市、自治区）的面板数据，检验了农户价格投机、交易成本和消费安全三个方面对农户粮食储备量的影响，发现影响农户粮食储备行为的因素包括价格和消费安全，而不是交易成本。史清华和徐翠萍（2009）通过对长三角地区 15 个村1 000个农户的调查发现，过去 20 年里农户粮食储备出现了明显的倒∪型特征，农户年储粮只有 3 个月的消费量，农户的粮食需求对市场的依赖程度越来越高。

已有研究为分析农户粮食存售行为提供了重要参考，但还不足以认识当前我国农户粮食生产和消费行为出现的新情况、新特征。本文利用我国农业第一大省河南省 2011 年 5 个小麦主产县农户调查数据，应用 Probit 和 Logit 模型解释农户小麦消费市场化的原因，并用线性模型估计了小麦存售比率和存量的影响因子的弹性，发现家庭人口规模大的农户存售粮比高、人均非农收入高和户主年龄小的农户存粮少，粮食价格不是决定农户存粮规模的根本原因，而年龄是影响农户存售粮比率最为主要的因素。

## （二）理论和样本点分布

### 1. 农户存售粮行为理论分析

市场交易者的商品储备行为常用价格套利理论来解释。通俗说，就是市场交易者低进高抛。如果市场交易者选择在某一时期增加或减少商品储备，影响其行为的方程为：

$$P_t + C = E(P_{t+1})/(r+1) \tag{1}$$

式中，$P_t$ 为 t 期价格；C 为商品存储边际成本；$E(P_{t+1})$ 为商品预期价格；r 为市场利率。

根据 Nerlove（1958）的适应性预期理论，价格形成表现为一个适应性预期过程，可表达为：

$$P_{t+1} = P_t + r \times (P_t - P_{t-1}) \quad (2)$$

式中，$P_t$为 t 期商品价格；$(P_t - P_{t-1})$为滞后期的价差；r 为对过去价格变动的一个调整系数。

但 Renkow（1990）发现，经典的商品储备套利模型不适合半自给农户的粮食储备行为。

如果将农户粮食消费完全通过市场购买看做自给自足的传统农业向以市场化为特征的现代农业完全转型，而部分粮食消费通过市场购买视为传统农业向现代农业的过渡。将完全依赖于市场的粮食消费的农户定义为 1，部分依赖于市场的农户定义为 0，可用 Probit 或 Logit 两种离散因变量模型来估计一个农户粮食消费从半自给自足向完全市场化变动的影响因素和概率。Probit 模型的数学式表示为：

$$\begin{aligned} \text{Prob}(Y = 1) &= \int_{-\infty}^{\beta' x} \phi(t)\,dt \\ &= \Phi(\beta' X) \end{aligned} \quad (3)$$

式中，Φ（·）为标准正态分布函数；β 为待估计参数；X 为影响农户粮食消费是否完全市场化的向量指标，包括：①农户家庭常住人口；②农户户主和其他家庭成员的年龄；③家庭常住人口在家的居住时间；④小麦市场价格；⑤农户人均非农收入；⑥是否村干部和县级区域虚变量。

借鉴已有的研究，定义农户小麦存售行为方程为：

$$S_t = a + b_1 \times TP_t + b_2 \times P_t + b_3 \times X_3 + b_4 \times XD_4 + D + \varepsilon \quad (4)$$

式中：$S_t$ 为 t 时期农户小麦存量；$TP_t$ 为农户当年小麦产量；$P_t$ 为当期价格；$X_3$ 为农户特征向量；$X_4$ 为人均非农收入；D 为村干部和县级区域虚变量；ε 为随机扰动项；a 为截距项；b 为待估参数。

**2. 样本点分布**

河南省是我国粮食产量第一大省。2009 年，全国小麦产量 1.15 亿吨，河南省小麦产量达到了 3 156 万吨，占全国小麦总产量的 26.5%，调查分析河南省农户小麦存售行为具有代表性。课题组在 2011 年 7 月 20—

30 日选取河南省郑州市的中牟县、新郑市、焦作市的修武县和沁阳市、新乡市的延津县等 5 个小麦主产县（市），分别代表豫东中筋、强筋白麦种植区，豫西北强筋白麦种植区和豫东北强筋、中筋白麦种植区。每个县（市）选取 7 个村，每个村随机选取 10 户，共计 35 个村、350 户农户，以农户和村级问卷的方式进行实地调查。受各种因素制约，实际得到有效问卷 336 份（见表 5－13－1）。

**表 5－13－1　　　　样本点分布情况**

| 郑州市 | | | | 焦作市 | | | | 新乡市 | |
|---|---|---|---|---|---|---|---|---|---|
| 中牟县 | | 新郑市 | | 修武县 | | 沁阳市 | | 延津县 | |
| 村名 | 户数 | 村名 | 户数 | 村名 | 户数 | 村名 | 户数 | 村名 | 户数 |
| 坡刘村 | 10 | 敬楼 | 9 | 小营村 | 9 | 西向二街 | 9 | 梁僧固 | 10 |
| 冯庄村 | 9 | 北靳楼 | 10 | 杨楼村 | 10 | 大金陵 | 9 | 位庄 | 10 |
| 畠店村 | 10 | 东郭寺 | 10 | 西黄村 | 10 | 皮庄 | 10 | 青庄 | 8 |
| 丁庄村 | 9 | 岳庄 | 9 | 王村 | 9 | 小金陵 | 10 | 王潭村 | 10 |
| 贺兵马村 | 10 | 姚张村 | 9 | 郇封村 | 10 | 廖屯 | 10 | 军寨村 | 9 |
| 芦家村 | 10 | 沂水 | 10 | 小文案 | 10 | 屯头 | 10 | 李僧固 | 10 |
| 三王村 | 8 | 史庄 | 10 | 马庄 | 9 | 袁屯 | 9 | 李庄 | 9 |

资料来源：作者整理。

## （三）数据分析

336 份有效样本中，36 户家庭没有种植小麦；61 户在小麦收割完后不到 10 天将小麦全部出售；216 户在小麦收割完后销售一部分，然后留存一部分满足自家消费；23 户没有出售小麦。也就是说，调查农户中有 97 户小麦消费全部通过市场购买，占总户数的 30%。特别是郑州市的中牟县，大蒜等经济作物占农户农作物播种面积比例大，农户主食消费对市场的依赖度更高，几乎一半的农户需要全部从市场购买面粉、馒头、面条、油条、烧饼、饺子、面包等当地人习惯消费的主食。在其他小麦主产县，小麦生产消费完全市场化的农户也占了一定比例（见表 5－13－2）。

表 5-13-2　　农户小麦存售情况

| 样本县（市） | 没种小麦 | 收割完后一次性售完 | 收割完后销售一部分 | 收割完后不出售 | 总户数 |
|---|---|---|---|---|---|
| 中牟县 | 24 | 6 | 24 | 12 | 66 |
| 新郑市 | 2 | 12 | 53 | 3 | 70 |
| 修武县 | 3 | 18 | 43 | 3 | 67 |
| 沁阳市 | 7 | 8 | 49 | 3 | 67 |
| 延津县 | 0 | 17 | 47 | 2 | 66 |
| 合　计 | 36 | 61 | 216 | 23 | 336 |

资料来源：作者调查。

理论上讲，如果家庭人口在家居住时间越长，主食消费量越大，农户小麦主食消费完全市场化的概率变小。经统计检验，这个变量与农户人均非农收入高度负相关。其原因可能是农户家庭人口在家居住时间越长，外出非农就业时间就越短，农户的非农收入随之显著下降。根据赤池信息准则（AIC）和施瓦茨信息准则（SIC），在参数估计时将这个变量去除掉。县域虚变量，中牟县样本定义为0，其他县定义为1，表示气候、消费习惯、基础设施等区域性差异（见表5-13-3）。

表 5-13-3　　农户小麦消费市场化的 Probit 和 Logit 模型估计结果

| 解释变量 | Probit 模型 | 弹性值 | Logit 模型 | 弹性值 |
|---|---|---|---|---|
| 家庭人口数（人） | -0.1589* | -0.249 | -0.2679* | -0.234 |
| 小麦单价（元/斤） | 0.3854 | 0.127 | 0.6656 | 0.122 |
| 人均非农收入（元） | 0.000034* | 0.066 | 0.00006* | 0.065 |
| 户主年龄（岁） | -0.0258* | -0.469 | -0.0432* | -0.438 |
| 是否村组干部（是=1） | 0.4758* | 0.041 | 0.8123* | 0.039 |
| 户主受教育年限（年） | -0.0194 | -0.054 | -0.0384 | -0.060 |
| 县域虚变量（新郑） | -0.0601 | -0.005 | -0.1031 | -0.005 |
| 县域虚变量（修武） | 0.4381 | 0.033 | 0.7370 | 0.031 |
| 县域虚变量（沁阳） | -0.2494 | -0.017 | -0.4786 | 0.019 |
| 县域虚变量（延津） | 0.4965 | 0.039 | 0.8413 | 0.037 |
| 常数项 | 0.5616 | | 0.9620 | |
| LR chi2（10） | 30.86 | | | 30.36 |
| Prob > chi2 | 0.0006 | | | 0.0007 |

说明：*、**、*** 分别表示在5%、1%和0.1%置信度下显著。

估计结果正如所预计的一样，不管是用Probit模型或是Logit模型，农户小麦消费是否完全市场化，显著地受农户家庭常住人口规模、人均非农收入、户主年龄的影响。农户家庭人口规模越大，存粮来保障自己粮食安全的概率越高，其弹性为-0.249（Logit模型估计结果为-0.234）；小麦的价格不是农户小麦消费全部市场化的决定性因素。随着价格上涨，农户售粮增加，市场化程度提高，但出于保障自身粮食安全的考虑，价格提高并不会使农户将粮食全部推向市场。

随着经济发展，农户人均非农收入大幅度提高，农户小麦消费完全市场化的概率也相应提高，虽然弹性值仅为0.066。农户人均非农收入完全市场化的弹性值较低，表明即使农户非农收入增加，农户也会选择保存一定量的粮食。然而，随着非农收入的持续增长，将会有更多的农户粮食消费全部通过市场购买。比如，若农户人均非农收入翻番，农户小麦消费完全市场化的概率将提高7%。

特别值得关注的是户主的年龄与农户小麦消费是否全部市场化高度负相关，表明年轻的农民粮食生产消费的市场观念要高于年龄大的农民，其弹性值为-0.469。也就是说，平均意义上讲，1980年以后出生的农民存粮的概率比1960年以后出生农民存粮的概率下降10个百分点。就心理认知而言，20世纪80年代以后出生的农民，对饥饿、灾荒危害程度的理解没有他们上辈那些人深刻，这些农民参与市场的程度更高，对粮食不安全风险的预期低。

农户生产小麦后，一部分用于销售，一部分用于储备（主要用于一个市场周期内的自家消费）。用农户小麦销售量占生产量的比例（Rstock）来反映农户小麦生产市场化程度，小麦生产量与销售量的差（Gstock）反映农户出于自家粮食安全考虑后的小麦储备行为，并用这两个变量分别对家庭人口数量、小麦出售价格、人均非农收入、户主年龄、文化程度、是否村组干部以及县级地区虚变量进行普通最小二乘（OLS）回归，结果见表5-13-4。

表 5－13－4　　小麦存售行为的影响因素（OLS 估计）

| 解释变量 | Rstock | | Gstock | |
|---|---|---|---|---|
| | 系数（t－值） | 弹性值 | 系数（t－值） | 弹性值 |
| 家庭人口数（人） | －0.0172 *<br>（－2.42） | －0.10 | 133.451 ***<br>（3.82） | 0.58 |
| 小麦单价（元/斤） | 0.6411 ***<br>（8.75） | 0.80 | －167.434<br>（－0.47） | －0.15 |
| 人均非农收入（元） | 4.519e－06 *<br>（2.34） | 0.03 | －0.019 *<br>（－2.02） | －0.10 |
| 户主年龄（岁） | －0.0020<br>（－1.67） | －0.14 | 12.001 *<br>（2.04） | 0.61 |
| 是否村组干部（是＝1） | 0.0576 *<br>（2.27） | 0.02 | －52.440<br>（－0.42） | －0.01 |
| 户主受教育年限（年） | 0.0030<br>（0.68） | 0.03 | －5.421<br>（－0.25） | －0.04 |
| 县域虚变量（新郑） | 0.1069 **<br>（2.78） | 0.03 | －479.428 *<br>（－2.55） | －0.11 |
| 县域虚变量（修武） | 0.068<br>（1.74） | 0.02 | －409.13104 *<br>（－2.14） | －0.09 |
| 县域虚变量（沁阳） | 0.015<br>（0.36） | 0.00 | －71.741<br>（－0.36） | －0.01 |
| 县域虚变量（延津） | 0.1628 ***<br>（4.25） | 0.05 | －556.472 **<br>（－2.97） | －0.12 |
| 常数项 | 0.1965<br>（1.84） | | 474.267<br>（0.91） | |
| F（10，270） | 13.12 | | 4.52 | |
| 可决系数（$R^2$）<br>调整可决系数 | 0.3271<br>0.3022 | | 0.1435<br>0.1118 | |

说明：*、**、*** 分别表示在 5%、1% 和 0.1% 置信度下显著。

两个方程的 F 统计量值分别为 13.12 和 4.52，大于 1% 水平下的 F 临界值，拒绝 H0 假设，方程总体显著、有效。两个方程回归的可决系数分别为 0. 32 和 0. 14，作为利用横截面数的估计结果，是可以接受的。回归结果显示各变量的符号与理论预期相符合。家庭人口规模越大的农户，小麦销售量占产量的比例越小，农户存粮越多，对自身粮食消费的关注程度越高。就小麦存储量而言，价格提高，存储量减少，销售量增加，但系数在统计上并不显著。其原因是随着小麦价格的提高，如果农户小麦产量高，在能够首先满足自家消费的情况下，农户会相应提高小麦销售量占小麦产量的比重。不管如何，农户的年龄是影响其小麦销售和储备行为的重要因素。年轻的农民更愿意增加售粮、减少储存，更多地到当地市场上购买馒头、面条等劳动节约型的主食品。人均非农收入水平的提高，使得农户从市场上购买食物的能力增强，也会促使农户减少存粮；此外，人均非农收入高的农户，用于存储粮食的劳动力机会成本高，这也是农户减少存粮、增加销售量的重要原因。

特别地，按照预期理论，在市场信息不完全的条件下，农户常会“价涨时惜售、价落时抛售”，但调查结果并不支持这种理论假设。调查区域小麦收割时间在 6 月 10 日前后，高达 87% 的农户在收割完小麦的 1 个月之内将所需出售的小麦全部售完。90% 以上农户选择在家将粮食销售给粮食经纪人。近年来，消费者食品价格指数（CPI）逐年提升，通货膨胀率高涨，一些研究将其归结为农民对通胀的预期（马龙等，2010）。从小麦主产区农户售粮行为看，并没有出现农户在价格上升时“捂粮不售”的情况。就单个农户而言，其销售粮食的总量较小，很难对粮食市场价格变动有一个精确预测，如果农户有很强的通胀预期，其应会选择多次售粮，而不是一次性售粮。在国家逐年提高小麦最低收购价格的情况下，小麦价格的增长表现出一个平稳、缓慢的态势，农户价格上涨预期不大。如表 5 - 13 - 5 所示，各县小麦价格与中国粮食储备总公司在河南的小麦收购价变动基本相同。

**表 5 - 13 - 5　　2009 年 7 月以来调查村小麦价格**　　单位：元/斤

| 调查县（市） | 2009M7 | 2009M12 | 2010M7 | 2010M12 | 2011M2 | 2011M7 |
|---|---|---|---|---|---|---|
| 中储粮收购价 | 0. 87 | 0. 87 | 0. 90 | 0. 90 | 0. 95 | 0. 95 |
| 中牟县 | 0. 92 | 0. 94 | 0. 97 | 1. 03 | 1. 03 | 1. 01 |
| 新郑市 | 0. 89 | 0. 91 | 0. 94 | 0. 99 | 0. 99 | 1. 00 |

续表

| 调查县（市） | 2009M7 | 2009M12 | 2010M7 | 2010M12 | 2011M2 | 2011M7 |
|---|---|---|---|---|---|---|
| 修武县 | 0.90 | 0.94 | 0.98 | 1.02 | 1.02 | 1.01 |
| 沁阳市 | 0.85 | 0.89 | 0.94 | 0.98 | 1.01 | 1.02 |
| 延津县 | 0.90 | 0.92 | 0.96 | 0.99 | 1.01 | 1.00 |
| 平　均 | 0.89 | 0.92 | 0.96 | 1.00 | 1.01 | 1.01 |

资料来源：作者调查。

说明：M 表示月份。

现阶段农民存麦的容器五花八门，有用化肥塑料袋、橡胶麦屯、铁皮麦屯、塑料粮仓、布袋、瓷缸等等，但化肥塑料袋作为存储容器所占比例最大。因其容量100斤，易搬运和存放，成本很低。农户在存粮袋里放少量驱虫药，然后存储在一间专门用于存放粮食的小房间里。他们认为这种存放方式基本不会有虫蛀、霉变等损耗。调查发现，有部分村的农民直接将收获的小麦存放在当地面粉厂，面粉厂按一定面粉折换率（一般为0.7~0.8。折换率高低取决于小麦质量、麦麸归农民还是面粉加工厂）给农户面粉。这种方式既保障了农民的口粮安全，又可节约农户的存储和交易成本，值得推广。此外，由于农民居住环境和生活方式较之以往有了变化，很多住两层或两层以上楼房的农户也会减少存粮数量。

## （四）结论和讨论

根据对河南省农户小麦存售粮行为的调查分析，农户小麦生产消费市场化程度提高，越来越多的自给、半自给的传统小农向市场化的现代农户生产消费方式转变。农户小麦生产消费市场化程度取决于家庭人口规模、户主年龄和人均非农收入水平，小麦价格并不是根本原因。年轻农民存粮明显下降，随着1980后出生的新型农民成为农业生产的主力军，农户家庭规模缩小，农户非农收入来源增加，未来中国粮食生产、消费的市场化程度会进一步加快，这会大大提高小麦等粮食作物的市场规模，势必影响到全国小麦市场流通的空间布局、国家粮食储备和贸易政策。

在农户粮食生产消费市场化程度提高后，如何平衡市场与国家粮食储备在调控粮食市场特别是如小麦这样的主食品价格的关系值得讨论。世界各国都通过粮食储备来解决粮食生产与消费之间的时间差矛盾，如联合国粮农组织提出了粮食库存警戒线（库存消费比）为17%～18%（约需有65天粮食消费量的储备量）。对于一个国家粮食储备制度、数量大小以及对市场价格波动的平抑作用，学者们还存在较大分歧。有的认为，尽管粮食储备可以吸收生产和市场的短期波动并保持供应和价格稳定，但也可能延缓市场价格的信号作用，把本来不严重的短缺倾向积累成巨大的波动。有的认为，适当的价格干预是利大于弊，政府应积极制定调控粮食市场的政策。

由于世界各国的粮食自给能力不同，就粮食储备规模、政府储粮所占份额而言，粮食储备主要有以美国、加拿大、法国为代表的低政府粮食储备规模和以中国、印度、韩国、日本等国为代表的高政府粮食储备规模两种类型。一般认为，通过市场方式进行粮食储备，资源利用率高，但遇到粮食供求失衡严重的年份，容易引起市场价格的大幅度波动，存在较大的社会风险；而政府主导粮食储备的方式，效率低，财政负担沉重。因此，在中国农户粮食生产消费市场化日益提高、传统小农向现代农户转型的今天，需要根据我国的实际情况，找到一个能充分发挥市场和政府各自作用的粮食市场健康运行的平衡点。

（中国社会科学院农村发展研究所　廖永松）

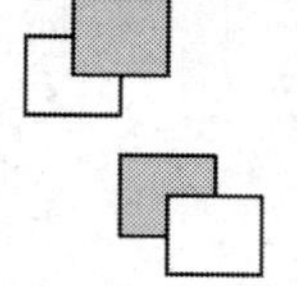

# 十四、“十二五”我国粮食流通产业政策与规划的理论思考

【内容提要】

2004年以来，我国粮食生产连续8年增长，国内贸易流通量增大，国际贸易流通量相对不变，我国粮食流通体系相对滞后，存在许多问题。在此基础上，笔者对粮食流通产业政策的指导思想、政策目标进行了研究，并对粮食流通产业政策的具体内容，如组织政策、物流配送政策、科技政策、布局政策、投融资政策、对外开放政策、公平竞争政策、宏观调控政策进行了分析。对粮食流通产业“十二五”的“1+1+4”法律法规体系进行了论述：(1) 粮食流通的主要任务；(2) 粮食流通宏观调控体系；(3) 粮食仓储、物流基础设施建设；(4) 粮油加工业结构调整；(5) 粮食市场体系；(6) 粮食标准与质量检验监测体系；(7) 国有粮食流通企业改革和发展；(8) 粮食流通产业科技创新主要任务；(9) 粮食流通监督检查；(10) 不同地区的粮食流通产业政策。针对“十二五”期间现代粮食流通产业的发展，提出了完善粮食市场体系建设的四条政策建议。

2004年以来，尽管我国粮食生产连续8年丰收，但由于新增人口对农产品的需求增加，大量农民工进城后由粮食生产者转为消费者；中国人食物结构发生变化，肉蛋奶等高耗粮副食需求增多；全球能源危机爆发，更多的粮食和油料作物被转换为生物能源，这些都使得我国农产品中长期供需偏紧，农业“十二五”规划提出的确保粮食自给率在95%以上、食用油自给率在40%以上等目标面临许多挑战。

## （一）我国粮食流通产业政策

### 1. 粮食流通产业政策的指导思想

建立以经济、法律手段为主的粮食市场机制，满足全社会较高水平的粮食商品需求；建立起统一、开放、竞争、有序、安全的粮食流通体系，使粮食流通体系发挥高效、通畅、有序、可调控的效果，基本实现国内和国外粮食市场接轨，建立起有效管理全社会粮食流通的机制。

具体到中国“十二五”时期粮食流通产业政策的指导思想，即以开拓粮食市场、扩大粮食消费为主线，大力推进粮食市场体系、现代流通体系、市场监控体系和粮食信用体系，实现粮食流通现代化，立足国内的粮食流通产业政策，利用两个市场、两种资源，促进粮食生产、流通、消费市场联动发展。

### 2. 粮食流通政策的主要目标

（1）粮食储存量为17%～18%，其中，产区3个月，销区6个月。

（2）粮食自给率为90%～95%，粮食对外依存度为5%～10%。

（3）粮食最低收购价指标。2004年我国提出粮食最低收购价概念，粮食最低收购价是在粮食短期供过于求时对粮农的保护，粮食最低收购价＝粮食生产成本＋利润；粮食最低收购价范围是：稻米、玉米、小麦、大豆；粮食最低收购价地区：粮食生产的主要产区；粮食最低收购价时期：当市场粮价高于最低收购价时，国家停止收购，农民随行就市卖粮，国家不是无限期收购。

针对当前我国最低收购价的实际执行情况，建议国家能增加实施最低收购价的粮食品种。除了水稻、小麦外，玉米、大豆等也是大宗农产品，若不实施最低收购价政策，农民普遍感到不托底，影响种植积极性。对列入最低收购价范围的农产品应制定长效定价机制，即以上年生产成本为基数，按照“成本利润率不低于30%”的底线确定本年度最低收购价，并在春播前尽早公布，让农民早点吃上定心丸。

（4）对粮食价格实行临时干预措施（以粮食为主要原因的CPI连续5个月上涨超过6%）。对粮食消费者而言，在粮食价格超过居民承受能力时，采取最高限价保护消费者的利益。2007年8月以后，居民消费价格同比涨幅连续5个月超过6%。为抑制价格不合理上涨，国家发展和改革委员会于2008年1月15日至12月1日对食品类商品进行了临时价格干预。从2008年8月底起，全国36个大中城市的猪肉、蛋、粮食、食用油等与百姓生活息息相关的食品类商品价格持续下降。实施临时价格干预措施10个多月后，当解除的时机成熟，由国家发展和改革委员会宣布解除。

（5）进出口关税、出口退税指标。粮食进出口政策是调控国内市场的重要手段。在国内粮食供大于求时，采取各项积极的出口政策，如取消出口关税、出口信贷、出口退税等鼓励出口；在国内粮食供小于求时，采取积极的进口政策，如取消进口关税、取消出口退税、加征出口关税、实行出口配额政策。

（6）粮食市场交易量和物流量。随着粮食生产的商品化、市场化、专业化，粮食市场交易量越来越大，粮食物流规模也越来越大，这集中反映在粮食市场的交易量和物流量上。2010年底，我国拥有亿元以上粮油交易市场109个，摊位数3.5万个，经营面积455.09万平方米，交易额1 467.73亿元，超过了2020年粮食市场交易额目标。

（7）粮食财政支持力度。中央财政用于“三农”的支出从2004年的2 626亿元快速增加到2011年的1万多亿元；取消农业税，为农民减轻负担1 300多亿元；粮食直补等“四补贴”资金由2004年的145亿元增长至2011年的1 406亿元。

### 3. 粮食流通政策的主要内容

（1）组织政策。粮食流通组织政策包括：流通产业兼并政策、流通企业联合政策、经济规模与直接管制政策、流通产业反垄断政策、中小流通企业政策、市场组织政策。当前粮食加工、粮食零售全面放开，实行国有、集体、个体、私营、外资并存的格局，其中，2009年全国具有粮食收购资格的多元市场主体已多达6.7万家。我国粮食流通中小型企业占

99%以上，培育大型现代粮食流通企业集团是一个长期的过程和重要任务。

（2）物流配送政策。在国家物流振兴规划指导下，粮食物流“十二五”规划出台，粮食物流与配送进入前所未有的发展时期，同时在物联网新技术的推动下，粮食物流快速有序规范发展。在物流体系方面，以建设全国“六大粮食物流通道”为核心，加快推进粮食物流重要集散地建设，推广应用散粮运输装卸新技术新设备，降低粮食运输损耗，提高流通效率。

（3）科技政策。粮食流通产业科技框架包括：流通软科学研究与应用、现代电子信息技术、现代物流技术、边缘或者交叉科技。粮食流通产业科技政策是指充分运用财政和金融手段支持流通企业进行结构调整，支持现代流通方式的推广和运用。

（4）布局政策。粮食流通由“南粮北调”到“北粮南运、东粮西运”，这是一个历史性的变化，也需要粮食流通政策随之跟上，促进其发展。特别是南方水稻主产区的优势逐步丧失，稻谷产量减少最多的基本是过去传统的南方稻谷主产区，南北稻谷生产区域发生了位移。粮食流通布局政策包括粮食批发和零售、园区、加工、粮食储备等布局政策。

（5）投融资政策。粮食安全需要粮食金融保障体系的完善，促进其粮食流通实现现代化。没有金融支持，就没有粮食流通现代化。粮食流通投融资政策包括粮食大型流通企业、中小微型流通企业投融资政策。

（6）对外开放政策。粮食流通产业对外开放政策应是“放而有度，管而不死”的政策，包括：加强对外商直接投资的管理与监督；对外资跨国流通企业采取“市场准入”核准制度；建立健全相应的适度贸易保护政策；强化择优引进外资意识；积极开拓国内外两个市场、两种资源，促进粮食生产、流通、消费联动发展。

（7）公平竞争政策。粮食流通公平竞争政策包括：建立健全规范市场主体行为、维护市场秩序的法律法规体系；反对地区封锁、部门分割和行业垄断；完善专营产品的流通政策；加强市场和价格的监督管理。

粮食市场应遵循《反垄断法》、《反不正当竞争法》、《价格法》、《消费者权益保护法》、《粮食储备管理法》、《中央储备粮管理条例》、《粮食流通管理条例》、《粮食法》等法律的约束，以维持良好的竞争环境。

（8）宏观调控政策。流通宏观调控政策包括：建立重要商品储备制度；完善重要商品区域调剂制度，建立地区之间稳定的购销关系；建立重要生产资料的国家订货和投放制度；建立和完善风险基金和价格调节基金制度；建立商品市场预警系统；建立和完善以经济、法律手段为主，必要的行政手段为辅的调控机制。

## （二）粮食流通产业“十二五”的“1+1+4”规划体系

“十二五”粮食安全的“1+1+4”法律法规体系是指《粮食法》、《粮食行业“十二五”发展规划纲要》（以下简称《规划纲要》），此外，还有粮食流通基础设施建设、粮油加工业发展、粮食市场体系建设、粮食科技发展等四个专项规划。具体可以归纳为以下十个方面：

### 1. 粮食流通的主要任务

针对粮食行业发展存在的主要制约因素，《规划纲要》提出的主要任务是：深化一项改革，健全六大体系，重点建设六大工程。深化一项改革，即继续深化粮食流通体制改革；健全六大体系，即健全粮食宏观调控体系、粮食仓储物流体系、粮油加工体系、粮食市场体系、粮食科技创新体系、粮食监管和标准质量检验监测体系；重点建设六大工程，即粮食仓储设施工程、粮库仓房维修改造工程、粮食现代物流工程、农户科学储粮专项工程、粮油加工业升级工程、粮食质量安全监测体系工程等。

### 2. 粮食流通宏观调控体系

按照进一步完善粮食宏观调控机制、健全粮食宏观调控体系、促进粮食生产稳定发展、促进粮食商品顺畅流通、保护种粮农民利益、保障粮食市场供应、保持粮食供求基本平衡、确保粮食价格在合理水平上基本稳定的目标，健全粮食宏观调控体系的主要任务是：

一是合理引导粮食生产和消费，促进粮食生产、流通、消费协调发展，保持粮食供求基本平衡。

二是完善粮食购销体制，构建政府调控和市场机制有机结合的购销模式，使农民增产增收。

三是完善储备调节体系，夯实粮食宏观调控的物质基础；健全粮食应急体系，提高应急保障能力。

四是健全粮食市场监测预警体系，实现对粮食市场的动态预测和分析。

五是完善粮食产销合作的长效机制，促进粮食区域供求平衡。

六是健全粮食进出口调节机制，做好粮食余缺和品种调剂。

**3. 粮食仓储、物流基础设施建设**

按照到 2015 年，粮食流通基础设施要基本满足粮食增产、保障供给的要求，完善粮食仓储体系，达到现代化水平；基层粮库设施条件得到明显改善，基本消除长期露天储粮，并建立维修改造长效机制；主要跨省粮食流出通道设施能力显著增强，初步实现散粮火车“入关”运行，散粮流通比例明显提高；改善农户储粮条件，减少粮食产后损失的目标，粮食仓储、物流基础设施建设的投资重点和措施是：

一是加强粮油仓储烘干设施建设。在粮食主产区、西部地区和后备基地新建储备仓容 2 000 万吨；新建和改造一批烘干设施；在 36 个大中城市建设一批成品粮低温储备仓，2012 年选择个别条件较成熟的城市先行试点。

二是加大粮食仓房维修改造。维修改造仓容 1 亿吨以上，粮食主产区基本消除长期露天储粮，同时积极争取支持西部地区和主销区仓房维修。

三是推进粮食现代物流发展。打通“北粮南运”主通道，完善黄淮海等主要通道，加强西部通道建设，建立全国粮食物流公共信息平台。

四是继续实施农户科学储粮专项。为全国 800 万农户配置标准化储粮装具，在湖北、吉林等粮食主产区开展种粮大户新型储粮设施建设试点。

**4. 粮油加工业结构调整**

按照到 2015 年形成结构优化、布局合理、安全营养、绿色环保的现代粮油加工体系，产业结构取得明显改善，质量安全水平显著提升，加工保障供给安全和科技创新能力不断增强的目标，推进粮油加工业结构调整的主要任务是：

一是加快推进企业组织结构调整。大力培育粮食产业化龙头企业，鼓励和引导大型企业兼并重组，不断提高产业集中度，增强企业的核心竞争力和抗风险能力。鼓励和支持中小型企业改造升级，提高产品质量。加大淘汰落后产能力度，压缩和疏导过剩产能。

二是加快产品结构调整。按照安全、优质、营养、健康、方便的要求，加快系列化、多元化、营养健康粮油食品的开发，提高优、新、特产品比重。大力发展符合国家产业结构调整指导目录鼓励类的粮油加工产品，严格控制成品粮的过度加工。

三是优化区域布局。按照区域主体功能定位，遵循产区为主、兼顾销区和适当考虑重要粮油物流节点的原则，实现粮油加工业基地化、规模化、标准化、集约化。

四是加快升级改造。依托现有资源，加快利用新技术、新材料、新工艺、新装备改造粮油加工企业，提升粮油加工业整体技术水平，实施粮油加工园区建设、技术改造、食品安全检测能力建设、主食品工业化示范、应急加工供应等升级工程。

### 5. 粮食市场体系

按照到 2015 年，形成以粮食收购市场和零售市场为基础、批发市场为骨干、粮食期货交易稳步发展，建立统一、开放、竞争、有序、安全的现代粮食市场体系的目标，健全粮食市场体系的主要任务是：

一是以保护种粮农民利益、规范收购市场秩序、提升国有粮食企业竞争力、培育发展粮食经纪人为重点，形成粮食收购主渠道与多渠道并举、覆盖面广、方便农民售粮的收购服务体系。

二是以满足城乡居民多元消费需求、完善市场供应服务网络和提升应急供应水平为重点，形成网点方便、质量安全、应急高效、诚信规范的粮食零售供应网络。

三是以提升市场服务功能、调整结构、优化布局和完善全国统一竞价交易系统为重点，形成以国家粮食交易中心为龙头、区域性批发市场和大中城市成品粮市场为骨干、城镇摊位市场为基础、多层次的粮食批发市场体系。“十二五”重点扶持 120 家大中型成品粮批发市场。

四是以逐步健全交易品种、进一步增强现货与期货市场的联动性为重点，引导粮食企业和农民专业合作组织利用期货市场规避风险。

五是以健全粮油市场信息监测网点、提高信息预测水平、强化对企业和农民的信息服务为重点，形成覆盖面广、服务性强、预测及时、准确权威的粮食市场信息服务体系。

### 6. 粮食标准与质量检验监测体系

按照建立完善全面覆盖原粮、油料、成品粮油等产品的质量安全要求、检验方法，粮油储运、加工技术规范，粮油储运、加工技术装备和仪器等各方面的粮油标准体系的目标，完善粮食标准的主要任务是：

一是要加快重点标准的修订进度，进一步完善粮食收购标准、粮油产品质量安全标准、粮食储藏标准和粮油加工标准等，满足社会经济发展的需要。

二是要进一步完善粮油标准工作体制，健全标准化工作机制。

三是要建立稳定的标准研究验证体系，加大粮油标准基础研究支持力度。

四是要加强采标工作力度，集中力量开展国际标准的跟踪、研究和转化工作，积极参与国际标准化活动。

### 7. 国有粮食流通企业改革和发展

坚持粮食购销市场化改革方向，以做大做强国有粮食企业、充分发挥主渠道作用为目标，以进一步推进国有粮食企业战略性重组、建立现代企业制度为方向，转变发展方式，切实提高国有粮食企业市场竞争力和影响力。国有粮食流通企业改革和发展的主要任务是：

一是加大基层国有粮食购销企业改革力度。以优势骨干粮库为主体，整合资源，实施跨区域兼并重组，组建公司制、股份制粮食购销企业，并以此为依托构建区域性粮食购销网络，作为国家掌握粮源、保护种粮农民利益的重要基础。

二是推进现代企业制度建设。进一步理顺政府调控与企业经营的关系，积极探索有利于政府调控的政企分开模式。加强粮食企业国有资产监管，理顺粮食基础设施的产权关系，完善企业法人治理结构。加强企业经营管理，进一步提高发展质量和水平。

三是做大做强骨干国有粮食企业。支持中央粮食企业提升整体实力，引领行业发展。同时，着力培育若干个国有或国有控股的区域性地方大型粮食企业。加大对粮食产业化龙头企业支持力度。发挥骨干粮食产业化龙头企业在国家粮食应急加工和保障成品粮供应需要方面的重要作用。

### 8. 粮食流通产业科技创新主要任务

一要大力推动信息化技术的应用，带动产业技术的升级，积极培育粮食相关生物技术的研发与应用，推广节能减排技术，支撑产业的绿色、环保、节能、高效发展。

二要加强粮食科技社会化科技创新体系建设，坚持产学研相结合，构建以企业为主体、市场为导向的技术创新体系，完善粮食科技创新体制机制，建设科技创新平台。

三要加强科技成果转化中试熟化及应用示范工作，积极推进粮食高新技术的产业化示范。

四要加强粮食基础性研究工作，开展粮食分子生物学、化学、物理学研究和粮食生态内在品质基础数据研究。

五要营造良好创新环境，加强科研诚信建设，以节约粮食、主食营养安全、农户储粮减损等为主题，积极开展粮食科技活动周等科普活动。

六是实施粮食科技工程。组织实施基于物联网的粮食宏观调控关键技术与设备创制、节能增效绿色储粮关键技术研究与示范、粮食质量安全保障关键技术研究与示范、成品粮应急供应关键技术与设施设备研发等项目。

### 9. 粮食流通监督检查

推进监督检查体系建设，加强监督检查力度，提高监管的能力和水平，实现政策性粮食检查、粮油库存检查、社会粮食流通检查的常态化、制度化、科学化，确保国家粮食法律法规和政策得到有效落实。其主要任务是：

一是继续推进监督检查体系建设；

二是坚持开展粮油库存检查工作；

三是抓好政策性粮油购销活动监督检查；
四是深入开展全社会粮食流通监督检查；
五是严肃查处各类涉粮违法违规案件。

**10. 不同地区的粮食流通产业政策**

由于我国地域辽阔，产区、销区、产销衔接区情况不同，因此粮食流通产业政策也应有所不同。根据我国不同区域规划，东部、中部、西部、老工业区、老少边穷区等应制定相应的粮食流通产业政策，同时注重流通产业政策在引导生产和消费中的重要作用。

## （三）“十二五”期间现代粮食流通产业发展的政策建议

**1. 用“十二五”现代粮食流通产业发展规划引导产业发展**

要把现代粮食流通产业纳入全国粮食行业“十二五”发展的总体布局上来，在认真总结“十一五”时期现代粮食流通产业发展经验的基础上，深入分析今后及未来一段时期国际国内粮食流通形势的新变化、新特点，加强重大问题研究，进一步明确我国粮食流通产业的发展方向、战略目标、相关政策和保障措施，科学编制符合我国国情的现代粮食流通产业发展总体规划。各地也应按照总体规划的要求，从主产区、主销区、产销平衡区的实际出发，有重点地制定粮食流通各个环节的专项规划，以突出本地比较优势。加强规划编制的组织领导，统筹做好各类规划之间的协调和衔接，切实发挥好规划对产业发展的指导作用。

**2. 加快粮食仓储、市场和物流基础设施建设，提升粮食流通竞争力**

在粮食仓储方面，着重加强粮食主产区仓容建设。根据国家新增1 000亿斤粮食生产能力的实际需要，同步新建一批配套好、功能全的新式储粮仓，确保主产区粮食收得上、储得下、存得好；同时，加强对破旧仓房的维修改造，逐步更新质检、通风、测温、烘干等保粮设备，改善储粮条件，确保储粮安全。在市场体系建设方面，大力扶持国家级粮食交易中心的建设与发展，实施税收、信贷、运输等优惠政策，吸引广大粮食经营者进场交易。尽快设立粮食市场建设专项资金，用于支持交易系统、信息系统、质量检测系统等基础设施建设。

**3. 以改善粮食收购效率和精深加工水平为着力点，提升粮食产业化经营能力**

在充分发挥国有粮食购销企业主渠道作用的同时，积极发展多元收购主体，构建“主渠道保稳定、多渠道活流通”的高效收购网络。继续深入推进国有粮食购销企业改革，加强对多元收购主体、特别是农村粮食经纪人的规范管理。引导和鼓励龙头企业发展粮食精深加工业务，引导粮食企业跨行政区域、跨行业兼并重组，加快淘汰落后产能，推进粮食产业化经营。积极探索龙头企业与农户建立利益联结的产业化发展新模式，引导大型和特大型龙头企业向粮食优势产区集聚，强化质量和品牌建设。

**4. 推动关键领域和环节的自主创新突破，提升粮食流通产业科技创新能力**

以政府为引导、企业为主体、院所为依托，大力推进与现代粮食流通产业发展相适应的科技创新能力建设。针对粮食储藏、物流、加工、质检等关键领域和环节，积极自主开发和推广应用环保、安全、节约、高效的新技术，使粮油科技在高新技术领域取得产业化进展。以信息技术、生物技术指导粮食储藏实践，改善储粮环境，降低储粮成本，促进储粮技术方式由传统型向绿色生态型转变。加快研发以新型散粮装运为主要内容的散粮物流技术和集装化设备，为构建高效快捷的粮食物流体系提供技术和设备支持。在支持高新技术引进消化吸收和集成创新的同时，不断加大对生物工程技术、智能化加工设备制造、精细化工技术等方面自主研发的投入力度，推动粮食传统加工业的技术改造和优化升级。加快研发以应用基础研究和国产仪器为支撑的粮油质量快速检测技术和设备，提高维护粮油质量安全的技术保障能力。

（北京工商大学　洪　涛）

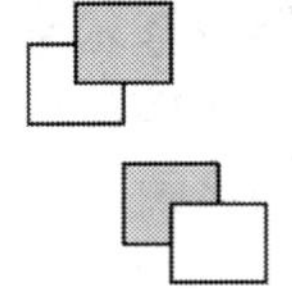

# 十五、提升粮食文化软实力构筑粮食安全新防线

**【内容提要】**

党的十七大及十七届六中全会提出要增强国家文化软实力，并对建设社会主义文化强国进行了战略部署。深入学习和领会文件精神，对照当前国际国内粮食安全形势，积极探索发掘粮食文化，大力弘扬粮食文化，提升粮食文化软实力，对于确保国家粮食安全具有十分重大的现实意义和深远的历史意义。

## （一）粮食文化软实力应成为保障粮食安全的要义之一

2008 年世界粮食危机再次爆发，粮食安全问题再次成为世界的焦点。时至今日，世界粮食安全形势日趋复杂和严峻。诚然，气象灾害的频繁发生、消费结构不断升级、粮食等农业资源日益短缺是造成世界粮食危机的主要因素，但按照现代社会生产力发展水平，人们应该是衣食无忧的。事实也正如此，此次世界粮食危机不是出现在粮食的短缺上，而是出现在粮价大幅度上涨致使缺粮人口买不起粮食上。这不得不让人深思，什么是粮食安全，怎样才能保障国家粮食安全？

上世纪 70 年代，世界范围内粮食危机爆发后，联合国粮农组织首次提出了“粮食安全”的概念，即要“保证任何人在任何时候都能得到为了生存和健康所需要的足够食物”。随着经济社会的发展，1983 年，联合国粮农组织重新确定了粮食安全的定义，即“粮食安全的最终目标，应当是确保所有人任何时候既能买得起又能买得到他们所需要的基本食品”。1996 年联合国粮农组织对粮食安全又进行了界定，即“所有人在任何时候都能够在物质上和经济上获得足够、安全和富有营养的粮食，来满足其积极和健康生活的膳食需要及食物喜好时，才实现了粮食安全”。

中国是发展中的农业大国，作为联合国粮农组织成员国，历来十分重视粮食安全问题。2002 年修订的《中华人民共和国农业法》，2008 年国家发展和改革委员会公布的《国家粮食安全中长期规划纲要（2008—2020 年)》，都对“国家粮食安全”进行了阐述，概括而言，就是采取措施保护和提高粮食综合生产能力，稳步提高粮食生产水平；完善粮食流通体系，充分发挥市场在资源配置方面的基础性作用；国家建立粮食宏观调控机制和粮食安全预警制度，坚持立足国内保障粮食基本供给；提倡珍惜和节约粮食，提高粮食综合利用效率，减少粮食浪费。

从联合国粮农组织的粮食安全概念的演进看，人们对粮食安全的认识在不断地深化。从最初强调有“足够”的“粮食数量安全”，到“买得到”、“买得起”的“粮食流通安全”，再到“营养”和“食物喜好”的“粮食质量安全”，逐渐形成了一个与时俱进的全新的概念。而中国的“国家粮食安全观”，则是着眼于粮食生产安全、粮食流通安全和粮食消费安全，体现了国家性、民本性和可持续性。

重新审视“粮食安全观”，我们发现，无论是联合国粮农组织“粮食安全观”，还是我国“国家粮食安全观”，都是从粮食的生产、流通、消费的经济角度着眼的，而缺乏粮食伦理的、意志观念的、价值判断的精神内涵。它们有一个共同的特点，就是经济性、物质性，这也许就是世界粮食危机的根源所在。从这个意义上说，世界粮食危机实质上也是粮食文化危机。

在工业化、信息化、城镇化、市场化、国际化深入发展的新形势下，粮食安全的内涵和外延正在发生新的变化。粮食安全仅仅有粮食物质生产力的内容还不够，单靠经济的措施是不能完全保障粮食安全的。粮食文化软实力应成为保障国家粮食安全的重要因素。对粮食安全的评判，不但要有粮食物质生产力的标准，而且还要有粮食文化软实力的标准。只有这样，才能防止和克服目前出现的重工轻粮等潜在的不安全因素，避免以经济目标和物质生产力来片面地判断粮食安全带来的不利影响。

## （二）粮食文化价值观是粮食文化软实力的核心

从狭义上来讲，粮食文化是人们在长期的粮食实践活动中形成的粮食思想、价值观念、审美情趣、思维方式和生活理念等，是社会政治经济在粮食观念形态上的反映，是在一定社会生产力条件下人们认识粮食的最高智慧。粮食文化所释放的精神能量，对粮食生产和人们生活所产生的影响力、凝聚力和创造力，就是粮食文化软实力。粮食文化软实力的核心是粮食价值观。

粮食文化软实力对粮食物质生产力具有反作用，在粮食生产实践活动中具有认知与价值导向的作用。粮食文化能潜移默化地影响粮食行业的发展模式、制度选择、政策取向以及各种资源开发和生产要素组合的水平，从而深刻地影响粮食行业发展的速度、质量和水平，深刻地影响国家粮食安全的保障水平。深入挖掘整理我国优秀的粮食传统文化，对传统粮食价值观进行科学地分析、评价和改造，赋予其新的含义和功能，构建粮食文化软实力的核心价值体系，对于提升粮食文化软实力具有重大作用。

### 1. “民以食为天”的粮食政治文化观

“民以食为天”是春秋时齐相管仲第一次提出的，即以粮食作为民众生存和发展的根本。作为朴素的民本思想，几千年来被历代君主先贤所继承，演进为粮食政治思想的核心价值观。秦汉以来，这一民本思想经过不断总结和发扬，产生了“食为政首”和“农为政本”的思想。到了中国近代，孙中山提出“民生主义”，更加强调社会成员的生存和发展要求及其满足状态。中国共产党继承了中国传统的民本思想，以为人民谋利益为最高政治价值取向，产生了毛泽东的“为人民服务”思想和中国特色社会主义民生理论。保障人民的基本粮食需求是民生第一要义，是社会主义和谐社会建设的主要内容。

### 2. “为耕者谋其利，为食者谋其福”的粮食行政文化观

这一当今最为流行的粮食经典格言，高度概括了粮食部门一头连着粮食生产，一头连着粮食消费的部门行业特点，折射出粮食部门制度选择、政策制定、行政行为等方面的施政理念。“为耕者”和“为食者”明确了粮食部门的服务对象是包括粮食生产者和消费者在内的全体人民。“为”体现的是一种服务意识，一种责任感。“谋其利”就是要谋划粮食增产、农民增收、企业增效；“谋其福”就是要保障广大城乡居民吃上数量足够、质量可靠的放心粮油。它彰显的是一种为全体人民服务的宗旨意识，体现了科学发展观“以人为本”的根本要求，体现了“立党为公，执政为民”的现代行政理念。

### 3. “宁流千滴汗，不坏一粒粮”的粮食企业文化观

这是在计划经济时期广大粮食职工提出的奋斗口号，它所包含的企业质量意识和经营哲学反映了粮食企业的共同追求，因而被不断继承和发扬光大。粮食企业经营的产品是粮食，为了“不坏一粒粮”，而“宁流千滴汗”，体现的是一种敬业精神、一种奉献精神、一种社会责任感和高尚的职业道德。粮食企业既要追求经济效益，也要追求社会效益。“不坏一粒粮”是一种价值取向，实现了粮食经营中的降耗减损，有利于提高粮食企业经济效益。“不坏”是对粮食质量的保证，是不浪费社会粮食资源，塑造的是企业一种负责任的良好的社会形象。

### 4. “谁知盘中餐，粒粒皆辛苦”的粮食消费文化观

这是唐代诗人李绅《悯农诗》中的一句，本是抨击封建社会不劳而获的社会现实的，但它所蕴含的爱粮节粮的深刻哲理千百年来被人们广泛接受，已成为家喻户晓的格言警句，演绎上升为一种爱粮节粮的粮食消费文化观。“粒粒皆辛苦”形象地告诫人们粮食生产的不易，农民种粮的艰辛。“谁知盘中餐”是呼唤人们对粮食的思索，告诫人们一个爱粮节粮的深刻道理。在现代社会，节约粮食就是节约耕地、节约灌溉用水、节约农业耗用的能源、节约种粮劳动力；节约粮食就是造就“无形粮田”，就是对国家粮食安全的一份贡献。

## （三）加强粮食文化建设，是生成文化力的前提和条件

一是要把粮食文化价值观作为建设社会主义核心价值体系的重要组成部分，融入国民教育和精神文明建设全过程，发挥粮食文化引领粮食风尚、服务全体人民、推动粮食经济发展的作用，实现全民粮食文化自觉。针对粮食行业的特点、粮食生产者和粮食消费者的客观需求，用科学的粮食伦理道德教育人民，让粮食文化价值观深入人心，奠定保障粮食安全的思想道德基础。要普及粮食文化科技知识，以现代工业文明的科学技术理性，促进传统粮食文化中粗放式经营、小农经济观念以及温饱观念的转变，提高全民的粮食科技文化素质。要不断提升粮食文化的感召力，使粮食文化价值观成为引领行业进步、推动社会主义和谐社会建设的重要手段。

二是要深入研究粮食文化自身的规律与特点，探索建立城镇化、工业化、全球化背景下的国家粮食安全新模式。要重点研究工业化、城镇化和市场化对传统的自养粮食文化模式产生的影响，探索建立结构功能完善的现代工商粮食文化模式。要积极开展粮食生产、流通、消费领域的科学研究，将现代生产的机械化、智能化、信息化等文化成分纳入粮食文化之中，不断提高粮食文化的自主适应能力。要深入探讨现代社会条件下，粮食与政治、经济、社会的关系，挖掘粮食文化中政治、生态、军事因素，建立工业化、国际化背景下的国家粮食安全新模式。要研究粮食风俗，继承优秀的粮食风俗文化，发扬粮食风俗在粮食种植、消费和经营中的积极作用，提升粮食风俗在人类生活幸福指数方面的作用。

三是要重建“粮食安全”评价指标体系。科学合理的“粮食安全”评价指标体系是保障“粮食安全”的制度保证，是衡量一个国家和地区粮食安全的重要标志。新的“粮食安全”指标体系应包括粮食物质生产力和粮食文化软实力两个方面的内容。粮食文化软实力评价指标体系的重点应是粮食政策理论的研究与创新、粮食核心价值观的宣传教育、全民爱

粮节粮意识以及粮食科技知识普及等。要不断促进粮食物质生产力和粮食文化软实力协调发展，使二者相辅相成、相互支撑、互为条件，从而筑就粮食安全牢不可破的新防线。

（宁夏回族自治区粮食局　李建成）

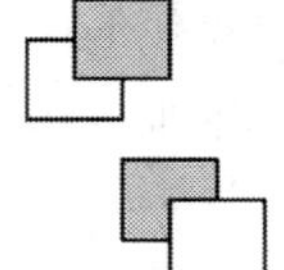

# 十六、推进主食产业化　促进“三化”协调发展

## ——兼论河南中原经济区“三化”协调发展的政策取向

【内容提要】

推进工业化、城镇化和农业现代化“三化”协调发展，是党和国家立足当前、着眼长远作出的重要战略部署。农业是国民经济基础性产业，但在工业社会阶段，由于对农产品价格的限制和农业价值的人为扭曲，使农业成为了“弱势”农业。国内外的经验表明，农业经济质量的提升，关键在于大力发展农产品的加工应用。主食产业化，利用前沿学科技术和现代工业手段，将食品加工环节、基础科研、工艺技术开发、生产装备研发制造、标准化、市场营销模式等要素引入农业体系，实现产业链上下游贯通，将提高农业种植、流通、加工、销售等各个环节的组织化、产业化水平，将农业和粮食资源的经济效益放大了数十倍、数百倍。主食产业化，明确了“产品标准化、生产机械化、工艺科技化、操作规范化、准入制度化”的发展思路，提高了农业经济质量，有力地推动了“工业化、城镇化和农业现代化”的协调发展。

改革开放30多年来，我国经济社会发展取得了巨大成绩，同时也出现了一系列的突出问题。当前，我国已经进入工业化、城市化、农业现代化加速推进的新阶段，既面临着跨越发展的重大机遇，也面临着各种因素的制约和挑战，亟待寻求创新和突破。正是在这一宏观背景下，党和国家立足当前、着眼长远，及时提出“推进工业化、城镇化和农业现代化‘三化’协调发展”的决策部署，并将其作为“十二五”乃至更长时期内经济社会发展的主要任务。

## （一）促进“三化”协调发展是我国经济社会发展的内在需求

### 1. 传统工业化发展面临的问题

建国以来，尤其是改革开放 30 年来，我国工业化进程全面加速。工业化的迅猛发展，一定程度上得益于拥有庞大的农村剩余劳动力，获得了承接全球产业化转移的机会。由此，培养了世界上最庞大的技工队伍，不分大小，巨细通吃，大到轮船飞机，小到纽扣玩具，行销全球，缔造了工业化发展的奇迹。但这种发展模式也埋下了“科技含量小、产业层次低，能源消耗高、环境污染大”的隐患。资料显示，目前我国二氧化硫排放量居世界第一，碳排放量居世界第二，江河水系 70% 受到污染，1/3 的城市空气严重污染。更为重要的是当前工业的发展，多数依然沿袭着高投入、高消耗、重污染、低产出的模式，过度依赖和消耗着化石能源（石油、煤炭等）。有关资料显示，我国 GDP 占世界 4% 左右，却消耗了全球 26% 的钢、37% 的棉花、47% 的水泥。传统工业同质化、粗放化的发展模式，在我国乃至全球化石资源日益枯竭的情况下，难以持续增长，亟待调整，以寻找新的发展方向，特别是要转变资源和能源的支撑点。

### 2. 城市化发展面临着各方面的制约

随着我国工业化发展速度的加快，城市化也保持了较快增长，目前我国的城镇化率已达到 50% 左右。城市化的发展，优化了社会资源的配置，实现了民众行为理念和生活方式的变革。但目前受制于自然和经济条件限制，部分地区的“城市化”发展陷入畸形。如城市规划无序、基础配套设施不完善、环境恶化、交通拥堵、热岛效应加剧等问题屡被媒体提及。

由于城市运行所需的各种经济关系、组织制度所构成的综合系统跟不上城市发展的步伐，导致迅速膨胀起来的城市综合承载能力较差。有资料显示，城市人均能源消耗是农村的3.5～4倍。不仅能源供应紧张，就业、交通、医疗、教育等体系也无法满足人口增长的需求。而且城市化是以压低土地成本、以一种文明“剥夺”另一种文明的方式发展起来的，挤压了农村和农业的发展空间，正如“城市像欧洲、农村像非洲”。近两年来，虽然“城镇化”概念频被提及，但发展还较为粗放，缺乏科学规划和特色定位，“走过一村又一村，村村像城镇；走过一镇又一镇，镇镇是农村”。只是实现了人口的简单集中，缺乏立足于当地主导产业的配套设施，未很好体现出经济特色。

**3. 传统农业发展模式的困境**

农业是国民经济的基础性产业，但是在工业社会阶段，由于对农产品价格的限制和农业价值的人为扭曲，使农业成为了“弱势”农业。目前，对于农业的主要功能定位就是保障粮食食品的安全供应。近10年来，虽然粮食连续丰收，但要清醒地认识到，目前耕地面积减少、自然灾害增多等影响粮食安全的因素依然存在，尤其是如何提高农业经济效益，促进农民增收、农业增效，增强农民、农业主管部门和地方政府的种粮积极性。从国内外的经验看，农业经济质量提升的关键和希望在于大力发展农产品的加工应用。但是目前我国的农产品加工却未得到全面发展，产业规模和层次低下，未形成对种植加工环节的带动和指示作用。实现农业现代化，必须产业链上下游贯通，提高农业种植、流通、加工、销售各个环节的组织化、产业化。

上述问题的存在具有普遍性和广泛性，在各个地区均有不同程度的存在。在各种约束要素的倒逼下，不仅要求“三化”步伐协同，更重要的是发展质量的全面提升和优化，转变传统的发展模式和路径。作为全国人口大省、粮食和农业大省、新兴工业大省，河南省是中国的缩影和代表。所以国务院《关于支持河南省加快建设中原经济区的指导意见》的核心主题，就是探索“三化”协调科学发展的经验。

## （二）深化对农业资源的认识和开发对促进“三化”协调发展有着重要作用

全国各省市均正依据不同的自然和经济资源优势，调整和定位当地的发展思路。实现“三化”科学协调发展，需要进一步对农业资源进行精准定位，围绕农业资源特点，研究产业布局，转变发展方式。

### 1. 我国有着丰富的农业资源

一个地区、国家的经济发展，依赖当地资源的支撑。我国是农业和粮食大国，2011 年粮食产量 5.7 亿吨，占全球总量的 22%。各类种植业、养殖业都很发达，品种齐全，生产体系完备。

此外，农业的生物能源资源也不容小觑。农作物秸秆、专门种植用以提供能源原料的草本和木本植物如甜高粱、薯类、甘蔗和油菜等，畜禽粪便，以及农产品加工业副产品如秸秆稻壳、玉米芯、甘蔗渣等，都可转化为电力、燃气和液体燃料等多种高品位能源。如果能充分利用前沿学科技术和现代工业手段，依托农业资源的开发转化，突破能源转化的关键环节，形成合理的产业布局，完全可以建立一个多层次、多品类的产业体系。

### 2. 引进前沿学科技术和现代工业手段，拓展农业资源开发的深度和广度

与传统的煤炭、石油等化石资源相比，农业资源具有低碳、当量大、可再生等特点，可源源不断供应人类的需求。但是，资源的价值落脚于最终产品的价值。

近年来，以粮食为主体，我国依靠丰富的农业资源，大力发展农产品加工业，尤其是食品工业，2011 年实现工业总产值 78 078.32 亿元，同比增长 31.6%。河南省的食品工业产值也连续多年始终保持了 20% 以上的增速，稳居全国前列，逐步由“中国粮仓”向“国人厨房”和“世界餐桌”跨越。

但是就目前的情况来看，全国食品产业还存在着产品单一、产品档次整体不高、科技含量有限、经济附加值较低等问题，对于粮食等农业资源的转化空间还缺乏必要的广度和深度。以小麦开发为例，目前面粉依然是小麦加工转化的主体。除面粉之外，小麦还可加工多种经济附加值更高的产品，如变性淀粉、谷朊粉，以及进一步加工为淀粉糖、水解小麦蛋白等产品。同时，小麦麸皮还可制备戊聚糖和膳食纤维，仅小麦胚芽就可加工出70多种产品。总之，可围绕小麦加工的产品可达数十个大类、100多个品种。

随着技术不断进步，农业资源的整体开发产品不仅限于食品，还包括医药保健、建筑材料、动物饲料等，可满足衣食住行需求，从根本上改变未来人类社会的发展方式。例如，在新材料领域，油菜秆、稻谷壳、玉米秆等可制成建筑装饰材料、软性包装材料，以及碗、托盘、杯子等一次性全生物降解餐具；在纺织领域，以大豆豆粕为原料，制成新型再生植物蛋白纤维；在新能源领域，秸秆可加工成为乙醇汽油。目前，美国工业界最常用的50多种工业原料中，1/3以上来源于农业。

当前对于农业资源的开发只是很少的一部分，可以肯定，农业资源的开发空间无限宽广。难怪金融大鳄罗杰斯不久前说："假如我现在20岁，肯定放弃金融而去学习农业。"

技术、理念的每一次创新都是在颠覆一个时代的同时，创造一个新的时代。拓展农业资源开发的广度和深度，提升农业的经济价值，关键在于前沿学科技术和现代工业手段的应用。我国完全可以利用现有的优势进行"弯道超车"，利用资源优势进行跨越式发展，建立完善的农业资源深度开发体系。尤其是在全球能源面临枯竭，传统工业能耗高、成本高的背景下，使农业资源优势转化为能源优势、经济优势，对于减少资源消耗、降低环境污染、转变经济增长方式有着重要的作用和巨大的意义。

### 3. 主食产业化是利用现代科技加快农业资源转化的典范

在农业产业链上，食品工业是第一个应用环节，也是承上启下的核心环节。但是，我国整个食品工业普遍存在着"低档次、低成本、低价格"，利润十分有限，产业大而不强的现象突出，亟待利用技术、装备、资金等先进要素进行升级。

近年来，主食产业的发展经验已经为食品产业的升级提供了新的思路。随着我国改革开放日趋深入、人民生活水平逐步提高、生活节奏不断加快，从城市到农村，面制主食已逐步由家庭自制向社会化供应转变。在世界第一人口大国的中国，巨大的社会需求形成一个广阔的市场空间。据调研测算，我国米制和面制主食（如馒头、面条、大米等）从产品到装备、从物流到销售，主食市场的经济当量在10 000亿元左右。就面制主食而言，每年我国7 000多万吨的面粉消耗中，馒头占30%，面条占35%，市场容量达6 000多亿元。在这一市场需求下，国内已经出现一批具有广泛影响的主食生产企业。如河南兴泰公司，2001年在全国提出“主食产业化”理论，积极利用前沿科技和现代工业技术，对传统主食产业进行优化和全面提升，明确了“产品标准化、生产机械化、工艺科技化、操作规范化、准入制度化”的发展思路，围绕小麦、面粉、面团和面制食品，以谷物化学为主体，连续开展了17年的基础科研，凭借强大的科研支撑、先进的生产装备、完善的标准体系，兴泰公司已经在开发馒头、面条产品，在带动小麦转化增值、提升食品工业整体技术水平等方面发挥了重要的作用。兴泰公司通过长期的探索，应用现代商业营销理念，已经探索出了分别适应大中城市和县级以下城镇地区的可快速复制的商业运作模式，将在河南省和全国进行推广，以取得更大的经济效益和社会效益。

运作实践表明，主食产业化将一个包括食品加工环节、基础科研、工艺技术开发、生产装备研发制造、标准化、市场营销模式等要素的完整产业体系引入了农业体系，产生一个当量巨大的应用集群，将农业和粮食资源的经济效益放大了数十倍、数百倍。但是，主食产业化仅是农业资源开发的一个环节，随着各种先进技术的引入，将进一步扩大农业资源转化增值的空间。如果能培育形成若干个类似于主食产业的产业体系，整合和涵盖科研、装备、标准、指导理论等产业单元和要素，共同进入农业领域，将使农业经济发生翻天覆地的变化。

## （三）推进主食产业化，促进“三化”协调科学发展

主食产业化是依托农业资源优势，布局现代工业体系，推进城镇化发

展的支撑点。主食产业化的发展，对于“三化”协调科学发展有着重要的带动和促进作用。

**1. 主食产业化的全面发展促进了农业现代化的建设**

笔者认为，农业现代化的核心是利用前沿学科技术和现代工业手段，对农业从种植到加工各个环节优化提升，形成一个具有较高科技含量、经济效益和社会效益较高的产业集群。作为粮食转化的主体，主食产业发展，对于建立市场需求型的粮食产业链条有着明显的促进作用。据专家测算，全国以食品加工业为主体的农产品加工产值每增加0.1个百分点，平均每个农民可增收190元。仅就主食的生产看，市场实际销售的结果表明，馒头等面制主食加工环节的产值增加幅度是面粉的3～4倍，利润甚至高达100～200倍。主食加工技术的开发和产业化应用，对小麦等粮食作物的种植提供了明确的方向，可有效促进小麦种植的品种专用化、组织规模化。同时，利用专用小麦满足食品加工需求，农业可以获得更高的价格收益，从而有效促进增收，全面提高农业经营产业化、生产集约化水平。

**2. 主食产业化的发展以及整体农业资源开发体系的建立，实现了现代工业的优化升级**

主食产业化的全过程，是利用现代科学技术和现代工业手段，对主食的基础科研体系、标准体系、装备体系等进行全面改造和提升，形成完善的产业体系。首先，通过主食产业化的推广，使前沿学科技术和现代工业手段得到应用，提升了农业资源开发的水平和层次。最大限度地开发和利用农业资源，形成多品种、多层次的产品，提高了农业产品的经济附加值，提高了农业的综合效益和市场竞争力。其次，农业资源的开发为工业化的可持续发展提供了广阔的空间。围绕河南农业资源的特点，全面应用前沿学科技术和现代工业手段，实现工业体系的科学布局，有助于建立一个工业和农业相互促进、区域特色鲜明的现代产业体系，从而避免河南工业重走同质化、粗放式发展的老路。从更广泛的意义上看，在全球化石资源日益枯竭的背景下，以农业资源为主体的工业产业体系建设，可以使工业化进入新的巨大发展空间，具备无限广阔的发展前景。

**3. 以主食产业化为代表的农业资源应用产业的形成，对于新型城镇化的推进也有着重要的作用**

城镇化，相对于城市化是发展思路上的进步，也是发展模式上的进步。笔者认为，与传统的城市化相比，新型城镇化，首先，突出产业支撑、依靠产业引领，促进优势产业入城、入镇，实现农民就近就业；其次，突出建立良好、完善的生活配套保障体系，特别是安全、卫生、方便的食品供应体系；再次，突出核心城市的辐射能力，增强城镇对核心城市优质资源流动的接受能力。

主食具有食用人口基数大、小麦消耗量大、市场需求量大等特点。统计资料表明，河南省若将每年输出的200亿斤原粮加工为主食之后向外省输出，可增加800亿元的产值，并可创造大量的就业岗位。主食项目建设，将有效带动当地粮食等农业资源的转化增值，通过原料供给、生产、销售、物流等系统的建立，使农民就地就业、就地增收，提高城镇吸引优质劳动力资源的能力。

主食产业化为城镇化建设提供了生活配套条件。城镇化之后，人口的集中居住以及生活方式的改变，将脱离自给自足的生活方式，对食品等生活必需品的商品化供给有更强的依赖。满足食品消费需求是城镇化建设中生活配套系统的主体。基础设施建设的水平决定城镇的发展潜力。除教育、医疗、文化、供水、供电、供气、通讯等条件之外，满足城镇化建设，多层次、高品质的食品消费需求也是重要组成部分。主食产业化的推进，有利于在城镇建设中建立一个安全、规范、政府可控的市场和产业。

综合而言，通过主食产业化的实施推广，促进“三化”协调发展，进一步促进“三化”融合，催生新的发展模式和发展方式，从而实现城市与村镇功能同步提升、农业与农民经济效益同步增长、工业与农业产业体系同步加强，使新型工业化、新型城镇化、新型农业现代化融为一体，相互带动，全面促进，协调发展。

（河南省面制食品工程研究中心　刘晓真）

# 第六部分

## 中国粮食市场资料

# 一、统计数据汇编

表6－1－1　　全国粮食作物播种面积、粮食总产量

| 年　份 | 粮食作物播种面积（万公顷） | 粮食总产量（万吨） | | | | |
|---|---|---|---|---|---|---|
| | | | 谷　物 | | | |
| | | | | 稻　谷 | 小　麦 | 玉　米 |
| 1978 | 12 058.7 | 30 476.5 | | 13 693.0 | 5 384.0 | 5 594.5 |
| 1980 | 11 723.4 | 32 055.5 | | 13 990.5 | 5 520.5 | 6 260.0 |
| 1985 | 10 884.5 | 37 910.8 | | 16 856.9 | 8 580.5 | 6 382.6 |
| 1990 | 11 346.6 | 44 624.0 | | 18 933.1 | 9 822.9 | 9 681.9 |
| 1991 | 11 231.4 | 43 529.0 | 39 566.3 | 18 381.3 | 9 595.3 | 9 877.3 |
| 1992 | 11 056.0 | 44 265.8 | 40 169.6 | 18 622.2 | 10 158.7 | 9 538.3 |
| 1993 | 11 050.9 | 45 648.8 | 40 517.4 | 17 751.4 | 10 639.0 | 10 270.4 |
| 1994 | 10 854.4 | 44 510.1 | 39 389.1 | 17 593.3 | 9 929.7 | 9 927.5 |
| 1995 | 11 006.0 | 46 661.8 | 41 611.6 | 18 522.6 | 10 220.7 | 11 198.6 |
| 1996 | 11 254.8 | 50 453.5 | 45 127.1 | 19 510.3 | 11 056.9 | 12 747.1 |
| 1997 | 11 291.2 | 49 417.1 | 44 349.3 | 20 073.5 | 12 328.9 | 10 430.9 |
| 1998 | 11 378.7 | 51 229.5 | 45 624.7 | 19 871.3 | 10 972.6 | 13 295.4 |
| 1999 | 11 316.1 | 50 838.6 | 45 304.1 | 19 848.7 | 11 388.0 | 12 808.6 |
| 2000 | 10 846.3 | 46 217.5 | 40 522.4 | 18 790.8 | 9 963.6 | 10 600.0 |
| 2001 | 10 608.0 | 45 263.7 | 39 648.2 | 17 758.0 | 9 387.3 | 11 408.8 |
| 2002 | 10 389.1 | 45 705.8 | 39 798.7 | 17 453.9 | 9 029.0 | 12 130.8 |
| 2003 | 9 941.0 | 43 069.5 | 37 428.7 | 16 065.6 | 8 648.8 | 11 583.0 |
| 2004 | 10 160.6 | 46 946.9 | 41 157.2 | 17 908.8 | 9 195.2 | 13 028.7 |
| 2005 | 10 427.8 | 48 402.2 | 42 776.0 | 18 058.8 | 9 744.5 | 13 936.5 |
| 2006 | 10 495.8 | 49 804.2 | 45 099.2 | 18 171.8 | 10 846.6 | 15 160.3 |
| 2007 | 10 563.8 | 50 160.3 | 45 632.4 | 18 603.4 | 10 929.8 | 15 230.0 |
| 2008 | 10 679.3 | 52 870.9 | 47 847.4 | 19 189.6 | 11 246.4 | 16 591.4 |
| 2009 | 10 898.6 | 53 082.1 | 48 156.3 | 19 510.3 | 11 511.5 | 16 397.4 |
| 2010 | 10 987.2 | 54 647.7 | 49 637.1 | 19 576.1 | 11 518.1 | 17 724.5 |
| 2011 | 11 057.0 | 57 121.0 | | | | |

资料来源：《中国统计年鉴》，中国统计出版社出版；国家统计局网站。

**表6-1-2　　全国油脂、油料播种面积与产量**

| 年　份 | 精制食用植物油总产量（万吨） | 油料播种面积（万公顷） | 油料总产量（万吨） | 花　生 | 油菜籽 | 芝　麻 |
|---|---|---|---|---|---|---|
| 1978 | | 622.2 | 521.8 | 237.7 | 186.8 | 32.2 |
| 1980 | | 792.8 | 769.1 | 360.0 | 238.4 | 25.9 |
| 1985 | | 1 180.0 | 1 578.4 | 666.4 | 560.7 | 69.1 |
| 1990 | 544.1 | 1 090.0 | 1 613.2 | 636.8 | 695.8 | 46.9 |
| 1991 | 644.3 | 1 153.0 | 1 638.3 | 630.3 | 743.6 | 43.5 |
| 1992 | 660.7 | 1 148.9 | 1 641.2 | 595.3 | 765.3 | 51.6 |
| 1993 | 965.4 | 1 114.2 | 1 803.9 | 842.1 | 693.9 | 56.3 |
| 1994 | 723.0 | 1 208.1 | 1 989.6 | 968.2 | 749.2 | 54.8 |
| 1995 | 1 144.5 | 1 310.1 | 2 250.3 | 1 023.5 | 977.7 | 58.3 |
| 1996 | 946.5 | 1 255.6 | 2 210.6 | 1 013.8 | 920.1 | 57.5 |
| 1997 | 893.7 | 1 238.1 | 2 157.4 | 964.8 | 957.8 | 56.6 |
| 1998 | 602.5 | 1 291.9 | 2 313.9 | 1 188.6 | 830.0 | 65.6 |
| 1999 | 733.8 | 1 390.6 | 2 601.2 | 1 263.9 | 1 013.2 | 74.3 |
| 2000 | 835.3 | 1 540.0 | 2 954.8 | 1 443.7 | 1 138.1 | 81.1 |
| 2001 | 1 383.2 | 1 463.1 | 2 864.9 | 1 441.6 | 1 133.1 | 80.4 |
| 2002 | 1 531.2 | 1 476.6 | 2 897.2 | 1 481.8 | 1 055.2 | 89.5 |
| 2003 | 1 584.3 | 1 499.0 | 2 811.0 | 1 342.0 | 1 142.0 | 59.3 |
| 2004 | 1 682.6 | 1 443.1 | 3 065.9 | 1 434.2 | 1 318.2 | 70.4 |
| 2005 | 2 071.0 | 1 431.8 | 3 077.1 | 1 434.2 | 1 305.2 | 62.5 |
| 2006 | 2 335.2 | 1 173.8 | 2 640.3 | 1 288.7 | 1 096.6 | 66.2 |
| 2007 | 2 637.0 | 1 131.6 | 2 568.7 | 1 302.7 | 1 057.3 | 55.7 |
| 2008 | 2 805.1 | 1 282.5 | 2 952.8 | 1 428.6 | 1 210.2 | 58.6 |
| 2009 | 3 433.4 | 1 365.4 | 3 154.3 | 1 470.8 | 1 365.7 | 62.2 |
| 2010 | 3 878.5 | 1 389.0 | 3 230.1 | 1 564.4 | 1 308.2 | 58.7 |
| 2011 | | 1 379.0 | 3 279.0 | | | |

资料来源：《中国统计年鉴》、《中国统计摘要》，中国统计出版社出版；国家统计局网站。

**表6-1-3　　2011年我国主要农产品产量及其增长速度**　　单位：万吨

| 产品名称 | 产量 | 比上年增长（%） |
|---|---|---|
| 粮　食 | 57 121 | 4.5 |
| 夏　粮 | 12 627 | 2.5 |
| 早　稻 | 3 276 | 4.5 |
| 秋　粮 | 41 218 | 5.1 |
| 油　料 | 3 279 | 1.5 |
| 棉　花 | 660 | 10.7 |
| 糖　料 | 12 520 | 4.3 |
| 烤　烟 | 287 | 5.1 |
| 茶　叶 | 162 | 9.9 |

资料来源：《2011年国民经济和社会发展统计公报》。

**表 6－1－4**　　我国谷物、油料进口数量　　单位：千吨

| 年份 | 1998 | 1999 | 2000 | 2001 | 2002 | 2003 | 2004 | 2005 | 2006 | 2007 | 2008 | 2009 | 2010 | 2011 |
|---|---|---|---|---|---|---|---|---|---|---|---|---|---|---|
| 小麦 | 1 489.39 | 448.12 | 875.98 | 690.06 | 604.57 | 424.18 | 7 233.15 | 3 510.13 | 584.09 | 83.42 | 31.87 | 893.71 | 1 218.72 | 1 248.82 |
| 大米 | 243.82 | 168.29 | 238.61 | 269.13 | 236.19 | 257.00 | 761.46 | 514.18 | 718.99 | 470.53 | 295.57 | 337.54 | 366.17 | 578.38 |
| 玉米 | | | | | | 0.12 | 2.32 | 3.90 | 65.13 | 35.12 | 49.07 | 83.47 | 1 572.14 | 1 752.74 |
| 大麦 | 1 519.14 | 2 268.77 | 1 974.11 | 2 368.01 | 1 907.14 | 1 362.72 | 1 707.21 | 2 179.21 | 2 140.59 | 913.43 | 1 076.26 | 1 738.49 | 2 367.16 | 1 775.52 |
| 大豆 | 3 196.32 | 4 315.38 | 11 416.20 | 13 937.25 | 11 315.22 | 20 741.11 | 20 229.92 | 26 590.23 | 28 269.88 | 30 821.43 | 37 435.89 | 42 551.65 | 54 796.82 | 52 639.55 |
| 豆油 | 828.81 | 803.69 | 307.62 | 69.89 | 870.27 | 1 884.36 | 2 516.51 | 1 694.33 | 1 542.64 | 2 822.91 | 2 585.67 | 2 391.22 | 1 340.91 | 1 143.19 |
| 豆粕 | 3 733.30 | 571.82 | 505.33 | 53.67 | 0.69 | 1.79 | 55.45 | 202.56 | 674.18 | 104.91 | 220.30 | 132.83 | 187.74 | 224.25 |
| 棕榈油 | 929.91 | 1 193.51 | 1 390.72 | 1 517.42 | 2 220.66 | 3 324.81 | 3 856.57 | 4 330.14 | 5 081.92 | 5 095.13 | 5 282.33 | 6 441.28 | 5 696.11 | 5 912.23 |
| 油菜籽 | 1 386.41 | 2 595.31 | 2 968.93 | 1 724.25 | 618.17 | 166.71 | 424.01 | 296.24 | 738.00 | 833.10 | 1 302.46 | 3 285.85 | 1 599.85 | 1 262.27 |
| 菜籽油 | 284.64 | 69.18 | 74.66 | 49.43 | 77.83 | 151.58 | 352.93 | 177.56 | 44.00 | 374.78 | 269.79 | 467.53 | 985.32 | 550.90 |

资料来源：国家粮油信息中心。

**表 6－1－5**　　我国谷物、油料出口数量　　单位：千吨

| 年份 | 1998 | 1999 | 2000 | 2001 | 2002 | 2003 | 2004 | 2005 | 2006 | 2007 | 2008 | 2009 | 2010 | 2011 |
|---|---|---|---|---|---|---|---|---|---|---|---|---|---|---|
| 小麦 | | | | 454.79 | 687.62 | 2 237.48 | 783.93 | 260.26 | 1 114.08 | 2 336.62 | 125.95 | 8.40 | 0.00 | 39.79 |
| 玉米 | 4 686.26 | 4 304.99 | 10 465.57 | 5 996.62 | 11 673.25 | 16 389.45 | 2 317.86 | 8 610.84 | 3 070.40 | 4 913.60 | 252.32 | 129.03 | 127.16 | 136.00 |
| 大米 | 3 745.39 | 2 703.21 | 2 948.05 | 1 847.83 | 1 965.37 | 2 588.88 | 881.92 | 657.33 | 1 221.18 | 1 304.52 | 946.72 | 760.76 | 596.19 | 515.50 |
| 大豆 | 170.00 | 200.00 | 210.00 | 250.00 | 280.00 | 270.00 | 330.00 | 400.00 | 380.00 | 460.00 | 470.00 | 350.00 | 163.60 | 208.26 |
| 花生及花生仁 | 210.00 | 340.00 | 400.00 | 490.00 | 520.00 | 490.00 | 400.00 | 450.00 | 320.00 | 290.00 | 230.00 | 240.00 | | |
| 豆粕 | | 35.89 | 29.00 | 315.12 | 1 013.16 | 770.62 | 656.46 | 552.95 | 381.54 | 850.06 | 534.89 | 1 123.21 | 1 016.01 | 406.32 |
| 菜籽粕 | | 334.22 | 931.96 | 475.65 | 259.87 | 182.26 | 124.90 | 84.93 | 48.52 | 93.72 | 49.84 | 335.01 | 56.31 | 9.96 |

资料来源：《中国统计年鉴》，中国统计出版社出版；国家粮油信息中心。

表6-1-6　　2011年我国谷物、油料分国别进口数量　　单位：千吨

| 国　家 | 小麦 | 大米 | 玉米 | 大麦 | 大豆 | 油菜籽 | 豆油 | 棕榈油 | 菜籽油 | 豆粕 |
|---|---|---|---|---|---|---|---|---|---|---|
| 美国 | 434.88 | 0.00 | 1 685.59 |  | 22 351.05 |  | 228.1 |  | 14.65 | 0.82 |
| 巴西 |  |  |  |  | 20 624.91 |  | 500.62 |  |  |  |
| 荷兰 |  |  |  |  |  |  |  |  |  |  |
| 阿根廷 |  |  |  |  | 7 841.70 |  | 413.17 |  |  |  |
| 加拿大 | 172.25 |  |  | 103.65 | 387.97 | 1 250.27 | 0.00 |  | 525.67 |  |
| 法国 |  |  |  | 239.27 |  |  |  |  |  |  |
| 丹麦 |  |  |  | 2.00 |  |  |  |  |  |  |
| 马来西亚 |  |  |  |  |  |  |  | 3 779.94 |  |  |
| 印度尼西亚 |  |  |  |  |  |  |  | 2 119.08 |  |  |
| 越南 |  | 233.77 |  |  |  |  |  |  |  |  |
| 印度 |  |  |  |  |  |  |  |  |  | 213.56 |
| 澳大利亚 | 637.07 |  |  | 1 254.89 |  |  |  |  |  |  |
| 泰国 |  | 325.62 |  |  |  |  |  |  |  |  |
| 缅甸 |  | 1.35 | 28.40 |  |  |  |  |  |  |  |
| 老挝 |  |  | 35.17 |  |  |  |  |  |  |  |
| 秘鲁 |  |  | 0.10 |  |  |  |  |  |  |  |
| 其他 | 4.62 | 17.64 | 3.58 | 175.71 | 1 433.91 | 11.99 | 1.30 | 13.21 | 10.58 | 9.87 |
| 合计 | 1 248.82 | 578.38 | 1 752.74 | 1 775.52 | 52 639.55 | 1 262.27 | 1 143.19 | 5 912.23 | 550.90 | 224.25 |

资料来源：国家粮油信息中心。

表 6-1-7 2011 年我国谷物、油料分国别出口数量 单位：千吨

| 国　家 | 小　麦 | 大　米 | 玉　米 | 豆　粕 | 菜籽粕 |
|---|---|---|---|---|---|
| 马来西亚 | | | | 6.83 | |
| 印度尼西亚 | | 4.84 | | 0.06 | |
| 菲律宾 | | 1.63 | | 0.03 | |
| 越南 | | | 0.02 | 26.37 | |
| 韩国 | | 238.91 | 0.01 | 14.86 | |
| 朝鲜 | | 92.24 | 135.74 | 22.42 | |
| 日本 | | 27.46 | 0.03 | 250.73 | |
| 科特迪瓦 | | 5.00 | | | |
| 泰国 | | | | | |
| 伊拉克 | | | | | |
| 其他 | 39.79 | 145.42 | 0.20 | 85.02 | 9.96 |
| 合计 | 39.79 | 515.50 | 136.00 | 406.32 | 9.96 |

资料来源：国家粮油信息中心。

表 6-1-8 全国居民消费价格指数（上年=100）

| 年　份 | 全国居民消费价格指数 | | |
|---|---|---|---|
| | | 粮　食 | 油　脂 |
| 1993 | 114.7 | | |
| 1994 | 124.1 | 150.7 | 161.3 |
| 1995 | 117.1 | 136.8 | 116.0 |
| 1996 | 108.3 | 106.5 | 92.1 |
| 1997 | 102.8 | 91.1 | 101.5 |
| 1998 | 99.2 | 96.9 | 100.0 |
| 1999 | 98.6 | 96.9 | 94.5 |
| 2000 | 100.4 | 88.6 | 86.8 |
| 2001 | 100.7 | 99.3 | 91.7 |
| 2002 | 99.2 | 98.3 | 98.7 |
| 2003 | 101.2 | 102.3 | 112.6 |
| 2004 | 103.9 | 126.4 | 118.2 |
| 2005 | 101.8 | 101.4 | 94.3 |
| 2006 | 101.5 | 102.7 | 98.6 |
| 2007 | 104.8 | 106.3 | 126.7 |
| 2008 | 105.9 | 107.0 | 125.4 |
| 2009 | 99.3 | 105.6 | 81.7 |
| 2010 | 103.3 | 111.8 | 103.8 |
| 2011 | 105.4 | 112.2 | |

资料来源：《中国统计年鉴》，中国统计出版社出版；《2011 年国民经济和社会发展统计公报》。

**表6－1－9　　我国城乡居民家庭恩格尔系数**

| 年份 | 农村居民家庭恩格尔系数（%） | 城镇居民家庭恩格尔系数（%） |
|---|---|---|
| 1978 | 67.7 | 57.5 |
| 1980 | 61.8 | 56.9 |
| 1985 | 57.8 | 53.3 |
| 1989 | 54.8 | 54.5 |
| 1990 | 58.8 | 54.2 |
| 1991 | 57.6 | 53.8 |
| 1992 | 57.6 | 53.0 |
| 1993 | 58.1 | 50.3 |
| 1994 | 58.9 | 50.0 |
| 1995 | 58.6 | 50.1 |
| 1996 | 56.3 | 48.8 |
| 1997 | 55.1 | 46.6 |
| 1998 | 53.4 | 44.7 |
| 1999 | 52.6 | 42.1 |
| 2000 | 49.1 | 39.4 |
| 2001 | 47.7 | 38.2 |
| 2002 | 46.2 | 37.7 |
| 2003 | 45.6 | 37.1 |
| 2004 | 47.2 | 37.7 |
| 2005 | 45.5 | 36.7 |
| 2006 | 43.0 | 35.8 |
| 2007 | 43.1 | 36.3 |
| 2008 | 43.7 | 37.9 |
| 2009 | 41.0 | 36.5 |
| 2010 | 41.1 | 35.7 |
| 2011 | 40.4 | 36.3 |

资料来源：《中国统计年鉴》，中国统计出版社出版；《2011年国民经济和社会发展统计公报》。

说明：恩格尔系数是指居民家庭食品消费支出占家庭消费总支出的比重。

表 6－1－10　　2011 年全国主要粮油批发市场价格指数（月度综合指数）

| 月　份 | 1 | 2 | 3 | 4 | 5 | 6 | 7 | 8 | 9 | 10 | 11 | 12 |
|---|---|---|---|---|---|---|---|---|---|---|---|---|
| 粮食类 | 188.26 | 190.85 | 195.23 | 197.02 | 197.74 | 199.91 | 201.55 | 203.83 | 205.77 | 207.72 | 206.64 | 205.25 |
| 食油类 | 144.91 | 146.93 | 145.36 | 146.00 | 145.01 | 145.27 | 146.09 | 151.43 | 153.06 | 153.54 | 150.06 | 146.44 |
| 粮油综合类 | 186.45 | 189.02 | 193.15 | 194.89 | 195.54 | 197.63 | 199.23 | 201.64 | 203.57 | 205.46 | 204.28 | 202.79 |

资料来源：中华粮网。

说明：1994 年 6 月 =100。

表 6－1－11　　全国主要粮油批发市场价格指数（年度综合指数）

| 年　份 | 1998 | 1999 | 2000 | 2001 | 2002 | 2003 | 2004 | 2005 | 2006 | 2007 | 2008 | 2009 | 2010 | 2011 |
|---|---|---|---|---|---|---|---|---|---|---|---|---|---|---|
| 粮食类 | 118.55 | 108.05 | 89.24 | 95.87 | 90.65 | 97.47 | 131.29 | 125.37 | 127.17 | 141.74 | 151.72 | 159.45 | 176.42 | 200.19 |
| 食油类 | 98.76 | 94.55 | 74.86 | 65.46 | 68.57 | 87.80 | 96.19 | 82.06 | 81.63 | 117.76 | 159.81 | 114.56 | 123.63 | 147.82 |
| 粮油综合类 | 117.73 | 107.49 | 88.64 | 94.60 | 89.73 | 97.07 | 129.83 | 123.57 | 125.27 | 140.74 | 152.06 | 157.57 | 174.21 | 198.00 |

资料来源：中华粮网。

说明：1994 年 6 月 =100。

**表 6－1－12　2011 年全国主要粮油批发市场年度平均交易价格**　单位：元/吨

| 品　种 | 等　级 | 本期平均价 | 上期平均价 | 本期与上期比（%） |
|---|---|---|---|---|
| 白小麦（普通） | 三 | 2 074.17 | 1 985.32 | 4.48 |
| 黄玉米 | 二 | 2 176.60 | 1 891.52 | 15.08 |
| 大豆（油脂业） | 三 | 3 982.40 | 3 761.12 | 5.89 |
| 豆　粕 | 二 | 3 174.45 | 3 197.02 | －0.70 |
| 花生仁 | 二 | 10 348.87 | 7 430.40 | 39.28 |
| 早粳米 | 标一 | 3 909.58 | 3 648.54 | 7.16 |
| 早籼米 | 标一 | 3 520.54 | 2 969.10 | 18.58 |
| 晚籼米 | 标一 | 3 820.41 | 3 143.26 | 21.55 |
| 白小麦（优质） | 高优 505 | 2 540.40 | 2 193.21 | 15.84 |

资料来源：中华粮网。

说明：以上价格均为卖方火车板交货价格，包装另计。

**表 6－1－13　2006—2011 年粮食批发市场交易国家政策粮情况**

单位：万吨，元/吨

| 品　种 | 2006 年 | | 2007 年 | | 2008 年 | | 2009 年 | | 2010 年 | | 2011 年 | |
|---|---|---|---|---|---|---|---|---|---|---|---|---|
| | 成交量 | 成交均价 | 成交量 | 成交均价 | 成交量 | 成交均价 | 成交量 | 成交均价 | 成交量 | 成交均价 | 成交量 | 成交均价 |
| 小　麦 | 539 | 1 527 | 3 257 | 1 504 | 3 381 | 1 553 | 3 980 | 1 807 | 4 006 | 1 873 | 1 427 | 1 906 |
| 超标小麦 | | | | | | | | | | | 161 | 1 810 |
| 稻 谷 | 168 | 1 466 | 1 013 | 1 492 | 540 | 1 553 | 924 | 2 116 | 1 338 | 2 026 | 790 | 2 017 |
| 粳稻 | | | | | | | 852 | 2 126 | 331 | 2 270 | 21 | 2 465 |
| 早籼稻 | 168 | 1 466 | 406 | 1 471 | 98 | 1 636 | 3 | 1 955 | 189 | 1 910 | 206 | 1 948 |
| 中晚籼稻 | | | 607 | 1 506 | 442 | 1 535 | 69 | 1 997 | 818 | 1 955 | 563 | 2 026 |
| 玉　米 | | | 43 | 1 773 | 300 | 1 664 | 1 632 | 1 622 | 2 745 | 1 774 | 360 | 1 895 |
| 大　豆 | | | | | | | 14 | 3 764 | | | 1.6 | 3 959 |
| 菜籽油 | | | | | | | | | 50 | 9 854 | 90 | 9 453 |

资料来源：郑州粮食批发市场、安徽粮食批发市场。

**表 6-1-14　　2011 年全国期货市场交易情况**

| 交易所名称 | 品种名称 | 2011 年累计成交总量（手） | 2010 年同期成交总量（手） | 2011 年累计成交总额（亿元） | 2010 年同期成交总额（亿元） |
|---|---|---|---|---|---|
| 上海期货交易所 | 铜 | 48 961 130 | 50 788 568 | 149 667.09 | 148 218.77 |
| | 铝 | 9 953 918 | 17 261 995 | 8 535.17 | 14 171.24 |
| | 锌 | 53 663 483 | 146 589 373 | 46 182.75 | 127 862.81 |
| | 铅 | 293 280 | — | 1 280.80 | — |
| | 黄金 | 7 221 758 | 3 397 044 | 25 488.04 | 9 145.96 |
| | 天然橡胶 | 104 286 399 | 167 414 912 | 165 237.11 | 213 232.41 |
| | 燃料油 | 1 971 141 | 10 682 204 | 964.39 | 4 943.18 |
| | 螺纹钢 | 81 884 789 | 225 612 417 | 37 177.51 | 99 758.58 |
| | 线材 | 3 242 | 151 702 | 1.49 | 64.44 |
| | 总　额 | 308 239 140 | 621 898 215 | 434 534.36 | 617 397.38 |
| 郑州商品交易所 | 棉花 | 139 044 152 | 86 943 114 | 181 294.14 | 102 965.75 |
| | 早籼稻 | 5 925 454 | 26 852 240 | 1 518.63 | 6 331.38 |
| | 甲醇 | 316 107 | — | 454.60 | — |
| | 菜籽油 | 4 320 115 | 9 520 645 | 2 249.07 | 4 278.70 |
| | 白糖 | 128 193 356 | 305 254 605 | 88 323.72 | 167 955.76 |
| | PTA | 120 528 824 | 61 415 070 | 58 073.67 | 25 919.78 |
| | 强筋小麦 | 7 909 755 | 5 804 642 | 2 237.43 | 1 497.67 |
| | 普通小麦 | 152 901 | 35 095 | 33.91 | 7.63 |
| | 总　额 | 406 390 664 | 495 825 411 | 334 185.15 | 308 956.65 |
| 大连商品交易所 | 黄大豆一号 | 25 239 532 | 37 393 600 | 11 365.29 | 15 426.01 |
| | 黄大豆二号 | 10 662 | 14 709 | 5.09 | 6.18 |
| | 玉米 | 26 849 738 | 35 999 573 | 6 304.50 | 7 683.42 |
| | 焦炭 | 1 512 734 | — | 3 430.26 | — |
| | LLDPE | 95 219 058 | 62 488 306 | 49 663.57 | 34 355.49 |
| | 豆粕 | 50 170 334 | 125 581 888 | 16 267.91 | 38 651.63 |
| | 棕榈油 | 22 593 961 | 41 799 813 | 20 194.25 | 31 281.04 |
| | 聚氯乙烯 | 9 438 431 | 8 483 624 | 3 749.62 | 3 360.56 |
| | 豆油 | 58 012 550 | 91 406 238 | 57 775.73 | 77 765.21 |
| | 总　额 | 289 047 000 | 403 167 751 | 168 756.19 | 208 529.53 |
| 中国金融期货交易所 | 沪深 300 股指 | 50 411 860 | 45 873 295 | 437 658.55 | 410 698.77 |
| | 总　额 | 50 411 860 | 45 873 295 | 437 658.55 | 410 698.77 |
| 全国期货市场交易总额 | | 1 054 088 664 | 1 054 088 664 | 1 566 764 672 | 1 375 134.25 |

资料来源：中国期货业协会。

说明：螺纹钢、燃料油、线材、早籼稻、白糖、强筋小麦、普通小麦、玉米、黄大豆一号、黄大豆二号、豆油、豆粕、棕榈油每手 10 吨；铜、铝、锌、天然橡胶、棉花、菜籽油、PTA、LLDPE、聚氯乙烯每手 5 吨；黄金每手 1 000 克。表中数据均为单边计算。

表6－1－15 芝加哥期货交易所农产品期货交易量情况

单位：张

| 品种 \ 年份 | 2000 | 2001 | 2002 | 2003 | 2004 | 2005 | 2006 | 2007 | 2008 | 2009 | 2010 | 2011 |
|---|---|---|---|---|---|---|---|---|---|---|---|---|
| 小麦期货合约 | 6 407 531 | 6 801 541 | 6 872 891 | 6 967 416 | 7 955 155 | 10 114 098 | 16 224 871 | 19 582 706 | 19 011 928 | 17 677 547 | 23 090 255 | 24 283 331 |
| 小麦小型期货合约 | — | — | — | 22 288 | 31 044 | 32 295 | 67 637 | 79 282 | 70 971 | 61 355 | 91 560 | 149 102 |
| 玉米期货合约 | 17 185 442 | 16 728 748 | 18 132 447 | 19 118 715 | 24 038 233 | 27 965 057 | 47 239 893 | 54 520 152 | 59 957 118 | 50 948 804 | 69 841 420 | 79 004 801 |
| 玉米小型期货合约 | — | — | — | 53 404 | 86 771 | 102 292 | 162 545 | 156 210 | 219 562 | 203 474 | 237 394 | 363 832 |
| 燕麦期货合约 | 402 190 | 440 854 | 415 140 | 320 276 | 416 448 | 351 539 | 427 315 | 432 741 | 441 588 | 314 305 | 344 587 | 349 316 |
| 大豆期货合约 | 12 627 950 | 12 150 369 | 14 475 100 | 17 545 714 | 18 846 021 | 20 216 137 | 22 647 785 | 31 726 316 | 36 373 096 | 35 758 855 | 36 933 960 | 45 143 755 |
| 大豆小型期货合约 | — | — | — | 250 447 | 362 829 | 459 313 | 581 047 | 540 940 | 475 231 | 466 367 | 412 732 | 394 119 |
| 豆粕期货合约 | 6 317 988 | 6 743 772 | 7 174 507 | 8 158 445 | 8 569 243 | 8 324 616 | 9 350 043 | 12 213 315 | 13 354 174 | 12 880 767 | 14 052 845 | 16 920 194 |
| 豆油期货合约 | 5 369 903 | 6 034 325 | 6 816 483 | 7 417 340 | 7 593 314 | 7 676 130 | 9 488 524 | 13 170 864 | 16 928 361 | 17 132 082 | 20 791 164 | 24 156 509 |
| 稻谷期货合约 | 169 133 | 121 661 | 193 723 | 266 177 | 168 165 | 228 502 | 321 330 | 358 905 | 362 565 | 277 065 | 448 724 | 555 854 |

资料来源：芝加哥期货交易所。

说明：小麦、玉米、燕麦、大豆期货合约单位为5 000蒲式耳，小型小麦、玉米、大豆期货合约单位为1 000蒲式耳，其中，小麦、大豆1蒲式耳约等于0.0272吨，玉米1蒲式耳约等于0.0254吨，燕麦1蒲式耳约等于0.0172吨；豆粕期货合约单位为100短吨（约90.72吨）；豆油期货合约单位为60 000磅（约2.72吨）；稻谷期货合约单位为2 000英担（约101.6吨）。

**表 6－1－16　美国农业部世界谷物统计与预测**　单位：百万吨

| 品　种 | 分　类 | 2006/2007 年度 | 2007/2008 年度 | 2008/2009 年度 | 2009/2010 年度 | 2010/2011 年度（预估） | 2011/2012 年度（预测） |
|---|---|---|---|---|---|---|---|
| 小　麦 | 产量 | 596.1 | 612.0 | 682.8 | 685.6 | 651.5 | 694.0 |
| | 消费 | 618.0 | 613.8 | 636.1 | 648.1 | 652.6 | 679.0 |
| | 期末库存 | 132.6 | 126.9 | 167.1 | 202.3 | 199.5 | 209.6 |
| | 贸易量 | 115.6 | 116.4 | 143.0 | 134.4 | 132.3 | 141.8 |
| 大　米 | 产量 | 420.8 | 434.4 | 449.6 | 442.7 | 453.2 | 465.4 |
| | 消费 | 525.8 | 539.4 | 556.8 | 562.3 | 579.7 | 593.3 |
| | 期末库存 | 75.1 | 80.0 | 91.6 | 94.2 | 97.8 | 100.3 |
| | 贸易量 | 32.0 | 29.8 | 29.3 | 31.8 | 35.1 | 32.7 |
| 全部粗粮 | 产量 | 988.8 | 1 080.7 | 1 111.1 | 1 115.4 | 1 099.6 | 1 143.7 |
| | 消费 | 902.4 | 945.6 | 958.1 | 981.0 | 995.3 | 1 015.3 |
| | 期末库存 | 141.3 | 164.2 | 194.3 | 195.5 | 166.3 | 157.9 |
| | 贸易量 | 114.7 | 128.9 | 110.7 | 119.0 | 115.9 | 121.3 |
| 全部谷物（包括大米） | 产量 | 2 005.7 | 2 127.1 | 2 243.5 | 2 243.7 | 2 204.3 | 2 303.1 |
| | 消费 | 2 046.2 | 2 098.8 | 2 151.0 | 2 191.4 | 2 227.6 | 2 287.6 |
| | 期末库存 | 349.0 | 371.1 | 453.0 | 492.0 | 463.6 | 467.8 |
| | 贸易量 | 262.3 | 275.1 | 283.0 | 285.2 | 283.3 | 295.8 |

资料来源：美国农业部。

说明：（1）贸易数据为 7 月/6 月，其他为各国市场年度数据的加总。

（2）贸易量的统计不包括欧盟内部贸易，包括前苏联各加盟共和国间的贸易。

# 二、2011 年中国粮食市场大事记

## 1 月

**14 日**，《粮食储备“四合一”新技术研究开发与集成创新》成果获得国家科技进步一等奖。

**14 日**，国家粮食局发布《关于印发〈全国粮食行业中长期人才发展规划纲要（2011—2020 年）〉的通知》（国粮人［2010］216 号）。

**20—21 日**，经国务院批准，国家粮食局在北京召开全国粮食局长会议暨全国粮食系统先进集体和劳动模范（先进工作者）表彰大会。会议的主要任务是：认真贯彻落实党的十七届五中全会和中央经济工作会议、中央农村工作会议精神，总结“十一五”以来粮食流通工作，分析当前和今后一个时期面临的新形势，研究提出“十二五”粮食流通工作的基本思路，表彰全国粮食系统先进集体和劳动模范（先进工作者），全面部署 2011 年粮食流通各项工作。国家粮食局局长、党组书记聂振邦在会上作了题为《稳市场保安全，强产业惠民生，努力做好“十二五”开局之年的粮食流通工作》的工作报告。

**29 日**，新华社受权播发《中共中央　国务院关于加快水利改革发展的决定》，这是新世纪以来中央指导“三农”工作的第八个中央 1 号文件。文件全文约 8 000 字，共分 8 个部分、30 条，包括：一、新形势下水利的战略定位；二、水利改革发展的指导思想、目标任务和基本原则；三、突出加强农田水利等薄弱环节建设；四、全面加快水利基础设施建设；五、建立水利投入稳定增长机制；六、实行最严格的水资源管理制度；七、不断创新水利发展体制机制；八、切实加强对水利工作的领导。

文件强调，要把水利工作摆上党和国家事业发展更加突出的位置，着力加快农田水利建设，推动水利实现跨越式发展。力争通过 5 年到 10 年努力，从根本上扭转水利建设明显滞后的局面。到 2020 年，基本建成防洪抗旱减灾体系，重点城市和防洪保护区防洪能力明显提高，抗旱能力明显增强。全国年用水总量力争控制在6 700亿立方米以内，万元国内生产总值和万元工业增加值用水量明显降低，农田灌溉水有效利用灌溉系数提高到0.55以上。

## 2月

**10日**，国家发展和改革委员会、财政部、农业部、国家粮食局和中国农业发展银行联合发出《关于提高2011年稻谷最低收购价格的通知》（发改电［2011］60号）。为落实中央经济工作会议精神，进一步加大对种粮农民的支持力度，保护农民种粮积极性，促进粮食生产发展，经国务院批准，决定从2011年新粮上市起适当提高主产区当年生产的稻谷最低收购价水平。每50公斤早籼稻（三等，下同）、中晚籼稻、粳稻最低收购价格分别提高到102元、107元、128元，比2010年分别提高9元、10元、23元。

## 3月

**2日**，国家粮食局发布《关于开展2011年全国粮食库存检查工作的通知》（国粮检［2011］28号）。为进一步加强粮食库存监督检查工作，确保国家粮食宏观调控措施落实到位，按照《粮食流通管理条例》、《中央储备粮管理条例》以及《粮食库存检查暂行办法》（国粮检［2006］139号）的有关规定，国家发展和改革委员会、国家粮食局、财政部和中国农业发展银行决定，结合2011年各地春季粮油大检查，组织开展2011年度的全国粮食库存检查工作。

**18日**，财政部发布消息称，2011年起，我国主产区粮食风险基金地方配套全面取消。

**24日**，鉴于日本福岛核电站泄露事故已对当地食品和农产品造成严重污染，国家质检总局发出"禁止部分日本食品、农产品进口"的公告。

**26—27日**，由中国粮食行业协会小麦分会主办的2011年中国小麦和面粉产业年会在河北石家庄市召开，中国粮食行业协会会长白美清、国家粮食局副局长张桂凤、中国粮食行业协会小麦分会理事长王瑞元、河北省人民政府副秘书长曹振国、河北省粮食局局长徐受棠等相关领导出席了会议并致辞，中国粮食行业协会白美清会长，中国市场学会常务副会长、理事长高铁生，国务院发展研究中心办公厅副主任程国强博士等专家在会上作了重要报告。

**31日**，由CCTV－7《聚焦三农》栏目主办的“为了大地的丰收——2011粮安天下”系列活动在北京启动。农业部总经济师张玉香在致辞时指出，粮食稳，则天下安，尤其对中国这样一个有着13亿人口的大国，粮食安全更是重中之重。本次活动CCTV－7《聚焦三农》栏目成立了记者小分队，分赴5个粮食主产省，以春耕、夏收、农交会、秋冬种为主线，通过实地采访，多角度、多视点的报道，为春耕呐喊，为种粮鼓劲，为夺取全年粮食丰收营造良好的舆论氛围。

## 4月

**11日**，国家质检总局明确要求上海市质监局严查严办“染色馒头”事件。

**15日**，由中国粮食行业协会粮食批发市场分会主办、郑州粮食批发市场承办的“2011粮食市场分析师研讨会”在河南郑州成功举办，中国粮食行业协会粮食批发市场分会理事长李经谋作了重要讲话。来自国内18家粮食批发市场的30多位参会代表就粮食市场分析方法、粮食信息工作进行了热烈的交流、探讨。

**18日**，国务院发布《关于加快推进现代农作物种业发展的意见》。

**18日**，总投资30亿元的中粮广西钦州粮油加工项目正式竣工投产。该项目占地面积348亩，新建及后续的并购、改造工程完成后，每年可达到油料加工240万吨、油脂加工96万吨、仓储能力33万吨的能力。

**20日**，由中国粮食行业协会、中国储备粮管理总公司、中国农业发展银行、中粮集团有限公司、郑州粮食批发市场、郑州商品交易所、大连商品交易所联合主办，黑龙江省农垦总局建三江管理局协办的第十四届中国粮食论坛在北京举行。来自全国各地的粮食行政管理部门、批发市场、粮油企业、农业发展银行以及粮食行业协会、粮食经济学会等单位的领导、企业家和专家共400多人参加了本届论坛。

中国粮食行业协会会长白美清致开幕词并作了《在粮食紧平衡中保安全谋发展》的专题报告。论坛围绕“当前国内外粮油市场形势和对策”

的主题展开，国家统计局总经济师姚景源、中国储备粮管理总公司副总经理刘新江、国家粮食局调控司司长卢景波、中国中纺集团公司总裁栾日成、中国农业发展银行客户一部总经理朱远洋等专家和领导，分别就当前宏观经济形势、调控措施、期货在农业领域的作用及主要粮食品种价格走势等问题作了精彩的报告。

**21 日**，中国粮食行业协会和中国粮食经济学会理事会暨常务理事会在北京举行。本届理事会的主题是审议协会和学会工作、财务报告，增选协会和学会理事、常务理事，增选协会副会长。中国粮食行业协会会长白美清出席会议并讲话，来自全国各地的粮油企业家、专家学者以及部分省市粮食行政管理部门负责人近 400 人参加了会议。

**25 日**，中粮集团首届科技工作会议在北京忠良书院召开。会议由集团总裁于旭波主持。国务院国资委驻中粮集团监事会主席董树奎、国家粮食局局长聂振邦、国家粮食局副局长曾丽瑛、科技部农村科技司副司长郭志伟、国务院国资委规划发展局副局长白英等部委局领导和集团董事长宁高宁等领导出席了会议。

## 5 月

**1 日**，由李经谋主编的《2011 中国粮食市场发展报告》正式出版。

**12 日**，“振兴老区、服务三农、科技列车沂蒙行”大型科技服务活动拉开序幕。本次大型科技服务活动由中宣部、科技部、环保部、铁道部、卫生部、国家林业局、国家粮食局、共青团中央、中国科协和山东省人民政府共同主办。随本次科技列车，国家粮食局为当地农民带去 200 套新型农户储粮仓、农户储粮和小麦加工等科普图书，并在当地发放 2011 年全国粮食科技活动周科普宣传材料。

**12 日**，国家粮食局政策法规司在辽宁省沈阳市召开全国重点联系成品粮批发市场会议。国家粮食局重点联系成品粮批发市场、辽宁省内大型成品粮批发市场的负责人参加了会议，辽宁省农委、沈阳市粮食局、中国粮食行业协会批发市场分会的有关负责同志出席了会议。

会议交流了各重点联系成品粮批发市场 2010 年以来的经营发展情况，总结了市场建设发展的经验，探讨了发展趋势，研究了当前面临的困难和问题，提出了成品粮批发市场发展的思路。会议还专题讨论修改了《粮食批发市场管理办法（征求意见稿）》，并对进一步完善国家粮食局重点联系成品粮批发市场制度提出了意见。

**20 日**，国家发展和改革委员会、财政部、农业部、国家粮食局、中国农业发展银行、中储粮总公司发出《关于印发 2011 年小麦最低收购价执行预案的通知》（发改经贸［2011］1066 号）。该通知的主要内容为：2011 年小麦最低收购价格水平，白小麦（国标三等，下同）每市斤 0.95 元，红小麦和混合小麦每市斤 0.93 元。执行区域为河北、江苏、安徽、山东、河南、湖北等 6 个主产省。执行时间为 2011 年 5 月 21 日至 9 月 30 日。

**24 日**，在甘肃兰州召开中国粮食行业协会粮食批发市场分会理事长工作会议。

**26—27 日**，国家粮食局标准质量中心在安徽合肥举办了“欧盟、美国粮食质量安全监管法规及标准专题报告会”。

## 6 月

**7—8 日**，农业部在北京召开入世十周年与中国农业发展研讨会。农业部牛盾副部长出席会议并讲话。来自商务部、财政部、农业部有关司局、部分省区农业厅（委）及产业协会的代表和部分专家学者参加了会议。

**15 日**，中国粮食行业协会在天津召开全国放心粮油进农村进社区经验交流会。国家粮食局局长聂振邦同志作了讲话，中国粮食行业协会会长白美清、天津市副市长任学锋分别致辞。会议总结交流了 10 年来实施放心粮油工程、推进放心粮油进农村进社区的经验和做法，研究部署在新形势下进一步做好这项工作的办法和措施。与会有关领导还为第二批放心粮油示范企业和信用评价试点企业授牌。

**21 日**，全国食用植物油库存联合抽查工作正式启动。

**22—23 日**，20 国集团（G20）农业部长会议在法国巴黎召开，法国总统萨科齐主持开幕式并发表了讲话。这是在 G20 框架下首次召开的农业部长会议，中国农业部部长韩长赋率团参加了会议。

本次会议从农业生产率、市场信息和透明度、国际协调、风险管理等方面商讨国际社会如何应对国际粮价剧烈波动，保障世界粮食安全。经过

G20 成员国农业部长们的积极努力，会议形成并通过了《关于粮食价格波动与农业的行动计划》，向国际社会发出了明确的政治信号，G20 将高度重视农业和粮食生产，建立全球农业市场信息，促进国际粮农政策协调，强化农产品市场监管。

## 7月

**1 日**，国家发展和改革委员会、财政部、农业部、国家粮食局、中国农业发展银行、中储粮总公司发出《关于印发 2011 年早籼稻最低收购价执行预案的通知》（发改经贸［2011］1381 号）。按照 2011 年早籼稻最低收购价执行预案的规定，2011 年早籼稻最低收购价为每市斤 1.02 元，适用预案的早籼稻主产区为安徽、江西、湖北、湖南、广西 5 省（自治区）。其他早籼稻产区是否实行最低收购价政策，由省级人民政府自主决定。

**4 日**，全国人大常委会委员、农业与农村委员会主任委员王云龙，副主任委员孙文盛、尹成杰、刘振伟和全国人大农业与农村委员会委员包克辛等一行 15 人赴北京调研粮食工作，听取地方政府和企业对《粮食法》立法工作的意见和建议。

**6 日**，2011 年中国农村发展高层论坛在京举行，此次论坛由农业部农村经济研究中心举办。中央农村工作领导小组副组长兼办公室主任陈锡文，世界银行高级副行长兼首席经济学家林毅夫，农业部副部长陈晓华，十一届全国人大常委、全国人大农业与农村委员会副主任委员尹成杰，中国扶贫基金会会长段应碧等领导应邀出席论坛并发表主题演讲。

**6—7 日**，农业部国际合作司和农业部对外经济合作中心在昆明联合主办中国—南亚国家农业合作高级别研讨会。这是我国与南亚国家第一次召开此类性质的农业合作研讨会。来自孟加拉国、马尔代夫、尼泊尔、巴基斯坦和斯里兰卡等南亚 5 国，以及国内云南、四川、江苏、湖北、安徽、山东、重庆、福建等省的代表参加了会议。会议期间，与会代表深入交流了各国农业发展的基本情况、农业法规政策、农业发展面临的问题与挑战，以及今后开展双边农业国际合作的重点领域等。

**16 日**，由福建、山东、江西、吉林、安徽、河南、黑龙江 7 省粮食局共同主办的第七届七省粮食产销协作福建洽谈会在厦门举行。湖南、江苏两个产粮省应邀加盟，来自上述 9 省政府代表团、粮食企业代表共 1 300多人参加了会议。国家粮食局副局长曾丽瑛、福建省副省长倪岳峰出席会议。

## 8 月

**25 日**，由中国粮食行业协会大米分会、大连国家粮食交易中心、中粮集团、中储粮（三河）米业有限公司、中国华粮物流集团北良有限公司、大连商品交易所、黑龙江北大荒农业股份有限公司、吉粮集团米业有限公司共同主办的“2011 全国粳稻产业大会”在大连良运大酒店隆重召开。来自国家和省市有关部门、期货交易所、研究机构、粮食企业、新闻媒体的代表共 200 多人参加了会议。

**30—31 日**，国家粮食局重点联系粮食批发市场会议暨中国粮食行业协会粮食批发市场分会二届五次理事扩大会在陕西西安隆重召开。中国粮食行业协会会长白美清，国家粮食局政策法规司巡视员赵素丽，中国粮食行业协会副会长宋丹丕、粮食批发市场分会理事长李经谋，国家粮油信息中心总经济师唐民强，陕西省粮食局副局长王勇、赵策以及有关单位领导出席了会议，来自全国各地 50 多家粮食批发市场的代表参加了会议。

中国粮食行业协会会长白美清作了重要报告。国家粮食局政策法规司巡视员赵素丽在讲话中充分肯定了粮食批发市场在粮食流通中不可替代的重要作用。粮食批发市场分会理事长李经谋从五个方面总结了分会二届四次理事会以来的工作，并提出 2011/2012 年度分会重点开展的六项工作，提请大会讨论。

本次会议审议通过了 2011 分会二届五次理事扩大会工作报告、分会二届五次理事会财务情况报告、关于变更分会部分理事的议案、新入会会员名单以及聘请吴久英同志为分会顾问的议案。

## 9 月

**1 日**，农业部发布《全国农业和农村经济发展第十二个五年规划》。“十二五”时期是我国全面建设小康社会的关键时期，是深化改革开放、加快转变经济发展方式的攻坚时期，也是加快推进农业现代化、建设社会主义新农村的重要时期。为充分发挥规划的引领作用，推动农业和农村经济保持平稳较快发展，根据《国民经济和社会发展第十二个五年规划纲要》有关农业和农村经济发展的总体部署和要求，农业部制定《全国农业和农村经济发展第十二个五年规划》。规划包括：第一章把握形势，顺应发展新要求；第二章转变方式，确立发展新思路；第三章明确任务，推动发展新跨越；第四章优化布局，构建发展新格局；第五章加强建设，提升发展新水平；第六章强化措施，开创发展新局面。

**3 日**，“2011 黑龙江金秋粮食交易合作洽谈会”在哈尔滨开幕。来自全国 20 多个省市 1300 多个粮食生产、流通和粮仓机械、粮油加工设备制造企业的代表、客商以及农民合作经济组织的代表共 2 400 余人参加了会议。本届交易会主要内容是：粮油展销、推介、贸易洽谈等活动。本届交易会由黑龙江省粮食局、黑龙江农垦总局、黑龙江省粮食行业协会与北京、天津、上海、江苏、浙江、福建、云南等省市粮食局共同主办。

**5 日**，国家发展和改革委员会、财政部、农业部、国家粮食局、中国农业发展银行、中储粮总公司发出《关于印发 2011 年中晚稻最低收购价执行预案的通知》（发改经贸［2011］1950 号）。按照 2011 年中晚稻最低收购价执行预案的规定，执行本预案的中晚稻（包括中晚籼稻和粳稻）主产区为辽宁、吉林、黑龙江、江苏、安徽、江西、河南、湖北、湖南、广西、四川 11 省（区）。其他中晚稻产区是否实行最低收购价政策，由省级人民政府自主决定。中晚籼稻最低收购价每市斤 1. 07 元，粳稻最低收购价每市斤 1. 28 元，以 2011 年生产的国标三等中晚稻为标准品。

**14—16 日**，第五届夏季达沃斯论坛在大连举行，共有来自 90 个国家和地区的 1 600 多名嘉宾出席。本届论坛的主题是“关注增长质量，掌控经济格局”。温家宝出席开幕式并致辞。农业部部长韩长赋出席了论坛，并在“解决粮食安全问题的新方式”互动式会议上与各方代表进行了交流。

**23—25 日**，“2011 中国安徽（合肥）农业产业化交易会”在合肥举行。本届农业产业化交易会有来自境内外的 370 余家企业参会，参展人数超万人。全国人大常委会副委员长蒋树声等参加了开幕仪式。安徽省省长王三运、农业部副部长陈晓华分别致辞。

**28 日**，重庆粮食集团首批境外优质油料基地大豆到港接船仪式在江苏南通港举行。

**28 日**，国家发展和改革委员会消息，为保护农民种粮积极性，进一步促进粮食生产发展，国家继续在小麦主产区实行最低收购价政策，并适当提高 2012 年最低收购价水平。经报请国务院批准，2012 年生产的白小麦（三等，下同）、红小麦和混合麦最低收购价均提高到每 50 公斤 102 元，比 2011 年分别提高 7 元、9 元和 9 元。

## 10 月

**7 日**，中国政府网发布《国务院关于支持河南省加快建设中原经济区的指导意见》（国发［2011］32 号）。指导意见包括十方面的内容：(1) 总体要求；(2) 着力提高粮食生产能力，积极推进农业现代化；(3) 加快新型工业化进程，构建现代产业体系；(4) 积极推进城镇化，促进城乡一体化发展；(5) 加快基础设施建设，提高发展保障水平；(6) 加强资源节约和环境保护，大力推进生态文明建设；(7) 全面提升公共服务水平，切实保障和改善民生；(8) 弘扬中原大文化，增强文化软实力；(9) 推进体制机制创新，扩大对内对外开放；(10) 保障措施。

**13—15 日**，第十一届中国国际粮油产品及设备技术展览会在浙江宁波成功举办。来自国内 28 个省（区、市）、计划单列市以及日本、瑞士、意大利、韩国等国家的 800 余家粮油粮机企业参加了本届展览会，展览总面积 2.2 万多平方米，折合标准展位 760 余个，比上届展会增加 20%。

据组委会统计，展会期间，各类参展企业共实现成交总金额 41.66 亿元，比上届展会增长 5.1%。其中，粮油产品交易总量 88.18 万吨，交易总金额 39.39 亿元，与去年基本持平；粮机设备产品交易总量 1 720 台套，交易金额 2.14 亿元，分别比上年增长 2.6 倍和 3.3 倍。

国家粮食局副局长张桂凤、曾丽瑛，中国粮食行业协会会长白美清，浙江省人大常委会副主任程渭山，浙江省粮食局局长陈聪道等领导出席展会开幕式并现场参观展会。全国粮食系统爱粮节粮反对浪费工作经验交流会，全国粮食行业院校人才培养成果展示暨人才供需见面会，中日稻谷适度加工与营养、品质、节能研讨会等活动也和展会同期举行。

**16 日**，由农业部、教育部、国家粮食局和联合国粮农组织共同主办的“2011 年世界粮食日——烛光守夜暨全国爱粮节粮宣传周”活动于晚上在浙江宁波举办。围绕“粮食价格、走出危机、实现稳定”的宣传主题，参加活动的领导、嘉宾和来自宁波市的400余名工人、农民、学生、解放军以及社区居民代表一起，点燃了在宁波国际会展中心前广场精心布置的蜡烛，并在爱粮节粮签名长卷上郑重签下自己的名字，共同为全世界9亿多仍在忍受饥饿痛苦的人守夜祈福。

**27—28日**，国家粮食局在广西壮族自治区南宁市召开全国粮食流通基础设施建设工作会议，分析当前面临的新形势新任务，研究部署“十二五”粮食流通基础设施建设重点工作。本次会议是近10年来召开的一次全国性粮食流通基础设施建设工作会议。国家粮食局党组成员、副局长吴子丹同志出席会议并作重要讲话。

**30日**，巴西联邦共和国、俄罗斯联邦、印度共和国、中华人民共和国和南非共和国的农业部长在中国成都举行第二届金砖国家农业部长会议。本次会议以“密切合作、共同为世界粮食安全作贡献”为主题，就共同关注的重点问题进行深入探讨，明确了合作方向。中共中央政治局委员、国务院副总理回良玉出席开幕式并代表中国政府致辞。

**30日**，第九届中国国际农产品交易会在四川省成都市国际会展中心隆重举行。中共中央政治局委员、国务院副总理回良玉出席开幕式并宣布交易会开幕。

## 11月

**7—8日**，全国县域粮食经济暨粮食经纪人培育发展工作经验交流会在湖南长沙召开。中国粮食行业协会及中国粮食经济学会会长白美清指出，不管时代如何变化、社会经济如何发展，粮食部门维护国家粮食安全、促进地区粮食经济发展这一中心任务不会改变。各级各部门要大兴调查研究之风，加强各级粮食储备、加大放心粮油推广力度，努力振兴县域粮食经济。会议由中国粮食行业协会、中国粮食经济学会和湖南省人民政府共同主办。来自全国各地的粮食局、行业协会负责人以及有关粮食企业代表近200人参加了会议。

**9—10日**，由中国农业部主办的第三届东盟与中日韩粮食安全合作战略圆桌会议在广西召开。会议围绕“发展生产、交流信息，共同保障区域粮食安全”的主题进行了充分交流，分享了各国在促进粮食生产方面的经验，商讨了共享粮食生产、供需、库存、流通、价格及粮食市场动态监测分析等有用信息，提高信息质量和加强信息化建设等对于保障区域粮食安全的重要性，增强了加强区域粮食安全合作的战略共识。来自东盟十国、日本、韩国、东盟秘书处、联合国粮农组织、世界粮食计划署、亚行、东盟与中日韩大米紧急储备秘书处、国际食物政策研究所，以及中国国内 16 个省份和种业、农机、农药等农业企业代表共 150 余人参加会议。农业部国际司司长王鹰和广西壮族自治区副主席陈章良出席会议并致辞。

**10 日**，第十三届湖北粮油精品展示交易会在武汉科技会展中心隆重开幕，100 多家企业携千余种粮油精品齐聚江城，共同演绎本次展交会主题——“诚信·健康·共赢”。国家粮食局副局长张桂凤、中国粮食行业协会会长白美清、湖北省副省长田承忠出席了开幕仪式。

**12—13 日**，由大连商品交易所和马来西亚衍生产品交易所联合举办的第六届国际油脂油料大会在广州隆重举行，中国证监会党委委员、主席助理姜洋，广东省人民政府副省长陈云贤，马来西亚种植及原产业部秘书长拿汀巴杜卡·诺玛拉（Datin Paduka Nurmala Abd. Rahim），大连商品交易所总经理刘兴强，马来西亚衍生产品交易所首席执行官张敬成出席开幕式并致辞。大连商品交易所副总经理郭晓利主持开幕式。

在为期一天半的会期中，来自国务院发展研究中心产业经济研究部部长冯飞、中粮粮油有限公司副总经理兼油脂油料部总经理王印基、马来西亚棕榈油委员会（MPOC）营销与市场拓展总监费德日·阿萨拉福德（Faudzy Asrafudeen Sayed Mohamed）、巴西大豆种植者协会执行理事马斯洛·蒙物罗（Marcelo Duarte Monteiro）、美国杰富瑞期货有限公司资深油籽分析师安·弗瑞克（Anne Frick）等 9 位专家就当前中国宏观经济形势分析及发展、中国油脂油料产业现状及发展趋势、马来西亚棕榈油产业发展展望、南美大豆展望、2011/2012 年度全球大豆供求分析及价格展望等主题进行了演讲，并举行了“油脂油料市场发展展望”专题论坛，集中探讨和展望油脂油料市场未来发展。

**11—14 日**，由农业部、国家粮食局、浙江省人民政府和中国农业技术推广协会主办，全国农业技术推广服务中心、中国水稻研究所、浙江省农业厅、衢州市人民政府承办的以“发展稻米产业、促进粮食安全”为主题的第十届中国优质稻米博览交易会、第三届中国（衢州）农博会粮交会，“三会合一”在浙江省衢州市东方会展中心举行，吸引了来自全国

20 多个省、直辖市、自治区的优质稻米品种、加工机械、稻米深加工技术等在现场展示。

**14 日**，河南省人民政府与中国农业发展银行在郑州举行《关于加快建设中原经济区战略合作框架协议》（以下简称《框架协议》）签字仪式，河南省委副书记、省长郭庚茂，中国农业发展银行党委书记、行长郑晖出席仪式，并在《框架协议》上签字。

按照《框架协议》，中国农业发展银行将大力支持河南粮食生产核心区建设、水利建设和农业农村基础设施建设、城乡统筹发展和新型城镇化建设、现代农业产业体系建设、农业生态环境建设以及产业集聚区建设等，并拟于今后 5 年为支持城乡统筹、“三化”协调发展，对涉农项目和粮棉油全产业链企业提供 1 500 亿元以上的信贷支持。

**16 日**，上午，“2011 中国中部（湖南）国际农博会”在湖南长沙红星国际会展中心隆重开幕。全国人大常委会原副委员长李铁映、彭佩云给大会发来贺电，第九届全国政协副主席毛致用出席开幕活动。农业部副部长陈晓华，全国供销总社监事会主任、党组成员蒋省三，湖南省领导蔡力峰、袁隆平、武吉海，中储粮湖南分公司有关负责人以及来自河南、山西、安徽、江西、湖北、湖南、广东、黑龙江、上海、广西、贵州等省区农业系统、粮食系统的相关负责人及粮食企业代表出席了开幕式。美国、波兰、尼泊尔、澳大利亚、西班牙、越南等国家和地区的代表也应邀出席了开幕式和系列活动。

本届中部农博会共有来自全国各地的 30 个代表团、2 000 家中外企业、数 10 万宾客赴农博盛会，呈现出知名“农”字号企业“抢滩”的火爆场景。

## 12 月

**2 日**，国家统计局公布：2011 年全国粮食总产量达 57 121 万吨，比 2010 年增产 2 473 万吨，增长 4.5%。成为第八个粮食产量连续增产的年份。

**6 日**，中国粮食行业协会在广州召开全国粮食行业协会建设工作会议。中国粮食行业协会会长白美清作了重要报告，来自全国各省粮食协会的会长、秘书长 100 多人参加了会议。

**8日**，郑州华粮科技股份有限公司（中华粮网）成立十周年庆典活动隆重举行。中国储备粮管理总公司副总经理姚瑞坤、郑州粮食批发市场有限公司名誉董事长李经谋、中华粮网董事长周小重等有关领导出席庆典并作了重要讲话，并对中华粮网10年来为粮食行业信息化建设作出的探索和实践给予了充分的肯定。

**12—14日**，中央经济工作会议在北京举行。胡锦涛、温家宝作重要讲话。吴邦国、贾庆林、李长春、习近平、李克强、贺国强、周永康出席会议。胡锦涛在会上发表重要讲话，全面分析当前国际国内经济形势，深刻阐述2012年和今后一个时期经济工作必须把握好的重大问题，明确提出2012年经济工作的总体要求、大政方针、主要任务。温家宝在讲话中全面总结2011年经济工作，对2012年经济工作的主要目标、任务和有关重大问题作出具体部署。

会议指出，2011年是“十二五”时期开局之年，党中央、国务院团结带领全国各族人民，牢牢把握科学发展这个主题和加快转变经济发展方式这条主线，实施“十二五”规划，加强和改善宏观调控，正确处理保持经济平稳较快发展、调整经济结构、管理通胀预期的关系，加大解决突出问题工作力度，巩固和扩大应对国际金融危机冲击成果，促进经济增长由政策刺激向自主增长有序转变，国民经济继续朝着宏观调控预期方向发展，呈现增长较快、价格趋稳、效益较好、民生改善的良好态势。

**26日**，国务院在北京人民大会堂隆重举行全国粮食生产表彰奖励大会。中共中央政治局常委、国务院总理温家宝出席大会。会议对全国200个产粮大县、300名突出贡献农业科技人员、300名种粮售粮大户和100名先进工作者给予表彰，对粮食生产工作成绩突出的省级人民政府给予通报表扬。

会议强调，要把发展粮食生产摆在经济社会发展的突出位置，进一步强化粮食和农业基础设施建设，持续增加农业补贴资金，持续提高粮食最低收购价，持续加大产粮大县奖励力度，切实让重农抓粮者、支农兴粮者、务农种粮者政治上有荣誉、经济上有实惠、工作上有动力，充分调动各方面积极性，确保粮食生产长期稳定发展。200个产粮大县向全国发出“大力开展粮食高产创建　为保障国家粮食安全作出更大贡献”的倡议。

**27—28日**，中央农村工作会议在北京举行。中共中央政治局常委、国务院总理温家宝出席会议并讲话。他在讲话中系统回顾总结了党的十六大以来农业农村发展取得的巨大成就，阐述了在推进工业化城镇化进程中继续做好“三农”工作需要把握好的若干重大问题，对做好2012年农业农村工作提出了要求。中共中央政治局委员、国务院副总理回良玉作了总结讲话。回良玉强调，要全面贯彻落实胡锦涛总书记重要指示、温家宝总理重要讲话和会议精神，再接再厉，迎难而上，开拓进取，奋力做好2012年和今后一个时期的“三农”工作。

会议讨论了《中共中央　国务院关于加快推进农业科技创新　持续增强农产品供给保障能力的若干意见（讨论稿）》。

**28日**，国家发展和改革委员会和国家粮食局发布了关于印发《粮食行业“十二五”发展规划纲要》的通知。“规划”共11章：指导思想、基本原则和主要目标；健全粮食宏观调控体系；完善粮食仓储设施；推进现代物流发展；发展现代粮油加工体系；健全粮食市场体系；完善粮食标准与质量检验检测体系；加快国有粮食企业改革和发展；增强粮食科技创新能力；加强监督检查；保障措施。

# 三、2011年中国粮食经济重要论著索引

## （一）2011年中国粮食经济重要论文索引

### 1月

1. 包宗顺：《世界粮食生产、贸易、价格波动与中国的粮食安全应对策略》，《世界经济与政治论坛》。

2. 吴桢培、蒋和平：《粮食主产区规模化生产的四种模式及启示——基于湖南省粮食规模化生产的典型案例分析》，《中国经贸导刊》。

3. 朱华雄、瞿商：《粮食安全：中国的还是全球的？——基于海外新中国粮食安全的研究视域》，《当代中国史研究》。

4. 金璟、孙鹤、张毅：《粮食供求变化的分析与Logistic模型预测——以云南省粮食供求研究为案例》，《经济研究导刊》。

5. 廖永松：《充分发挥农垦在保障国家粮食安全中的作用》，《中国粮食经济》。

6. 陆文聪、祁慧博、李元龙：《全球化背景下的中国粮食供求变化趋势》，《浙江大学学报（人文社会科学版）》。

7. 刘凌：《粮食经济政策与内需的实证分析》，《农业经济》。

8. 胡锋：《中国粮食生产与消费价格指数波动比较研究（1990—2009）》，《辽宁经济》。

9. 成丽、吴迪、王洪玉：《粮食贸易对耕地资源可持续利用影响分析》，《农业经济》。

10. 罗向明、张伟、丁继锋：《收入调节、粮食安全与欠发达地区农业保险补贴安排》，《农业经济问题》。

11. 孙超、孟军：《中国粮食价格的影响因素分析与预测比较——基

于支持向量机的实证研究》，《农业经济》。

12. 何蒲明：《建设以期货市场为先导的粮食市场体系问题研究》，《农业经济》。

13. 张瑞红：《我国粮食直补政策的绩效、问题与对策研究》，《河南农业科学》。

14. 黄季焜、王晓兵、智华勇、黄珠容、Scott Rozelle：《粮食直补和农资综合补贴对农业生产的影响》，《农业技术经济》。

15. 谢童伟、吴方卫：《粮食利润及补贴估算与最佳补贴方式分析——基于动态最优化视角》，《农业技术经济》。

16. 陆燕春、杨晓凡：《粮食安全与粮农增收双赢路径探究》，《安徽农学通报（上半月刊）》。

17. 李光泗、朱丽莉：《我国粮食价格波动及其调控途径》，《价格理论与实践》。

18. 陈湘涛：《我国粮食补贴的理论基础与政策构建》，《北京农业》。

19. 孙宏岭、周行：《粮食工业企业 JIT 物流发展的风险控制与策略》，《农业机械》。

20. 徐彦：《我国粮食消费现状及发展趋势分析》，《农业机械》。

21. 李曼：《通胀预期下的国家粮食安全思考》，《“经济转型与政府转型”理论研讨会暨湖北省行政管理学会 2010 年年会论文集（下）》。

## 2 月

1. 陈芬菲、李孟刚：《建立和完善粮食安全预警体系——基于新粮食安全观的我国粮食安全警情指标研究》，《中国国情国力》。

2. 金丽馥、刘晶：《基于世界粮食危机的我国粮食安全问题的新思考》，《北京行政学院学报》。

3. 潘刚：《维护国家粮食安全需建立粮食主产区利益补偿制度》，《红旗文稿》。

4. 丁声俊：《国家粮食安全：为何需要警钟长鸣（续）——兼评几种质疑粮食安全的“杂音”》，《黑龙江粮食》。

5. 曾善静：《粮食购销市场化改革后粮食安全与农民增收问题研究》，《广西大学学报（哲学社会科学版）》。

6. 吴文斌、唐华俊、杨鹏、游良志、周清波、陈仲新、柴崎亮介：《基于空间模型的全球粮食安全评价》（英文），Journal of Geographical Sciences。

7. 姚升、张士云、蒋和平、江激宇、栾敬东：《粮食主产区农村公共产品供给影响因素分析——基于安徽省的调查数据》，《农业技术经济》。

8. 丁声俊、黄玫辉：《对国有粮食企业改革与发展的再思考》，《粮食问题研究》。

9. 何满喜：《基于灰色关联度的粮食生产影响因素研究》，《农业经济》。

10. 侯石安、刘飞：《粮食直补政策实施效果分析——基于湖北省咸宁市的问卷调查》，《学习与实践》。

11. 陈芬菲、李孟刚：《我国粮食安全的国际风险源探讨》，《中国流通经济》。

12. 让·皮埃尔·莱曼：《下一个十年：直面粮食挑战》，《中国企业家》。

13. 韩长赋：《“十二五”发展粮食生产的基本思考》，《求是》。

14. 王川：《我国粮食期货市场与现货市场价格传导关系的研究》，《中国食物与营养》。

15. 郑风田：《粮食飚涨是否会重演》，《浙江经济》。

16. 谷兴荣、李雁：《中国粮食产业集约化转型的技术问题与发展趋势》，《科技创业月刊》。

17. 张海翔、张德亮：《云南省粮食生产波动及其影响因素实证分析》，《当代经济》。

18. 翟光红、苏时鹏：《新时期发展农村“粮食银行”的意义与对策》，《福建论坛（人文社会科学版）》。

19. 董银果、韩立彬：《粮食进口对我国 CPI 的影响分析》，《上海金融学院学报》。

20. 颜加勇：《基于粮食期货市场的国家储备粮轮换机制研究》，《农村经济》。

21. 屈宝香、张华、李刚：《中国粮食生产布局与结构区域演变分析》，《中国农业资源与区划》。

22. 马凌：《我国粮食生产补贴政策浅析》，《中国农业资源与区划》。

23. 张新亚：《粮食核心区县域经济发展的几点思考——以河南省正阳县为例》，《农村经济与科技》。

24. 陆慧：《我国粮食价格波动影响因素及特征分析》，《安徽农业科学》。

25. 杨红旗：《我国粮食补贴政策的实践与思考》，《贵州农业科学》。

26. 钟甫宁：《关于当前粮食安全的形势判断和政策建议》，《农业经济与管理》。

27. 张绮航：《我国粮食期货交易市场现状的分析》，《中国证券期货》。

28. 徐雪高：《农户粮食销售时机选择及其影响因素分析》，《财贸研究》。

29. 李晶：《如何权衡中国粮食产量与通胀的风险》，《今日财富（金融发展与监管）》。

30. 苏纪涛：《浅析土地流转对粮食安全的负面影响及解决措施》，《经济研究导刊》。

31. 李楠：《粮食价格指数影响因素的计量经济分析》，《现代经济信息》。

## 3月

1. 陈明星：《粮食供应链安全：一个新的粮食安全视角——兼论粮食生产核心产区发展思路创新》，《调研世界》。

2. 吴崇伯：《国际粮食危机与确保中国粮食安全的对策思考》，《前进论坛》。

3. 孙鹤、张海翔：《中国粮食市场的动态均衡模型及粮食安全调控》，《统计与决策》。

4. 杨建利、岳振华：《美、欧、加粮食补贴标准、确定机理对我国粮食直补的启示》，《经济体制改革》。

5. 赵德余：《转轨中粮食政策变迁及其市场制度关系的形成——1998年以来“粮改”的进展》，《人文杂志》。

6. 汪迪棣、马晓辉：《对中国粮食企业跨国经营的实证研究》，《国际经济合作》。

7. 聂振邦：《稳市场　保安全　强产业　惠民生　努力做好“十二五”开局之年的粮食流通工作》，《宏观经济管理》。

8. 桂文林、韩兆洲：《基于 X－12－ARIMA 模型的中国粮食消费价格运行》，《华东经济管理》。

9. 张娉研、柳欣：《我国通货膨胀与粮食价格的实证分析》，《经济问题》。

10. 张金萍、秦耀辰：《县域粮食单产及其生产投入因素的空间异质性——以河南省为例》，《自然资源学报》。

11. 李光泗、朱丽莉、孙文华：《基于政府调控能力视角的中国粮食安全测度与评价》，《软科学》。

12. 刘宁：《基于超效率 Output－DEA 模型的主产区粮食生产能力评价》，《软科学》。

13. 鲁莎莎、刘彦随、关兴良：《粮食主产区农村经济发展态势及其政策影响分析》，《经济地理》。

14. 肖国安、王文涛：《粮食供求紧平衡模型及其指数测算研究》，《湘潭大学学报（哲学社会科学版）》。

15. 吴连翠、陆文聪：《粮食补贴政策的增产增收效应——基于农户模型的模拟研究》，《江西农业大学学报（社会科学版）》。

16. 王文龙：《民工荒、粮食安全危机与中国农业生产模式转型》，《经济体制改革》。

17. 瞿商、赵德馨：《中国大豆进出口形势的逆转与粮食安全——百年间中国大豆国际贸易地位的逆转及其历史启示》，《贵州财经学院学报》。

18. 贾贵浩：《提高主产区粮食生产能力面临的问题与对策》，《宏观经济研究》。

19. 何东京、张光科：《浅析保障国家粮食安全的水利发展策略》，《经营管理者》。

20. 刘建昌：《全球粮食价格飙升对我国的影响及对策》，《国际贸易》。

21. 何蒲明：《发展生物能源对粮食安全影响研究的简要评述》，《长江大学学报（自然科学版）》。

22. 李昌平：《粮食安全与中国农业制度走向》，《湖南农业科学》。

23. 常伟：《粮食价格高涨背景下的农地撂荒研究：以湖南为例》，《山东省农业管理干部学院学报》。

24. 张千友：《粮食目标价格：内涵、障碍与突破》，《价格理论与实践》。

25. 徐艳丹：《基于供应链匹配理论的粮食供应链设计策略探讨》，《商场现代化》。

26. 贾晋、王珏、肖慧琳：《中国粮食储备体系优化的理论研究评述》，《经济学动态》。

27. 许庆、尹荣梁、章辉：《规模经济、规模报酬与农业适度规模经营——基于我国粮食生产的实证研究》，《经济研究》。

## 4月

1. 洪涛：《借鉴不同国别经验提高粮食安全政策科学性——粮食安全及粮食安全政策研究综述》，《黑龙江粮食》。

2. 吴志华、胡非凡：《粮食供应链整合研究——以江苏省常州市粮食现代物流中心为例》，《农业经济问题》。

3. 陆文聪、李元龙、祁慧博：《全球化背景下中国粮食供求区域均衡：对国家粮食安全的启示》，《农业经济问题》。

4. 中国人民银行长沙中心支行课题组，张瑞怀、周红岩、唐羽、曾立平：《对我国粮食价格调控问题的再思考——兼谈我国粮食贷款模式的改革创新问题》，《金融发展评论》。

5. 周丽：《后金融危机时代中国粮食安全的路径选择》，《改革与开放》。

6. 涂圣伟、蓝海涛：《生物质能源产业与粮食安全》，《宏观经济管理》。

7. 付标、吴艳、潘涛、胡晓、王涛：《河南省粮食核心区耕地保护研究》，《湖北农业科学》。

8. 刘明国：《工业化、城市化与粮食安全的冲突——发展中国家的后发劣势》，《华北电力大学学报（社会科学版）》。

9. 刘悦、刘合光、孙东升：《世界主要粮食储备体系的比较研究》，《经济社会体制比较》。

10. 武雪平、陈乾坤：《粮食外贸依存度变动趋势研究》，《经济与管理》。

11. 何蒲明：《粮食安全与能源安全并行不悖——基于 DDGS 饲料的分析》，《粮食问题研究》。

12. 韩宁：《“三农”视野下粮食安全问题的对策探讨》，《农业经济》。

13. 郭晓燕、胡志全、程广燕、刘正瑶：《农村劳动力与粮食生产——基于黑龙江省和内蒙古自治区的调研》，《农业经济》。

14. 聂振邦：《多措并举稳定粮食市场》，《求是》。

15. 陈红梅：《河南省粮食核心区建设与新型工业化——促进机制与政策建议》，《平顶山学院学报》。

16. 曾善静：《粮食收购价与粮价稳定的关系研究》，《广西大学学报（哲学社会科学版）》。

17. 陈晓玲、产颖：《对实行粮食最低收购价政策的效果评析》，《黑龙江对外经贸》。

18. 杨光焰：《促进外资粮油企业规范发展的若干思考——基于粮食市场安全视角》，《价格理论与实践》。

19. 李林茂、余耀明：《关于粮食目标价格的思考》，《价格月刊》。

20. 李永贵：《影响我国粮食安全的流通性因素分析》，《市场论坛》。

21. 刘恩云：《粮食危机、统购统销与农业合作化步伐加快》，《经济研究导刊》。

22. 田东林：《云南省主要粮食作物比较优势研究》，《经济研究导刊》。

23. 邵立民：《我国粮食安全预警系统研究》，《农业经济与管理》。

24. 长子中：《当前我国粮食安全的现状及面临的问题》，《北方经济》。

25. 杜豹、徐佩佩：《粮食主产区农业生产现状观察与思考——以河南省邓州市 L 村为个案》，《当代经济》。

26. 叶贞琴：《“十二五”粮食生产发展思路及政策措施》，《农业部管理干部学院学报》。

## 5月

1. 居占杰：《我国粮食安全的经济学分析》，《东南大学学报（哲学社会科学版）》。

2. 王兆华、褚庆全、王宏广：《粮食安全视域下的我国粮食生产结构再认识》，《农业现代化研究》。

3. 罗叶、鲜文铎、孙丽颖：《突发事件下粮食抢购的特征与影响因素分析——基于四川省21个大中城市消费者的问卷调查》，《中国农村经济》。

4. 吴志华、徐艳丹、胡非凡：《跨国粮商冲击下的粮食流通安全问题探析》，《南京财经大学学报》。

5. 丁声俊：《粮食属性、粮价形成与粮食安全》，《市场经济与价格》。

6. 张利国：《我国区域粮食安全演变：1949—2008》，《经济地理》。

7. 张全红：《我国粮食政策性波动分析》，《农业经济》。

8. 蓝海涛：《当前我国粮食加工业利用外资的突出问题及对策》，《宏观经济研究》。

9. 马述忠、段钒：《基于粮食安全背景的中国粮食企业“走出去”关键性影响因素研究》，《浙江社会科学》。

10. 杨朝兴：《统筹粮食安全与生态安全问题——以河南省粮食核心区为例》，《林业经济》。

11. 周寂沫：《粮食贸易“金融化”趋势分析及对策研究》，《社会科学辑刊》。

12. 付青叶、毕玉平：《生物燃料乙醇发展与中国粮食安全的灰色关联分析》，《经济问题探索》。

13. 汪俊枝：《粮食主产区实现粮食生产可持续发展的选择》，《中国粮食经济》。

14. 李刘艳：《华北区粮食生产能力SWOT分析及支持方案》，《广东农业科学》。

15. 孙宏岭、弓永章：《粮食现代物流发展中相关问题的研究》，《中国粮食经济》。

16. 吕东辉、李涛：《我国粮食流通市场效率分析：基于期货市场的实证研究》，《农业技术经济》。

17. 朱满德：《粮食主产区农民售粮行为变化分析》，《经济与管理》。

18. 白美清：《在粮食供需紧平衡中保安全谋发展》，《粮食科技与经济》。

19. 徐峰、邱隆云、翁贞林：《粮食主产区农户农田经营流转行为意愿实证分析——以江西省为例》，《中国粮食经济》。

20. 杨丽梅、顾炯、尹宏祯、季卫兵：《城市化、耕地保护与粮食安全——来自成都市土地整理数据的调查研究》，《农村经济》。

21. 何流闻、周涛、晏林欢、孙建：《国家农村粮食补贴制度的绩效评价与优化路径分析——江西宜春种粮补贴调研报告》，《湖南农机》。

## 6月

1. 韦鸿、王磊：《粮食价格、农民收入对粮食产量影响分析——基于VEC模型的实证》，《农业技术经济》。

2. 杨子刚、郭庆海：《粮食物流企业供应链效率及其影响因素分析——基于吉林省38家粮食物流企业的调查》，《中国流通经济》。

3. 刘建成：《粮食安全的命脉——理性认识转基因》，《中国防伪报道》。

4. 何蒲明、黎东升：《利用边际性土地发展生物能源：基于粮食安全的视角》，《农业经济》。

5. 刘帅、钟甫宁：《实际价格、粮食可获性与农业生产决策——基于农户模型的分析框架和实证检验》，《农业经济问题》。

6. 财政直补粮食生产资金整合研究课题组，张振国、丁国光、史卫、赵云旗：《财政直补粮食生产资金整合研究》，《农村财政与财务》。

7. 徐蕾、韦秀毓：《我国粮食安全现状及其保障制度的完善》，《黑龙江工程学院学报（自然科学版）》。

8. 张勇：《从农业补贴视角浅析拉美粮食安全与农业改革》，《拉丁美洲研究》。

9. 袁辉斌、欧阳涛：《粮食最低收购价格与农民收入的相关性研究

——以湖南省为例》,《湖南农业大学学报(社会科学版)》。

10. 潘瑶、刘灵芝、陈正飞:《农村居民粮食消费量的影响因素及变化趋势》,《华中农业大学学报(社会科学版)》。

11. 王建中:《当前我国粮食补偿政策的成效、问题及改进建议》,《价格理论与实践》。

12. 张继承:《粮食补贴效应与粮农生产行为选择研究——基于河南省747个定点农户的调查》,《价格理论与实践》。

13. 李丰、李光泗、郭晓东:《外资进入对我国粮食安全的影响及对策》,《现代经济探讨》。

14. 曾福生、戴鹏:《粮食价格保护政策增收增产效应分析》,《农业经济与管理》。

15. 龙方、卜蓓:《我国现行粮食生产者利益补偿政策的效率分析》,《求索》。

16. 吴垠、曹雅雯、邵兴全:《通胀压力下的中国粮食安全问题》,《传承》。

17. 范东君、朱有志:《粮食产量影响因素的实证分析与贡献度测算》,《内蒙古财经学院学报》。

18. 张桂文:《二元经济转型视角下的中国粮食安全》,《经济学动态》。

19. 李途、陈雨:《非传统安全威胁视野下的全球粮食安全解析》,《华中人文论丛》。

## 7月

1. 余强毅、吴文斌、唐华俊、陈佑启、杨鹏:《基于粮食生产能力的APEC地区粮食安全评价》,《中国农业科学》。

2. 顾莉丽:《中国粮食主产区粮食产量波动研究》,《安徽农业科学》。

3. 沈尤佳:《粮食危机与农业生产方式——粮食生产中的集体化、资本化与合作化》,《中国农村观察》。

4. 南昌大学MPA中心、云南大学法学院联合课题组:《缓解粮食价格上涨与中国粮食安全的思考》,《市场经济与价格》。

5. 蒋永穆、甘赛宜:《论我国粮食直接补贴机制的完善》,《综合竞争力》。

6. 亢霞:《新形势下我国粮食的产销衔接》,《中国粮食经济》。

7. 贺伟、刘满平:《当前粮食宏观调控中的几个重点问题》,《宏观经济管理》。

8. 李东卫:《粮食安全与金融支持问题研究》,《改革与开放》。

9. 李宪华:《粮食企业实施战略成本管理思考》,《粮食与油脂》。

10. 朱满德:《中国粮食宏观调控的成效和问题及改革建议》,《农业现代化研究》。

11. 姚成胜、汪莹:《我国中部地区粮食生产波动性的成因及其政策建议》,《农业现代化研究》。

12. 吴志华、赵燕林、胡非凡:《中国粮食物流回顾与展望》,《粮食科技与经济》。

13. 钟德平:《广东省粮食物流的SWOT分析》,《农业机械》。

14. 刘成玉、葛党桥:《中国粮食安全的保障原则与政策启示》,《农村经济》。

15. 谭智心、钟真:《新时期中国粮食安全现状与面临的挑战》,《江汉论坛》。

16. 王建康、王晓娟:《新中国成立以来我国粮食生产变动及影响因素研究》,《青海社会科学》。

17. 唐茂华:《粮食补贴与土地流转的政策协同及政策建议》,《经济界》。

18. 何晓英:《我国粮食价格丰年持续上涨的原因及中长期走势分析》,《中国物价》。

## 8月

1. 刘国栋:《贸易条件、粮食价格和中国粮食保护水平——对1986—2008年中国粮食价格的实证分析》,《上海财经大学学报》。

2. 孙宝民:《中国粮食安全与粮食进出口的现状分析》,《中国农业会计》。

3. 陈明星:《基于粮食供应链的外资进入与中国粮食产业安全研究》,

《中国流通经济》。

4. 刘发魁、蔡世忠：《粮食主产区保障国家粮食安全与增加农民收入的对策措施》，《中国乡镇企业》。

5. 赵留彦、赵岩、窦志强：《“裁厘改统”对国内粮食市场整合的效应》，《经济研究》。

6. 徐磊、张峭：《国际粮食市场价格风险评估研究》，《中国农业大学学报》。

7. 刘国徽、朱勇：《基于农村粮食补贴政策的信息不对称问题研究》，《湖北经济学院学报（人文社会科学版）》。

8. 钟真、孔祥智、钟文峰、林海健：《中国粮食安全：现状、挑战与应对》，《中国粮食经济》。

9. 李国祥：《我国粮食安全战略深度观察》，《江苏农村经济》。

10. 程涛：《关于粮食生产补贴现状、存在问题及整合的建议》，《农村财政与财务》。

11. 何满喜：《基于自回归移动模型的人口耕地粮食系统发展趋势的实证分析》，《农村经济》。

12. 顾莉丽、郭庆海：《中国粮食主产区的演变与发展研究》，《农业经济问题》。

13. 张全红：《我国粮食总量安全现状分析与政策启示》，《农村经济》。

14. 张利国、钟丽平：《江西省粮食综合生产能力影响因素分析——基于灰色关联度的分析》，《农业经济与管理》。

15. 向艾、刘颖：《粮食储备规模变动对其价格调控的影响分析》，《南方农村》。

16. 张淑萍：《我国粮食价格变动的经济效应分析》，《财经科学》。

## 9月

1. 熊万胜：《市场里的差序格局——对我国粮食购销市场秩序的本土化说明》，《社会学研究》。

2. 翟虎渠：《关于中国粮食安全战略的思考》，《农业经济问题》。

3. 周永生、肖玉欢、黄润生：《基于多元线性回归的广西粮食产量预测》,《南方农业学报》。

4. 汪来喜:《我国粮食价格上涨因素及其导致粮食危机的分析》,《农业经济》。

5. 孙林:《粮食主产国出口限制是否推动了国际粮食价格上涨?——以大米为例的实证分析》,《中国农村经济》。

6. 郭玲霞、黄朝禧、彭开丽:《从中国玉米生物乙醇发展分析生物能源对粮食安全的影响》,《中国科技论坛》。

7. 辛翔飞、王济民:《粮食补贴政策研究综述》,《农业经济》。

8. 崔静、王秀清、辛贤、吴文斌:《生长期气候变化对中国主要粮食作物单产的影响》,《中国农村经济》。

9. 王国敏、卢婷婷:《我国粮食安全面临的复杂矛盾》,《社会科学研究》。

10. 王灿:《我国粮食直补政策CGE模型的构建方案》,《安徽农业科学》。

11. 邵鲁、盛亚军:《基于蛛网模型的我国粮食价格决定机制分析》,《农村经济与科技》。

12. 郭旺、洪天国:《中国粮食产量生产函数——基于计量经济模型》,《企业导报》。

13. 王欣:《我国粮食产量影响因素分析及对策》,《现代商业》。

14. 林宇:《国际贸易自由化过程中我国的粮食安全》,《福建农业》。

15. 刘灵芝、王雅鹏、潘瑶:《农村居民直接和间接粮食消费对比分析与预测》,《江西财经大学学报》。

16. 江虹:《WTO〈农业协定〉对发展中国家粮食安全的影响》,《江西社会科学》。

17. 贺伟、朱善利:《我国粮食托市收购政策研究》,《中国软科学》。

18. 张军、覃志豪、李文娟、尤飞、张文博、张伟、程敏:《1949—2009年中国粮食生产发展与空间分布演变研究》,《中国农学通报》。

19. 吴晨:《制度变迁视角下的粮食直补政策及其绩效——基于13个粮食主产省(2004—2009)面板数据分析》,《仲恺农业工程学院学报》。

20. 丁声俊:《关于我国适度高粮价政策的新思考——兼论“包容式粮食价格观”》,《价格理论与实践》。

## 10月

1. 吴连翠、陆文聪：《基于农户模型的粮食补贴政策绩效模拟研究》，《中国农业大学学报》。

2. 赵亮、穆月英：《我国粮食安全的路径依赖分析》，《农业技术经济》。

3. 万承刚：《人民币升值影响中国粮食出口贸易的实证分析》，《经济研究导刊》。

4. 马林林、金彦平、张安良：《我国粮食价格波动影响因素探析》，《价格理论与实践》。

5. 石洪景：《粮食产量水平的影响因素及聚类分析》，《西南农业大学学报（社会科学版）》。

6. 吴文清、刘超：《中国国有粮食企业购销波动研究——基于小波分析和格兰杰因果检验的方法》，《经济理论与经济管理》。

7. 曾福生、高鸣：《粮食进出口价格弹性的实证分析》，《华南农业大学学报（社会科学版）》。

8. 方言：《中国粮食安全问题：玉米生产展望》，《农产品加工》。

9. 张红宇：《农业适度规模经营与粮食生产》，《人民论坛》。

10. 张海波、刘颖：《我国粮食主产省农业全要素生产率实证分析》，《华中农业大学学报（社会科学版）》。

11. 李丰：《日本粮食流通产业组织机制对中国的启示》，《中国发展》。

12. 李晓俐：《虚拟耕地进口是目前及未来确保中国粮食安全之策》，《农业展望》。

13. 何蒲明：《适度降低粮食自给率　利用期货市场保障国家粮食安全》，《长江大学学报（自然科学版）》。

## 11月

1. 秦立建、张妮妮、蒋中一：《土地细碎化、劳动力转移与中国农户粮食生产——基于安徽省的调查》，《农业技术经济》。

2. 李淑湘：《我国当前粮食安全问题的成因分析与对策研究》，《马克思主义研究》。

3. 王国敏：《我国粮食安全面临的挑战及对策》，《理论视野》。

4. 靳文学、杨建利：《我国粮食直补结构的优化——基于单产提高的视角》，《宏观经济研究》。

5. 李波：《粮食产量、粮食价格和农民收入的实证分析——基于VEC模型》，《当代经济》。

6. 陈倬：《粮食供应链脆弱性分析与整合研究》，《财经论丛》。

7. 王英、王道平、刘广利：《粮食价格综合分析系统研究与实现》，《中国管理信息化》。

8. 吴娟、王雅鹏：《我国粮食储备调控体系的现状与完善对策》，《农业现代化研究》。

9. 陈丹、唐茂华：《粮食补贴、土地流转与农村社会保障——“三农”综合发展视界下的政策整合研究》，《首都经济贸易大学学报》。

10. 张颖、陈艳：《液态生物燃料产业与粮食安全协调发展分析》，《云南师范大学学报（自然科学版）》。

11. 解宗方、张伟：《粮食稳定增产的政策保障——以河南省为例》，《农业经济》。

12. 姜莉莉、涂锐：《吉林省粮食补贴现状与对策分析》，《企业研究》。

13. 赵予新、曹庆贤、刘霄坤：《传统农区粮食生产方式转变的制约因素及对策分析——以河南为例》，《粮食科技与经济》。

## 12月

1. 郭晓东：《完善我国粮食应急体系的对策探讨》，《经济纵横》。

2. 顾莉丽、郭庆海：《我国粮食主产区的演变与可持续发展》，《经济纵横》。

3. 宋雨河、李军：《旱灾对粮食产量的影响——基于1978—2009年山西省数据的实证分析》，《古今农业》。

4. 郭小婷：《我国粮食产业市场结构对粮食定价权的影响研究》，《安徽农业科学》。

5. 陈倬：《粮食供应链风险分析与防范研究》，《农村经济》。

6. 王文涛：《粮食目标价格和反周期补贴政策研究——基于市场化、国际化背景下的分析》，《价格理论与实践》。

7. 肖芝娥、张占仓：《我国粮食进出口“逆调节”状况分析》，《河南科学》。

8. 刘思维：《简述转基因粮食对我国粮食安全的影响机理》，《科协论坛（下半月）》。

9. 杨威、赵俊红、黄浩润：《粮食安全背景下的现代粮食物流体系研究》，《物流工程与管理》。

10. 杨海明：《基于 AHP 的河南省粮食应急物流中心选址研究》，《安徽农业科学》。

11. 起晓星、刘黎明、刘亚彬、王莉：《基于故障树分析的区域粮食安全风险因子识别和分类》，《农业工程学报》。

12. 李建平、上官周平：《陕西省粮食生产基地县粮食供需状况及其生产态势的调查研究》，《干旱区资源与环境》。

13. 李英、陈立华：《我国粮食安全的影响因素及其对策》，《中国流通经济》。

14. 贺刚：《城市化发展对东南亚粮食安全的研究》，《特区经济》。

## （二）2011 年中国粮食经济重要著作索引

1. 樊明：《种粮行为与粮食政策》，社会科学文献出版社 2011 年 1 月版。

2. 徐滇庆、李昕：《中国不怕：徐滇庆论汇率、贸易战与粮食安全》，社会科学文献出版社 2011 年 1 月版。

3. 陈少伟、胡锋：《中国粮食市场研究（第 2 辑）》，广州暨南大学出版社 2011 年 1 月版。

4. 顾秀林：《转基因战争：21 世纪中国粮食安全保卫战》，知识产权出版社 2011 年 1 月版。

5. 王为农、方松海等：《成本快速上升背景下的农业补贴政策研究》，中国计划出版社 2011 年 1 月版。

6. 葛全胜、方修琦、叶谦：《全球环境变化视角下中国粮食、水与健康安全问题研究》，气象出版社 2011 年 2 月版。

7. 茅于轼、赵农：《中国粮食安全靠什么：计划还是市场》，知识产权出版社 2011 年 3 月版。

8. 上官周平、李建平、李玉山：《耕地变化与粮食安全对策：以陕西省为例》，科学出版社 2011 年 3 月版。

9. 张云：《日本的农业保护与东亚地区主义》，天津人民出版社 2011 年 3 月版。

10. 杨春：《中国主要粮食作物生产布局变迁及区位优化研究》，中国农业出版社 2011 年 4 月版。

11. 王丹：《气候变化对中国粮食安全的影响与对策研究》，湖北人民出版社 2011 年 4 月版。

12. 李经谋：《2011 中国粮食市场发展报告》，中国财政经济出版社 2011 年 5 月版。

13. 任新平：《民国时期粮食安全研究》，中国物资出版社 2011 年 6 月版。

14. 刘海月：《国际粮食垄断资本跨国投资及其影响研究：以大豆产业为例》，四川大学出版社 2011 年 6 月版。

15. 江华、杨秀琴、罗必良：《农村集体建设用地流转：制度变迁与绩效评价》，中国经济出版社 2011 年 6 月版。

16. 邹凤羽：《粮食经济地理（第 2 版）》，中国物资出版社 2011 年 7 月版。

17. 尤利群：《中国粮食国际贸易政府管制研究》，经济管理出版社 2011 年 9 月版。

18. 聂振邦：《2011 中国粮食发展报告》，经济管理出版社 2011 年 9 月版。

19. 丁声俊：《守望粮食 30 年》，中国农业出版社 2011 年 9 月版。

20. 翟虎渠等：《中国粮食安全国家战略研究》，中国农业科学技术出版社 2011 年 10 月版。

21. 中华人民共和国农业部：《2011 中国农业发展报告》，中国农业出版社 2011 年 11 月版。

22. ［美］约翰·塔巴克著，冉隆华译：《生物燃料——土地和粮食的忧患》，商务印书馆 2011 年 12 月版。

23. 张锦华、徐庆：《中国的粮食安全：以上海为视角》，上海财经大学出版社 2011 年 12 月版。

24. 国家粮食局：《2011 中国粮食年鉴》，经济管理出版社 2011 年 12 月版。

25. 曹宝明、李光泗、徐建玲等：《中国粮食安全的现状挑战与对策研究：南京财经大学粮食安全与战略研究中心研究报告》，中国农业出版社 2011 年 12 月版。

## 四、小麦、稻米、玉米、大豆价格走势图表

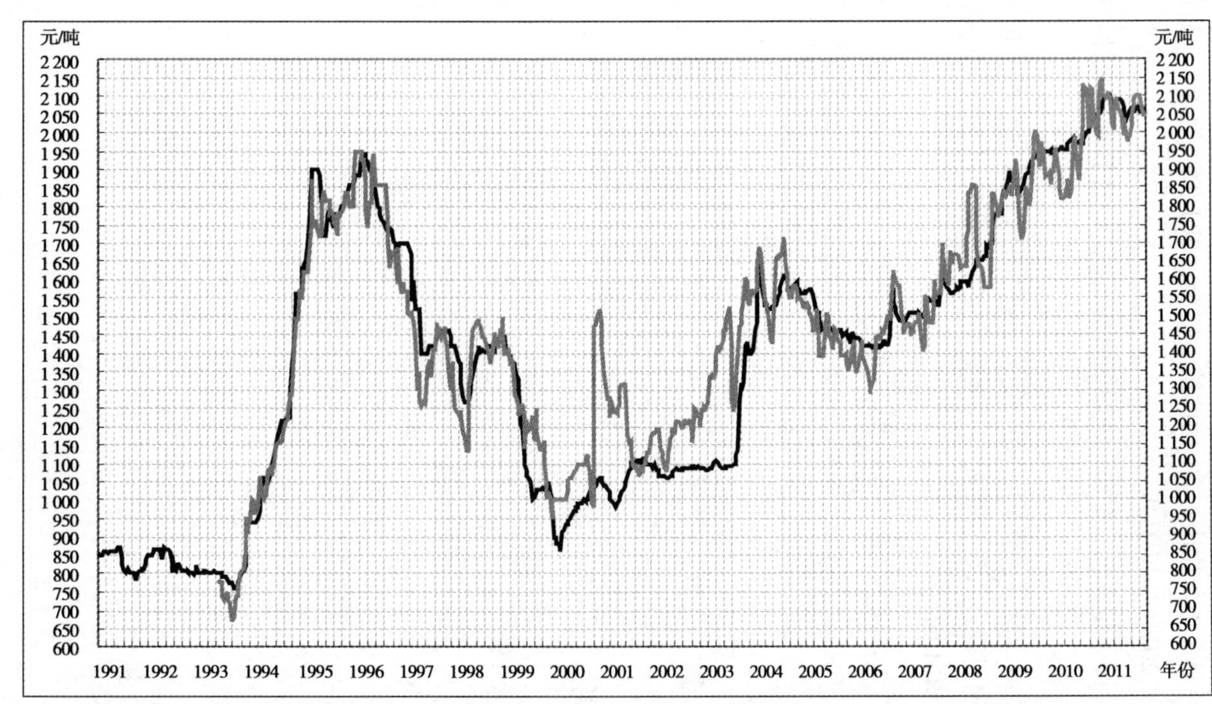


说明：黑色线为郑州粮食批发市场三等白小麦旬平均价（火车板交货价）；灰色曲线为郑州商品交易所硬冬白麦近交割月合约的旬平均价。

**图6－4－1　1991—2011年郑州粮食批发市场小麦价格历史走势图**

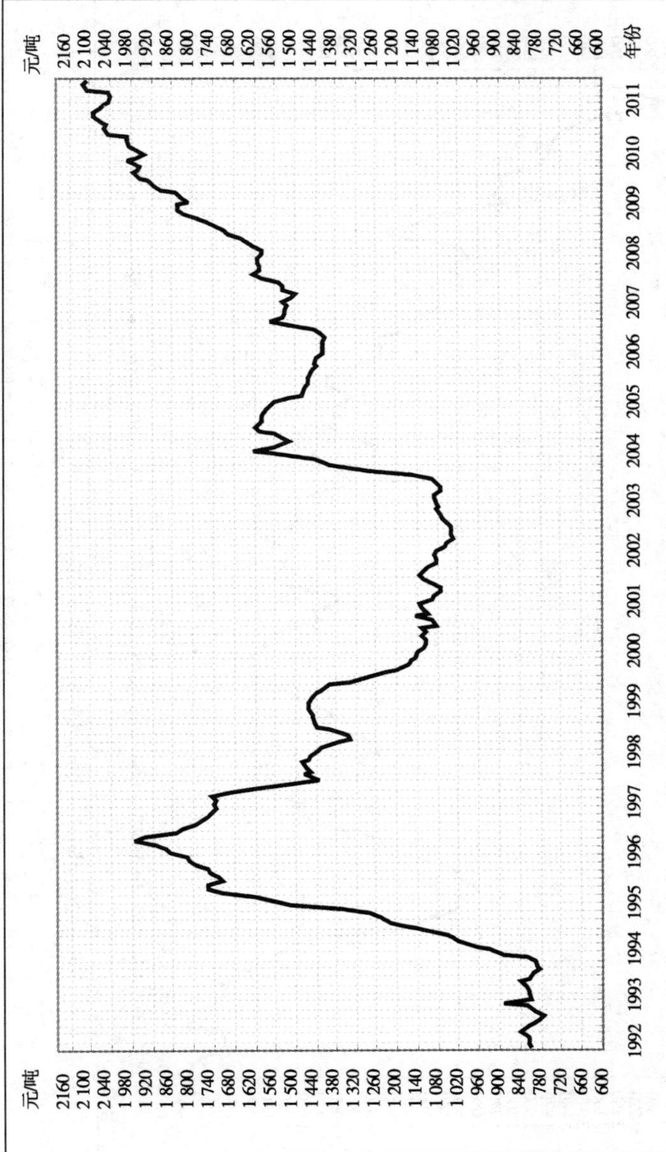


说明：价格为全国主要粮食批发市场三级硬冬白小麦月平均价（当地火车板交货价）。

**图6－4－2　1992—2011年全国主要粮食批发市场三级白麦均价走势图**

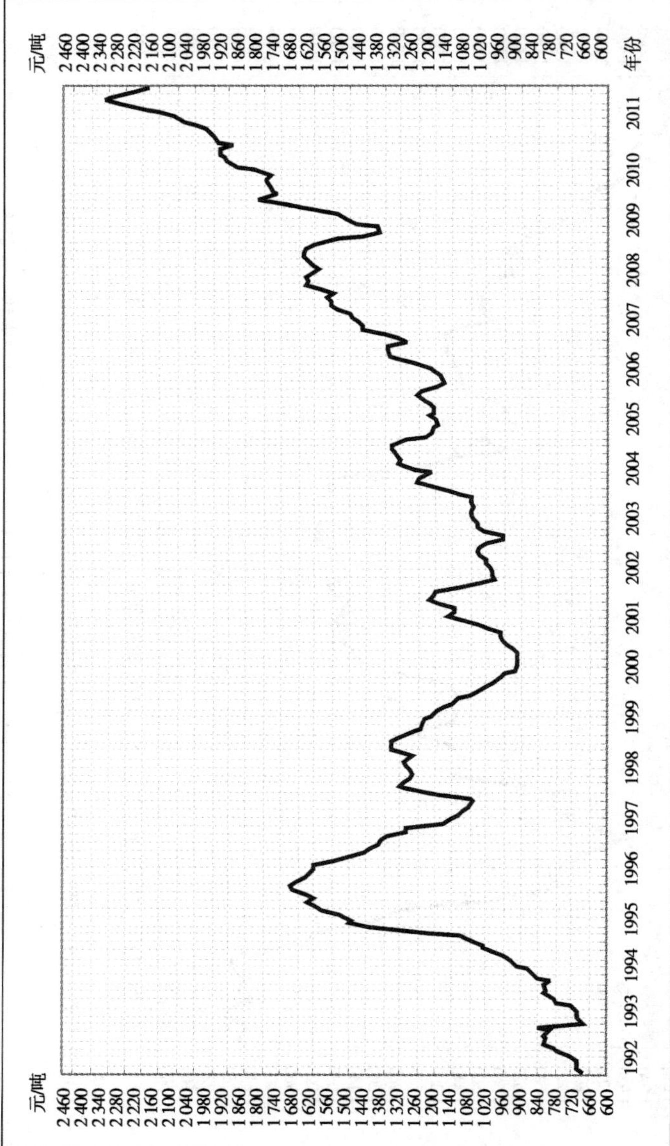


说明：价格为全国主要粮食批发市场二级玉米月平均价（当地火车板交货价）。

**图6－4－3　1992—2011年全国主要粮食批发市场二级玉米均价走势图**

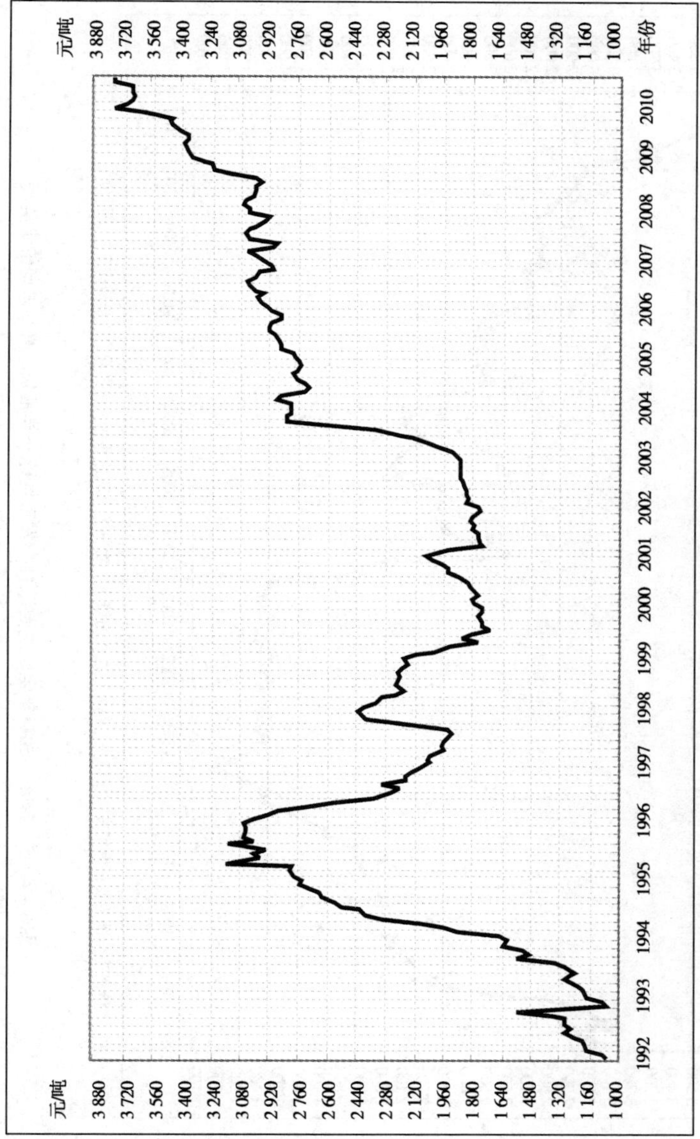


说明：价格为全国主要粮食批发市场标一粳米月平均价（当地火车板交货价）。

**图6－4－4　1992—2011年全国主要粮食批发市场标一粳米均价走势图**

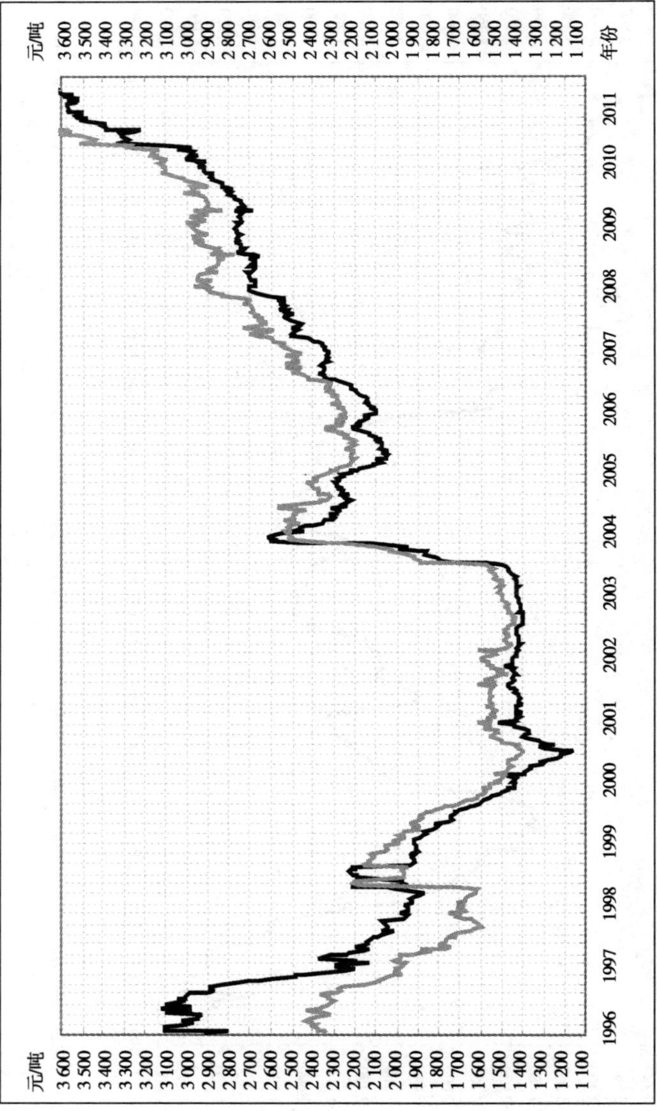


说明：价格为全国主要粮食批发市场标一早籼米（黑色曲线）、晚籼米（灰色曲线）旬平均价（当地火车板交货价）。

**图6－4－5　1996—2011年全国主要粮食批发市场标一早籼米、晚籼米均价走势图**

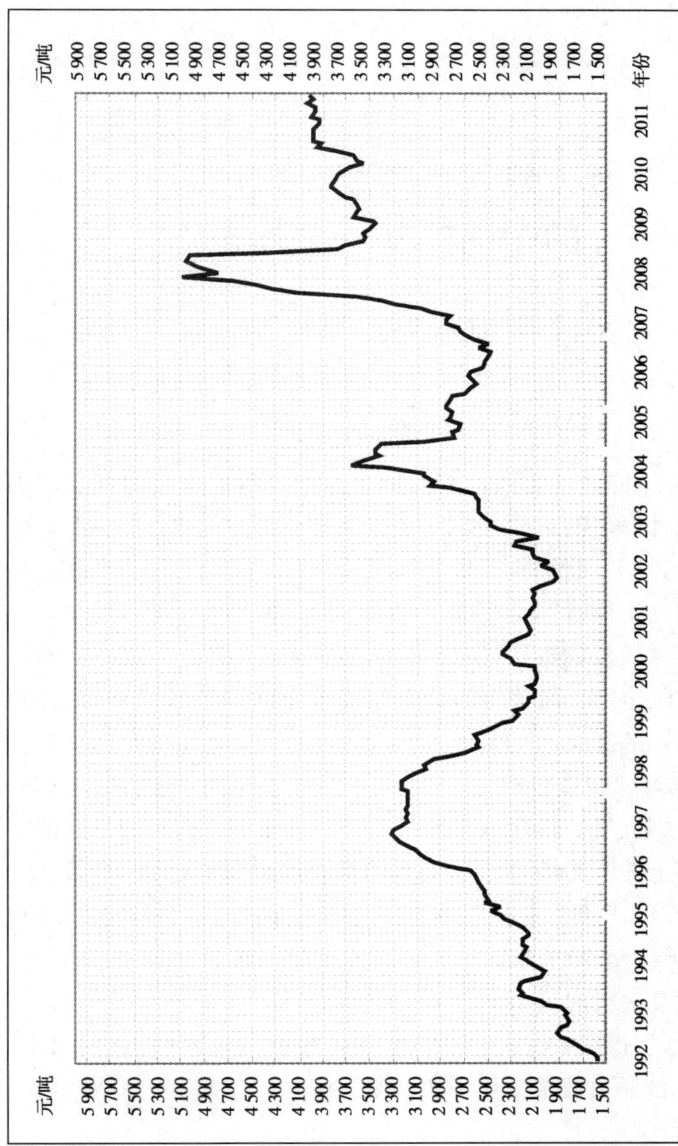


说明：价格为全国主要粮食批发市场三级大豆月平均价（当地火车板交货价）。

**图6－4－6　1992—2011年全国主要粮食批发市场三级大豆均价走势图**

# 附　录

## 努力建设可持续、抗风险的中国粮食安全体系

### ——《2011 中国粮食市场发展报告》简评

白美清[①]

我国是一个拥有 13 亿人口的发展中国家，粮食安全始终是举国上下关注的关系国计民生的永恒主题。由李经谋先生主编的《2011 中国粮食市场发展报告》（以下简称《报告》）引用唐代边塞诗人岑参的诗句“将军金甲夜不脱，半夜行军戈相拨”，生动形象地描绘出我国当前的粮食安全形势。在全球粮食危机预警频频拉响的时刻，《报告》以高度的责任感和危机感，放眼全球，聚焦中国，对粮食安全问题进行全面透彻的阐述，具有现实而深远的意义。

2008 年全球“粮食危机”导致多国政局动乱的一幕仍历历在目，时隔两年，受极端天气、粮食出口禁令、资金炒作等综合因素的影响，全球粮价再度大幅上涨。2010 年底，联合国粮农组织全球食品价格指数达 223 点，超过 2008 年“粮食危机”峰值，创出了该指数自建立以来的新高。从 2011 年初延续至今的北非、中东地区动乱与粮价大幅上涨不无关系，粮食安全问题又一次成为全世界关注的焦点。

作为世界人口第一大国，中国 2010 年粮食产量再创历史新高，取得了“七连丰”的骄人成绩，用事实回击了国际社会关于“谁来养活中国”

---

① 白美清，现任中国粮食行业协会会长、中国粮食经济学会会长、中国饲料工业协会会长。历任国务院副秘书长、商业部副部长、国内贸易部副部长兼国家粮食储备局局长、中谷粮油集团董事长等职。研究员职称，主要从事粮食宏观经济研究。

的质疑，为全球粮食安全作出了应有的贡献。回顾过去，新中国成立60余年，尤其是近30多年来的农村改革发展，极大地解放和发展了农村生产力，粮食供给因此实现了从长期短缺到总量大体平衡、丰年有余的历史性跨越，粮食宏观调控水平不断提高，具有中国特色的粮食安全体系初步形成。“十一五”期间，我国有4年粮食总产达到5亿吨以上，粮食综合生产能力保持在5亿吨左右。我们在为过去的成绩感到骄傲的同时，还应清醒地认识到，我国的粮食安全虽无近忧，但有远忧。因此，认真对影响我国粮食安全可持续发展的隐患进行排查和梳理很有必要。

从全球粮情看，粮食供需紧平衡呈常态化。世界粮食年产量在21亿~22亿吨之间已经徘徊了近10年，同期世界人口由65亿人增加至目前的近70亿人，世界粮食年人均占有量仅有300公斤左右。据联合国粮农组织估计，2010年全球仍有近10亿人遭受饥饿。随着全球用于生物燃料的粮食数量逐年增加，国际市场粮食供给回旋余地已不大，全球粮食供需紧平衡的格局将长期存在，粮食价格将会长期高位运行，我国利用进口调剂粮食缺口的空间被压缩，进口成本也会越来越高。

从国内情况来看，我国粮食生产虽然“七连丰”，但粮食生产在5亿吨徘徊的局面并未根本改变，加之粮食连续增产的时间越长，离减产的拐点也可能就越近，中国粮食安全的可持续发展备受关注。综合看来，粮食生产基础不稳、比较优势下降、国内外价格接轨、粮食流通建设滞后等会是当前及未来影响我国粮食安全形势的重要因素。一是我国粮食供需进入紧平衡的新阶段，粮食自给率要继续保持95%的目标值仍有很大困难。2008年出台的《国家粮食安全中长期规划纲要》提出，我国粮食要坚持基本依靠国内保证粮食安全供应，包括谷物、豆类在内的粮食的自给率要提高到95%，但2010年我国包括大豆在内的粮食进口达到创纪录的6 695万吨，我国目前粮食自给率的下降趋势值得高度重视。由于近年新增人口的粮食需求和食品消费升级，三大主粮品种中的粳稻、优质小麦、玉米等都出现了供需偏紧的苗头，2010年我国更是由玉米净出口国转化为玉米净进口国。二是随着我国经济快速增长，我国劳动力价格和土地价格也出现刚性上升趋势，粮食生产成本上升导致我国粮食商品的比较优势下降，种粮农民和主产区的生产积极性不高，加上科技创新支撑力不足，再增产的难度非常大。三是部分对外依存度较高的粮食品种国内外价格高度接轨，随着粮食金融属性和能源属性的增强，国际粮价可能出现的大幅上涨将会加大我国的输入性通胀压力，削弱我国粮食宏观调控能力。四是粮食流通体系建设仍然滞后，现代粮食物流及新型的收购网、销售网问题均未系统解决，粮食流通仍是弱势产业。

2011 年是我国“十二五”开局之年，“十二五”规划建议中明确指出：“坚持走中国特色农业现代化道路，把保障国家粮食安全作为首要目标，加快转变农业发展方式，提高农业综合生产能力、抗风险能力、市场竞争能力。”面对国内外粮情的最新变化，我们正面临着新时期、新任务、新机遇、新挑战。“十二五”期间，如何在紧平衡中求平衡，在高通胀中求稳定，在国际化中求自主，建设可持续发展的中国粮食安全体系？围绕这一系列问题，《报告》展开了颇为全面、深入的探讨和研究，以期为广大读者开启“智慧之门”，共同为国家的粮食安全献策出力。

通过 9 年多的实践、总结、升华，《报告》每年都有改进，逐步形成自己的特色和风格。这次的《报告》具有以下特点：

## 一、开篇序言，从国情粮情出发，重点突出，赋有新意

由李经谋先生撰写的“序言”堪称《中国粮食市场发展报告》的点睛之笔，《报告》1～8 卷的序言均以“春天”作题，被专家称为“春天的交响曲”，更成为粮食理论战线上一道独特的风景线。随着国内外粮食形势的重大变化，本卷序言改以“将军金甲夜不脱”为名，既蕴含了粮食安全的严峻性，又意在勉励广大“粮食人”在成绩面前毫不松懈，锐意进取，开拓创新，为建设可持续、抗风险的中国粮食安全体系而奋斗。

“序言”形象地把新中国成立 60 多年来粮食安全的发展历程分为“不够吃”、“不好吃”、“不敢吃”三个阶段，并明确指出，粮食安全既包括数量安全，也包括质量安全，粮油食品安全已成为我国当前最为突出的粮食安全问题。采取标本兼治、综合治理、落实责任、强化监督的措施，特别是要建立行政官员负责制，理顺管理关系，加大处罚力度，加强日常监督，才能缓解群众不安情绪，提振政府公信力。“序言”还从自身工作出发，提出了实现中国粮食安全可持续发展的七条建议：加大科技投入，实现“科技兴农”；加快粮食生产规模化、集约化经营步伐；建立赏罚分明的粮食补贴政策；建立粮食价格形成新机制；加快粮食批发市场和

期货市场的发展；强化对粮油食品安全的日常监督检查；积极开拓粮油新资源。这些观点和建议务实中肯，系统全面，有破有立，突出重点，充分反映了中国粮食人对国家粮食安全的高度责任感。

**二、具有代表性、专业性、权威性的撰稿队伍逐步扩大，立论建言有独到的见解**

经过连续9年的编纂出版工作，《报告》的撰稿队伍日益壮大。作为63年来首位中国籍联合国粮农组织副总干事，何昌垂先生今年首次为本书撰写了《世界粮食市场》一文。何昌垂先生在联合国粮农组织任职20余年，是国际粮农领域颇有影响力的专家。他的分析有助于读者全面回顾2010年世界粮食市场，并展望2011年世界粮食市场。《报告》其他部分的内容分别由国务院研究室、国务院发展研究中心、国家发展和改革委员会、国家粮食局、农业发展银行等相关部委、企业的学者型官员或知名院校专家撰稿。作为业内权威人士，他们对2010年粮食相关政策走向及热点问题的专业解读，大大提升了《报告》的质量，彰显了《报告》的国际性、学术性特色。

**三、专题研讨百家争鸣，凸显学术性、民间性风格**

《报告》围绕粮食安全这个核心课题，统筹遴选了基因工程，粮食宏观调控，国内、国际粮价上涨，国家收储影响，外资对粮市影响，食用油安全，粮食风险基金等13个市场热点问题，分别从生产、流通、供需、价格、产业链安全等不同角度，对我国粮食市场进行全方位剖析，形成了一些具有重要参考价值的研究成果。对于争论较大的课题，《报告》坚持学术性和民间性，通过刊登不同学术观点的文章，以期达到“百家争鸣”的效果。

《报告》从2003年诞生至今已出版至第九卷，每一卷《报告》都能围绕当年粮食市场的热点、焦点、难点问题，积极献言出力，为粮食市场体系建设添砖加瓦。综合看来，9年时间里，《报告》已被打造成我国粮食行业有影响力的年度蓝皮书之一，成为广大“粮食人”学习、工作中不可或缺的权威读物。作为《报告》专家编辑委员会的高级顾问之一，我对《报告》所取得的成绩深感欣慰，也衷心希望《报告》能够再接再厉，百尺竿头，更进一步。

# 主要参考资料

1. 聂振邦：《世界主要国家粮食概况》，中国物价出版社 2003 年版。

2. 国家粮食局课题组：《中国粮食批发市场发展研究报告》，经济管理出版社 2004 年版。

3. 李经谋：《2003 中国粮食市场发展报告》，中国财政经济出版社 2003 年版。

4. 李经谋：《2004 中国粮食市场发展报告》，中国经济出版社 2004 年版。

5. 李经谋：《2005 中国粮食市场发展报告》，中国财政经济出版社 2005 年版。

6. 李经谋：《2006 中国粮食市场发展报告》，中国财政经济出版社 2006 年版。

7. 李经谋：《2007 中国粮食市场发展报告》，中国财政经济出版社 2007 年版。

8. 李经谋：《2008 中国粮食市场发展报告》，中国财政经济出版社 2008 年版。

9. 李经谋：《2009 中国粮食市场发展报告》，中国财政经济出版社 2009 年版。

10. 李经谋：《2010 中国粮食市场发展报告》，中国财政经济出版社 2010 年版。

11. 李经谋：《2011 中国粮食市场发展报告》，中国财政经济出版社 2011 年版。

12. 任正晓：《农业与粮食热点问题研究》，中国经济出版社 2006 年版。

13. 邓亦武：《粮食宏观调控论》，经济管理出版社2004年版。

14. 黄汉权、蓝海涛：《中国粮食综合生产能力研究》，中国计划出版社2007年版。

15. ［美］威廉·恩道尔：《粮食危机》，知识产权出版社2008年版。

16. 张晓涛、王扬：《大国粮食问题：中国粮食政策演变与食品安全监管》，经济管理出版社2009年版。

17. ［英］拉查·帕特尔：《粮食战争》，东方出版社2008年版。

18. 唐风：《粮食新战争》，中国商业出版社2008年版。

19. 农业部课题组：《现代农业发展战略研究》，中国农业出版社2008年版。

20. 聂振邦：《现代粮食流通产业发展战略研究》，经济管理出版社2008年版。

21. 马晓河、蓝海涛：《中国粮食综合生产能力与粮食安全》，经济科学出版社2008年版。

22. 聂振邦：《2008中国粮食发展报告》，经济管理出版社2008年版。

23. 聂振邦：《2009中国粮食发展报告》，经济管理出版社2009年版。

24. 聂振邦：《2010中国粮食发展报告》，经济管理出版社2010年版。

25. 聂振邦：《2011中国粮食发展报告》，经济管理出版社2011年版。

26. 中华人民共和国农业部：《2008中国农业发展报告》，中国农业出版社2008年版。

27. 中华人民共和国农业部：《2009中国农业发展报告》，中国农业出版社2009年版。

28. 中华人民共和国农业部：《2010中国农业发展报告》，中国农业出版社2010年版。

29. 中华人民共和国农业部：《2011中国农业发展报告》，中国农业出版社2011年版。

30. 张冬平、魏仲生：《粮食安全与主产区农民增收问题》，中国农业出版社2006年版。

31. 尹成杰:《粮安天下——全球粮食危机与中国粮食安全》,中国经济出版社2009年版。

32. 刘斌、张兆刚、霍功:《中国"三农"问题报告》,中国发展出版社2004年版。

33. 丁声俊、杨振海:《粮食——新阶段及对策》,中国商业出版社2002年版。

34. 肖春阳、熊本国:《国有粮食企业改革》,经济管理出版社2005年版。

35. 游宏炳:《温饱之后的中国粮食安全研究》,中国言实出版社2009年版。

36. 柯炳生:《入世以来中国农业发展与新一轮谈判》,中国农业出版社2005年版。

37. 林毅夫:《制度、技术与中国农业发展》,上海人民出版社2008年版。

38. 郭宏宝:《中国财政农业补贴:政策效果与机制设计》,西南财经大学出版社2009年版。

39. 国家发展和改革委员会、国家粮食局:《全国粮食现代物流规划》(征求意见稿),2005年4月。

40. 肖国安、王文涛、朱有志、唐之享:《中国粮食安全报告:预警与风险化解》,红旗出版社2009年版。

41. 洪涛:《中国粮食市场化大趋势经济》,经济管理出版社2004年版。

42. 鲁靖:《粮食经济中的和谐——中国粮食市场与政府宏观政策的耦合》,东南大学出版社2006年版。

43. 何蒲明:《粮食安全与农产品期货市场发展研究》,中国农业出版社2009年版。

44. 蓝海涛、王为农:《中国中长期粮食安全重大问题》,中国计划出版社2008年版。

45. 刘颖:《基于国际粮荒背景下的中国粮食流通研究》,中国农业出版社2008年版。

46. 国家统计局：《中国统计年鉴》，中国统计出版社 1990—2011 年各版。

47. 国家统计局：《2010 中国统计摘要》，中国统计出版社 2011 年版。

48. 国家统计局农村社会经济调查总队：《中国农村统计年鉴》，中国统计出版社 2000—2011 年各版。

49. 《中国财政年鉴》（2011），中国财政杂志社 2011 年版。

50. 《粮油市场报》，2011 年有关各期。

51. 《期货日报》，2011 年有关各期。

52. 《中国粮食经济》，2011 年有关各期。

53. 《调研世界》，2011 年有关各期。

54. 《农业经济问题》，2011 年有关各期。

55. 《粮食经济研究》，2011 年有关各期。

56. 《中国农村经济》，2011 年有关各期。

57. 中华人民共和国国家统计局：《中华人民共和国 2007 年国民经济和社会发展统计公报》。

58. 中华人民共和国国家统计局：《中华人民共和国 2008 年国民经济和社会发展统计公报》。

59. 中华人民共和国国家统计局：《中华人民共和国 2009 年国民经济和社会发展统计公报》。

60. 中华人民共和国国家统计局：《中华人民共和国 2010 年国民经济和社会发展统计公报》。

61. 中华人民共和国国家统计局：《中华人民共和国 2011 年国民经济和社会发展统计公报》。

62. 新华网：《中共中央　国务院关于促进农民增加收入若干政策的意见》（2004 年中央 1 号文件）。

63. 新华网：《中共中央　国务院关于进一步加强农村工作提高农业综合生产能力若干政策的意见》（2005 年中央 1 号文件）。

64. 新华网：《中共中央　国务院关于推进社会主义新农村建设的若干意见》（2006 年中央 1 号文件）。

65. 新华网：《中共中央　国务院关于积极发展现代农业扎实推进社

会主义新农村建设的若干意见》(2007年中央1号文件)。

66. 新华网:《中共中央 国务院关于切实加强农业基础建设进一步促进农业发展农民增收的若干意见》(2008年中央1号文件)。

67. 新华网:《中共中央 国务院关于促进农业稳定发展农民持续增收的若干意见》(2009年中央1号文件)。

68. 新华网:《中共中央 国务院关于加大统筹城乡发展力度进一步夯实农业农村发展基础的若干意见》(2010年中央1号文件)。

69. 新华网:《中共中央 国务院关于加快水利改革发展的决定》(2011年中央1号文件)。

70. 新华网:《国务院关于完善粮食流通体制改革政策措施的意见》(国发[2006]16号)。

71. 新华网:《中共中央关于完善社会主义市场经济体制若干问题的决定》。

72. 新华网:《中共中央关于制定"十一五"规划的建议》,2010年10月。

73. 新华网:《中华人民共和国国民经济和社会发展第十二个五年规划纲要》,2011年3月。

74. 郑州粮食批发市场:《中国粮油市场月度分析报告》,2011年各期。

75. 郑州粮食批发市场:《2011中国粮油市场年度分析报告》,2012年1月。

76. 国家发展和改革委员会网站:http://www.sdpc.gov.cn/。

77. 财政部网站:http://www.mof.gov.cn/。

78. 国家粮食局网站:http://www.chinagrain.gov.cn/。

79. 中国农业信息网:http://www.agri.gov.cn/。

80. 国家统计局网站:http://www.stats.gov.cn/。

81. 国土资源部网站:http://www.mlr.gov.cn/。

82. 中国海关网站:http://www.customs.gov.cn/。

83. 新华网:http://www.xinhuanet.com/。

84. 中华粮网:http://www.cngrain.com/。

# 后　记

十年树木喜成荫。经过编撰队伍的精心组织和辛勤工作，《2012 中国粮食市场发展报告》（第十卷）终于如期与广大读者见面了。十年耕耘，十年收获，在此，向多年来支持《中国粮食市场发展报告》编撰和出版工作的领导、专家、学者及社会各界人士表示由衷的感谢！

作为粮食市场的忠实见证者，《中国粮食市场发展报告》十年来客观地记录了中国粮食市场化的蹒跚履痕，为人们留下不少超前的思维和闪光的篇章。《2012 中国粮食市场发展报告》仍秉承历年《中国粮食市场发展报告》年度性、专业性、民间性、国际性特色，邀请业内外权威专家、学者解析 2011 年粮食市场热点、焦点问题，力求完整地再现该年粮食市场运行情况，并对 2012 年粮食市场进行展望。

《2012 中国粮食市场发展报告》（第十卷），按照写作内容的先后顺序，作者分别为：

第一部分：一、颜波、杨京，二、李先德、钟钰；第二部分：一、申洪源，二、熊学华，三、冯利臣，四、赵燕，五、陈艳军，六、周垂钦；第三部分：一、赵素丽，二、陈邦华、乔林生，三、傅宏；第四部分：一、方言，二、张顺喜，三、张顺喜，四、刘光生、王昱，五、朱远洋、李楠；第五部分：一、程国强，二、马晓河，三、杨光焰，四、樊雪志，五、卢景波、刘冬竹，六、尹必健、朱行，七、乔林选，八、钟钰，九、高帆、龚芳，十、黄德林、李向阳、蔡松锋、安岩，十一、钟甫宁，十二、钟钰、李先德、杨东群，十三、廖永松，十四、洪涛，十五、李建成，十六、刘晓真；第六部分：一、邱烈金，二、裴华梅，三、杨京，

四、陈艳军；附录：白美清。

本书在出版过程中得到了众多专家、学者及单位的大力支持和帮助。《粮油市场报》承担了该书的总纂工作，南京财经大学朱行研究员翻译了序言和目录，中国财政经济出版社刘瑞思、樊闽编辑精心编校，正是由于他（她）们的鼎力相助，使得报告的质量不断提升，影响不断扩大。在此，对所有支持和帮助我们的同志致以诚挚谢意。

编　者

2012 年 5 月

**图书在版编目（CIP）数据**

2012中国粮食市场发展报告/李经谋主编．—北京：中国财政经济出版社，2012.5

ISBN 978－7－5095－3675－9

Ⅰ.①2…　Ⅱ.①李…　Ⅲ.①粮食市场－研究报告－中国－2012
Ⅳ.①F724.721

中国版本图书馆CIP数据核字（2012）第094230号

责任编辑：刘瑞思　　　　责任校对：王　英
封面设计：汪俊宇

中国财政经济出版社出版

**URL**：http：//www.cfeph.cn

E－mail：cfeph @ cfeph.cn



社址：北京市海淀区阜成路甲28号　邮政编码：100142

发行处电话：88190406　财经书店电话：6403343

牛山世兴印刷厂印刷　各地新华书店经销

787×1092 毫米 16开 24.5印张 329 000字

2012年5月第1版　2012年5月北京第1次印刷

定价：52.00元

ISBN 978－7－5095－3675－9/F·3018

（图书出现印装问题，本社负责调换）

本社质量投诉电话：010－88190744